日本公法译丛

行政立法与行政基准

[日] 平冈久 著

宇 芳 译

中国政法大学出版社

2014·北京

行政立法与行政基准

GYOUSEIRIPPO TO GYOUSEIKIJUN
by HIRAOKA HISASHI

Copyright © 1995 by HIRAOKA HISASHI

Original Japanese language edition published by Yuhikaku
Publishing Co. , Ltd.

本书由平冈久授权中国政法大学出版社出版

版权登记号：图字 01 – 2014 – 1019 号

序

　　本书由笔者迄今为止所写的有关行政立法与行政基准的 6 篇论文组成，在保持其各自观点与文章结构的基础上进行了部分修改，并在编辑上作了一点变更（将 6 篇论文中的 2 篇论文合并成 1 章，将 1 篇论文分成 2 章）。始编写本书时，本来准备给行政立法与行政基准分别添加一篇论文（"行政立法程序"，载《公法研究》1985 年第 47 号；"行政规则的法的拘束性（一）·（二·完）"，载《大阪市大法学杂志》1980 年第 26 卷第 3 · 4 号、同第 27 卷第 1 号），将第一部分与第二部分别编写成 4 章（共计 8 章），但受篇幅的限制，不得不忍痛割爱。

　　本书不是将外国而是将我国的行政立法与行政基准作为研究对象。另外，虽然本书也有将特定的判例作为研究对象的部分（第二章），但整体上是在概括性地整理有关行政立法与行政基准的各种问题、各种论点的基础上，进行若干的探讨，意在为行政法学上的统一性或综合性的考察提供一种预测。因此，在这一范围内，本书主要是从行政法概论或者总论的观点，谈论有关行政立法、行政基准的各种问题和各种论点。不过，为了形成行政法概论（或者形成符合日本行政法现象的更为精细的理论），也有必要立足于对日本行政的相关法规、判例或行政实务的认识与实证分析。虽然本书也存有极限，但尽可能地涉及上述内容的个别素材（特别是第一章、第四章、第五章，包括注释）。

本书将书名定为《行政立法与行政基准》。对于"行政立法"这一概念的意义、范围，虽然在行政法学上并没有一致性的理解，但基本上作为以前所说的"法规命令"来使用（参见第一章第二节）。另外，并不是特别拘泥于"行政基准"，但考虑与训令、通知（或者训令、通知类）或"行政规则"相比，它是更贴切的名称（参见第五章第一节），因此决定在书名中也使用这一概念。

行政立法与行政基准，除了上述基础性概念或用语方法本身的问题之外，还留有不少未阐明的基础理论问题。并且，与此同时也出现了各种"现代性"的探讨课题。虽然本书的不少地方只是指出了这些方面所存在的问题与论点，但如果本书在行政立法、行政基准方面能够起到深化日本行政法学讨论的作用（进而实现对于国民、居民来说更好的行政法制与行政、司法实务），笔者将深感荣幸。

由于笔者在大阪市立大学法学系任教的缘故，本书才能作为大阪市立大学法学丛书之一出版。借此机会向法学系的各位前辈及各位同仁表示谢意。

最后，向对完成本书提供各种帮助的有斐阁京都支店的田颜繁实先生及有斐阁出版服务的相关各位，表示衷心的感谢。

平冈久

1994 年 10 月

凡 例

　　本书所参考的论文（包括判例评论类）及判例，大致是笔者所知道的截至 1994 年 8 月末的论文、判例。

　　关于刊登论文类杂志的名称，原则上不使用缩略语；但是关于刊登判例的杂志，使用以下略语：民集——最高法院判例集〔民事〕（最高法院判例调查会），刑集——最高法院判例集〔刑事〕（最高法院判例调查会），行集——行政案件判例集（最高法院事务总局编/同行政局监修、法曹会），讼月——讼务月报（法务省讼务局），判夕——判例时代（判例时代社），判自——判例地方自治（ぎょうせい），高民集——高等法院判例集〔民事〕（最高法院判例调查会），高刑集——高等法院判例集〔刑事〕（最高法院判例调查会），下民集——下级法院民事判例集（最高法院事务总局编，法曹会），下刑集——下级法院刑事判例集（最高法院事务总局），シュト——シュトイエル（日本税法学会编，税法研究所），税资——税务诉讼资料（国税厅），判时——判例时报（判例时报社），东高民报——东京高等法院判决时报〔民事〕（东京高等法院事务局资料科编，法曹会），高刑特报——高等法院刑事判决特报（最高法院事务总局），行月——行政审判月报（最高法院事务总局行政局）。

　　关于行政性法规的名称，原则上不使用缩略语，但是缩写了部分较长的名称（例如，《地方教育行政法》——《关于地方教育行政组织及其运营的法律》,《核反应堆规制法》——《关于规制核原料物质、核燃料物质以及核反应堆的法律》)。

关于行政性法规及行政基准(或者训令·通知类)的内容、条款名称等,虽然尽可能使用现行(截至 1994 年 1 月)的内容、条款名称等(只是《行政程序法》于 1994 年 10 月 1 日施行),但尤其是在与判例之间的关系方面所提到的,因修改、废止而与现行的内容、条款名称等有所不同。

目 录

第二部分　行政基准

第一部分　行政立法

第一章
行政立法

第一节 引 言

在本章中，全面提出有关行政立法的各种问题和论点，并尝试进行概括性的整理和简要的考察。在此，将分为三个大的方面来论述，即有关"行政立法"之意义及其动向的各种问题、有关对行政立法授权的各种问题、有关对被授权的行政立法进行法律控制的各种问题。

对于有关行政立法的各种问题可以进行各种各样的分类与整理，除了分为行政立法的种类及成立、生效要件等之外，多分为行政立法的"根据"和"界限"这两大问题来论述[1]。并且，在这种情况下，将对行政立法授权的制约问题与行政立法的内容性界限问题一起作为"界限"问题之一来定位。本章与此略有不同，在有关行政立法授权的法律控制问题中，除"根据"之外，还包括"界限"问题的一部分。

为了考察行政立法，作为其前提，有必要个别地探讨现实中行政主体或行政机关制定数量庞大的各种规范的根据或法的性质。另外，为了探讨行政立法的法律问题，立足于对行政法学上的各

1

2

---

〔1〕 盐野宏：《行政法Ⅰ》（第二版），有斐阁1994年版，第79~81页；田中二郎：《新版行政法》上卷（全订第二版），弘文堂1974年版，第161~162页；荒秀"行政立法"，载成田赖明、南博方、园部逸夫编：《行政法讲义（行政法講義）》下卷，青林书院新社1970年版，第202~205页；等等。

种课题（行政裁量、行政程序、行政诉讼、地方自治等）的已有议论也是必要的。虽然本章没有充分论述上面几项课题，但希望通过概括性的整理与若干的探讨，能够为深入考察行政立法的各种问题和论点提供一点线索。

另外，针对行政立法的各种基础问题，涉及立法权（议会）与行政权的基本关系，在宪法学上也一直主要作为国会、内阁的权能以及"委任立法"[2]的问题进行讨论。以下的内容虽然不能充分参考宪法学上关于行政立法的讨论和成果，但也尽可能地在某种程度上指出关于行政立法即使在宪法论上也还模糊的问题和论点[3][4]。

第二节 "行政立法"序论

一、行政立法的容许性与必要性

（一）宪法上的容许性

3　　将行政立法理解为由行政主体或行政机关进行的立法，那么，

---

〔2〕 所谓的"委任立法"，是指基于本来的立法机关即议会的委任（授权）所进行的立法。在这一意义上的委任立法与行政立法并不是同义词。第一，很难单纯地说行政立法全是委任立法，或者行政立法全部需要议会立法的委任（授权），有必要考虑"行政立法"的概念或者是否需要"议会授权"以及"议会授权"的具体状态等。特别是关于"行政规则"、"执行命令"、地方公共团体长官规则等，这些都成为问题。第二，在地方公共团体的议会制定的条例中，基于法律授权制定的条例虽然不是行政立法，但却是委任立法的一种。

〔3〕 本章关于行政法学与宪法学的对象、防守范围，没有基于特别的前提。虽然一般需要两者相互间的进一步交流与适当的分工、互动，但在有关行政立法的各种问题中，有些涉及立法权与行政权关系的原理性、基础性部分也是宪法学上的课题。也参见拙文："法领域间的关系/行政法与宪法（法分野間の関係/行政法と憲法）"，载《法学教室》1989 年第 100 号。

〔4〕 关于行政立法的制定过程，缺乏如新正幸的《宪法与立法过程（憲法と立法過程）》（创文堂 1988 年版）、小林直树的《立法学研究——理论与动态——（立法学研究——理論と動態——）》（三省堂 1984 年版）那样的关于法律制定过程的法理学及法社会学的研究，即使是本章亦未深入探讨。

在宪法上是否容许这样的立法，是有关行政立法的基本问题之一。并且，即使是在所谓的权力分立制之下，也可以有以下几种不同的基本法律制度：①一概不容许行政立法，②将国会作为原则性的立法机关，同时容许在有议会授权的条件下进行行政立法，③（至少在一定范围内）容许不以存在议会授权为条件的行政立法。

关于上述几点，且不论是采用上述的观点②还是观点③（涉及“行政立法”概念本身的问题），至少可以明确的是，在《日本国宪法》中具有能够理解为以存在行政立法为前提的规定（《日本国宪法》第7条第1项、第73条第6项、第74条所说的“政令”，《日本国宪法》第16、81条所说的“命令”、“规则”，《日本国宪法》第98条所说的“命令”），并未一概否认行政立法的存在。

另外，在这里先提一句，以前一般都认为，规定内阁之“政令”制定权的《日本国宪法》第73条第6项的正文和但书，是对应于“执行命令”和“委任命令”之区分的规定。但是，如后所述，这种理解方法存在着值得重新探讨的问题[5]。

（二）现实的必要性

当今，基本上以议会立法能力的局限和现代行政的臃肿化、复杂化为背景，基于①适当地应对多样化、复杂化的行政需要时，议会存在专门性、技术性能力上的局限，②迅速应对不断变化的行政需要时，议会存在时间上的应对能力的局限，广泛地承认行

---

〔5〕　加藤一明表明了以下的解释或理解：①《日本国宪法》第73条第6项正文表明“在存在法律委任的情形下，能够行政立法”，该条的但书是《日本国宪法》第31条之规定“关于制定刑罚法规，不是一概不允许委任立法”。②“执行命令”与“委任命令”的区分不是从《日本国宪法》，而是从《国家行政组织法》等当中推导出来的。③“执行命令”这一概念内部包含了行政权独自制定这一意思，是行政权优位的宪法构造的产物。参见加藤一明：“基准与裁量——以行政立法为主（基準と裁量——行政立法を主として）”，载《行政学讲座》第3卷，东京大学出版会1976年版。也参见其“关于行政立法（行政立法について）”，载《公法研究》1977年第39号。

政立法的现实必要性[6]。另外，作为行政立法在一定程度上存在
4 的理由，还能够例举出两点局限，即③作为上述②的特殊情形
即出现紧急状态时，议会存在着迅速应对能力上的局限；④关
于地方公共团体的行政机关或国家的地方分支部局（的长官）
的行政立法，法律在考虑地方、地域的多种多样的情况时存在
局限[7]。

当然，这些只不过是能够将行政立法的存在正当化的一般根
据，对于现实中的每一次行政立法，有必要斟酌向行政机关授权
立法的必要性或合理性。

二、行政立法的意义

行政法学上的"行政立法"以及与此相关的"法规命令"、
"法规"、"命令"等概念的使用方法并不固定，这给讨论"行政
立法"一词带来了一定的困难。下面将谈到相关的各种概念，同
时论述本章中"行政立法"的意义。

（一）行政立法的意义

一般认为，"行政立法"一词在第二次世界大战前的公法学
5 上并未被使用，到了第二次世界大战以后，才由田中二郎博士开
始使用[8]。

---

〔6〕 参见兼子仁：《行政法总论（行政法総論）》筑摩书房 1983 年版，第 111 ~
112 页；杉村敏正："委任立法（委任立法）"，载《公法研究》1956 年第 14 号；芦部
信喜："现代立法（现代における立法）"，载《现代法》第 3 卷，岩波书店 1965 年
版；荒·注〔1〕，第 199 ~ 200 页；等等。

〔7〕 作为③的例子，能够例举出《灾害对策基本法》第 109 条、《粮食管理法》第
8 条之 4 有关政令制定的授权；作为④的例子，能够例举出《渔业法》第 65 条第 1 款、
《都市规划法施行令》第 19 条有关规则制定向都道府县知事的授权、"再委任"等。

〔8〕 据横山信二的"行政立法概念的重构（行政立法概念の再構成）"（载《松
山法学四十周年纪念论文集》，1990 年），田中二郎的《行政法大意》（劲草书房 1950
年版）是最早使用"行政立法"一词的。

　　根据田中博士的学说，所谓"行政立法"是指"行政权以法条的形式制定一般抽象性、假言式规定"[9]。这里所说的"行政立法"，除了具有因与行政法学体系构成上的"行政行为"、"行政强制"等并列定位而具有的特征外，还有一些与在其他地方所论述的"立法"等不一致的特征[10]：①二分为"法规命令"与"行政规则"[11]，"行政立法"也包括后者，也就是说将"行政规则"也作为"行政立法"的一种；②在广义上，还包括"地方公共团体的自主法（自治立法）"[12]。

　　首先，关于上述②，在近年的行政法学说中，将"自治立法"中由地方公共团体议会制定的条例看做"行政立法"的一种

---

　　[9]　也包括后述几点，参见田中二郎：《行政法总论（行政法総論）》，有斐阁1962年版，第363页以下；田中·注[1]，第158页以下。

　　[10]　田中·注[1]第8页将"立法"说明为"基于国家的统治权制定成文法规的活动"，同第57页以下阐释的"行政法的法源"中，不包括"训令、通知、政府的官方解释"。也参见大桥洋一（大橋洋一）：《行政规则的法理与实态（行政規則の法理と実態）》，有斐阁1989年版，第12页。另外，关于田中博士的"行政规则"一词，也参见后注[30]。

　　[11]　"法规命令"、"行政规则"等词及包括这些的"行政立法"一词并不是从第二次世界大战以后的初期就在行政法学上一般化的。比如，在渡边宗太郎（渡辺宗太郎）的《新版日本国行政法要论（新版日本国行政法要論）》上卷有斐阁1963年版，第227页以下中，作为对应的词分别是"行政命令"、"行政规程"、"行政规则"。代替"法规命令"、"行政规则"的"行政命令"、"行政规程"的用法，被认为是对应于在德国是少数的O. 迈耶区别"命令（Verordnung）"［或者是"行政命令（Verwaltungsverordnung）"］与"行政规程〔行政规则〕（Verwaltungsvorschrift）"的用法。也参见拙文："德国基本法下行政规则的学说（ボン基本法下における行政規則に関する学説）（一）"，载《阪大法学》1976年第99号。

　　[12]　"行政立法"的概念包括"行政规则"或"自治立法"，有可能参考了福斯多夫的做法。E. Forsthoff, *Lehrbuch des Verwaltungsrechts*, Band 1 在"行政立法（organisierte Rechtsetzung innerhalb der Verwaltung）"这一上位概念之下，包括"法规命令（Rechtsverordnung）"、"行政命令（Verwaltungsverordnung）"、"自治法（Satzung）"三者。（在田中·注[1]的参考文献中，例举了上述E. Forsthoff的书籍）。

的情形越来越少[13]。与此相对，由地方公共团体长官等行政机关制定的规则等的定位仍不稳定[14]。

其次，关于上述①，即使到今天也仍有不少人将"行政立法"一词作为包括"行政规则"的概念来使用[15]。但是，也有越来越多的人明确提出，难以在严密的意义上将"行政规则"说成是"立法"[16]，甚至有人明确地将"行政规则"排除出去来使用"行政立法"一词[17]。

虽然如上面所论述的那样，关于"行政立法"一词有种种模糊不清的地方，但在本章中，其一，虽不将作为地方公共团体之议会立法的条例包括于"行政立法"中，但将地方公共团体长官等行政机关的立法包括于"行政立法"中。另外，虽然以前一直

---

〔13〕 参见藤田宙靖：《行政法Ⅰ》（总论）（第三版），青林书院1993年版，第274页注〔1〕；盐野·注〔1〕，第77页；等等。但是，将条例的制定作为"行政立法"的一种，将有无行政权的明显滥用作为问题的下级审判决，有新潟地判昭58·12·26判自第5号第80页。

〔14〕 南博方、乙部哲郎也将规则与条例一起从"行政立法"中排除出去，参见南博方：《行政法》，有斐阁1990年版，第83页以下；乙部哲郎："行政立法"，载南博方、原田尚彦、田村悦一编：《新版行政法》（1）（修订版），有斐阁1992年版，第126页。另一方面，与本章同样将地方公共团体长官、行政委员会的"规则"整理成"自治体行政立法"的，有兼子·注〔6〕，第115页。

〔15〕 藤田·注〔13〕，第274页以下；乙部·注〔14〕，第125页以下；阿部泰隆：《行政的法体系（行政の法システム）》（下），有斐阁1992年版，第772页。

〔16〕 关于将"行政规则"包括于"行政立法"，广冈隆（広岡隆）认为"未必是应该按照字义解释的说法"，参见广冈隆：《新版行政法总论（新版行政法総論）》，ミネルヴァ书房1992年版，第105页；芝池义一（芝池義一）认为"严格来说……并不正确"，参见芝池义一：《行政法总论讲义（行政法総論講義）》，有斐阁1992年版，第114页；大桥·注〔10〕，第12页阐述："是容易产生误解的用法。"另外，也参见盐野·注〔1〕，第76页；高木光：《实况行政法（ライブ行政法）》（中级编），有斐阁1994年版，第70～72页；堀内健志：《立宪理论的主要问题（立憲理論の主要問題）》，多贺出版1987年版，第25页。

〔17〕 兼子·注〔6〕，第111页以下；小高刚：《行政法总论（行政法総論）》，ぎょうせい1994年版，第36页。作同样理解的，还有原田尚彦：《行政法要论（行政法要論）》（全订第三版），学阳书房1993年版，第83页以下。

是根据有无"法规"性来区别"法规命令"与"行政规则",但在这里,将所说的"法规"理解为(宪法及不成文法以外的)"对于行政主体或行政机关具有对外拘束力,可能作为裁判基准直接发挥功能的规范"。其二,将"行政规则"从"行政立法"中排除,只将相当于"法规命令"的部分称为"行政立法"。因此,本章中的"行政立法",可以理解为如下的规范(一般性抽象性的规定)(也意味着酌量让其制定这样的规范的行为):

6

所谓行政法,是"行政主体或行政机关制定的、规范行政组织或行政活动的(成文的)规范,对外性地约束行政主体或行政机关,并可以成为裁判基准的规范"。

(二)行政立法与原有的各种概念

关于上述意义上的"行政立法"与"行政规则"、"命令"、"法规"的异同或关系,还有必要进行若干说明与探讨。

1."行政规则"

并非不可能在法理学或法社会学上将以前一直作为"行政规则"的各种规范称为"法"。如果着眼于一直被作为"行政规则"的代表性例子(至少是作为一般性抽象性规定的)的训令、通知类当中,存在着的作为职务命令对于接受命令的下级机关公务员具有法的拘束力的部分,那么也能将这一部分称为行政"内部法"[18]。

但是,第一,一般认为,训令、通知类一直未被当做行政法上的一种"法源",并且,行政活动也并不因为违反训令、通知类而直接成为"违法"。如此,将以这样的规范作为代表性例子

---

〔18〕 山内一夫、藤田宙靖将训令、通知类理解为"法规范"的一种,参见山内一夫:"训令与通知(訓令と通達)",载《行政法讲座》第4卷,有斐阁1965年版;藤田宙靖:《行政组织法(行政組織法)》,良书普及会1994年版,第13~14页。另外,虽然在本章中使用"训令、通知类"一词,但关于其缺乏严密性及以前的"行政规则"的种类,参见本书第五章第一节、第四章第二节(原书同),边码第194~196页、边码第153页;关于训令、通知类的行政"内部法"性,参见本书第六章第三、四节(原书同),边码第291页以下。

的"行政规则"称为"法"或者"立法"，就缺乏与行政法学上通行的"法"概念用法间的统一性、整合性。

第二，训令、通知类等"行政规则"一直被说成是即使没有议会立法授权行政机关也能制定的规范。但《日本国宪法》第41条将国会规定为"国家唯一的立法机关"，由此所产生的结论之一就是，（至少"国家"的）行政机关的立法需要有"唯一的立法机关"即国会的授权。如此，将也包括不是基于议会立法之授权而行政机关能够制定的规范称为"立法"，恐怕就缺乏与《日本国宪法》第41条所使用的"立法"概念的整合性[19]。

当然，"法"一词的用法可能是多种多样的，并且，行政法学上的各种概念未必始终须与宪法上用词的含义相一致。但是，将"行政规则"看成"立法"或"法"的一种会出现上述问题，因此，将其从"行政立法"中排除出去是恰当的。

2. "命令"

"命令"一词，多数是作为仅意味着（国家的）法规命令的词来使用[20]，但在行政法学上，有时也作为"法规命令"和"行政规则"（="行政命令"）的总称来使用[21]。但是，《日本国宪法》（第81、98条）、《国家行政组织法》（第12条第1款、第13条第1款）所使用的"命令"或个别法律所使用的"命令"[22]，被解释为不包括（作为行政处分的一种的下令另当别

---

〔19〕 像这样的疑问已经表明于高田敏的"现代法治行政的构造（现代における法治行政の構造）"，载《渡边宗太郎古稀纪念文集·行政救济的问题》，有斐阁1970年版。

〔20〕 田中二郎："法律与命令（法律と命令）"，载《行政法讲座》第1卷，有斐阁1956年版；盐野·注〔1〕，第48页；原田·注〔17〕，第30～31页；等等。

〔21〕 今村成和：《行政法入门（行政法入門）》（第五版），有斐阁1992年版，第61页。

〔22〕 例如，《地方自治法》第4条之2第4款"对于地方公共团体行政厅的申请、申报及其他行为的期限，是用法律或者基于法律的命令规定的期间……但在法律或基于法律的命令中另有规定时，不在此限"；《建筑基准法》第3条第1款"这一法律或基于这一法律的命令及条例的规定，不适用于该当下列各项之一的建筑物"。

论）训令、通知类等"行政规则"的概念。因此，如果以宪法和法律上的用法为前提，那么"命令"一词就应当作为不包括"行政规则"的概念来使用。

如果如此理解"命令"一词，那么也可以考虑不使用"行政立法"而代之以"命令"一词。但是，"命令"一词有时也意味着一种行政处分（法律用语上意指下令的"命令"或者行政法学上的"命令性行政行为"），因此存在着容易混淆的难点[23]。另外，虽然"命令"一词在传统上主要是指国家的行政机关进行立法[24]，但也应该将地方公共团体行政机关的立法正当地定位为"行政立法"的一种。因此，只要以"命令"原有的意思为前提，用"命令"一词取代"行政立法"，从其范围的狭窄性来看是不恰当的。

3. "法规"

在排除"行政规则"，而只将相当于"法规命令"的规范称为行政立法时，有怎样区别两者的问题。并且，如果再将以前依据有无"法规"性来区别"法规命令"与"行政规则"作为前提，那么从这个问题又会产生如何妥当理解"法规"一词的问题。

关于"法规"这一概念的含义一直有批判性的分析与探讨[25]，本章也参考这些分析与探讨，已如前述，将"法规"理解为（宪法及不成文法以外的）"对于行政主体或行政机关具有对外拘束力，作为裁判基准可以直接发挥功能的（成文）规范"。

8

---

〔23〕　兼子·注〔6〕第113页说："因为命令一词容易混淆，所以想尽量避免"。也参见兼子·后注〔30〕，第57页。

〔24〕　田中·注〔20〕，第256页，注（一）等。

〔25〕　参见藤田宙靖：《行政与法（行政と法）》，载《现代行政法大系》第1卷，有斐阁1983年版；同·注〔13〕，第54、274～276页。关于O. 迈耶的"法规"、"法律的法规创造力"等，参见森田宽二（森田寛二）："法规与法律的支配（法规と法律の支配）（一）·（二·完）"，载《法学》1976年第40卷第1号；同第2号。关于第二次世界大战后德国学说中的"法规"及其与"行政规则"的区别，参见拙文注·〔11〕，第103页以下；同"德国基本法下行政规则的学说（二）"，载《阪大法学》1977年第102号；等等。

关于"法规"这一概念的更加详细的理解将在本书第三章中有关"法规"的部分论述，先将这种理解方法的要点归纳如下：

（1）"法规"不是着眼于规范内容或规范对象的概念，而是着眼于规范效力的概念。如果以行政法学上通说性的"法规"概念为前提，那么"有关私人之权利义务的规范"并不是"在内容上涉及私人权利义务的规范"，而是指"具有单方改变私人权利义务之效力的规范"。

在将"法规"理解为着眼于规范效力的概念的同时，还有必要比"具有单方改变私人权利义务之效力"更为广泛地理解法规的效力。对此，藤田宙靖教授认为，"可以考虑主要仅从形式性效力的侧面理解'法规'概念，将其定义为'无需同意而约束所有的执行机关，成为法院裁决诉讼基准的法规范'"。在将"法规"理解为着眼于规范所具有的效力侧面的概念时，我基本上赞同这种定义方法[26]。

（2）"法规"不仅在内容上包括关联私人之权利义务及其他法律地位的事项，也能包括行政机关的设置及编制、物品及财产的管理、财务会计的处理、非拘束性行政计划的内容要件及制定程序等各种事项。只要不违反宪法或上位"法规"，"法规"就可以规范任何对象。

（3）行政主体或行政机关制定的规范之所以具有"法规"性（＝成为"行政立法"），可以直截了当地认为，是因为其是基于议会对于制定具有"法规"效力之规范的授权（或者是基于这种授权的行政立法之再委任）制定的。但如后文所述，还有必要再探讨地方公共团体的规则等。

---

〔26〕 藤田·注〔25〕，第32页；同·注〔13〕，第54页。但是，关于最后的"法规范"，看来似乎不需要附加"法"一词。另外，是否作为"法院裁决争讼的基准"实际发挥功能，为诉讼制度的具体内容（尤其是被特别允许的客观诉讼）所左右，这种定义并不是仅限于将"法规"作为现行诉讼制度上的裁判基准发挥功能的概念。

（4）作为行政主体或行政机关制定的规范，只要"法规"效力源自议会授权，那么着眼于规范效力的"法规"概念，就不能成为决定行政机关制定规范时是否需要议会授权（"法律保留"的妥当范围）的抓手。因为这将明显陷入以是否存在议会授权为线索，决定是否需要议会授权的循环论证中。 9

不论规范的内容是否涉及"私人之权利义务"，也不提供决定是否需要议会授权的决定性线索。例如，在没有议会授权的情况下制定的训令、通知类就表明，关于某行政处分的解释基准或裁量基准（参见有关行政基准的本书第五章）具有很多涉及"私人之权利义务"的内容。

关于《日本国宪法》第 41 条的"立法"概念，宪法学说上主张的"一般性、抽象性的法规范"之理解[27]，有必要进一步将"法"规范的意思当做一个问题。并且，应该留意的是，如果这里的"法"规范没有特别的限定，那么训令、通知类也完全有可能成为"一般性、抽象性的"规范。

（5）上述"法规"的理解方法，在观点上或者立场上与以前的方法也颇为不同。虽然远藤博也博士提及了"主观性法"与"客观性法"的区别[28]，但以前通说理解的"法规"，如果仅着眼于其内容来说，相当于这一区别中的"主观性法"，而本章中的"法规"，在内容上可能是"主观性法"，也可能是"客观性法"。并且，如果考虑"法规"这一概念长期以来一直被当做带有"有关私人之权利义务"这一"主观性"色彩的概念，那么对

---

〔27〕参见芦部信喜：《宪法（宪法）》，岩波书店 1993 年版，第 221 页；同·《演习宪法（演习宪法）》（新版），有斐阁 1988 年版，第 250 页；同·注〔6〕，第 24 页以下；手岛孝（手岛孝）："财政（财政）"，载竹内昭夫、手岛孝等：《现代的经济构造与法（现代の经济构造と法）》，筑摩书房 1975 年版。

〔28〕远藤博也（远藤博也）：《实定行政法（实定行政法）》，有斐阁 1989 年版，第 24～25、111 页。也参见本书第六章（原书同），边码第 283、290、298～299 页。

于也包含"客观性法"的规范，即使特意不称之为"法规"，或许也可简单直截了当地称之为"法"〔29〕。

（6）但是，在对外性地拘束行政主体或行政机关，并作为裁判基准可以直接发挥功能的"法"当中，还包括宪法和不成文法（法的一般原理等），所以也可以考虑将这一部分排除，只针对议会及行政主体、行政机关制定的成文的"法"使用"法规"一词。并且，在特别留意其是规范行政组织或行政活动的规范的情形下，可能将其称为"行政性法规"〔30〕。

4. "法令"、"例规"

以上述内容为前提进行附加说明的话，那么可将国家议会立法的法律和国家行政立法的"命令"总称为"法令"，并且，假设将地方公共团体的行政立法总称为"规则"，那么可将地方公共团体之议会立法的条例和"规则"总称为"例规"〔31〕。如此，所谓"法规"，大体上包括"法令"和"例规"，在行政立法中有国家的"命令"和地方公共团体的"规则"。但因为存在着国家、地方公共

---

〔29〕 虽然也必须将"法规命令"一词作为问题，但高田敏说："可以称为法命令。"参见高田敏："立法的概念（立法の概念）"，载奥平康弘、杉原泰雄编：《宪法学（憲法学）5》，有斐阁1977年版。另外，室井力指出"法规"概念具有君主立宪制性的历史性，主张"已经不应该使用"，参见室井力："现代行政与行政法的理论（现代行政と行政法の理论）"，载《公法研究》1968年第30号。

〔30〕 在拙文·注〔3〕第52页中，使用了如本章"行政性法规"一词。兼子仁阐述说，所谓的"行政性法规"是"将行政作为对象所关系到的法规（行政相关法规），其中包括议会立法与行政立法"，参见兼子仁：《自治体法学》，学阳书房1988年版，第56页。关于田中·注〔1〕第36页以下的"行政性法规"，被解释为不限于意味着具有有关"人民的权利义务"的主观性内容的规定，也意味着对于行政活动具有行为规范性、裁判基准性的法规（参见本书第三章注〔28〕），与本章的理解并无不同。另外，如果依据《日本国宪法》第98条第1款，那么宪法是"国家的最高法规"，对应上下文，作为成文法的宪法可以被包括于"法规"中。

〔31〕 像这样整理的内容，参见兼子仁："何谓行政法（行政法とは何か）"，载兼子仁、椎名慎太郎、矶野弥生（磯野弥生）等：《行政法（ホーンブック行政法）》（改订版），北树出版1994年版，第26～27页；同·注〔30〕，第61页。

团体（暂且让其意味着都道府县、市町村、特别区）以外的行政主体或其机关制定的"法规"、行政立法，所以其还不够严密。

三、行政立法的范围

应该根据行政主体、行政机关制定的各种规范是否具有上述"法规"效力来具体明确行政立法的范围。但是否是（或可能是）行政立法，可以通过宪法或行政法中现行的法规所预定的存在形式的名称（以下称为"形式名称"）来明确，虽然是从存在形式的观点，但某种程度上能够表明行政立法的范围。

（一）国家

国家行政立法的主要形式名称，有内阁的"政令"（《日本国宪法》第 73 条第 6 项）、总理府长官（内阁总理大臣）的"总理府令"以及各省大臣的"……省令"（《国家行政组织法》第 12 条第 1 款）、作为总理府及各省之直属局的委员会以及各厅长官的"规则"（《公平交易委员会规则》、《海上保安厅规则》等，《国家行政组织法》第 13 条第 1 款）、作为不属于各大臣管辖之行政机关（独立机关）的会计检查院、人事院的"规则"（《会计检查院法》第 38 条，《国家公务员法》第 16 条）。

此外，虽然人事院"指令"的性质多种多样，但存在着行政立法的情形（参见《国家公务员法》第 16 条第 1 款及第 3 款、第 18 条、第 55 条第 3 款[32]），并且，各省大臣等的"告示"[33]

---

[32] 参见鹈饲信成：《公务员法（公务员法）》（新版），有斐阁 1980 年版，第 331、333 页；田中·注〔9〕，第 365 页。

[33] 基于《多极分散型国土形成促进法》第 8 条第 1 款第 3 项的《承认振兴基地地区基本构想的基准》（平 1 总理府告示 18 号）、基于《建筑基准法施行令》第 107 条的《耐火构造的指定》（昭 39 建筑省告示 1675 号）、基于《地方税法》第 388 条的《固定资产评估基准》（昭 38 自治省告示第 138 号）、授权规定不明确的《新矿床探矿费补助金交付规则》（昭 34 通产省告示 1675 号）等。

（参见《国家行政组织法》第 14 条第 1 款）也存在同样的情况。因此，它们也成为作为国家行政立法的"命令"的存在形式之一。

另外，个别法律中使用的"命令"一词是否意味着包括"告示"等的全部国家行政立法，有必要就各个法律分别进行探讨。例如，虽然《行政程序法》第 2 条第 1 款明确了"命令"中包含"告示"（但是，被解释为仅限于具有行政立法性质的命令），但《国家行政组织法》第 12 条第 1 款所说的各大臣的"命令"被解释为只限于总理"府令"和各"省令"，而不包括"告示"[34]。

（二）地方公共团体

地方公共团体行政立法的主要形式名称，是长官"规则"及地方自治法所说的作为执行机关的各委员会的"规则"。

此外，如《选举管理委员会规程》（参见《地方自治法》第194 条）、《固定资产评估审查委员会规程》（参见《地方税法》第 431 条第 2 款）等，作为地方自治法所说的执行机关委员会制定的"规则"以外的"规程"（参见《地方自治法》第 138 条之 4 第2 款）或国营企业管理者制定的《企业管理规程》（《地方国营企业法》第 10 条），虽然经常被理解为与训令具有同一性质[35]，且关

---

〔34〕另外"命令"一词在个别行政立法的标题中使用时，仅限于包括总理府长官（内阁总理大臣）的复数大臣的共同（即同时具有"总理府令"和各省大臣"省令"这两种性质）行政立法。例如，制定《规定一般废弃物之最终处理厂及产业废弃物之最终处理厂技术上基准的命令》（平 5 总理府令、厚生省令 1 号）、《关于〈濒危野生动植物品种保护法〉第 52 条规定的负担金征收方法等的命令》（平 5 总理府令、通商产业省令 1 号）。总理府令及省令（包括共同省令）的情形，不使用"命令"，相应的部分用"规定……的总理府令"、"关于……的省令"。

〔35〕例如，关于委员会"规程"，参见兼子·注〔30〕，第 68～69 页。即使是关于不是"规程"的长官、委员会的"规则"，以前也一直多从是"法规"与不是"法规"（行政规则）进行说明。比如，参见金丸三郎、若林仙二：《条例与规则（条例と规则）》，良书普及会 1949 年版，第 194 页；俵静夫：《地方自治法》，有斐阁 1969 年版，第 310 页；远藤博也："自治立法论"，载南博方、原田尚彦、田村悦一编：《新版

于其是否基于"立法"的授权还有探讨的余地，但也可能成为行政立法的存在形式[36]。与国家的情形相同，也存在着作为行政立法的"告示"[37]。

另外，地方公共团体的条例、长官规则或训令、通知类，有时也有《……规程》这样的名称（标题），容易混淆[38]。必须将这些与作为行政立法之形式名称的上述的"规程"相区别。

（三）其他

一直认为地方自治法上的特别地方公共团体或公共合作社等也能成为行政主体。因此，在关于它们的组织或活动所规定的、地方公共团体合作社及地方开发事业团之"规约"或公共合作社之"章程"、"规程"等当中，也有可以理解为行政立法之存在形

行政法（3）》（修订版），有斐阁1992年版；田中·注〔9〕，第146页。它们在"法规"的理解上与本章不同。关于长官的财务会计"规则"类整体上也有可能是"法规"这一点，参见本书第六章第三节三（一）（原书第六章第三节四2），边码第290页、第294页注〔48〕。

〔36〕 选举诉讼中，将《选举管理委员会规程》作为《公职选举法》第205条第1款所说的"选举规定"之一判断选举效力的判例，有最二判昭33·9·19民集第12卷第13号第2078页〔公选法公告事项案〕、最三判昭49·11·5民集第28卷第8号第1543页〔公选法投票管理者案〕。作为行政立法的地方国营企业管理规程的例子，有西宫市《关于斑状齿的认定及治疗补偿的规程》（参见昭52水道局管理规程2号，最三判平5·12·17判夕第837号第229页〔西宫市含氟水道水案〕），关于规定企业职员的勤务条件的规程，说是与私人企业的就业规则不同的"法性规范"的判例，有福冈地判昭55·4·15判夕第427号第120页、福冈地判昭57·5·12判夕第477号第174页的判例。

〔37〕 例如，《基于消费者保护条例的不正当交易行为的指定》（平2大阪市告示472号）、《基于国土利用计划法的监视区域的指定》（平4大阪市告示912号）、《关于情爱宾馆建筑等规制设施的指定》（昭58堺市告示53号）。

〔38〕 例如，采取条例形式的《渔港管理规程》（《渔港法》第26条，参见最二判平3·3·8民集第45卷第3号第164页〔撤除渔港区域内铁桩居民诉讼案〕）、作为有关土地区划整理事业条例或长官规则的标题的《……土地区划整理事业施行规程》（参见《土地区划整理法》第53条、第67条）、北海道《事务裁决规程》（昭41训令3号）、岩手县《知事部局代决专决规程》（昭37训令4号）、那霸市《关于市道认定基准规程》（昭46训令4号）。也参见国家的《大学入学考试资格审定规程》（昭26文部省令13号）、《各种学校规程》（昭31文部省令31号）等。

式的规范[39]。另外，其中有不少规范需要由主务大臣等认可，或在许可该合作社等设立时成为审查对象[40]。

四、行政立法的动向

16

关于行政立法的动向，目前能够指出数量多，质的功能大，以及行政立法与其他各种规范等的区别相对化这些现象。

（一）数量

虽然是否可以将全部的政令、府令及省令、地方公共团体之规则定性为行政"立法"在严格意义上是个问题，且有必要留意在此之外多数存在的具有行政立法性质的告示等，但下面所例举的数据，在某种程度上能够表明行政立法在日本的大量存在。

第一，下表最左边时期一栏表明的各个时期所施行的法律、政令（包括具有政令效力的敕令）、府省令（包括具有总理府令效力的阁令）数如下[41]：

---

[39] 最一判昭 55·7·10 民集第 34 卷第 4 号第 596 页〔土地区划整理合作社土地面积决定方法案〕，视土地区划整理合作社章程将制定"必要的细则"授权于合作社董事为合法。关于这一判决，参见安本典夫："判例批判（判批）"，载《民商法杂志》1981 年第 84 卷第 3 号；栋居快行（棟居快行）："判例批判（判批）"，载《法学协会杂志》1982 年第 99 卷第 8 号。关于公共合作社的《董事选举规程》类的法的性格、违反这一规程进行选举其效力问题等，参见有关土地改良区的京都地判平 4·6·29 判夕第 804 号第 175 页。

[40] 例如，依据《地方自治法》第 298 条第 2 款的地方开发事业团的《规约》（自治大臣或都道府县知事的认可），依据《土地改良法》第 10 条、同法第 57 条之 2 的土地改良区的《管理规程》（都道府县知事的认可）。另外，《农住合作社法》第 29 条第 3 款规定"主务大臣可规定模范章程"，对于认可设立农住合作社的机关即都道府县知事，能够发布《关于农住合作社模范章程的制定》（昭 56 国土政 227 号、农经 A1194 号、建设省计宅发 142 号）。

[41] 关于各年情形，分别引自前田正道编：《练习问题集法制工作（ワークブック法制執務）》（全订），ぎょうせい1983 年版，第 13 页；铃木庸夫、石川敏行、山下淳编：《简明行政法教材（目で见る行政法教材）》，有斐阁 1993 年版，第 23 页，转引自小岛和夫：《法令入门》，ぎょうせい1992 年版；法务省大臣官房司法法制调查部的电话调查回答（以 10 为单位的概数）。

时期	法律	与 1982 年比	政令	府令 省令	政令府省 令合计	与 1982 年比	与法 律数比	总计
1982 年 6 月末	1515	——	1819	2369	4188	——	2.76 倍	5703
1988 年 1 月末	1554	增 2.6%	1862	2464	4326	增 3.3%	2.78 倍	5880
1994 年 2 月末	1620	增 6.9%	1950	2620	4570	增 9.1%	2.82 倍	6190

如上所示，政令、府省令数的合计大约是法律数的 2.8 倍。　17

此外，虽然还不清楚有关全国的正确统计数字，但即使是关于地方公共团体，也可以推测出大约存在着相当于条例数 1.5 倍~2 倍的长官等的"规则"[42]。

第二，下表最左面一栏各年一年间所制定、公布的法律、政令及府省令（包括共同省令等）数如下（〔　〕内是修改既有的法律、政令等的数据）[43]：

---

　[42]　各地方公共团体刊登于例规集类的条例、规则的数字如下〔按条例、规则的顺序。数字中不包括虽然没有办理废止手续但实质上已无意义的条例、规则。所有的数字都是咨询各法规（文书、法制）的相关部门的结果〕：东京都 481/723（仅为长官规则部分），大阪府 250/338（仅为长官规则部分），大阪市 313/404（仅为长官规则部分）、503（包括长官规则以外的规则），堺市 211/208（仅为长官规则部分）、292（包括长官规则以外的规则）〔此外，规程 33〕，高槻市 180/245（包括长官规则以外的规则）〔此外，规程（水道、交通）75〕。东京都、大阪府是截至 1994 年 4 月 1 日的数字，大阪市、堺市是截至 1994 年 5 月 1 日的数字，高槻市是截至 1994 年 6 月末的数字。

　[43]　依据刊登于《法令解说资料总览》（1978 年~，第一法规）另册各年《法令索引》中的资料确认或合计而成。

年	法律 [修改 百分比]	政令 [修改]	府省令 [修改]	政令府省令合计 [修改 百分比]	与法律 数比
1978 年	107 [79] 74%	407 [309]	710 [645]	1117 [954] 85%	10.44 倍
1981 年	102 [80] 78%	384 [258]	668 [603]	1016 [861] 85%	9.96 倍
1984 年	87 [66] 76%	360 [283]	627 [569]	987 [852] 86%	11.34 倍
1987 年	115 [77] 67%	413 [323]	676 [585]	1089 [908] 83%	9.47 倍
1990 年	85 [67] 79%	354 [272]	537 [477]	891 [749] 84%	10.48 倍
1991 年	112 [81] 72%	388 [302]	601 [539]	989 [841] 85%	8.83 倍
1992 年	108 [81] 75%	395 [290]	715 [619]	1110 [909] 82%	10.28 倍
1993 年	98 [76] 78%	410 [311]	728 [667]	1138 [978] 86%	11.61 倍
上述 四年间平均	101 [76] 76%	387 [294]	654 [576]	1, 032 [870] 84%	10.24 倍

如果从 1990 年以来的四年间的情况来看，相对于每年间约制定100 部的法律，每年平均有超出法律数 10 倍的政令、府省令（每天大约 3 部）被制定。并且，这些政令、府省令的多数（平均约84%）是对既有政令等的修改，可以说，政令等要比法律更频繁地修改其内容（平均每年有五分之一的政令、府省令被修改）。

（二）质的功能

从上面这些数据，某种程度上已经能够推测出当今行政立法质的功能之大。并且，从本来议会是立法机构以及行政立法应被承认

18

的存在理由来看，有必要个别性地探讨现在行政立法质的功能是否适当的问题，在行政法学说上，经常有人指出①《国家公务员法》第 102 条第 1 款、《外汇及外国贸易管理法》第 52 条，②防止公害的各种法律、条例，③《国土利用规划法》第 5 条等向行政机关的立法授权，④《教学用图书审定规则》（文部省令），⑤关于地方债许可的省令（内务＝大藏省令）等行政立法，存在着放弃议会的职责进行一般性、全面性授权之嫌疑、回避由议会决定重要政策之嫌疑以及违反授权法律之旨趣的嫌疑，等等[44]。

前面也仅是指出其一部分的行政立法质的功能之大，整体上，在与"依法律行政"原理的关系上还包含着不容放过的问题。如此，就必须追问行政法学（及宪法学）上理论性的以及立法政策论性的应对方法[45]。

（三）类似于行政立法的各种规范

下面虽然涉及行政立法的意义或其具体范围问题，但在行政主体和行政机关制定的各种规范中，有很多难以判断其是否是行政立法或者是否具有与行政立法类似的功能。

不能够明确其是否基于"立法"之授权的规范不少。另外，作为"行政规则"的代表性例子的训令、通知类，在很多情形下实质上发挥着行政立法的功能，或者在有关具体行政决定的司法审查中，

---

〔44〕 分别是①杉村敏正："行政裁量"，载《现代法》第 4 卷，岩波书店 1966 年版；②田村浩一："关于公害立法的立法委任（公害立法における立法の委任について）"，载《大阪市大法学杂志》1970 年第 16 卷 2·3·4 号；③盐野宏："国土开发（国土開発）"，载山本草二、奥平康弘等：《未来社会与法（未来社会と法）》筑摩书房 1976 年版；④园部逸夫："行政程序（行政手続）"，载《现代法》第 4 卷，岩波书店 1966 年版，盐野·注〔1〕，第 82 页；⑤加藤·注〔5〕前者，第 148 页以下。

〔45〕 手岛孝说，"当今，数量一味激增的委任立法（行政立法），成为将议会主义空洞化的元凶之一，在这一点愈加在日本被证实的同时，针对这一状况的宪法学应对完全没有进展"，参见手岛孝：《宪法解释 20 讲（宪法解释 20 講）》，有斐阁 1980 年版，第 164 页。同样旨趣的还有手岛孝："行政国家的宪法问题（行政国家の宪法問題）"，载《公法研究》1974 年第 36 号。

从结果上来说被赋予接近于行政立法的法律意义（参见本书第四章第三节四，第四节，第五章第三节三，第四节二、三）。

虽然行政立法具有一般性抽象性规定的性质，但如同对于具有接近于行政处分性质的规范使用"准立法"一词[46]那样，行政立法与具体规范或"一般处分"的区别颇为相对。例如，除政令等之外也多使用告示的形式指定或设定各种地域、区域等的行为[47]，或者是如何定位关于一定事态的"布告"或"宣言"[48]，都成为问题。

虽然行政立法是具有对外性拘束力的规范，但按照每一个行政立法的文字内容或者其一义性程度，对于行政活动所约束的内容、程度各不相同，有的规范也只是停留于宽松的约束。而如使用告示形式制定的《自然环境保护基本方针》（《自然环境保护

19

---

[46] 原田·注〔17〕，第84页。但是高木·后注〔170〕第245页以下的"行政准立法"也包括条例或通常的行政立法。

[47] 依据《顺利转换产业结构临时措施法》第4条第3款的"特定地区"的指定（政令），依据《地域雇用开发等促进法》第2条第1款的"增加雇佣机会促进地域"等的指定（政令）、《完善国际观光文化都市财政措施法》适用城市的追加指定（政令），依据《道路法》第13条第1款的"指定区间"的指定（政令），依据《古都保护法》第2条第1款"古都"的追加指定（政令），依据该法第4条第1款的"历史风土保存区域的指定"（总理府告示），依据《特殊土壤地带灾害防除振兴临时措施法》第2条的地域指定（总理府告示），依据《自然环境保护法》第22条的"自然环境保护区域"的指定（环境厅告示），依据《自然公园法》第2条、第17条第1款的"国立公园"、"国家指定公园"、"特别地域"等的指定（环境厅告示），依据《大规模地震对策特别措施法》第3条的"地震防灾对策强化地域"的指定（总理府告示），依据《鸟兽保护法》第8条之8第1款及第3款的"鸟兽保护区"、"特别保护地区"的指定（环境厅告示、都道府县告示），依据该法第9、10条的"休猎区"、"枪猎禁止区域"、"枪猎限制区域"的设定（都道府县告示），依据《森林法》第25条第1款的"保安林"的指定（农林水产省告示），依据《海岸法》第3条第1款的"海岸保护区域"的指定（都道府县告示）等。

[48] 参见依据《警察法》第71条的紧急事态"布告"，依据《灾害对策基本法》第105条的灾害紧急事态"布告"，依据《大规模地震对策特别措施法》第9条关于地震灾害的"宣告"等。发布这些"布告"是后续的行政处分等的前提条件。

法》第 12 条）等"基本方针"类[49]或"环境基准"（《环境基本法》第 16 条），虽然从其约束的内容、程度来看很难称其为行政立法，但将其作为与训令、通知类同一性质的规范定性为"行政规则"也不恰当，近似于表明政策目标、实现对策等"行政计划"[50]的规定逐渐增多。

与议会立法相似，在行政立法中，也有如基于《公营住宅法》的该法施行令的某些条款那样，应该作为《民法》、《房屋租赁法》等的特别法来定位的规定[51]。另外，也有如基于《邮政法》、《公众电子通信法》、《广播法》等的行政立法的某些条款那样，其本身规定着在公共企业或公共设施利用等方面国家等作为一方当事人的合同的条款（的一部分）。像后者的情形，严格来说，即使采取省令等形式，在与私人的关系上也应该称其为"行政条款"[52]。

即使关于以前所说的《营造物利用规则》，也出现了是行政立法还是合同条款（或者进一步说，是否为"行政规则"）的问

---

〔49〕 除了"自然环境保护基本方针"之外，有依据《大都市地域住宅提供促进法》第 3 条之 2 的"关于住宅及住宅地提供的基本方针"，依据《明日香特别措施法》第 4 条第 1 款的"完善明日香村基本方针"，依据《多极分散型国土形成法》第 22 条第 1 款的"业务核心都市基本方针"，依据《防止水质污染法》第 4 条第 1 款的"总量削减基本方针"，依据《国有财产法》第 9 条之 3 第 1 款的"关于国有财产管理及处理的基本方针"等。另外，还有依据《完善产业废弃物处理特定设施促进法》的"关于完善特定设施的基本方针"，依据《地域雇佣开发等促进法》第 6 条第 1 款的"地域雇佣开发方针"等。

〔50〕 阿部泰隆认为，"可以将环境基准看成公害行政上特有计划中的一个手法"。参见阿部泰隆：《行政诉讼改革论（行政訴訟改革論）》，有斐阁 1993 年版，第 117 页。

〔51〕 参见关于《住宅及都市完善公团法施行规则》（建设省令）第 4、5 条的千叶地松户支判平 4·9·4 判夕第 802 号第 168 页。公团方面主张上述省令"是业务监督的行政命令，而不是规定国民权利义务的法规命令，并不规范公团的租赁合同关系"，"与增加房租的私法上的效力没有任何关系"。

〔52〕 这是兼子仁使用的概念，参见兼子仁："行政的意义（行政の意義）"，载杉村章三郎、山内一夫编：《精解行政法》上，光文书院 1971 年版。另外，远藤博也认为，规定公企业的利用条件的供给规程，"在采用法令形式的情形下，具有作为供给合同条款的侧面和作为法规的侧面"，参见远藤博也：《行政法Ⅱ》（各论），青山书院新社 1977 年版，第 173 页。

题〔参见本书第四章第二节三（二）〕。另外，虽然最高法院的1977年判决将大学的学校规则类阐述为"部分社会"的"自律性法规范"[53]，但从它是针对大学（包括私立大学在内）所作的判断来看，不能将其理解为行政立法或"法规命令"的一种。只是，上述判决是否将学校规则理解为在校合同的条款，并不明确。

在私人制定并由行政机关认可的规定中，也有如"预防规程"（《消防法》第14条之2）、"危害预防规程"（《火药类取缔法》第26条第1款）、"保安规程"（《核反应堆规制法》第12条）等[54]这样的规定，虽不能理解为行政立法，但可理解为是——将规定为实施行政性法规所必要的、有关私人之具体细则的"立法"委任于私人。即使在行政立法或制定规范领域，也可以说至少在一定程度上出现了"行政"与私人法主体间互动或两者间区别相对化的现象[55]。

---

〔53〕 最三判昭52·3·15民集第31卷第2号第234页〔富山大学经济系案〕、最三判昭52·3·15民集第31卷第2号第280页〔富山大学专攻学科案〕。

〔54〕 同种类的内容，有依据《高压煤气取缔法》第26条的"危害预防规程"，依据《煤气事业法》第30条第1款及《电气事业法》第52条第1款、《石油输送管道事业法》第27条第1款的"保安规程"，依据《大规模地震对策特别措施法》第7、8条及《石油联合企业等灾害防止法》第18条第1款的"防灾规程"。

〔55〕 除防灾行政上的"预防规程"类之外，还有依据《环境卫生法》第9条第1款的"合理化规程"（环境卫生行业工会〔任意〕，厚生大臣认可）；依据《内航海运工会法》第12条的"持有船只调整规程"（内航海运工会联合会，运输大臣许可。参见东京地判平4·1·30行集第43卷第1号第93页）；依据《航空法》第104条的"运航规程"及"维修规程"（定期航空运送事业者，运输大臣许可）；依据《赛马法》第23条之23的"业务方法书"（根据该法的施行规则第7条之9，还制定了《骑手执照考试的施行细则》，地方赛马全国协会制成，农林水产大臣许可。参见前桥地判平3·4·9行集第42卷第4号第511页）；依据《航空法》第54条之2第2款的"管理规程"（作为公共用机场设置者的私人及地方公共团体制定，运输大臣认可）；依据《河川法》第47条第1款的"水库操作规程"（作为水库设置者的私人及地方公共团体制定，河川管理者认可）等。虽然不需要认可，但《建筑基准法》第8条第2款对于特殊建筑物等的所有人等，要求基于建设大臣用告示规定的"必要指针""制定有关建筑物维持保护的准则或计划"。另外，虽然一般的私人不能规定，但国家或地方公共团体欲设定《鸟兽保护法》上的"猎区"时，需要制定"猎区管理规程"并得到环境厅长官的认可（《鸟兽保护法》第14条第1款）。

此外，建筑协定（《建筑基准法》第 69 条以下）或绿化协定（《都市绿地保全法》第 14 条以下）等以行政机关的认可为生效要件，对于这些协定，也可以讨论行政立法与各地域、地区"自治规范"的某种程度相对化问题。

第三节　行政立法的授权与其控制

一、引　言

根据是否需要议会授权以及需要时必要的授权形态之差异，可将制定行政立法的法律根据作如下分类：　　　　　　　　　　　22

首先，可分为宪法上行政机关的固有权能（也就是宪法的直接授权）与议会的授权。虽然在后者的情形下授权行政立法的议会规定的形式可能成为问题，但原则上仅限于作为议会立法的　　23
"法律"及"条例"[56]，以下将后者称为议会立法的授权。

其次，即使是需要由议会立法进行授权的情形，其授权还可分为议会立法有关行政组织等的一般性授权和议会立法有关行政活动的个别授权。另外，迄今为止在行政法学说上还没有固定的表达授权形态的用词方法，如果在本章中也使用临时性的表达，那么在议会立法关于行政活动的个别授权中，也可以说有以该议会立法的全部或章、节等的全部为对象的"概括性授权"和以个别条款规定的一定事项为对象的"个别性授权"。

最后，即使这种意思上的"个别性授权"，根据被授权之规

---

[56] 与"预算"的法律性质相关，依据议会通过的预算（参见《日本国宪法》第 86 条，《地方自治法》第 96、211 条）能否授权行政立法以及这种授权是否被允许，可能成为论题之一，但难以从预算解读出"立法"授权，暂且对此消极地看待。也参见手岛·注〔27〕，第 620～621 页。关于肯定基于预算的授权制定"法规命令"的德国学说，参见拙文："行政规则的法律约束性（行政规则の法的拘束性）（二·完）"，载《大阪市大法学杂志》1980 年第 27 卷第 1 号。

定的规范对象的范围、重要性或符合该规定之基准的明确性程度，还可分为"全面性授权"和"具体性授权"。

下面，在留意能够设想到的上述区别的同时，主要就规范行政活动的行政立法，简要地考察制定其的法律根据问题。

二、宪法的直接授权与议会立法的授权

（一）"执行命令"

不承认旧宪法下承认的非基于议会立法之授权的"独立命令"，而只允许基于议会立法授权的行政立法（"广义的委任命令"），这是现行宪法下的共识。

但是，关于制定作为"法规命令"之一的"执行命令"，还留有种种不明了的地方。有的学说将制定"执行命令"作为行政权的"当然权能"[57]，也有的下级判决将"旧宪法下所说的独立命令或者是现行宪法下的执行命令"说明为"行政机关独自制定的命令"[58]。此外，至少关于"执行命令"中由政令制定的部分，有的学说认为，这一部分已经被《日本国宪法》第73条第6项正文所承认，因而不必由法律授权（可谓宪法直接授权说），而这一学说反倒是以前的通说[59]。其如此理解的背景在于，《国家行

---

〔57〕 大西芳雄："法律与命令（法律と命令）"，载《综合判例研究丛书——宪法4》，有斐阁1960年版；荒秀："行政立法"，载杉村章三郎、山内一夫编：《精解行政法（上）》，光文书院1971年版。

〔58〕 东京高判昭29·5·29判时第30号第3页。

〔59〕 今村·注〔21〕，第62页说，"依据《日本国宪法》第73条第6项能够明确可能以政令的形式制定法律的执行命令"，以总理府令、省令制定"执行命令"是基于《国家行政组织法》的一般性授权。同一旨趣的，参见杉村敏正：《全订行政法讲义总论（全訂行政法講義総論）》（上），有斐阁1969年版，第169页。另外，关于不限于政令等形式，可能制定一般性"执行命令"，田中·注〔1〕第162页认为"宪法的旨趣明确了这一点（《日本国宪法》第73条第6项）"，田中·注〔9〕第367页认为，"对照《日本国宪法》的规定（第73条第6项），且从道理上来说，是明确的"。

政组织法》第 12 条第 1 款（前段）是有关可能解释为"执行命令"的总理府令、省令的规定，根本没有涉及政令，《内阁法》也没有规定任何有关可能解释为"执行命令"的政令（参见该法第 11 条，其有关可能解释为"委任命令"的政令）。因而可以推测出，无法从这两部法律中找到有关由政令制定"执行命令"的授权规定。

关于一般性"执行命令"或由政令制定的"执行命令"，不谈议会立法授权之必要性的上述见解存有问题。也就是说，如果从《日本国宪法》第 41 条将国会明确规定为"国家唯一的立法机关"来看，只要将有关内阁政令制定权的《日本国宪法》第 73 条第 6 项，理解为不是宪法本身所承认的《日本国宪法》第 41 条的例外规定（如有关最高法院规则的《日本国宪法》第 77 条或者是有关议会规则的《日本国宪法》第 58 条第 2 款，并且，虽然笔者持消极的态度，但如果《日本国宪法》第 41 条所说的"国家"也包括地方公共团体，那么还包括有关地方公共团体条例制定权的《日本国宪法》第 94 条），那么至少关于国家的行政立法，全部需要议会立法的授权；只要将"执行命令"作为"法规命令"及行政立法的一种来定位，那么即使是制定"执行命令"也需要议会立法的授权。这是因为《日本国宪法》第 73 条第 6 项正文至多是允许内阁或者广泛行政权立法的规定而不是直接授权的规定，议会立法授权的必要性是从《日本国宪法》第 41 条中推导出来的。

附带说一下《日本国宪法》第 73 条第 6 项。如上所述，该项的正文可以理解为只不过是允许内阁"为了实施宪法及法律的规定"而制定具有"政令"这一形式名称的规范，为了让这样的政令成为"法规命令"或行政立法，有必要基于《日本国宪法》第 41 条根据国会制定法（法律）的授权来制定。另外，关于在与《日本国宪法》第 31 条（"法律所规定的程序……"）的关系上所

25

产生的问题——通过作为"法规命令"的政令甚至能够制定罚则吗（易言之，法律甚至能够将制定罚则委任于内阁的政令吗）？第41条第6项的但书在明示性地确认"特别在有这一法律的委任时"这一要件的同时，就该问题作出了肯定的回答[60]。

作为上述理解的逻辑性归结之一，也包括为了直接实施宪法的规范[61]，仅基于《日本国宪法》第73条第6项正文（不基于法律授权），内阁虽然能够制定具有"政令"这一形式名称的规范，但这样的政令不具有行政立法、"法规命令"的法律效力。

（二）地方公共团体的规则

关于地方公共团体长官制定"规则"的法律根据，存在着这样几种见解：①《日本国宪法》第94条所保障的地方公共团体"条例"制定权中也包括地方公共团体长官的立法权，所以《日本国宪法》第94条也直接授予长官立法权；②有必要基于法律或条例的授权；③根据规范的对象、事项的不同而区别上述的①和②。如果采纳①或③的理解，那么，以地方公共团体长官由居民直接选举产生（《日本国宪法》第93条）这一在其他行政机关中看不到的民主性为根据，《日本国宪法》本身（如果根据③，那么是部分性地）承认不需要由议会立法授权的行政立法，而《地方自治法》第15条第1款则是在赋予"规则"这一形式名称基础上的确认规定，该条第2款以长官有立法权为前提对其进行一定

---

〔60〕 也参见加藤·注〔5〕前者，第125页以下。在同样的理解之上，且否定作为宪法上的概念的"执行命令"与"委任命令"的区别，提议使用"实施命令"这一概念的，有大滨启吉（大濱啓吉）："关于委任立法的裁量（委任立法における裁量）"，载《公法研究》1993年第55号。

〔61〕 但是，佐藤幸治：《宪法》（新版），青林书院1990年版，第133～134页；手岛·注〔45〕，第176页；佐藤·后注〔95〕，第903～904页；广冈·注〔16〕，第107页等，通说不允许政令直接实施宪法。只在肯定有容许的余地这方面与本章持同一旨趣的，有中川刚（中川剛）："宪法与行政权（憲法と行政権）"，载《公法研究》1987年第49号；新·注〔4〕，第246～248页等。

的制约。

首先，上述问题与如何理解《日本国宪法》第 94 条所说的"条例"的意思、范围相关联。虽然在这一问题上存在着各种学说[62]，但认为《日本国宪法》第 94 条所说的"条例"中也包括地方公共团体长官之立法的学说（被认为是多数说），其关于是否能够将《日本国宪法》第 94 条理解为不但允许立法，甚至是直接授权（即不需要由议会立法授权），却未必明确。另外，从也不能一概否认有需要议会立法之授权的地方公共团体长官立法的情形以及未必容易区分是否需要议会立法之授权等情形来看，上述②的理解是恰当的[63]。

26

其次，关于地方公共团体长官以外的行政委员会等行政机关的"规则"或"规程"之制定，鉴于这些行政机关与长官的情形不同，在宪法上也没有预先规定，可以说没有讨论《日本国宪法》第 94 条之直接授权存在的余地。

三、议会立法关于行政组织等的一般授权

（一）"执行命令"

如果行政立法需要议会立法之授权，那么下一个问题就是，是否允许议会立法就行政组织等作一般性授权。

27

---

〔62〕　关于各种学说，参见兼子仁：《有关条例的法律问题（条例をめぐる法律問題）》，学阳书房 1978 年版，第 36 页；高田敏："条例论（条例論）"，载《现代行政法大系》第 8 卷，有斐阁 1984 年版等。

〔63〕　将《日本国宪法》第 94 条所说的"条例"限定为地方公共团体议会立法的，有兼子仁："日本国宪法第 94 条的条例的意义（日本国憲法 94 条にいう条例の意義）"，载《小林直树古稀纪念论文集·宪法学的课题》，有斐阁 1991 年版；同·注〔62〕，第 36 页；寺田友子："福利性钱款等的给付条例（福祉の金銭等給付条例）"，载高田敏编：《福利行政/公有财产条例（福祉行政/公有財産条例）》，载《条例研究丛书》，学阳书房 1981 年版。

迄今为止的通说承认有针对行政组织的法律规定（《国家行政组织法》第 12 条第 1 款前段）之授权就足够了的"职权命令"，区别于需要个别法律授权的"委任命令"（狭义），认为从内容上来说，"职权命令"仅限于为实施、执行法律而规定必要的具体性、技术性细则，或者规定已创设的国民权利义务之细则的"执行命令"，而"委任命令"则是补充法律、规定"法律事项"，或者新创设国民的权利义务[64]。"执行命令"和"委任命令"的这种区别一直被解释为与《日本国宪法》第 73 条第 6 项的正文和但书相对应，而《国家行政组织法》第 12 条第 1 款也是以这一区别为前提的（"为了实施法律……，或者基于法律的特别委任，可发布……命令"）。此外，有关行政立法的实务也大致采纳两者的区别[65]，也有谈及两者之差异的判例[66]。

但是，第一，"执行命令"与"委任命令"的内容差异是相对的。例如，有学者指出，"毕竟不可能从与国民之权利、义务的关系出发在理论上区别两者，而且，在现实上，也不可避免地会

---

〔64〕 田中·注〔1〕，第 160 页；杉村·注〔59〕，第 168～169 页；今村·注〔21〕，第 62 页；等等。小早川光郎的《行政法讲义（行政法講義）（上）（Ⅰ）》弘文堂 1993 年版，第 95 页；芝池·注〔16〕第 117～118 页也持同样的旨趣。

〔65〕 在政令、省令等的"制定文"中，通常包括明确其是"执行命令"还是"委任命令"（或者包括两者）的部分。"根据《学校教育法》第 56 条第 1 款的规定，将大学入学考试审定规程规定如下"（昭和 26 文部省令 13）是后面这一旨趣的例子，"基于《深海底矿业暂定措施法》（昭和 57 年法律第 64 号）的规定，及为了实施该法，制定如下的《深海底矿业暂定措施法施行规则》"（昭和 57 通商产业省令 34 号）是包括两者的例子。

〔66〕 山形地判昭 26·10·10 行集第 2 卷第 10 号 1653 页、东京高判昭 29·5·29 注〔58〕、东京地判昭 55·3·4 行集第 31 卷第 3 号 353 页等。另外，关于《日本国宪法》第 73 条第 6 项但书，最大判昭 25·2·1 刑集第 4 卷第 2 号第 73 页〔违反粮食管理法刑事案〕阐述："如果反过来说，特别是在有法律委任的情形下，可以明确用政令能够制定罚则。"最大判昭 27·12·24 刑集第 6 卷第 11 号第 1346 页〔火药类取缔法案〕阐述："在应该实施的基本法律中，只要没有特别的具体委任，其实施的政令不能设定罚则。"

出现在法解释论上难以判断两者之区别的情况"〔67〕。即使在现实
的行政立法授权中，也经常能在个别法律的结尾部分看到"制定
施行本法律的必要事项"这样的概括性授权规定，但基于这种规
定制定的行政立法究竟属于上述的哪一类，却并不明了〔68〕，由此
可见两者的区别并不严格。

　　第二，如果《国家行政组织法》是规范行政组织的行政性法
规（行政组织法规）之一，那么这种行政组织法规即使能够授权
行政立法去规范行政组织〔69〕，是否也能够授权行政立法去规范针

28

31

---

　　〔67〕　藤田·注〔13〕，第 276 页。另外，田村浩一认为，"多数命令是执行命令
与委任命令的混合物，并且，有很多情形在形式上是委任命令，但在实体上具有执行
命令的性质"，参见田村浩一："法规命令与行政命令（法规命令と行政命令）"，载
《大阪市大法学杂志》1965 年第 11 卷第 3·4 号。

　　〔68〕　关于各种讨论，参见佐藤功："日本的委任立法（わが国における委任立
法）"，载《公法研究》1956 年第 14 号；田村·注〔67〕，第 416～421 页；等等。
虽然实务上将基于这种概括性授权的行政立法多理解为"执行命令"（参见佐藤·同
上，第 42 页；前田·注〔41〕，第 44 页），但也有在"制定文"（附于法令的题目之
后，明确制定的旨趣或根据的部分）上作为"委任命令"对待的情形。例如，《关于
大学设置等的认可申请手续等的规则》（平 3 文部省令 46 号）写有"基于"作为概括
性授权规定的《学校教育法》第 88 条（除本法律规定的事项外，为施行本法律所必要
的、地方公共团体的机关必须处理的事项用政令规定，其他的事项由监督厅规定）的
"规定"。

　　〔69〕　关于如何在议会立法和行政立法之间分配有关行政组织的规范这一法律问
题，包括 1983 年《国家行政组织法》修改问题，参见稻叶馨（稻葉馨）：《行政组织
的法理论（行政组織の法理論）》，弘文堂 1994 年版，第 245 页以下；藤田·注〔18〕，
第 49 页以下；小早川光郎："组织规定与立法形式（組織規定と立法形式）"，载《芦
部信喜古稀纪念论文集·现代立宪主义的展开》下卷，有斐阁 1993 年版；等等。另
外，虽然文部省组织令（昭和 27 政令 387 号）的制定文写着"基于《国家行政组织
法》第 7 条第 6 款（在厅、官房、局及部，能够设置科及……室，关于其设置及所管
辖事务的范围，由政令规定）的规定"，不是将《文部省设置法》而是将《国家行政
组织法》理解为授权法律，但被全面修改的文部省组织令（昭 59 政令 227 号）的制定
文变更为"基于《国家行政组织法》及《文部省设置法》"（但是，《文部省设置法》
中没有对应于文部省组织令整体的明文的授权规定）。运输省组织令（昭 59 政令 175
号）也同样如此。

对私人之行政活动的"行政作用",原本在理论上就是问题。申报书、申请书的记载事项或样式是"执行命令"规范对象的代表性具体例子,它们涉及有关申报、申请的国民的程序性权利,如果不遵守有关它们的规定就不能成为合法的申报、申请,那么"执行命令"就具有了限制私人行使权利的法律效力。因此应该再探讨一下,对于行政机关仅基于行政组织法规之授权而制定的规范,是否可以承认其对于私人具有这样的拘束力。

关于上述问题,在下级审判中,有针对非基于有关行政作用之议会立法授权,而对申请方式进行规定的省令,否定其对私人的拘束力的判决[70]。对于这样的判决应该支持。

另外,上文所论述的第二点内容,是以下述两点理解为前提的:①《国家行政组织法》(也包括第 12 条第 1 款前段)是行政组织法规之一;②行政立法仅基于行政组织法规之授权,不能规范"行政作用"(或者说如果将制定用于规范"行政作用"的行政立法也作为"行政作用"之一,那么对于包括行政机关实施行政立法行为的"行政作用",行政组织法规不成为其直接的法律根据)。因此,如果可能对于上述两点中的任何一点作不同的理解,就并非不可能将《国家行政组织法》第 12 条第 1 款前段理解为直接授权行政立法去规范行政作用。如此,关于"行政组织"法规的含义、范围或其与"行政作用"等行政机关所进行的各种

29

---

[70] 福岛地判昭 28 · 5 · 29 行集第 4 卷第 5 号第 1070 页认为,"《自创法》第 17 条规定的收购申请,因为没有将规定该申请方式委任于施行规则,所以上述施行规则(《自创法施行规则》第 8 条)之所以让收购申请书面化,应解释为是为了申请明确化这一行政上的便利,不是不使用书面的申请违法无效之旨趣"。另外,虽然不涉及申报、申请,但依据有无"法律的特别委任",关于《监狱法施行规则》是否适用于拘留所(代用监狱)作出不同判断的判例,有大阪地判昭 44 · 3 · 29 行集第 20 卷第 2 · 3 号 303 页。另外,以《道路运输法》及该法的施行令上没有任何有关"申报"的规定为理由,否定该法施行规则规定的材料提出对于私人的拘束力,认为其只不过是"行政指导"的判例,鹿儿岛地判昭 52 · 1 · 31 行集第 28 卷第 1 · 2 号第 46 页,那霸地判昭 57 · 11 · 10 讼月第 29 卷第 6 号第 1114 页也是同样的旨趣。

活动间的关系，有必要深入地探讨。

（二）地方公共团体的规则

通说认为，即使制定作为地方公共团体行政立法的长官规则需要议会立法的授权，但关于一定范围的事项、问题或一定范围的行政组织、行政活动，有《地方自治法》第15条第1款（"长官可以就属于其权限范围内的事务制定规则，但不得违反法令"）的一般授权就足够了[71]。在这种情形下，可以认为仅根据该条款而能制定的长官规则有两种：① 议会立法的"实施性"规则（涉及机关委任事务的法律施行细则，以及条例施行规则类当中没有个别法律、条例之授权规定的部分）；②议会立法的"替代性"规则（对于没有议会立法之授权以及规范的行政组织、行政活动进行规范的部分）。

首先，关于议会立法的"实施性"规则，《地方自治法》第15条即使不是有关行政组织的规定，关于其能否说是为了"实施"议会立法而直接授权长官进行一般行政立法，也可能出现与前述"执行命令"同样的问题，即是不是为了"实施"议会立法的细则性规定，两者间的区别很微妙。在下级审判中，有判决认为，法律施行细则（长官的规则）关于机关委任事务所规定的添加一定承诺书的要求，是"从行政指导角度"作出的规定，其对于私人不具有法的拘束力[72]。

---

[71]　参见俵·注〔35〕，第310页以下；兼子·注〔62〕，第152页；原田尚彦：《地方自治的法律与结构（地方自治の法としくみ）》（全订版），学阳书房1990年版，第165~166页；石崎诚也（石崎誠也）："关于自治体的长官与议会（自治体おける長と議会）"，载兼子仁、矶野弥生编：《地方自治法》，学阳书房1989年版；等等。

[72]　关于《东京都墓地埋葬法施行细则》，东京地判昭62·5·26行集第38卷第4·5号第412页。另外，与是否要保护居民的个别利益的旨趣这一问题相关，否定长官规则（《福岛县墓地埋葬法施行细则》）的"立法"性的判例，有福岛地判昭60·9·30行集第36卷第9号第1646页。

其次，关于议会立法的"替代性"规则，因《地方自治法》第 15 条第 1 款可以理解为考虑到地方公共团体长官不同于国家行政机关的民主性地位而作出的规定，所以能够承认其独立的存在意义。但是，允许仅根据该条款之授权进行行政立法，实质上等于认可"独立"于议会立法的行政立法，因此在留意这一点的同时，有必要具体探讨议会立法"替代性"规则的容许范围[73]。

与长官规则的情形不同，关于地方公共团体委员会之规则、规程的制定，《地方自治法》第 138 条之 4 第 2 款规定了其需要根据其他法律之规定的旨趣，存在着授权个别委员会制定"规则"的其他的法律上的规定（关于人事委员会、公平委员会的《地方公务员法》第 8 条第 4 款，关于教育委员会的《地方教育行政法》第 14 条第 1 款。也可参见授权制定"规程"的《地方国营企业法》第 10 条）。此外，还有基于没有特定为"规则"这种形式名称的同样的授权规定，制定委员会"规程"的情况（参见有关选举委员会的《地方自治法》第 194 条等[74]）。这些规定即使不是行政组织法上的规定，也是与《地方自治法》第 15 条第 1 款同样的一般性授权规定。根据这些授权制定的"实施"议会立法（及上位的行政立法）之规则以及"替代"议会立法之规则，存在着与长官规则同样的问题[75]。

---

〔73〕 兼子·注〔62〕第 153 页以下，关于"涉及居民的权利义务"的"各种福利性给付等非权力性公共事务"，肯定不需要基于《地方自治法》第 15 条第 1 款以外的议会立法授权的、长官制定规则。

〔74〕 但关于制定都道府县公安委员会规则，《警察法》第 38 条第 5 款另外要求"法令或条例的特别委任"。

〔75〕 关于实质上基本承认委员会"独立"于议会立法的行政立法，兼子·注〔30〕第 66 页认为存在着"排除议会的一般政治性多数决的旨趣"。

四、"立法"的授权与行政机关的特定化

(一)"立法"的授权

行政立法的授权，本来必须依据至少能够明确地推定为"立法"授权的授权规定进行。而对"有关……由政令规定"这样的，使用以前一直被当做行政性法规之存在形式的"政令"、"省令"、"规则"等词进行授权，存在着不少问题。

但实际上，仅是"大臣制定……"这样的授权规定也不少[76]。例如，虽然最高法院 1990 年等的判决似乎并没有质疑《学习指导要领》（文部省告示）所依据的规定是授权（或者再委任）"立法"[77]，但是像"大臣制定……"这样的规定，并不能明确其是授权立法还是授权一般处分等的其他行为。另外，也不能够明确这样的规定是针对制定某些规定时的（创设性）授权规定，还是以具有制定某些规定的权限为前提，仅是特定或限定行政机关的规定。很多基于这样的规定发布的"告示"或"规程"在法

32

---

[76]　例如，基于《学校教育法》第 20、38、43 条的"有关……教授科目的事项，依据……，由监督厅（文部大臣）规定"这一授权，制定了该法的《施行规则》（文部省令），而该《规则》的第 25 条、第 54 条之 2、第 57 条之 2 的"作为……教育课程的基准，依据文部大臣另行公布的……学习指导要领"的再委任是《学习指导要领》（文部省告示）的根据。此外，还有关于《生活保护基准》（厚生省告示）的《生活保护法》第 8 条第 1 款的"保护，根据厚生大臣规定的基准衡量……"、关于《固定资产评估基准》（自治省告示）的《地方税法》第 388 条第 1 款"自治大臣规定……，并必须公告"。有些措辞没有用"规定"而是用了"指定"，如关于《不公平交易方法》（公平交易委员会告示）的《反垄断法》第 2 条第 9 款"所谓……不公平的交易方法，由公平交易委员会指定……"，关于地价等监视区域的《国土利用规划法》第 27 条之 2 第 1 款"都道府县知事，可指定监视区域……"等。也参见《地方自治法》第 194 条或后注〔78〕记载的条款。

[77]　最大判昭 51・5・21 刑集第 30 卷第 5 号第 615 页〔旭川学力测验案〕、最一判平 2・1・18 判夕第 719 号第 72 页〔传习馆高中第一案〕。

律性质上出现争议，其原因之一即在于此。

33　　实际上有时根据（或者是对应于）"大臣制定……"这样的规定，不是制定"告示"、"规程"，而是制定训令、通知或"纲要"[78]。这时就存在一个问题，即能否允许用训令、通知类或者"纲要"类来对应"大臣制定……"这样的规定。

　　关于上述的实际状况，大体可以这样来理解：使用"省令"等词的授权是立法授权，而"……制定"这样的规定，是将基于这种规定能够制定何种法律性质的规定，或者以何种存在形式的规定来制定这样的问题委任于被授权之行政机关的裁量判断或选择[79]。

　　但是，这种不能够明确行政机关是否被授权立法，或者将是否进行立法交由行政机关判断、选择的状况，并不是令人满意的状况。议会立法区别了使用"省令"等词的授权规定和称为"……制定"的规定，在探讨其立法政策基准的合理性同时，在

---

　　〔78〕　例如，①对应《厚生省管辖补助金交付规则》（厚生省令）第3条第1款第4项的"厚生大臣规定"的是厚生事务次官通知《关于儿童福利法的保育所措施费国库负担金的交付基准》［参见东京地判昭55·3·4注（66）］；②对应《关于支付灾害抚恤金及贷给灾害援救资金的法律施行令》（政令）第1条第1款、第7条第1、2款的"厚生大臣规定"是厚生省事务次官通知《关于支付灾害抚恤金的灾害的范围等》；③对应《健康保险法》第44条之2第1款的"保险者规定"的是厚生省保险局局长通知《有关柔道整体师治疗的疗养费算定基准》（参见东京地判昭57·7·16行集第33卷第7号第1538页）；④基于自治省告示《固定资产评估基准》第2章第4节的"自治大臣另行指示"，有自治省税务局局长通知《关于基于固定资产评估基准自治大臣另行指示的事项》；⑤对应《京都府退休补贴条例》第7条的"知事另行规定"的是《知事、副知事及出纳长退休津贴算定纲要》等。

　　〔79〕　关于这一点，小高刚认为，迄今为止将为了"设定基准"而决定使用政令、省令、规则、告示、通知等当中的哪一个"全都委任于行政内部积累起来的经验是现状"，参见小高刚："现代行政的手法（现代行政の手法）"，载《公法研究》1987年第49号。另外，谈到"……制定"这样授权的，也请参见小早川·注〔64〕，第94～95页。

立法技术上应进一步研究区分是否是"立法"授权的方法[80]。

另外，能否对于行政立法承认连"……制定"这样的用语也没有的，亦即"默示授权"，可能成为问题。对此问题也应消极地对待[81]。虽然关于已经谈到的"执行命令"——为了实施（施行、执行）议会立法而制定必要的细则，不能说没有谈论"默示授权"之存在的余地，但是仍然应当消极地看待。因为即使承认为了实际执行议会立法有必要制定实施细则，也并不是说实施议会立法的必要性甚至为制定"执行命令"这一立法权的存在提供了基础［在没有立法的（明示的）授权时，必要的实施细则可通过训令、通知制定］。

（二）行政机关的特定化

行政立法的授权，必须将被授权的行政机关特定化。实际上，在很多情形下，其是使用"政令"或者是"……省令"（或者是"大臣制定……"）等能够明确被授权的行政机关的词。但仍有很多授权，是使用不能明确是国家哪一个行政机关制定的规定的词，如"命令"等（《消防法》第 18 条第 2 款、《粮食管理法》第 9 条第 1 款、《儿童福利法》第 35 条第 2、3、6 款及《监狱法》第 31 条第 2 款等[82]）。虽然很难将这些授权直接判断为违宪，但原则上应将接

34

---

〔80〕　如果目的是授权"立法"，那么最好的授权方式是先将"省令"、"规则"等立法形式特定化。例如，虽然地方公共团体条例的末尾多有"有关本条例施行的必要事项，由长官制定"这样的规定，但如果要给予基于这种规定的长官规定以法规的效力，那么最好明确写上"……长官用规则制定"。

〔81〕　但是，东京高判昭 38・10・12 行集第 14 卷第 10 号第 1888 页，承认依据《劳动基准法》第 41 条的默示授权。另外，最大判昭 27・12・24 注（66）的反对意见也被解释为承认默示授权。

〔82〕　此外，《消防法》第 21 条第 2 款、第 23 条之 2 第 1 款、第 25 条第 1 款及第 3 款、第 28 条第 1 款，《灾害救助法》第 23 条第 1 款及第 3 款，《粮食管理法》第 3 条第 1 款、第 4 条第 4 款及第 5 款，《健康保险法》第 43 条第 2 款、第 43 条之 6 第 1 款、43 条之 9 第 6 款，《户籍法》第 13 条第 8 项，《禁止垄断法》第 70 条，《劳动基准法》第 88 条、第 96 条第 2 款、第 99 条第 3 款等。

受委任的行政机关特定化当做立法授权的基本必要条件之一[83]。

在用"命令"一词授权行政立法时，成为问题的是能根据这一授权制定"命令"的国家行政机关的范围。对此，首先可以明确的是，它并不是授权所有的国家行政机关直接进行立法，除内阁外，仅限于主管含有授权规定之法律的省、厅等行政机关。另外，如果以《国家行政组织法》（第 12 条第 1 款、第 13 条第 1 款）使用的"命令"概念为前提，那么，除内阁外，仅限于总理府、各省的长官或作为府（省）外局的委员会、外局的长官[84]。

五、立法的再委任

（一）"再委任"

36　　关于被授权行政立法的行政机关能否再将其中的一部分授权（再委任）于其他的行政机关，分为三种学说：①只要授权法律没有事先承认再委任的否定说；②主要是针对制定罚则之再委任的消极说；③附加一定要件（如限定再委任范围等）的基础上的肯定说[85]。但

---

〔83〕　旨趣大致相同的，有奥平康弘："委任立法——概论（委任立法 —— 一般）"，载《行政判例百选I》（第三版），1993 年版，其认为："难道法律可以不指定特定的法形式而使用'命令'一词默认立法委任吗？难道国会特定应制定……委任立法的机关不是宪法上的要求吗？"另外，浅野一郎编《法制办公百科词典》ぎょうせい1978 年版，第 41 页说，"最好明确地将法形式的种类特定化后，再行委任"。

〔84〕　因此，税务署署长等地方分支部局长官不是被授权的行政机关。结论上，与菊井康郎持同一旨趣，参见菊井康郎："立法的委任（立法の委任）②"，载《宪法判例百选Ⅱ》（第二版），1988 年版。

〔85〕　作为①，杉村正敏："立法的委任（立法の委任）②"，载《宪法判例百选》，1963 年版；同·注〔59〕，第 169 页；原田·注〔17〕，第 85 页。作为②，田中·注〔9〕，第 367 页；田村·注〔67〕，第 426 页。作为③，芦部信喜："委任立法——概述（委任立法 —— 一般）"，载《行政判例百选Ⅰ》1979 年版；菊井康郎："立法的委任①"，载《宪法判例百选》（第三版），1974 年版；兼子·注〔6〕，第 114 页等。另外，有关固定资产评估基准的《地方税法》第 388 条第 1 款第 2 句是关于"有关细目的事项"允许向道府县知事再委任的规定。

是，实际上，包括罚则之制定的再委任被实施，最高法院1958年的判决关于罚则之制定也是以并不是一概不允许再委任为前提[86]。

如果考虑作为当然立法机关的议会也能够将其部分立法权限委任于其他机关，就不能一概否定前述的第③种学说。但关于行政处分权限之委任，通说认为，除了需要有关于行政处分的授权规定之外，还需要有承认行政处分权限委任的议会立法上的根据[87]，如果考虑与这一通说相对应，关于规定刑罚的内容、构成要件以及行政处分的要件、效果等的行政立法，就需要议会立法事先明示性地容许再委任。

（二）"命令"

在法律使用"命令"一词授权时，会出现这样的问题，即这不是事先允许了（从第一次性"命令"到第二次性"命令"的）"再委任"吗？或者更进一步地说，这不是对内阁及主管授权法律的省、厅等所有行政机关直接授权立法吗？但是，只要以上述《国家行政组织法》上"命令"概念的界定［参照四（二）］为前提，就只能说通过第一次性"命令"向税务署署长等的委任是再委任，而使用"命令"一词的授权法律也不是事先允许那样的再委任[88]。

---

[86]　最大判昭33・7・9刑集第12卷第11号第2407页〔违反酒税法刑事案〕。

[87]　参见田中二郎：《新版行政法》中卷（全订二版），弘文堂1976年版，第36页；佐藤功：《行政组织法（行政組織法）》（新版），有斐阁1979年版，第232页；原田・注〔17〕，第51页；等等。

[88]　但关于涉及最大判昭33・7・9注（86）的案件中的《酒税法》第54条的"根据命令的规定……"这一授权（另外，作为现在的对应规定的《酒税法》第46条改为"政令"），也有这样的理解，即税务署署长的"指定"也是"命令"的一种，不产生是否可以再委任的问题，这一判决也不是判断是否可以再委任的判决。也参见小嶋和司：《宪法的判例（憲法の判例）》（第三版），1977年版，第241页；奥平・注〔83〕，第99页。另外，涉及最大判昭26・12・5刑集第5卷第13号第2463页〔粮食管理法施行令案〕的《粮食管理法》第9条第1款的"命令"制定的授权不是"再委任"（或者是关于"再委任"的事先明示性许可），可以理解为直接的（第一次性的）授权（如此，关于这一"命令"，将"规定必要的界限"另行授权于"政令"）。

六、可授权的行政立法的"功能"

(一) 以前的学说

37   在与法律的关系上,对于行政立法能够制定具有何种功能的规定,以前的行政法学说一直认为,"通过委任命令可规定的事项,应仅限于法律的补充性规定、法律的具体特例性规定及法律的解释性规定,不能创设如同在形式上变更、废止法律本身那样的规定","执行命令应限定为执行上级的法令而必要的具体性、个别性规定"[89]。

    如果根据上述学说,重新思考议会立法能够将制定具有何种功能的规定授权于行政立法这一问题时,那么,可授权于行政立法进行规定的内容限于:① "补充性规定",② "具体特例性规定",③ "解释性规定",④ "施行细则性规定",而不允许授权制定⑤ "变

38 更、废止"议会立法本身的规定。这其中,虽然有时可能难以区别"变更"与"具体性特例",但在⑤上恐怕没有多大的分歧。

(二) 各种功能

    对于将可允许的授权作上述四种分类及限定是否恰当,可以重新探讨。如果留意个别法律上的授权条款所使用的语言,那么根据实际存在的授权所预定的行政立法的功能,还可能进行如下分类:①将法律条款上的各种概念"具体化或者明确化"。像"除

---

    [89] 田中·注〔1〕,第62页。关于"委任命令",也参见田中二郎:"论行政权的立法(行政権による立法について)",载同·《依法律行政的原理(法律による行政の原理)》,酒井书店1954年版。基本上追随这一学说的有和田英夫:《行政法笔记(行政法ノート)》(新订版),三和书房1961年版,第71页;佐藤·注〔68〕,第40页;东京地判昭29·6·2行集第5卷第6号第1462页;等等。也包括相当于"执行命令"的田中二郎说,"政令,一般只能规定法律的施行细则性规定、补充性规定、解释性规定或者特例性规定,……不可能规定法律的废止或变更",参见田中二郎:《实定法秩序的构造——备忘录(实定法秩序の构造——覚え书)》,同上,第86页(1949年首次发表)。

以政令制定的规定之外"这样的授权情形也可以说是"限定"功能。②"追加或者补充"法律所进行的规范。不过，前述的学说对于像"本法中的 A，是指用……其他政令制定的规定"这样的授权，认为"虽然也可以说是一种补充性规定，但也可以考虑为……解释性规定"。③制定由法律进行规范的"特例"或者"适用例外"。④"制约或限定"法律授权之条例或其他行政立法的内容。⑤规定（全部或部分）法律的施行日期[90]。

此外，还有⑥为了施行或实施（全部或部分）议会立法，规定私人或者行政机关行为（申请、申报、通知等）之"程序或方式"等的必要事项。如果根据以前的理解，则大致相当于"执行命令"。在这种情形下，第一，在明示性地举例说明"样式"或者"程序"等的基础上的授权，这样的授权又可分为：（a）仅关于特定条款的"个别性"授权，（b）将该法律或者特定章、节全部作为对象的"概括性授权"[91]。第二，在授权条款的语言上不

---

〔90〕 ①作为"具体化、明确化（或限定）"的例子，有《国家公务员法》第102条第1款（②也同时具有）、《国税通则法》第46条第1款第1项、《所得税法》第9条等、《建筑基准法》第34条第2款及第35条第2款、《都市计划法》第29条第1项及第2项、《学校教育法》第71条之2等，②作为"追加、补充"的例子，有《都市计划法》第4条第14款及第8条第1款第2项、同第2款第3项、第11条第1款第11项及同第2款等、《古都保护法》第2条第1款，③作为"特例、适用除外"的例子，有《自卫队法》第106条第2款、《地方交付税法》第12条第4款及第16条第2款、《补助金等公正化法》第27条、《会计法》第8条、第29条之4第1款等，④作为"制约、限定"的例子，有《大气污染防止法》第4条第1款、《文化遗产保护法》第83条之3第1款、《粮食管理法》第9条第1款（的政令），⑤作为"决定施行日期"的例子，有《冲绳回归特别措施法附则》、《行政程序法附则》第1款等。

〔91〕 ⑥作为"程序、方式"等的（a）的例子，有《建筑基准法》第6条第8款（"申请书以及……通知书的样式"）、第15条第4款（"申报、报告以及……的制成及送达的程序"），作为（b）的例子，有《公共用地取得特别措施法》第50条、《国税通则法》第125条、《灾害对策基本法》第112条、《生活保护法》第84条、《大规模地震对策特别措施法》第35条、《出入境管理及难民认定法》第69条、《有线电视法》第32条等。另外，作为"为实施或者补充"特定章而授权进行"……必要的"规定的例子很罕见，有《建筑基准法》第36条。

一定明确提到授权规范对象的授权，这种授权又可分为：（c）仅关于特定条款的"根据政令之规定……"这样的"个别性"授权，（d）将该法律的全部或者特定章或节全部作为对象的"为了施行（或实施），必要的事项以政令制定"这样的"概括性"的授权〔92〕。

最后，虽与上述⑥之区别比较微妙，但⑦基于"关于……之必要事项以政令制定"或者"关于……之细则以政令制定"这样的授权，（a）进行"必要的规定"或（b）制定"细则"〔93〕。只是，上面［在（一）当中］提到的学说是将"关于……可以发布必要的命令"这样的规定作为"补充性规定"的授权例子列举的。

（三）合宪性

不能将行政立法的上述各种功能看成一律不被允许的功能。不过，关于各种授权，可能会产生其他问题，即能说授权之规范对象的限定性、明确性或者制约行政立法之基准的明确性、具体性是充分的吗？特别是关于③的"特例"、"适用例外"，⑥的"程序、方式"等规定［尤其是（c）、（d）］，⑦的"必要的规定"、"细则"的授权，容易出现这样的问题。

但是，在判例上，基本不存在将上述⑥或⑦授权本身是否合宪视为问题的倾向。例如，虽然规定教科书审定制度的《教学用

---

〔92〕 作为⑥"程序、方式"等的（c）的例子，有《建筑基准法》第12条第1款及第2款等、《食品卫生法》第16条等。另外，"根据政令规定……"这样的授权并不总是"程序、方式"等规定的授权。例如，参见《农地法》第80条第1款、《粮食管理法》第9条第1款（的政令）、《外汇及外国贸易管理法》第52条。（d）中将法律整体作为对象的例子，有《学校教育法》第88条、《国土利用计划法》第45条、《财政法》第47条、《最低工资法》第43条、《都市计划法》第88条、《破防法》第37条、《物品管理法》第41条、《补助金等公正化法》第28条等，（d）中将章、节全部作为对象的例子，有《税务师法》第13条、《所得税法》第193条等。

〔93〕 作为⑦中（a）的例子，有《法人税法》第12条第3款、第24条第3款等、《粮食管理法》第9条第1款（的"命令"）；作为b的例子，有《劳动基准法》第88条等。

图书审定规则》（文部省令）及其《审定基准》（文部省告示）的制定根据，是把"为施行本法律所必要的事项"之规定概括性地进行授权的《学校教育法》第 88 条［上述的⑥（d）的例子之一］，但最高法院 1993 年的判决认为："还不能说是缺乏法律之委任[94]。"

（四）地方公共团体的规则

以上是考虑国家行政立法的情形。授权地方公共团体进行行政立法的议会立法大体上可分为国家的法律和该地方公共团体的条例两种。在基于个别法律之授权时，其规范对象中也有自治事务和机关委任事务等，在地方公共团体的行政立法中存在着在国家的场合下难以看到的复杂性。所以，有必要充分地予以注意，并在与议会立法的关系上对地方公共团体之行政立法的功能进行分类。不过，即使对于只依据《地方自治法》第 15 条第 1 款等之一般性授权以外的地方公共团体之行政立法，上述分类本身也是大体上适用的。

七、"全面性"授权的禁止

有学者认为，"从将国会作为'唯一的立法机关'的宪法目的来说"，不能让行政立法授权具有"不当地侵害国会的功能，不得广泛地委任而使作为唯一立法机关的国会之地位变得没有意义"[95]。只是，这种说法看上去只不过是与所设定的问题基本相同的另一种表达。另外，在学说上不允许"白纸授权或空白授权那

---

〔94〕 最三判平 5・3・16 民集第 47 卷第 5 号第 3483 页〔家永教科书审定第一案〕。作为原审判决的东京高判昭 61・3・19 讼月第 33 卷第 2 号第 353 页等也阐述同样的宗旨。盐野・注〔1〕第 82 页批判性地指出了将审定的"法律结构"本身委任于行政立法，阿部・注〔15〕第 716 页认为，这"是白纸委任，是违宪的"。

〔95〕 佐藤功：《宪法》（下）〔新版〕，有斐阁 1984 年版，第 907 页。同一旨趣的，也参见田中・注〔20〕，第 261 页；同・注〔1〕，第 162 页。

样的广泛授权"及"无限制的一般性全面性委任[96]",最高法院1952年的两个判决,一个认为"广泛的概括性委任"违法,另一个认为"具体性委任"合宪[97]。但是,问题或者今后的课题是,如何在宪法论或行政法概论上,将区分"全面性"(或者是"一般性全面性"、"广泛的概括性")授权与"具体性"(或者"个别性具体性")授权的基准或观点丰富、具体化[98]。

对于将议会立法的全部或章节的全部作为对象的"概括性"授权以及《国家行政组织法》第12条第1款前段有关国家之行政立法(其中以前所说的"执行命令")、《地方自治法》第15条第1款等有关地方公共团体之行政立法的一般性授权,会产生这样的问题,即这难道不是在宪法上不被容许的"全面性"授权吗?因前文业已谈及此问题,下面考虑个别议会立法上的个别条款对一定事项进行授权("个别性授权")的情形,进行一些整理与考察。

(一)对象的限定性与基准的明确性

对于在区分"全面性"授权与"具体性"授权时应该考虑哪些授权要素(并且,怎样表达这些授权要素)这样的问题,在学说、判例上未必有一致性意见,而在考察这一问题时,区分行政立法能够规范的"对象"问题与行政立法规范其对象时的"基准"问题,不但是必要的,而且是有用的。也就是说,关于①行

---

〔96〕 法学协会:《注解日本国宪法(注解日本国憲法)》下(1),有斐阁1953年版,第1096页;田中·注〔9〕,第367页。

〔97〕 分别是最大判昭27·12·24注(66)、最3判昭27·5·13刑集第6卷第5号第744页〔外汇管理法案〕。

〔98〕 小嶋和司认为,"虽然很多学者将全面性委任解说为违宪,但并没有有说服力地展示全面性与具体性的界限,其断定颇为随意,参见小嶋和司:"法律、命令与条例(法律·命令·条例)",载《法律家(ジュリスト)》1972年第500号——《判例展望》。也参见觉道丰治(覚道豊治):"委任立法的界限(委任立法の限界)",载《法律家(ジュリスト)》1964年第300号——《学说展望》。

政立法规范什么（对象）、②怎样规范（基准）这两个方面，应 42
将议会立法之授权方法视为问题。

关于上述两点，杉村敏正教授认为，"国会在授权制定补充命令（委任令）时，关于原则性事项必须自己用法律规定，确定行政机关在制定补充命令时应该遵循的基准。"此外，也有学说阐述，授权之合宪性要件能够归纳为"范围（规制对象）的特定性与基准的具体性"这两点[99]。更有 1974 年（昭和 49 年）全邮猿扱案件的最高法院判决，四位法官在其反对意见中除了阐述了授权的"合理的必要性"之外，还就上述两点作了如下论述[100]。作为讨论的出发点，基本上应该支持他们的意见：

一般而言，国会在法律自身当中限定特定的事项，将规定这些特定事项的具体内容委任于其他的国家机关，只要有其合理的必要性，且是为了不让上述具体规定恣意妄为而指示应指导或制约该机关的目标、基准、应考虑的要素等，未必能说是违反宪法。

另外，虽然某下级审判决阐述，从租税法定主义原则出发，"法律委任于命令时，法律本身明确委任的目的、内容、程度等是必要的"[101]，德国基本法也有基本相同的规定（第 80 条第 1 款第 2 句"这时，授权的内容、目的及范围，必须在其法律中明确"），但这里的"内容"与"范围"，基本上被看成涉及规范"对象"

---

〔99〕　分别是杉村·注〔6〕第 25 页、奥平·注〔83〕第 99 页。此外，安念润司（安念潤司）提及要区别"应被规范的对象的外延或者量的范围"（的明确性）与在这一范围内制定时的"指针或者基准"（的存在）这两者。参见安念润司："判例批判（判批）"，载《公务员判例百选》1986 年版，第 140 页。

〔100〕　最大判昭 49·11·6 刑集第 28 卷第 9 号第 393 页（第 421 页）〔国公法全邮猿扱案〕。

〔101〕　大阪高判昭 43·6·28 行集第 19 卷第 6 号第 1130 页。

的要素，所以，区别两者的意义不一定大[102]。也有学说认为，"在法律（授权法）中规定'目的'和被委任者应遵循的'基准'是必要的"[103]，但也能将授权"目的"作为"基准"中所包含的一项重要内容来定位。

根据是关于行政立法的规范对象还是关于制约行政立法的基准，问题点也未必相同。也就是说，虽然不管对于哪一个来说，"明确性"的有无（即其在授权法律中是否明确）都可能成为问题，但相对于在授权法律中很少有丝毫不提规范对象的情形，基准的明确性就特别成为问题。因此，关于规范对象成为问题的，与其说是明确性还不如说是"限定性"，亦即将行政法规能够规范的对象、事项、问题之范围、重要性限定到何种程度[104]。但是，这两者之间不是没有关系的，例如，授权法律所表明的行政立法的目的可能实质性地限定行政立法的规范对象。而且，这一基准的有无明确性的认定与该基准的具体内容的判断密切关联，其认定与判断基本上是同时进行的。

在实际看到的行政立法的授权规定中，明确地写明行政立法"基准"的情形很少。但是，不能因为缺少明文规定就直接判断

---

〔102〕 关于德国基本法第 80 条第 1 款第 2 句所说的"目的"、"内容"、"范围（程度）"的各自意思、关系，参见拙文："法律对于制定法规命令的授权明确性——以西德联邦宪法法院判例为中心（法規命令制定への法律による授権の明確性—西ドイツ連邦憲法裁判所判例を中心として—）（二）"；同［同（三·完）］，载《大阪市大法学杂志》1983 年第 29 卷第 3·4 号·同 1988 年第 35 卷第 1 号。关于同条款，也参见水野丰志（水野豊志）：《委任立法之研究（委任立法の研究）》，有斐阁 1960 年版，第 63～65 页。

〔103〕 芦部·注〔27〕《演习宪法》第 264 页。另外，原田·注〔17〕第 84～85 页（"法律本身有必要具体明示委任目的和授权事项，明确地限定……委任的范围、程度"）中的"事项"、"范围"、"程度"关系到本章中的"对象"。

〔104〕 山内一夫认为，"语言明确的委任与概括性、空白性委任不是反义词"，后者的反义词"应该说是个别性、限定性委任"。参见山内一夫："判例批判（判批）"，载《租税判例百选》（第二版）1983 年版，第 15 页。其中也含有这样的旨趣，即授权的规范对象的限定性与制约基准的明确性是不同的问题。

为违宪，因为只要通过解释授权条款、与授权条款相关的其他条款以及授权法律整体的旨趣、目的，能在相当程度上明确制约行政立法的基准（该行政立法的目的、能够规定之手段的界限、制定时应考虑的要素等），就不能说是违宪的授权规定。在前面提到的全邮猿扒案件的判决中，持反对意见的 4 名法官也认为，制约行政立法之目标等的"指示，没必要在委任规定本身中写明，如能从该法律的其他规定或法律整体合理地推导出来，也是可以的"。这反过来就意味着，如果即使考虑授权法律之目的等，也不能明确行政立法时限定行政机关"裁量"的充分基准，那么这时，这样的授权可能违宪。

（二）判例

很少有判例详细地阐述行政立法授权所必要的、关于授权规范对象的限定性程度与制约基准的明确性程度的一般理论[105]。而且，从整体上看，各个判例将成为问题的每一种授权判断为合宪的理由也并不充分[106]。

授权本身被判例视为违宪的，只限于：①最高法院的 1952 年判决——其将《关于违反命令条款的罚则之事宜》（1890 年法律第 34 号）之授权、②1983 年的下级审判决——其将《许可认可等临时措施法》（1943 年法律第 76 号）之授权视为违宪这两个特

44

---

〔105〕　作为分析、探讨有关行政立法的各判例的文献，有大西·注〔57〕，第 9 页以下；成田赖明："蕴藏着问题点的委任立法（問題点はらむ委任立法）（一）～（五）"，载《现时法令》1960 年版；田中馆照橘（田中舘照橘）："日本行政立法与司法审查的动向（わが国の行政立法と司法審査の動向）"（下），载《判例时报》1980 年第 952 号。

〔106〕　没有阐述理由，或者只涉及授权合理的必要性的判例，例如，有最一判昭 47
33·5·1 刑集第 12 卷第 7 号第 1272 页〔国公法全邮宫崎案〕、福井地判昭 27·9·6 行集第 3 卷第 9 号第 1823 页。另外，虽然结论是"具体性委任"、"广泛的概括性委任"、"一般性全面性委任"，但基本上没有阐述如此判断的理由的判例，分别有最三判昭 27·5·13 注（97）、最大判昭 27·12·24 注（66）、东京高判昭52·2·15 行集第 28 卷第 1·2 号第 137 页、大阪地判昭 57·2·19 行集第 33 卷 1·2 号第 118 页。

殊判决，以及③1971 年的下级审判决——其将《法人税法》第 9
条第 8 款之授权等视为违宪的判决[107]。并且，从最高法院一直将
《国家公务员法》第 102 条第 1 款有关国家公务员政治性行为的授
权视为合宪[108]等情况来看，以前的各判例实质上一直没有严格地
要求授权规范对象的限定性程度和制约基准的明确性程度。而且，
或多或少具体地阐述理由的判例[109]，其着眼点也主要是规范对象
的限定性[110]，很少有判例论及制约行政立法的基准的明确性。

如果谈一下提及规范对象之限定性的若干判例，那么有：
①最高法院 1964 年的判决，排斥将规定"对国民生活有重大影
响"的事项授权于行政立法的主张，认为应在法律中规定课税上
的"基本的重要事项"。②某下级审判决，作为一般论的比较详
细的判决，虽是有关税法领域，但认为授权应限定于有关"程序

---

〔107〕　①最大判昭 27·12·24 注（66），②大阪地判昭 57·2·19 注（106），
③东京高判昭 46·9·7 东高民报第 22 卷第 9 号第 202 页。此外，将退休津贴条例上的
"知事另行规定"这一授权本身视为无效的判例，有京都地判昭 63·11·9 判夕第 697
号第 205 页（另外，基于授权而制定的规定，不是规则，而是"纲要"。参见注〔78〕
的⑤）。

〔108〕　最大判昭 33·3·12 刑集第 12 卷第 3 号第 501 页〔国公法全食劳滨田案〕、
最大判昭 33·4·16 刑集第 12 卷第 6 号第 942 页〔国公法全食劳岛根案〕、最大判昭
33·5·1 注（106）、最大判昭 49·11·6 注（100）、最大判昭 49·11·6 刑集第 28 卷
第 9 号第 694 页〔国公法德岛邮局案〕、最一判昭 56·10·22 刑集第 35 卷第 7 号第
696 页〔国公法高松简易保险局案〕。此外，明确表明《监狱法》第 31 条第 2 款"有
关阅览文书、图画的限制由命令规定"的授权合宪的判例，有东京高判昭 52·2·15
注（106）、东京地判昭 59·12·3 行集第 35 卷第 12 号第 2007 页等。

〔109〕　最大判昭 33·7·9 注（86）、最一判昭 39·6·18 刑集第 18 卷第 5 号第 209
页〔违反物品税法刑事案〕、最一判昭 50·7·10 民集第 29 卷第 6 号第 888 页〔不公
平交易方法案〕、东京高判昭 30·9·20 高刑集第 8 卷第 8 号第 1024 页、东京高判昭
46·7·17 行集第 22 卷第 7 号第 1022 页、东京地判昭 50·2·21 行集第 26 卷第 2 号第
211 页、东京高判昭 52·2·15 注（106）、及后注（110）·（111）所列的各判决。

〔110〕　虽然东京高判昭 29·5·29 注（58）以"让行政机关的实质性裁量几乎不存
在"为合理理由，它着眼于因行政立法授权的规范对象极其限定而导致"裁量"的
范围狭窄。

性"事项之规范，"应尽量避免""实体性"规范。该判决说，"在委任的范围涉及大范围的实体性规范而法律上只规定了个大纲，任何内容实际上都能够作为补充其的规定而被接受的领域，将法之设定权限委任于行政权，像这样的法规命令不能在宪法上获得认可"。③有的判例还将议会立法本身应规定的事项与能授权于行政立法的事项对比，称为"基本事项"或"技术性、细则性事项"、"主要事项"或"补充事项"〔111〕。

（三）各种考虑因素

作为一般论，来谈论宪法上所必要的、规范对象的限定性程度与制约基准的明确性程度极其困难，因此，极有必要在行政法各论或各行政法领域中对其进行考察。关于这时应考虑的要素或观点，目前可以例举出以下几点：

（1）必须结合每一个授权，具体地斟酌能够将授权正当化的一般根据，即议会的专门性、技术性能力的界限或时间上迅速应对能力的界限等，有必要让其与授权的合理的必要性之内容、程度相关联，讨论能够授权的规范对象的范围等。

（2）关于能够授权于行政立法的规范对象等问题，是有关宪法上的罪刑法定主义（《日本国宪法》第 31 条）、租税法定主义（《日本国宪法》第 30、84 条）等或者一般性法律上的公共设施设置管理条例主义（《地方自治法》第 244 条之 2）、公务员工资等法定主义（《地方自治法》第 204 条第 3 款、《地方公务员法》第 24 条第 6 款等）等具体内容的基本问题，因此有必要与这些一

45

---

〔111〕　①最一判昭 39・6・18 注（109），②东京高判昭 46・7・17 注（109），③分别是东京地判昭 53・7・4 行集第 29 卷第 7 号 1249 页、东京地判昭 56・7・27 行集第 32 卷第 7 号第 1274 页。关于其间区别的文献，参见田村浩一："立法的原则性事项与细节性规定（立法における原则的事项と细部规定）"，载《大阪市大法学杂志》1954 年第 1 卷第 4 号。

一对应，具体明确应该由议会立法自身规范的事项等[112]。

（3）根据是预定对私人具有何种效果的行政立法，还是规范如何对私人进行行政活动的行政立法，对于授权的要求程度也不同[113]。

（4）相关人权的性质或行政领域、行政目的的差异也是应该考虑的因素之一。例如，就可以讨论在限制表达自由等精神自由权时，应该课以更加严格的要求。

（5）对于不需要基于宪法上议会立法之授权进行（不涉及"法律保留"）的行政活动，在议会立法确定其根据并施以某种规范后再授权于行政立法时，也有对行政立法授权的宪法上要件是否不同的问题[114]。但是，即使存在着某种程度上可以放宽的情形，在"立法"授权这一点上并无改变，不会出现没有任何制约的情况。

（6）一般不能否定可以在某种程度上考虑被授权的行政机关之性质等的差异。但对于人事院，其特殊性能够强调到何种程度成为问题[115]。

（7）规范对象的限定性程度与基准的明确性程度是相互影响

---

〔112〕 关于公共设施设置管理条例主义，有东京地判昭 56・7・27 注（111）［将规定儿童乐园的区域、面积委任于区长（告示）判为合法］、关于公务员工资等的法定主义，有东京地判昭 53・7・4 注（111）（在地方公务员的工资重新规定后，将规定支付差额部分的时间委任于长官的规则判为合法）、京都地判昭 63・11・9 注（107）等。另外，先不考虑是否从罪刑法定主义推导出的一般原则，实际上，刑罚的种类、程度本身用法律规定，将有关犯罪构成要件的部分规定授权于行政立法的情形很多。参见芦部信喜："判例批判（判批）"，载《行政判例百选Ⅰ》，1982 年版。

〔113〕 最大判昭 49・11・6 注（100）的反对意见，区别有关刑罚对象的规定与有关惩戒处分对象的规定，认为对于前者的委任需要"更加严格的基准"的指示，将《国家公务员法》第 102 条第 1 款关于刑罚规则的授权视为违宪。

〔114〕 盐野宏谈到了这一问题。参见盐野宏："法治主义的形态（法治主义的诸相）"，载《法学教室》1992 年第 142 号；同・注〔44〕，第 235 页。

〔115〕 考虑规范对象的性质，同时也在一般理论上重视受委任机关的性质的判例，有东京高判昭 30・9・20 注（109）。但是，杉村・注〔44〕第 75 页、芦部・注〔112〕第 107 页、最一判昭 56・10・22 注（108）团藤重光法官的反对意见等，对适用于人事院有不少疑问。

的。例如，如果规范对象的范围和其重要性的程度极小时，对于基准的明确性要求可能也不那么严格。

（8）如果包括具有利害关系之私人参与的行政立法制定程序在法律上不断完善，那么可能出现这样的问题，即能否或多或少地缓和议会立法对行政立法进行内容性控制的要求。　46

八、授权的失效

在包括行政立法的授权条款在内的议会立法被废止，或者因　48
修改议会立法而删除包括授权条款在内的规定时，对行政立法之授权本身也消灭。如此，根据该授权制定的行政立法，只要在被废止或修改的法律中没有特别规定，其效力（面向将来）将消失。这种观点是通说[116]，也是妥当的。关于基于 1945 年敕令第542 号的行政立法，最高法院的判决也是如此理解的[117]。

即使没有进行废止或修改议会立法的程序，在议会立法的全部或包含授权规定的部分规定"失效"时，授权本身也"失效"，而对于基于该授权的行政立法之效力，应该作与上面同样的解释[118]。

---

〔116〕　参见田中·注〔1〕，第 163～166 页；山内一夫："关于委任命令失效的一个法理（委任命令的失效に関する一つの法理）"，载《法曹时报》1983 年第 35 卷第 4 号。

〔117〕　参见最大判昭 28·7·22 刑集第 7 卷第 7 号第 1562 页〔占据目的阻碍行为处罚令案〕、最二判昭 29·2·26 刑集第 8 卷第 2 号第 194 页〔外国人登记令案〕。此外，作为相关判例，参见大阪高判昭 27·11·4 高刑特报第 23 第 115 页、甲府地判昭 29·3·8 行集第 5 卷第 3 号第 625 页等。

〔118〕　盐野·注〔1〕，第 79 页；原田·注〔17〕，第 87 页；等等。另外，以前者的失效为理由，否定基于《许可认可等临时措施法》的许可认可等临时措施令的效力的学说及判例，有阿部泰隆：《行政法的解释（行政法の解釈）》，信山社 1990 年版，第 55 页以下、第 82 页以下；大阪地判昭 57·2·19 注（106）。但是，山内·注〔116〕第 707 页以下，区别进行授权的议会立法对于行政立法的"创设性效力"与"维持性效力"，认为后者不消失，上述措施令的效力继续存在，樱田誉（桜田誉）也是同样的结论。参见樱田誉："关于法令效力消灭的法理（法令の効力の消滅に関する法理）"，载《关西大学法学论集》1982 年第 32 卷第 3～5 号。

不过，也有因"失效"的时间不明确而难以在具体案件中进

49 行判断的情况。另外，虽然在议会立法限于一定期间授权行政立法时，或者在明确了满足议会立法所规定的行政立法要件的可能性在一定时间以后消失时，即使议会立法整体没有"失效"，也可以说授权规定实质上已"失效"，但在这种情形下，也完全有可能承认业已被制定的行政立法的效力继续存在[119]。

第四节　被授权的行政立法的控制

一、引　言

即使对行政立法之授权本身不存在问题，也有必要考虑对依据授权制定的行政立法进行法的控制。这时重要的是法院对行政

50 立法的控制，其多数的情形，是在关于依行政立法作出的行政处分等个别行政决定的抗告诉讼或国家赔偿请求诉讼中，法院审查行政立法的有效性或者合法性。在这种情形下，法院审查的对象多是行政立法的内容，但也不限于此，也有可能审查行政立法是否存在合法有效的授权、制定的行政机关是否有行政立法权限、是否遵守了生效要件[120]、行政立法制定程序上有无瑕疵、效力涉

---

　　〔119〕　参见山内·注〔116〕，第 709 ~ 710 页。但是，涉及议会立法整体"失效"的前注〔118〕的判决的事例，似缺少将是否相当于这些情形（特别是后一种情形）作为问题的前提。

　　〔120〕　国家的（法律及）行政立法的公布，在公式令（明治 40 年敕令）被废止之后也通过政府公报进行。参见最大判昭 32·12·28 刑集第 11 卷第 14 号第 3461 页〔政令 201 号公布方法案〕。关于公布时期，参见最大判昭 33·10·15 刑集第 12 卷第 14 号第 3313 页〔毒品取缔法公布时期案〕。关于地方公共团体行政立法公布的必要事项，根据《地方自治法》第 16 条第 4 款，由地方公共团体条例规定。

及的地域范围[121]等。

虽然议会立法具有限定或制约行政立法内容之效力，但是，具有授权规定的个别议会立法或者关于行政程序的一般性议会立法（或者是关于一般行政立法的议会立法）针对每一个行政立法或一般行政立法也可以考虑对其的制定程序事先附加一些限制。在限定、制约行政立法内容的同时，对行政立法程序等其他方面进行法的控制也是议会立法的课题。

谈论被授权的行政立法之控制时，虽包括上述多种多样的情形，但下文仅简单地整理与考察一下有关行政立法内容合法性之司法审查的一般性问题，行政立法程序之法律规制问题以及行政诉讼制度中的行政立法所特有问题。另外，关于行政立法在国家赔偿请求诉讼中所特有的各种问题，因为与最高法院 1991 年的判决[122] 相关，包括这一问题的两个判决将在本书第二章中论述。

二、行政立法内容的合法性

关于基于议会立法授权制定的行政立法内容合法性问题，首先，可分为合宪性与符合议会立法性两个部分。 51

（一）合宪性

如果行政立法违反宪法，那么甚至不需要将符合议会立法性作为问题，而直接可以将其判断为违宪、无效。在判例中，将行政立法的合宪性作为问题的情形之一是，行政立法规定了应由议会立法本身规定的事项，因而该行政立法被认为违反了国会是"唯一的立法机关"这一性质或者违反了租税法定主义、罪刑法

---

[121] 相关判例，参见最一判昭 46・4・22 刑集第 25 卷第 3 号第 451 页〔北海道海面渔业调整规则案〕。

[122] 最三判平 3・7・9 民集第 45 卷第 6 号第 1049 页〔监狱法不批准年幼者会面案〕。参见本书第二章第三节（原书同），边码第 88 页以下。

定主义等。但在这种情形下，成为问题的是议会立法本身应规范的事项之范围或者规范密度、可以委托于行政立法的规范对象的范围之限定等，因而与授权的议会立法本身之合宪性问题几乎没有不同。

与此相对，有不少情形不是将议会立法之授权或规范密度等的合宪性当做问题，而是直接将比议会立法更为具体的行政立法内容的合宪性当做问题。举几个被最高法院判决作为问题的例子：①《人事院规则》14－7与《日本国宪法》第21条等的关系；②《生活保护基准》（厚生省告示）与《日本国宪法》第25条等的关系；③《监狱法实施规则》（法务省令）第86条第1款与《日本国宪法》第19、21条的关系；④关于农地出售价格的政令与《日本国宪法》第29条第3款等的关系等[123]。

与对议会立法规定作合宪性解释一样，有时也对有抵触议会立法或宪法之嫌的行政立法之规定作合乎授权法律或宪法的解释，而使其规定本身也不再违法、违宪。例如，有的判例对《监狱法施行规则》（法务省令）或《道路交通法施行规则》（公安委员会规则）中的规定作限定解释，认为这些规定本身不违宪[124]。

（二）符合议会立法性

1. 无效

具有违反议会立法（及合法的上位行政立法）之内容的行政立法，在违反授权的议会立法且缺少对这种行政立法的授权这两层意思上违法。如此，其对作为规范对象的行政活动不具有"外部性"拘束力（或者不具有关于该行政活动的作为裁判基准的效

52

---

〔123〕 ①最大判昭49·11·6注（100），②最大判昭42·5·24民集第21卷第5号第1043页〔生活保护法朝日案〕，③最大判昭58·6·22民集第37卷第5号第793页〔监狱法抹消报纸报道案〕，④最一判昭54·2·22民集第33卷第1号第97页〔农地法出卖价格案〕等。

〔124〕 分别是最大判昭58·6·22注（123）、东京地判昭40·1·23下刑集第7卷第1号第76页。

力），在这一层意思上可以说是"无效"的[125]。

2. 符合授权条款性与符合相关条款性

行政立法之内容符合议会立法，目前可分为与授权条款之授权内容（对象、目的等）的符合性（符合授权条款性）、与授权条款以外的相关条款或该议会立法全部旨趣等的符合性（符合相关条款性）两个方面。在将行政立法内容是否符合议会立法作为问题时，有的判例不是将与该议会立法上授权条款的符合性，反而是将与授权条款之外的相关条款的符合性作为主要争议点。例如，在关于《枪械刀剑类登记规则》（文部省令）第4条第2款涉及最高法院1991年判决的案件中，主要的争议点不是是否符合授权条款，即《持有枪械刀剑类等取缔法》第14条第5款，而是是否符合相关条款，即该法第14条第1款[126]。

如上所述，因案件不同，有时并不是将是否符合授权条款而是将是否符合相关条款作为问题，来审查行政立法是否符合议会立法，并且，也不应质疑这种做法。不过，上述两个（符合授权条款性与符合相关条款性）问题不是互不相关的问题，可以理解为后者最终为前者所吸收。也就是说，不是仅通过授权条款明确向行政立法授权的内容（对象、目的等），有时也受相关条款等制约或者通过相关条款等具体明确化，难以想象授权行政立法的条款，会容许行政立法制定违反其之外的相关条款或违反议会立法整体旨趣等的规定。因此，如行政立法违反相关条款等，也一定同时违反授权条款。

---

〔125〕 虽然田中·注〔1〕第162页认为，缺少诸要件中任何一个要件的命令"是有瑕疵的命令，当这一瑕疵重大且明确时，作为命令不产生任何效力"，限定了"无效"的情形。但最高法院的判决，将内容违法的行政立法均表述为"无效"（后注〔128〕的各判决等）。但是，关于直接成为撤销诉讼对象时的行政立法，需要另行探讨。

〔126〕 参见最一判平2·2·1民集第44卷第2号第369页〔枪刀法外国制刀剑案件〕。参见本书第二章第二节（原书同），原书第74页以下。

3. 议会立法的解释

拘束（或制约）存在问题的行政立法内容的议会立法具有规范的意思、内容。而这一意思、内容的法解释，就是判断行政立法之内容是否符合议会立法的前提。如果以业已说明的授权要素为前提，那么就是关于将哪些规范作为授权的"对象"和规范这些"对象"时的"基准"的法解释。另外，正如前面提到的那样，成为法解释对象的并不限于授权条款，有不少情形需要将相关条款或议会立法的旨趣也作为法解释的对象。这是因为不少授权条款之规范的意思、内容，是通过相关条款或议会立法整体旨趣的法解释来具体阐明的。此外，有时也应该考虑授权的议会立法以外的相关议会立法、该行政领域特有的法理来进行解释[127]。

另外，在解释议会立法时，对于涉及私人法律地位的行政立法，需要注意相关的人权之差异（因而，要注意相关宪法条款之差异），而对于规范地方公共团体之行政活动的国家行政立法，则需要注意该行政领域的地方自治或者国家与地方公共团体的关系。

最高法院的各判决在判断行政立法是否符合议会立法时，有不少是将是否"超出委任之范围"作为问题的[128]。这时，其不是将是否符合制定行政立法时的基准作为问题，而主要是将是否处于被授权的规范对象的范围内作为问题，并且，以议会立法关于行政立法被授权的规范对象所作出的一定法解释为前提，得出了结论。

在行政立法被判断为规定了被授权的规范对象以外的对象、

---

〔127〕 关于这一点，兼子·注〔6〕第114页认为，关于"委任立法的界限"，"一般行政法的规范很少，在各法律的委任规定中，委任的具体性条件或界限反而多是各'特殊法'的法理进行条理解释"（译者注：条理解释是不拘泥于法令之语言，主要将重点放在法令的目的、旨趣、道理等方面进行解释。）。

〔128〕 最大判昭46·1·20民集第25卷第1号第1页〔农地法收买农地出卖案〕——"超出法的委任范围无效……"，最三判平3·7·9注（122）——"超出法第50条的委任范围无效……"。

事项（"超出委任之范围"）的情形中，如将《农地法施行令》（政令）的部分条款（视为）无效的最高法院 1971 年的判决[129]所表明的那样，也包括对（被解释为）议会立法已经具有一定意思内容的事项施以限制的情形。

4. 行政立法裁量

在通过解释议会立法而明确的授权内容（对象、目的等）的范围内，对于被授权行政立法的行政机关，承认其享有具体制定何种内容的行政立法的裁量余地（行政立法裁量）。但是，即使在这种情形下，法院也能够审查行政立法裁量权的行使方法是否适当或有无合理性。

关于《生活保护基准》（厚生省告示），最高法院 1967 年的判决指出，虽然其内容的判断"被委任于厚生大臣的合目的性裁量"，但在其"违反《宪法》及《生活保护法》之旨趣、目的，超出法律赋予的裁量权之界限或滥用裁量权时，是违法的行为"。而有关《枪械刀剑类登记规则》（文部省令）第 4 条第 1 款和该条第 2 款的 1987 年和 1990 年的两个判决，以"在没有超出法之委任旨趣的范围内承认专业技术上的一定裁量权"为前提，审查"是否超出了法之委任旨趣"[130]。

在涉及上述各判决的任何一个案件中，都没有将行政立法时的"裁量权"行使视为违法。有必要进一步探讨行政立法裁量之司法审查与行政处分之裁量审查或议会立法、尤其是法律之"立

54

---

〔129〕　最大判昭 46・1・20 注（128）。参见盐野宏："判例批判（判批）"，载《判例评论》1971 年第 147 号；藤原淳一郎："判例批判（判批）"，载《法律家（ジュリスト）》1972 年第 509 号，1971 年重要判例解说；舟田正之："判例批判（判批）"，载《行政判例百选Ⅰ》（三版），1993 年版。

〔130〕　关于《生活保护基准》（厚生省告示），最大判昭 42・5・24 注（123），关于《枪械刀剑类登记规则》第 4 条第 1、2 款，最二判昭 62・11・20 讼月第 34 卷第 4 号第 695 页〔枪刀法古式枪械案〕，最一判平 2・2・1 注（126）。

法裁量"（合宪性）审查相比，具有什么样的差异或特征[131]。

（三）地方公共团体的规则和"执行命令"等

在行政立法中，关于仅依据《地方自治法》第 15 条第 1 款等一般性授权的地方公共团体长官规则或委员会之规则及规程，依据个别议会立法之授权（以其全部或章节的全部为对象制定"为了实施……必要的"规定或"关于……必要的"规定）的行政立法，以及（假如容许的话也包括）仅依据《国家行政组织法》（第 12 条第 1 款前段）的以前所说的"执行命令"，它们的授权条款所使用的语言基本上都没有针对授权内容（对象、目的等）表明线索。

因此，关于这些行政立法是否符合议会立法，例如，是否是"实施"或"施行"议会立法这一目的范围内的立法等，必须慎重且严密地进行探讨[132]。另外，关于某些对象、事项能否由基于这些一般性授权或"概括性"授权的行政立法加以规范的问题，前文已经在一定程度上部分性地涉及，有必要将也包括《地方自治法》的议会立法之综合性解释作为前提[133]。

（四）判例

在此不能够详细地探讨有关判例，但关于否定行政立法符合议会立法的最高法院判决有：①1963 年的判决，关于规定不能没

---

〔131〕 谈及行政立法裁量的，参见宫田三郎："行政裁量"，载《现代行政法大系》第 2 卷，有斐阁 1984 年版；杉村·注〔44〕，第 73~76 页；等等。

〔132〕 关于为了"实施"有关机关委任事务的国家法令而只基于《地方自治法》第 15 条第 1 款制定的地方公共团体长官规则（法律施行细则类），问题是如何协调全国统一性行政活动要求与允许各地方公共团体长官独自判断的关系。关于法律施行细则类，存在着各个长官独自进行规定的情形，例如，参见注〔72〕的两判决。

〔133〕 关于仅基于《地方自治法》第 15 条第 1 款制定长官规则，可以明确除了该法第 14 条第 2 款所说的"行政事务"之外，该法要求通过条例规定的很多事项（第 158 条第 1 款、第 7 款，第 204 条之 2，第 244 条之 2 第 1 款等）是不被允许的事项。另外，关于《地方自治法》第 149 条等作为长官的权限的事项（机关委任事务以外），如果也能通过条例规范，那么长官规则的许可范围也受这种条例制约。关于条例与长官规则可能规范的事项之间的关系，参见兼子·注〔62〕，第 153~158 页；同·注〔30〕，第 66~67 页。

收物件价格追征的《鲑鱼、鳟鱼流网渔业取缔规则》（农林省令）　55
第 29 条第 2 款但书；②1971 年的判决，关于限定能向旧土地所有
者出售土地之范围的《农地法实施令》（政令）第 16 条第 4 项；
③1991 年的判决，关于原则性禁止被收监者与年幼者会面的《监
狱法施行规则》（法务省令）第 120、124 条。另外，④1973 年的
判决，其虽然没有明言，但关于《公共浴池法施行细则》（知事
规则）中以"受理"作为有效申请之要件的规定，认为是采取申
请的到达主义，在实质上将其视为违法[134]。

　　另外，在下级审判决中被判为违法、无效的行政立法有：①关
于承认农地出售之保留的《自耕农创设特别措施法施行规则》（大
藏、农林省令）第 7 条之 2 中的 3；②否定向兼职雇工发放之奖金
的损失费性质，扩大了课税对象的《法人税法施行规则》（大藏省
令）第 10 条之 3、第 10 条之 4；③以处罚在指定航行区域外航行为
旨趣的《船舶安全法施行规则》（运输省令）第 71 条第 1 项；④关
于"古式枪械"制造时期的《枪械刀剑类登记规则》（文部省令）
第 4 条第 1 款；⑤承认退休津贴之优惠措施的《镰仓市规则》（市
长规则）的一部分等[135]。

―――――――――――

〔134〕　①最三判昭 38・12・24 判时第 359 号第 63 页〔水产资源保护法等案〕，
②最大判昭 46・1・20 注（128），③最三判平 3・7・9 注（122），④最二判昭 47・5・
19 民集第 26 卷第 4 号第 698 页〔公共浴池法竞标案〕。④的原审判决广岛高判昭 43・
5・16 行集 19 卷第 5 号第 835 页，以《广岛县公共浴池法施行细则》（知事规则）
中的规定为理由，以"受理"申请需要满足一定要件为前提，认定为申请时。
〔135〕　①大阪地判昭 26・5・26 判夕第 13 号第 77 页、大阪高判昭 27・10・30 行集
第 3 卷第 10 号第 1957 页、大阪高判昭 29・1・18 行集第 5 卷第 1 号第 1 页、仙台高判昭
36・4・19 行集第 12 卷第 4 号第 673 页，②大阪地判昭 41・5・30 行集第 17 卷第 5 号第
591 页、广岛地判昭 41・10・31 行集第 17 卷第 10 号第 1232 页、福冈地判昭 49・3・30
讼月第 20 卷第 7 号第 152 页，③舞鹤简判昭 43・10・7 下刑集第 10 卷第 10 号第 976 页，
④东京地判昭 55・10・27 行集第 31 卷第 10 号第 2113 页〔但是，二审即东京高判昭 58・
10・27 行集第 34 卷第 10 号第 1819 页、三审即最二判昭 62・11・20 注（130）均视为合
法〕，⑤横滨地判昭 58・2・14 行集第 34 卷第 2 号第 191 页。此外，关于《自耕农创设特
别措施法施行令》第 11 条第 1 款，山形地判昭 26・10・10 注（66）。

　　与此相对，虽判例视为合法（并且肯定其有"外部性"法的效力），但并非没有疑问的有：①对于作为都道府县知事权限内的行为，法律要求国家主务大臣（农林大臣）承认的《自耕农创设特别措施法施行规则》（农林省令）第1条之2；②关于国家公务员政治性活动的《人事院规则》第14－7；③基于《关于建筑物的限制》之规定的授权，甚至规定了"恢复原状命令"的《战争受灾复兴土地区划整理施行地区内建筑限制令》（政令）第5条；④将刀剑类的登记对象限定为日本刀的《枪械刀剑类登记规则》（文部省令）第4条第2款等[136]。另外，关于《学习指导要领》（文部省告示）[137]、1962年《地方税法》修改后的《固定资产评

------

　　[136]　①最二判昭30·5·31民集第9卷第6号第821页〔自创法指定收购例外地区案〕，②注〔108〕列举的各最高法院判决，③大阪地判昭49·5·28判时第760号第51页，④最一判平2·2·1注（130）。关于①，门山泰明的"判例批判（判批）"（载《地方自治判例百选》，1981年版）认为，"关于在现行法之下……对于知事的权限行使，用省令规定需要主务大臣的承认，可以说对于这一点抱有很大的疑问"。也参见小早川·注〔69〕，第481页。作为肯定行政立法的合法性的最高法院判决，其他的，有最大判昭25·6·7刑集第4卷第6号第956页〔临时物资供给调整法案〕、最一判昭39·6·18注（109）、最一判昭40·5·20判时第413号第82页〔渔业取缔规则案〕、最一判昭49·5·30税资第75号第704页〔法人税法施行规则案〕、最二判昭49·12·20判时第767号第107页〔内水面渔业调整规则案〕、最二判昭61·10·17判夕第627号第97页〔保险医疗养担任规则案〕、最二判昭62·11·20注（130）等。另外，关于基于《粮食管理法》第9条第1款的该法施行令（政令）是否充分完成了制约其他的行政立法内容的任务，最大判昭26·12·5刑集第5卷第13号第2463页〔粮食管理法案〕进行了肯定（将其视为疑问的，有田村·注〔67〕，第427页）。另外，作为肯定行政立法符合议会立法的下级审判决，有关于《电气事业法施行规则》第77条第2款的东京地判平1·4·26行集第40卷第4号第350页、东京高判平2·9·19行集第41卷第9号第1485页，关于规定"经由"事务的知事规则的千叶地判平4·10·28判夕第802号第121页等。

　　[137]　虽然最大判昭51·5·21注（77）认为，"即使说以法的拘束力制约地方公共团体或者强迫教师未必恰当，而且，还多少抱有究竟是否是这样的限制或强迫之旨趣的疑问……"，但最一判平2·1·18注（77）认为，原审将《学习指导要领》判断为"具有法规之性质"，可以肯定这一判断是正当的（而且，上述1976年判决的旨趣是这样的解释并不违反《日本国宪法》第23条、第26条）。相对于此，学说上关于教

估基准》（自治省告示）[138]，与判例不同，否定其部分或整体的
法的拘束力，认为其仅是指导、建议性基准的学说占主导地位。

三、行政立法程序

　　虽然多是一般性提议，但学界从很早以前就屡屡指出了对　　58
行政立法制定程序进行法律控制的必要性，并且，在比较法方
面，对于英国的向议会提示规则或规则草案制度，对于美国的
告知规则草案、利害关系人参与规则之制定等制度表现出强烈的
关注[139]。
　　虽然可以深化这样的探讨，即宪法是否与对于一定范围的行

授科目教育内容的部分，解说为没有法的拘束力的"指导建议性基准"的，有兼子仁：
《教育法》（三版），有斐阁1978年版，第376页以下。也参见市川须美子："判例批判
（判批）"，载《行政判例百选Ⅰ》（三版），1993年版。
　　[138]　福冈地判昭57·3·30シュト第254号第17页、千叶地判昭57·6·4行集
第33卷第6号第1172页、静冈地判平1·7·28判自第67号第15页、广岛地判平2·
9·26行集第41卷第9号第1574页、东京地判平2·12·20判夕第765号第201页等，
大部分下级审判决肯定法的拘束力，最一判昭61·12·11判夕第631号第117页（上
述福冈地判的三审）〔折旧资产评估方法案〕似乎也将此作为前提。金子宏：《租税
法》（第三版）弘文堂1990年版，第355页、吉良实："判例批判（判批）"（载《判
例评论》1987年第344号）等持肯定性学说，但也有不少学说认为尚有疑问，如石岛
弘："固定资产税与固定资产价格的决定（固定资产税と固定资产の价格の决定"，载
石岛弘等：《固定资产税的现状与纳税人的视点（固定资产税の现状と纳税者の视
点）》，六法出版社1988年版；山田二郎："判例批判（判批）"，载《判例评论》1991
年第391号；等等。
　　[139]　杉村敏正："行政程序（行政手续）"，载杉村敏正、兼子仁：《行政程序/
行政争讼法（行政手续/行政争讼法）》，筑摩书房1973年版；杉村·注〔6〕，第17～
23页；同·注〔44〕，第76～77页；和田英夫："行政立法程序（行政立法手续）"，
载鹈饲信成（鹈饲信诚）编：《行政程序研究（行政手续の研究）》，有信堂1961年
版，第27页以下；小高刚：《居民参与程序的法理（住民参加手续の法理）》，有斐阁
1977年版，第40～50页；熊本信夫：《行政程序的课题（行政手续の课题）》，北海道
大学图书刊会1975年版，第41～43、65～79、125～130页；宇贺克也：《美国行政法
（アメリカ行政法）》，弘文堂1988年版，第195页以下；等等。

政处分同样地对行政立法程序要求某种正当性[140]，但如果从议会立法对于行政立法的内容性控制或法院对于行政立法的事后性控制存有界限，很多行政立法在议会、私人难以监视的行政组织之"内部"进行这一现状来看，至少在立法政策论上，有必要充实控制行政立法程序的各种法制度，特别是充实私人参与行政立法程序的制度。并且，一般而言，这些制度必须有助于与行政立法内容有利害关系之私人法益的事前保护，有助于确保行政立法内容之公正、合理性以及关于"立法"内容国民主权或者居民自治的实质化等[141]。

（一）现行法规

从整体来说，现行的议会立法对行政立法程序的控制还不充分，承认私人或者议会以某种方式参与行政立法过程的例子也未必能说很多。并且，关于国家行政立法之制定程序，个别法律所规定的规范之内容，也如下面所例举的那样，多种多样。

1. 议会的参与

（1）国会对灾害紧急事态之政令的事后承认等（《灾害对策基本法》第109条第4款）。

（2）涉及健康保险医疗费用，关于规定减轻个人负担部分之日期的厚生省告示，国会的事前承认（《健康保险法》附则第4条第2款）。

（3）向国会报告国家行政组织之政令的制定、修改、废止（《国家行政组织法》第22条第1款）。

---

〔140〕 桥本公亘认为，"关于行政立法，不能说有作为宪法上的程序保障的参加权"，参见桥本公亘："宪法理念在行政法上的投影（憲法理念の行政法への投影）"，载《公法研究》1978年第40号。判例似乎也没有将这一点作为问题。

〔141〕 关于行政立法的程序性控制的意义、目的，进一步地参见杉村·注〔139〕，第155~156页；和田·注〔139〕，第56页；拙文："行政立法程序（行政立法手续）"，载《公法研究》1985年第47号。

2. 审议会或者私人的参与

（1）向审议会咨询或听取意见（《渔业法》第 65 条第 5 款、第 7 款〔中央渔业调整审议会、海区渔业调整委员会、内水面渔场管理委员会〕；《建筑业法》第 27 条之 23 第 3 款〔中央建筑业审议会〕；《公害健康损害补偿法》第 63 条之 2〔中央环境审议会〕；《工业标准化法》第 11、12 条第 2 款〔日本工业标准调查会〕；《消费生活产品安全法》第 89 条第 1 款〔产品安全及家庭用品品质标识审议会〕；《健康保险法》第 43 条之 14 第 1 款〔社会保险医疗协议会〕；《电波法》第 99 条之 11 第 1 款第 1 项〔电波监理审议会〕；《环境卫生营业公正化法》第 58 条第 3、4 款〔中央、都道府县环境卫生公正化审议会〕；《鸟兽保护法》第 1 条之 4 第 4 款及《野生动植物转让规制法》第 2 条第 2 款〔自然环境保全审议会〕；《进出口贸易法》第 37 条及《出口中小企业产品统一商标法》第 17 条〔出口贸易审议会〕；《出口检查法》第 38 条〔出口检查或设计奖励审议会〕等）[142]。

（2）通过召开公听会，"一般"或"广泛全面"地听取意见（《禁止垄断法》第 71 条、《关于确保液化石油煤气安全及交易公正化法》第 89 条、《煤气事业法》第 48 条、《火药类取缔法》第 53 条、《高压煤气取缔法》第 75 条、《电器用品取缔法》第 49 条等）[143]。

（3）分别听取劳动者、雇主及公益代表的意见（《劳动基准法》第 113 条、《船员法》第 121 条等）。

（4）听取依据该法律设立的法人的意见（《高压煤气取缔法》

---

〔142〕此外，作为"重要事项"的调查审议之一，行政立法的制定、修改和废止有可能向审议会提出咨询。参见《自然环境保护法》第 13 条第 2 款〔自然环境保护审议会〕、《电气事业法》第 87 条第 1 款〔电气事业审议会〕、《建设业法》第 33 条〔中央建设业审议会〕。

〔143〕此外，《工业标准法》第 18 条第 1、2 款将举行公听会视为任意性规定，而承认"利害关系人"举行公听会的请求权。

60 第 75 条、《关于确保液化石油煤气安全及交易公正化法》第 89 条
〔高压煤气保安协会〕等）。

（5）听取同行业或者相关行业的意见（《禁止垄断法》第 71
条、《不正当赠品类及不正当表示防止法》第 5 条）。

（6）附有原案的"利害关系人"之制定申请权（《工业标准
化法》第 12 条)〔144〕。

3. 其他行政机关的参与

（1）各大臣关于制定政令、各外局长官等关于制定府令（省令）
的提案权（《国家行政组织法》第 11 条、第 12 条第 2 款及第 3 款）。

（2）作为国家行政机关间的意见调整程序，听取其他行政机
关的意见（《煤气事业法》第 47 条之 3 第 2 款、《关于确保液化石
油煤气安全及交易公正化法》第 87 条第 3 款〔消防厅长官的意见
听取〕等）。

（3）听取都道府县知事关于制定政令的意见，都道府县知事
制定政令的申请权（《大气污染防止法》第 5 条之 2 第 5 款及第
15 条之 4、《水质污浊防止法》第 4 条第 2 款及第 3 款等)〔145〕。

此外，关于地方公共团体长官制定涉及机关委任事务的规则，
有的要求有主务大臣的认可（《渔业法》第 65 条第 6 款），有的
要求训令、通知类要有与国家相关部局的"协议"〔146〕。

---

〔144〕 此外，虽然不是事前手续，但要求公布制定命令的理由，承认对这一命令有
"直接利害关系"的人向大臣进行"申诉"的少有规定，有《粮食管理法》第 9 条第 2
款以下。

〔145〕 此外，制定、修改地方公共团体委员会的规则、规程，在一定的场合下，需
要与长官"协议"（《地方自治法》第 180 条之 4 第 2 款），制定、变更河川管理者对
水库等的"操作规则"（如《长安口水库操作规则》昭 45 德岛县规则第 63 号），需要
与相关行政机关协议或者听取意见（《河川法》第 14 条第 2 款、同法《施行令》第 9
条之 2。也参见注〔55〕）。

〔146〕 例如，关于根据《都市计划法》第 31 条的但书之制定规则，建设省计划局
宅地开发科民间宅地指导室室长通知《关于都市计划法施行令部分修改后的注意事项》
（昭 58 建设省计明发 42 号）。

（二）、行政程序法

如果以上述现状为前提，那么可以考虑制定一部原则上适用于国家全部行政立法的一般性法律，规定最低限度的程序性规制，或者将其作为统一的行政程序法的一部分[147]。在迄今为止的有关行政程序法的各种建议中，下面两个答复方案包括有关行政立法程序的规定：

1. 第一次临时行政调查会方案（1964 年）

关于行政程序，第一次临时行政调查会答复（1964 年 9 月）将"完善行政立法程序，谋求行政之公正运营"作为"行政程序法应该规定的事项"之一提出来，阐明"除了高度政策性的内容"，"有必要规定"行政立法程序的"基本性原则"。并且，该第三专门分会第二分科会发表了《关于行政程序法的报告》（1964 年 2 月），在这一报告的行政程序法草案部分，虽然看不到有关一般行政立法的规定，但关于根据法令"设定基准、指定区域以及指定品种"（包括变更、废止），规定了对于与这些行为"有直接利害关系的人"，承认他们"申请进行相关的行为"（草案第 24 条）[148]。这一规定被解释为主要是以告示形式制定的、关　61

――――――――

〔147〕　田中二郎："行政程序法的问题（行政手続法の諸問題）"，载《公法研究》第 23 号，第 103 页［及同（发言）·同上第 208 页］，被解释为是认为尽可能也将行政立法程序在统一的行政程序法中设置的见解。同一旨趣的，有大滨·注〔60〕，第 179 页。

〔148〕　参见桥本公亘：《行政程序法草案（行政手続法草案）》，有斐阁 1974 年版，　64　第 53~54、102 页。《草案》第 24 条"在行政厅能够根据法令设定基准、指定区域以及指定品种（包括变更或废止，以下称"设定基准等"）时，与该行为有直接利害关系的人，可向该行政厅申请进行该行为。基于前款规定提出申请时，必须提交下列书面材料：②申请的目的及理由③与该行为有直接利害关系的证明（省略①、④）。在有基于第 1 款规定的申请时，行政厅判断有必要时，设定基准等；判断没有必要时，必须通知该申请人，并告知理由。行政厅基于前款规定，设定基准或者通知时，如果此后没有出现明显的状况变化，申请人不能以同一一理由再次提出第 1 款的申请"。

于一定范围之行政立法或一般处分的规定[149]。

2. 第一次行政程序法研究会方案（1983 年）

在旧行政管理厅内设置的行政程序法研究会（第 1 次）（1980 年 8 月成立），在其成立之后发表的报告（1983 年 11 月）中，包含了统一性行政程序法的《法律案纲要案》，并在该《纲要案》中，设置了"命令制定的程序"一章，"对国家机关制定命令，规定了普遍性适用的最低限度程序"。在这一章中，以"课以公布命令案之义务，为利害关系人等提供针对命令案表达意见的机会"为旨趣，关于排除一定例外的"命令"（根据第 1001 条第 1 款，"政令、总理府令、省令以及委员会、厅的规则或命令）之制定、修改程序，规定了在政府公报上公布命令案及制定命令的法律根据，以适当的方法让利害关系人广为知晓（以上，第 1003 条第 1 款、第 2 款），由利害关系人针对命令案提出意见（第 1003 条第 3 款），命令案公布之后，经过相当的期间后制定命令（第 1004 条第 1 款）等[150]。

第二次临时行政调查会的《关于行政改革的最终答复》（1983 年 3 月），作为"应探讨是否（将其）放入行政程序法中的内容"之一，除行政指导、计划制定等之外，还提出了有关"行

---

[149] 临时行政调查会《行政程序法草案逐条说明》（1964 年 7 月）（参见桥本·注〔148〕，第 134 ~ 135 页）的说明是，"可以认为在多数场合下是采用政令、省令的制定、修改、废止的形式"。但是，如果看具体性的例示，那么多数是通过告示形式，也包括在与"指定区域"这样的"一般处分"的区别成为问题时。

[150] 第一次行政程序法研究会《行政程序法研究会报告》（1983 年 9 月）。纲要案的相关条文如下：第 1003 条 "①各机关欲制定命令时，公布制定命令的法律根据及命令案或纲要（以下称"命令案"）。②命令案刊登于政府公报公布，此外各机关通过最恰当的方法，广泛地通知利害关系人。③利害关系人可就公布的命令案，以书面形式向该命令制定机关陈述意见。（④省略）"，第 1004 条 "①各机关公布命令案之后，尚未经过相当的期间，不得制定该命令。②各机关制定命令时，必须考虑利害关系人关于该命令案的意见"。

政立法"的程序规定[151]。然而，第一次临时行政改革推进审议会成立后在总务厅内所设置的行政程序法研究会（第二次）（1985年6月成立），虽然在第二次临时行政改革推进审议会成立后提出了报告（1989年10月），但报告中的《行政程序法（暂定名称）纲要案》[152]部分，与上述的第一次行政程序法研究会方案不同，将"命令制定的程序"与计划制定程序一起全部从对象中排除出去。并且，之后对这一纲要案进行修改，作为《行政程序法》通过[153]并于1994年10月1日施行，在这一《行政程序法》中不包括有关行政立法程序的规定。

（三）行政立法程序完善的课题

目前，行政程序法优先完善以保护行政处分、行政指导中相对方私人之权利为主要目的的行政程序，而推迟以应对"现代化"课题，实现国民、居民参与行政之理念为目的[154]的行政立法程序（以及计划制定程序），这在某种程度上也是迫不得已的[155]。但

62

---

〔151〕　临时行政调查会（第二次）《有关行政改革的第五次答复——最终答复》（1983年3月）。同第二分会报告《关于行政信息的公开与管理等其他行政程序法制度的理想模式及办公自动化等事务处理的近代化》（1983年1月）也同样如此。

〔152〕　行政程序法研究会：《行政程序法研究会（第二次）中间报告》（1989年10月）（收录于总务厅行政管理局编：《面向行政程序法的制定（行政手续法的制定に向けて）》ぎょうせい1990年版）。另外，在这个报告之后也提到"规则等制定程序"的，有临时行政改革推进审议会（第二次）《公共规制应有状态小委员会·关于公共规制缓和等状况的报告》（1989年11月）。

〔153〕　参见临时行政改革推进审议会（第三次）第一分会（公正、透明的行政程序分会）中间报告（1991年7月），该审议会的《关于完善公正、透明的行政程序法制的答复》（1991年12月）等。

〔154〕　总务厅行政管理局编·注〔152〕第12、14、42页表明这样的理解。也参见盐野·注〔1〕，第263页。

〔155〕　只是，第二次行政程序法研究会中间报告将暂缓考虑行政立法程序控制的理由阐述为，"所谓的国家对行政立法规制体系本身还不健全"，具体而言，"①关于政令省令，不承认提起与具体处分无关的诉讼，②关于政令以外的命令，未被作为内阁法制局的审查对象，作为政府没有统一审查行政立法之体系"（总务厅行政管理局编·注〔152〕第43页），对此阐述有难以理解的地方。

是，行政立法程序在法律上的完善仍是今后重要的立法课题之一。第一次行政程序法研究会方案作为一般性行政立法程序规定，其适用对象最为广泛且具有最为详细的内容，现在有必要以其为线索，在也考虑行政立法实务的同时[156]，继续探讨行政立法程序的具体内容[157]。并且，如果结合第一次行政程序法研究会方案来分析，那么存在着以下的课题和论点：

首先成为问题的是：①怎样处理基础用语（是"行政立法"程序，还是"命令"制定程序），②行政立法（或者"命令"）的定义及其具体性范围，③区分适用一般性程序之行政立法与承认例外之行政立法的基准，④将事前公布义务化的行政立法案以及"法律上根据"的具体化程度等[158]。此外，⑤如果行政立法程序应该是有助于应对"现代化"课题、实现私人参与国家政治这一理念的程序，那么不仅对于"利害关系人"，对于广泛的一般国民也应该承认其提出的意见书[159]。还有⑥与行政现行法规上的咨询审议会程序、举行公听会程序等之间关系的调整，⑦公布行政

---

〔156〕 关于行政担任者对于行政立法程序规制的反应、疑虑，参见植村荣治："日本行政程序法典的制定（日本における行政手続法典の制定）"，载《公法研究》1994年第46号；关于第一次行政程序法研究会方案向15个省厅进行问卷调查的结果，参见总务厅行政管理局编·注〔152〕，第65～68页（对于将行政立法程序包括于统一的行政程序法中，"否定性的意见占主导地位"，即使是关于公布议案的义务、给予利害关系人表达意见的机会，也有相当多的消极性意见）。另外，西村康雄对于公布一般行政立法议案及有必要听取意见持消极态度的同时，说"在命令的内容与多数国民相关，即使是行政厅也不可能预测利害关系人的意见时"，可以考虑"在各法律中将委任时之公布规定为义务"，参见西村康雄："运输法制的行政程序的倾向与课题（運輸法制における行政手続の傾向と課題）"，载《公法研究》1985年第47号。

〔157〕 参见兼子仁：《行政程序法（行政手続法）》，岩波书店1994年版，第214～216、223～227页。

〔158〕 也参见拙文·注〔141〕，第192～194、197页。另外，关于②，第一次行政程序法研究会方案将"命令"限定为"政令"、"总理府令"、各"省令"、外局"规则"，不包括独立行政机关的"规则"及"告示"形式的规定。

〔159〕 拙文·注〔141〕在第195～196页中指出。

立法案后要经过"相当的期间"之要求与法律修改后行政立法迅速施行的必要性等之间的调整，当然这些也是运用上的课题。

虽然作为一般行政立法之原则性程序规定比较难，但在授权行政立法的个别法律中，⑧可以更加重视审议会咨询程序所具有的赋予私人代表性参与的功能，⑨可以进一步实现将事前向国会提交行政立法案或至少在制定后向国会（包括相关委员会）报告义务化[160]。另外，也有必要另行探讨⑩地方公共团体（或其联合组织）参与国家行政立法程序的理想状态。

地方公共团体的条例不适用国家的《行政程序法》。伴随着国家之《行政程序法》的实施，各地方公共团体也在不断探讨根据其条例作出行政处分等的程序。在进行这种探讨时，关于基于个别条例之授权的行政立法或者基于《地方自治法》第 15 条第 1 款等之一般性授权的自治事务行政立法，也可以将它们的制定程序的理想状态纳入视野，作为探讨的对象[161]。 63

四、行政诉讼的控制

行政立法的内容及制定程序等是否合法，是通过私人提起的 65
行政诉讼或国家赔偿请求诉讼由法院进行审查的。下面，简单地
谈一下关系到行政立法控制的行政诉讼制度上的问题与论点。 66

---

〔160〕　关于⑧、⑨，参见兼子仁："审议会、公听会、委员会与居民参与（審議会・公聴会・委員会と住民参加）"，载《自治体的行政管理〔自治体问题讲座 2〕》，自治体研究社 1979 年版；兼子·注〔6〕，第 121～122 页；手岛孝："作为'现代立法'的《行政程序法》（『現代の立法』としての『行政手続法』）"，载《公法研究》1985 年第 47 号；等等。

〔161〕　虽然不是只关于行政立法（规则等的制定）的问题，但作为当时论及规范的适当形式（条例、规则、纲要类）的，参见小早川光郎、矶部力（礒部力）（各发言）："行政程序法案与自治体的课题（行政手続法案と自治体の課題）"，载《自治体行政程序法》，学阳书房 1993 年版，第 307～310 页。

（一）抗告诉讼的对象性

如果以现行的诉讼制度为前提，那么通常是在关于行政立法所规范的个别行政决定（行政处分等）的行政诉讼（及国家赔偿请求诉讼）中，由法院附带性地审查行政立法的合法性。关于能否与这种附带式司法审查不同，将已制定的行政立法本身作为事后性抗告诉讼——撤销诉讼（及无效确认诉讼）的对象[162]，存在着以下的问题与论点：

能够灵活地理解肯定宪法上"司法权"之固有对象性或者"法律上争讼"性（《法院法》第3条第1款）的三要件（具体案件性、主观法益关联性、适用法解决的可能性）。只是，行政立法被作为一种一般性抽象性规定来制定这一情况本身，就决定了其在多数情形下缺乏上述的具体案件性，而在内容上不涉及私人之权利和法益的行政立法，还缺乏主观法益关联性。作为最高法院的相关判决，有关于请求确认警察预备队的"全部法令规则"等无效的1952年判决，还有虽与行政立法无关，但关于请求撤销部分最高法院规则的1991年判决[163]。

关于《行政案件诉讼法》上承认抗告诉讼之对象性（处分性）的要件，如果忠实于其用语来说，就只有"公权力之行使"（该法第3条第1款、第2款），但包括最高法院在内的许多判例，除了"公权力之行使"以外，原则上还严格地要求其是对于私人

---

〔162〕包括相关文献、判例，参见秋山义昭（秋山義昭）："对于法令的抗告诉讼（法令に対する抗告訴訟）"，载《现代行政法大系》第5卷，有斐阁1984年版。

〔163〕最大判昭27·10·8民集第6卷第9号第783页〔警察预备队案〕、最二判平3·4·19民集第45卷第4号第518页〔最高法院规则甘木支部废止案〕。前者认为，"法院有脱离具体案件抽象性地判断法律命令等的合宪性的权限，这一见解不存在任何宪法及法令上的依据"；后者以缺少"牵涉到上诉人等的具体纷争"性为理由否定"法律上的争讼"性。也参见关于《恩给法》特例的案件（昭21敕令68号），阐述与前者相同旨趣的最大判昭28·5·20行集第4卷第5号第1229页。

产生直接且具体性的法律效果的行为。如果以此理解为前提[164]，那么即使行政立法是"公权力之行使"且对于多数的私人直接具有法的拘束力，但在多数情形下，也被以难谓具有具体改变私人之法律地位的效力为理由，而被否定处分性。关于涉及用途地域等的都市计划决定，最高法院1982年的两个判决[165]也都是以这样的考虑作为前提的，即包括国家行政立法在内的"法令"，即使对于私人具有一般性抽象性的法律效果，但因不具有具体的法律效果，原则上应否定其处分性。

67

在学说、判例上，一直以来都承认，行政立法在不需要执行行为就对私人具有直接而具体的法律效果时，可例外性地成为抗告诉讼的对象[166]。只是，实际上，即使包括下级判决，被肯定处

　〔164〕　如果基于山村恒年"作为抗告诉讼之对象的行政处分（抗告訴訟の対象となる行政処分）（11～完）"（载《民商法杂志》1969年第61卷第3号）、同（发言）"研究会/行政诉讼的现代课题与展望（研究会/行政訴訟の現代の課題と展望）"（载《判例タイムズ 別册》1976年第2号）、原田·注〔17〕第327页的理解方法，那么行政立法的处分性（及与"法律上的争讼"性的关系）通过与判例不同的判断框架（虽然上述各说的意味并不同）来判断。另外，关于《环境基准》（环境厅告示）的处分性，也参见拙文："判例批判（判批）"，载《公害·环境判例百选》，1994年版，第37页。

　〔165〕　最一判昭57·4·22民集第36卷第4号第705页〔盛冈工业地域指定案〕、最一判昭57·4·22判夕第471号第95页〔东京都高级地区指定案〕说，"虽然不能够否认是让一定的法状态产生变动的处分，但这种效果……只不过与……法令重新制定时同样的、是针对该地域内不特定多数人的一般抽象性规定……不能认为是带来具体权利侵害的处分"。

　〔166〕　参见杉本良吉：《行政案件诉讼法解说（行政事件訴訟法の解説）》，法曹会1963年版，第10页（"法律、条例以外的法令"中"作为一般处分按行政处分看待的规定"）；原田·注〔17〕，第325页（"按'行政行为'看待的行政厅的权力性行为"，例如，"直接且具体地决定国民权利的法令或条例"）；等等。在这种情形下，该行政立法被解释为相当于"行政厅的处分及其他相当于行使公权力的行为"（《行政案件诉讼法》第3条2款）中的前者的（狭义的）处分。关于议会立法尤其是法律有没有例外性地成为抗告诉讼的对象的余地，存在着各种学说。关于各学说及文献，参见秋山·注〔162〕，第55页以下。另外，关于在《行政案件诉讼法》起草过程中，有关并非"客观诉讼"的"规范控制请求诉讼"法定化的讨论情况，参见盐野宏编：《日本立法资料全集6/行政案件诉讼法（2）》，信山社1992年版，第917～930页。

分性的行政立法（或者与行政立法具有同样形式名称的规定）也不能说多[167][168]。并且，要严格地区分具体性法律效果与一般性抽象性法律效果原本就相当困难。例如，最高法院1965年的判决否定了《狩猎法》设定禁猎区的处分性，而1986年的判决是以《建筑基准法》中的壁面线指定具有处分性为前提的[169]，设定禁猎区与壁面线指定这两者之间，在法律效果的具体性程度上并没

---

〔167〕 作为肯定的例子，有东京地判昭40·4·22行集第16卷第4号第708页（关于保险疗养费的厚生省告示）、东京地判昭48·5·22行集第24卷第4·5号第245页·东京高判昭50·12·23行集第26卷第12号第1495页（关于政府买入粮食价格的农林省告示）等；作为否定的例子，有最二判昭27·10·31民集第6卷第9号第926页〔请求取消政令201号案〕、宇都宫地判昭23·1·22行月第1号第17页（自耕农创设特别措施法施行令）、福井地判昭27·9·6注（106）（人事院规则）、高知地判昭36·2·24行集第12卷第2号第19页·东京高判昭41·2·7高民集第19卷第1号第57页（关于勤务评定的教育委员会规则）、东京地判昭53·5·16行集第29卷第5号第987页·东京高判昭54·6·27行集第30卷第6号第1190页（关于地租房租统管金额的建设省告示）、神户地判昭62·1·29行集第38卷第1号第104页（公平委员会规则）等。另外，关于规定升级、加薪等基准的地方公共团体长官规则，作为《地方自治法》第242条之2第1款第2项所说的"行政处分"性的否定例子，有秋田地判昭60·4·26行集第36卷第4号第613页，虽很难说是"行政立法"，但作为关于市立中学的校规、"学生须知"的否定例子，有京都地判昭61·7·10判自第31号第50页、神户地判平6·4·27判自第123号第56页，作为关于《环境基准》的否定例子，有东京地判昭56·9·17行集第32卷第9号第1581页·东京高判昭62·12·24行集第38卷第12号第1807页（参见拙文·注〔164〕，第36页）。

〔168〕 虽然不是有关抗告诉讼的判例，但最三判昭34·6·2民集第13卷第6号第639页〔富山县令村界确定案〕说，"综合当时除了县令〔具有作为长官规则的效力〕以外没有应该看做具体性处分的规定这一情况以及县令的文理等其他理由，将上述县令本身解释为相当于产生城镇的区域变更、收编飞地（译者注：飞地是指行政上的和本领地或行政区不相毗连的散在他处的领地。也称分散地。）效果的具体处分是正当且当然的"（一审即富山地判昭29·4·27行集第5卷第4号第82页说"这一县令虽然采取法规的形式，但实质上是行政处分"）。这一判决没有将对私人有无法律效果作为问题，而是将是否直接具有变更城镇区域的法律效果作为问题，如果是也通用于抗告诉讼之对象性的判断，那么其肯定处分性的要件要比其后的判例宽松。

〔169〕 分别是最二判昭40·11·19判时第430号第24页〔狩猎法禁猎区设定案〕（一审·甲府地判昭38·11·28行集第14卷第11号第2077页作出肯定判断）、最一判昭61·6·19判夕第616号第65页〔建筑基准法壁面线指定案〕。

有很大的差异。

关于行政立法对于私人直接具有的具体性法律效果的判断，也是满足"法律上争讼"之具体案件性这一要件的判断。并且，是否预定有后续的执行行为，并不是对其进行实质性判断、肯定其具体案件性的不可缺少的考虑要素。而且，如果与大部分判例不同，对于对私人不具有法律效力的行为也可以肯定处分性（包含于《行政案件诉讼法》第 3 条第 2 款所说的"其他相当于公权力之行使的行为"），那么即使不能说行政立法所具有的法律效果本身是具体性的，也能谈论行政立法的制定行为对于特定私人所产生的具体性的事实上的效果。

（二）现行法上的其他问题

除抗告诉讼的对象性之外，关于行政立法在现行行政诉讼制度上的论点和问题，还有几点。

在行政立法本身成为撤销诉讼（以及无效确认诉讼）之对象时，会出现这样的问题，即请求认可之判决对于原告以外的与原告具有共同利害关系的第三人有无效力（参见《行政案件诉讼法》第 32 条）、对于相关行政厅的拘束力（参见《行政案件诉讼法》第 33 条）的具体内容是什么等[170]。

68

问题还有，不是以议会立法而是以行政立法为根据的（或是可能如此解释的）行为，能否成为抗告诉讼的对象[171]。这一问题

---

〔170〕 结合行政立法谈到这些的，参见高木积夫："争议行政准立法之效力的诉讼（行政準立法の効力を争う訴訟）"，载《司法研修所 20 周年纪念论文集》第 2 卷（民事编 2），1967 年版。关于前者的问题，采纳相对效力说（个别性效力说）的判决，有东京地判昭 40·4·22 等，采纳对世效力说的判决（虽不是行政立法的撤销诉讼），有大阪地判昭 57·2·19 注（106）。

〔171〕 例如，对于根据《建筑基准法》第 29 条等请求发给《都市计划法施行规则》第 60 条的证明书的交付决定或拒绝决定。大阪高判昭 63·9·30 判夕第 691 号第 166 页等，以成为行政不服审查对象为前提。参见拙文："判例批判（判批）"，载《判例地方自治》1990 年第 66 号。

不但与《行政案件诉讼法》中认定"公权力之行使"的方法相关，也与以议会立法为根据的严密意思、行政立法能够规定的事项之范围等相关。

虽然是有关原告适格的问题，但在规范行政处分的议会立法所保护的法益完全是公共利益时，依据该议会立法的行政立法不被容许制定也以保护个人利益为目的的规定，也不容许将该行政立法解释为也以保护个人利益为目的。只是，未必容易对议会立法所保护的法益进行解释，所以这时会出现这样的问题，即能否容许进行包括行政立法各种规定在内的综合性解释[172]。

其次，只要对于行政立法之制定没有申请权，现行法上的不作为违法确认诉讼（《行政案件诉讼法》第3条第5款）就不能对行政立法发挥功能。相对于此，如果例外性地肯定行政立法属于抗告诉讼的对象，那么，可能与通常的行政处分一样，议论提起法定外抗告诉讼的容许性，诸如针对要求制定行政立法提起有关作为义务的诉讼，针对事先阻止制定行政立法提起中止制定的诉讼等。但迄今为止，还没有看到有关行政立法的恰当事例。

此外，虽然很难说行政立法能对私人产生具体的法律效果，但在相关行政机关与特定的私人之间在行政立法上的条款解释或

---

〔172〕 福岛地判昭59·7·23行集第35卷第7号第995页等认为，即使是《关于核反应堆设置、运转的规则》（昭32总理府令83号）、《规定许可放射线照射量之事宜》（昭35科学技术厅告示）等的目的，也是周边居民具有核反应堆设置许可取消诉讼的原告资格的理由。关于这一点，藤原淳一郎认为："引用下位法令感觉'逻辑反了'"，而前田顺司说："不是不允许将下位法令或行政厅的内规作为……参考，进行法律解释"，参见藤原淳一郎："判例批判（判批）"，载《法律家（ジュリスト）》1984年第822号；前田顺司："原告适格（原告適格）"，载南博方编：《条解行政案诉讼法》，弘文堂1987年版。此外，在谈到地方公共团体长官规则（法律施行细则）的内容的基础上，否定原告适格的判例，有福岛地判昭60·9·30注（72）及东京地判昭62·5·26注（72），大阪高判昭59·10·30行集第35卷第10号第1772页［大阪地判昭57·2·19注（106）的二审］以不是《运输审议会一般规则》（运输省令）规定的"利害关系人"为理由否定原告适格。

者能否适用于该私人等问题上产生对立的见解时，就会出现容许什么样的行政诉讼的问题。

一方面，在行政处分作为该行政立法的执行行为已经预定作出，但尚未作出时，可以考虑针对该行政处分提起中止诉讼（法定外抗告诉讼）。并且，根据相关行政机关关于该行政立法的明确解释等，也可以考虑要求确认没有接受行政处分之法律地位等的诉讼（公法上的当事人诉讼。例如，如果预定的行政处分其理由在于私人不履行行政立法关于其具体内容规定的义务，就是该义务不存在的确认诉讼）。实质上这两种诉讼几乎没有不同，法定外抗告诉讼与当事人诉讼间的区别十分微妙[173]。并且，如果这两种诉讼（中的哪一个）被容许，那么该行政立法的合法性将被审查，它们也就对行政立法具有了"先占性撤销诉讼"的功能。但是，如最高法院的 1972 年判决（关于依据《教育委员会规则》之教育长通知的判例）或 1989 年判决（有关《河川法》中河川区域的判例）等[174]，虽不是直接与行政立法有关，而是有关实质性地判断是否存在具体案件性这一问题，但可以说判例对于是否容许这样的诉讼，并不是积极的。

另一方面，在未将行政处分预定为行政立法的执行行为时（也包括不承认执行行为之处分性的情形），虽需要肯定具体案件性，但这时可以容许依据相关行政机关已明确的解释或者依据是

---

〔173〕　参见铃木庸夫："当事人诉讼（当事者訴訟）"，载《现代行政法大系》第 5 卷，有斐阁 1984 年版；阿部·注〔50〕，第 173、175 页。

〔174〕　最一判昭 47·11·30 民集第 26 卷第 9 号第 1746 页〔长野县教委勤务评定案〕、最三判平 1·7·4 判夕第 717 号第 84 页〔高知县河川区域案〕。但是，前者的一审·长野地判昭 39·6·2 行集第 15 卷第 6 号第 1107 页容许义务不存在确认诉讼（当事人诉讼），后者的一审·高知地判昭 59·4·26 行集第 35 卷第 4 号第 559 页容许中止诉讼（法定外抗告诉讼）。也参见东京高判平 2·6·28 判时第 1356 号第 85 页，没有承认行政主体一方提起的当事人诉讼（特定私人的土地属于施行地区内的确认请求诉讼）。

否可能对于该私人适用等的判断，要求确认没有接受行政处分之法律地位等的诉讼（公法上的当事人诉讼）[175]。

（三）作为课题的客观诉讼

最后，只要抗告诉讼是一种"法律上的争讼"，作为法定外抗告诉讼的类型之一，就没有谈论缺乏具体案件性的"抽象性规范控制诉讼"的余地。但在立法政策论上，可以考虑允许一般私人（或一定范围内的私人）或者是特定范围内的国家机关直接提起审查行政立法（在与宪法、议会立法及上位行政立法的关系上）合法性的某种诉讼（客观诉讼），而且，将审理这种诉讼的权限赋予法院似乎也不违反宪法[176]。这是涉及行政诉讼制度乃至整个诉讼制度的中长期课题之一。

---

[175] 虽然是关于条例的事例，但东京高判昭 63·6·29 判夕第 679 号第 157 页、浦和地判昭 63·12·12 判夕第 693 号第 91 页被解释为，否定市长《情人宾馆认定通知》的处分性，将认定为"情人宾馆"看做条例直接发生的法律效果。关于后者的判决，高木光在肯定"法律上的争讼"性的基础上，认为应当承认条例上义务不存在的确认诉讼或不适用的确认诉讼（当事人诉讼）。行政立法也能产生同样的问题。参见高木光："判例批判（判批）"，载《判例地方自治》1990 年第 66 号。

[176] 但是，关于设置进行"抽象性违宪审查"的"客观诉讼"的宪法界限，有佐藤幸治：《现代国家与司法权（现代国家と司法権）》，有斐阁 1988 年版，第 209 页以下、第 249 页以下等的讨论。

第二章
关于行政立法的最高法院的两则判决

第一节　引　言

以行政立法的内容是否符合议会立法为主要争议点的最高法院的判例并不多，但继①最高法院（第二小法庭）1987 年 11 月 20 日肯定《枪械刀剑类登记规则》（文部省令）第 4 条第 1 款合法性的判决[1]之后，又有了②最高法院（第一小法庭）1990 年 2 月 1 日同样关于《枪械刀剑类登记规则》第 4 条第 2 款合法性的判决[2]，及③最高法院（第三小法庭）1991 年 7 月 9 日关于

73

---

〔1〕　最二判昭 62·11·20 讼月第 34 卷第 4 号第 695 页"枪刀法古式枪械案"。作为判例评说类，有坂井满·《昭和 62 年行政相关判例解说》，1989 年，第 253 页以下；北泽晶·"昭和 63 年度主要民事判例解说"，载《判夕》1989 年第 706 号第 346 页以下；拙文·《民商法杂志》1988 年第 99 卷第 2 号，第 231 页。

〔2〕　最一判平 2·2·1 民集第 44 卷第 2 号第 369 页〔枪刀法外国制刀剑案〕。作为判例评说类，有饭村敏明·《法律广场（法律のひろば）》1990 年第 43 卷第 10 号，第 64 页；多贺谷一照·①"平成二年度重要判例解说"，载《法律家（ジュリスト）》1991 年第 980 号，第 35 页；同②《法学教室》1991 年第 134 号，第 12 页；同③《行政判例百选Ⅰ》，1993 年（第三版），第 102 页；中川丈久·《法学协会杂志》1992 年第 109 卷第 8 号，第 1374 页；高桥利文·《平成二年度最高法院判例解说民事编》，1992 年版，第 69 页（同《法曹时报》1991 年第 43 卷第 7 号，第 1598 页）；三代川俊一郎·《平成二年行政关系判例解说》，1992 年版，第 252 页；栗原洋三·"平成三年度主要民事判例解说"，载《判夕》1992 年第 790 号，第 288 页；拙文·《民商法杂志》1991 年第 103 卷第 5 号，第 94 页。

《监狱法施行规则》（法务省令）第 120 条、第 124 条合法性的判决[3]。涉及 1991 年判决的案件，除了关于国家行政立法之内容的合法性之外，在行政立法与国家赔偿请求诉讼之间的关系上，也提供了让人感兴趣的素材。

本章从深化行政法学上的行政立法讨论这一角度出发，尝试着对上述后两个最高法院判决（②和③）进行分析探讨。

第二节　《枪械刀剑类登记规则》（文部省令）第 4 条第 2 款案件

一、案件概要等与最高法院的判决

74　　首先，谈一下最高法院 1990 年 2 月 1 日肯定《枪械刀剑类登记规则》（文部省令）第 4 条第 2 款合法性的判决（以下，在本节中称为"本判决"）。

（一）相关的行政性法规

相关的行政性法规有《枪械刀剑类持有等取缔法》（根据 1958 年法律第 6 号、1980 年法律第 55 号修改后的法规。以下在

〔3〕最三判平 3・7・9 民集第 45 卷第 6 号第 1049 页"监狱法不许可年幼者会面案"。作为判例评说类，增井和男・《平成三年度最高法院判例解说民事编》，1994 年版，第 350 页（同《法曹时报》1991 年第 43 卷第 10 号，第 186 页）；松尾浩也・《法学教室》1991 年第 134 号，第 78 页；吉田敏雄・《法律家（ジュリスト）》1991 年第 988 号，第 51 页；大滨启吉・"平成三年度重要判例解说"，载《（法律家（ジュリスト）》1992 年第 1002 号，第 35 页；小木增绫・《法学新报纸》1992 年第 99 卷 3・4 号，第 157 页；保坂洋彦・《法律广场》1992 年第 45 卷第 1 号，第 58 页；加藤就一・"平成三年度主要民事判例解说"，载《判例タイムズ》1992 年第 790 号，第 282 页；横田光平・《法学协会杂志》1993 年第 110 卷第 7 号，第 1065 页；名取俊也・《平成三年行政相关判例解说》，1993 年版，第 288 页；冈崎胜彦・《行政判例百选Ⅰ》，1993 年第 3 版，第 104 页；拙文・《判例评论》1991 年第 403 号，第 8 页。

本节中称为《枪刀法》或《法》）及《枪械刀剑类登记规则》
[根据 1958 年文化遗产保护委员会规则第 1 号（依据 1968 年法律
第 99 号附则第 5 款，具有文部省令的效力）、1975 年文部省令第
4 号修改，在本节中称为《规则》或《登记规则》]，其相关规定
大致如下：

《枪刀法》第 2 条规定了"枪械"、"刀剑类"的定义，第 3
条第 1 款正文规定："除下列各项情形外，任何人不得持有枪械或
刀剑类。"而该款第 6 项列举了"持有依据第 14 条规定接受登记
后的枪械刀剑类（不包括改装后的枪械刀剑类）的情形"。这样
一来，通过"登记"，能够解除对于持有枪械、刀剑类的原则性
禁止。并且，关于刀剑类，第 14 条第 1 款规定由文化厅长官（但
是，依据该法第 19 条第 1 款，则是"都道府县的教育委员会"）
"进行具有美术品价值之刀剑类的登记"。

依据《法》第 14 条第 3 款，"登记必须基于登记审查委员的
鉴定进行"，而该条第 5 款规定："第 1 款的登记方法、第 3 款的
登记审查委员的任命及职务、该款的鉴定基准及手续等其他有关
登记的必要细目，由文部省令制定。"这就将规定"鉴定基准及手
续等其他有关登记的必要细目"授权于文部省令。而基于这一授权
制定的《登记规则》，在《规则》第 4 条第 2 款中，将刀剑类的鉴
定基准规定为"刀剑类的鉴定，是日本刀，关于其是否相当于下列
各项之一进行鉴定（第 1～4 项，省略）"。

（二）案件概要

到本判决为止，大体上经历了以下的过程：

X（原告、二审原告、三审原告）在西班牙为自己购买了两
把钢质的外国制佩刀 [全长（刀刃）分别大约是 78 厘米和 77.5
厘米，本案刀剑类]，并于 1982 年 10 月 28 日，根据《法》第 14
条第 2 款，向东京都教育委员会（Y、被告、二审被告、三审被
告）申请登记，Y 于同年 11 月 1 日依据《登记规则》第 4 条第 2

款，以外国制的刀剑类不能作为登记对象为由作出了不同意上述申请的处分（本案处分）。

虽然 X 针对本案处分提起了取消诉讼，但因为不论是一审判决（东京地方法院 1987 年 4 月 20 日判决），还是二审判决（东京高等法院 1988 年 8 月 17 日判决）[4]，都认为《法》第 14 条第 1 款中所说的"具有美术品价值的刀剑类"中不包括外国制刀剑、《登记规则》第 4 条第 2 款中所说的"是日本刀"这一基准"不超出授权范围"，驳回了请求及上诉，为此，X 要求三审，除了主张本案处分违反了《日本国宪法》第 29、13、14 条之外，还主张了以下的上诉理由：

《枪刀法》第 2 条（定义之规定）的"刀剑类"与《法》第 14 条所说的"刀剑类"在用语上相同（也可能包括外国制刀剑类），并且，《法》第 14 条第 5 款只不过将鉴定之"基准和手续等"规定委任于文部省令，但《登记规则》第 4 条第 2 款却将登记对象限定为"日本刀"，这不但与《法》第 2 条、第 14 条等"缺乏法的逻辑整合性"，而且"超出委任立法的界限"，是"违法的行政立法"。

（三）本判决

（1）本判决（多数意见。大内恒夫、佐藤哲郎、四谷严）驳回上诉，理由如下：

《枪刀法》第 14 条第 3、5 款以及"依据这些规定"制定的《登记规则》之旨趣在于，"判断什么样的刀剑类在日本具有文化遗产价值，将其作为登记对象是否恰当，需要专门技术性探讨，由此来看，在登记之际，应该需要登记审查委员基于专门知识经验进行鉴定，同时也应该将设定鉴定基准本身作为

---

[4] 东京地判昭 62・4・20 讼月第 33 卷第 10 号第 2538 页；东京高判昭 63・8・17 行政集第 39 卷第 7・8 号第 826 页。作为判例评说类，关于一审判决，有南川谛弘・《判例评论》1988 年第 354 号，第 24 页以下。

属于专门技术性领域的事情委任于《规则》。因此，关于在《规则》中设定什么样的鉴定基准，只要没有超出法律之委任旨趣，应承认主管行政厅在专门技术上享有一定的裁量权"。

"虽然《法》第 14 条第 1 款在用语上没有排除外国刀剑"，但《登记规则》第 4 条第 2 款 "作为上述鉴定之基准，规定了限于是日本刀且具有美术品之文化遗产价值的要件"。如果考察《枪刀法》是着眼于刀剑类的文化遗产价值才开辟了登记之道这一旨趣，来看所涉及的 "要件是否超出了法律之委任旨趣"，那么 "刀剑类在日本具有文化遗产价值" 的考虑是不可或缺的。而且，如果综合考虑 1945 年、1946 年、1950 年、1958 年相关法律等的原委及旨趣，自 1958 年现行法施行以来没有外国刀剑登记的例子，某些日本刀 "自古以来在日本作为美术品被视为观赏的对象" 等情况，那么《登记规则》作为刀剑类的鉴定基准，"规定限于具有美术品之文化遗产价值的日本刀，只应将合乎这一基准的物品作为……登记对象，应该说是按照《法》第 14 条第 1 款旨趣制定了具有合理性的鉴定基准，据此，不能说其是超出了法律之委任旨趣的无效规定"。

（2）五名法官中两名法官（角田礼次郎，大堀诚一）的反对意见如下：

《登记规则》第 4 条第 2 款 "作为依据《法》第 14 条第 5 款的委任命令，应该说是超出委任限度的违法无效的规定。也就是说，（a）① "《法》第 14 条第 1 款所说的刀剑类，在文理上包括外国刀剑"，"在法的层面，是承认外国刀剑中也有具有美术品价值的"，所以 "在规则上将外国刀剑从登记对象中排除，难以认为这是法所期待、所容忍的事情"。② "关于登记之对象范围这样的有关登记制度的基本事项，本来应该由法律规定"，因此 "不能容许在没有表明任何指示的情况下，就将变更登记制度基本事项（限于日本刀）委任于《规则》"。③ "外国刀剑即使具有美术品价值也不能够成为登记对象，应该说这样的判断属于政策性判断"，"不应该解释为《法》将这样的判断委任于《规则》"。（b）"鉴定基准"与"登记之对象范围"是"不同的概念"，在前者的规定中包括后者的规定之解释，"违反法令条文用语的通常解释"。（c）多数意见所表明的"实质理由"，"即使可能成为将日本刀作为登记对象的合理理由，也难以成为将外国刀剑从登记对象中排除的积极、合理理由"。

二、整理与分析

（一）基本框架

因为本判决与本案的下级审判决在把握问题的方法上存在差异，所以并不那么容易理解本判决（多数意见）或与下级审判决等的差异。首先，将本判决的论点、意义与下级审判决和反对意见等进行对比，同时进行整理与分析。

对本判决之论点的基本框架可作如下解释：（a）明确承认通过文部省令（《登记规则》）设定"鉴定基准"时"在专门技术上享有一定的裁量权"。（b）这时是以这样的判断作为默示的前提，即在《法》第 14 条第 5 款设定"鉴定基准"的授权中也可能包括是否将外国制刀剑作为鉴定（并在结果上作为登记）对象。（c）在此基础上，主要审查《登记规则》第 4 条第 2 款将外国制刀剑从鉴定、登记对象中排除"是否超出了法律之委任旨趣"。（d）如此就得出了上述的消极性结论（将《登记规则》第 4 条第 2 款视为合法）。

相对于此，下级审判决、反对意见以及 X、Y 的主张中的任何一个，①都没有站在上述（a）及（b）的前提上，②关于上述（c），虽然也提到了是否符合《枪刀法》之授权"范围"等，但终究是将重点放在了是否符合《法》第 14 条第 1 款的审查（或主张）

78

上，而《法》第 14 条第 1 款不是《登记规则》第 4 条第 2 款的直接授权条款，因而与本判决（多数意见）存在着很大的差异。

（二）关于《法》第 14 条第 1 款的解释与裁量

下述的对于《法》第 14 条第 1 款将登记对象规定为"具有美术品价值的刀剑类"之法律意图的不同理解，产生上述的差异。

也就是说，本案的下级审判决等的前提在于，应该通过《法》第 14 条第 1 款自身的解释明确或能够明确该条款是否预定也将外国制刀剑作为可能登记的对象（后面表中的 A 说）。而本判决是在综合考虑向文部省令授权之条款即《法》第 14 条第 5 款等的基础上，认为因为从《法》第 14 条第 1 款本身也不能够明确是否预定将外国制刀剑作为可能登记的对象，所以《法》第 14 条第 5 款将也包括这一点的判断委任于被承认享有"专门技术性""裁量权"的文部省令［前面的（b）］（后表中的 B 说）[5]。

可以说这样的不同也影响到了《登记规则》合法性的审查方法或者把握本案问题的方法。也就是说，本判决从承认"裁量权"的角度出发，作为《登记规则》第 4 条第 2 款是否超出了制约"裁量权"行使的"法律之委任旨趣"问题来把握本案。相对于此，下级审判决等以通过解释《法》第 14 条第 1 款可能明确其意思为前提，将重点放在与《法》第 14 条第 1 款（他不是将外国制刀剑从鉴定、登记对象中排除的《登记规则》第 4 条第 2 款的

79

---

〔5〕 虽然本判决并没有明确地阐述这一旨趣，但关于鉴定基准之设定，承认在"没有超出法律之委任旨趣的范围内"存在"专门技术性……裁量权"，在此基础上，将《登记规则》第 4 条第 2 款排除外国制刀剑是否"超出了法律之委任旨趣"作为问题，所以只能这样解释。持有同一旨趣的还有中川·注〔2〕第 1378 页、高桥·注〔2〕第 85 页以下、三代川·注〔2〕第 263 页、栗原·注〔2〕第 289 页［但饭村·注〔2〕第 69 页以下的理解为本判决将《法》第 14 条第 1 款的（不包含外国制刀剑这一）解释作为中心］。反对意见与本判决的这样的默示前提明确地对立，认为"鉴定基准"与"登记的对象范围"是不同的概念，登记对象中是否包括外国制刀剑属于"政策性判断"（也有被与"专门技术性"判断作对比的可能性）。

直接授权条款）的关系是否合法上，进而把握本案的问题[6]。不过，两名法官的反对意见，除了考虑是否符合《法》第 14 条第 1 款之外，还通过深究授权条款——《法》第 14 条第 5 款的语言、含义，关注是否符合授权的旨趣等问题。

（三）关于《法》第 14 条第 1 款解释的外国制刀剑

关于上面所说的 A 说，持有共同理解的下级审判决等，也因为对于《法》第 14 条第 1 款是否预定将外国制刀剑作为登记对象的解释不同，而得出了以下两个存有分歧的结论：

一方面，下级审判决以及 Y 如一审判决所说的"所谓依据《枪刀法》第 14 条第 1 款……成为保护对象的刀剑类，应解释为……具有文化遗产之保护价值的'日本刀'"那样，以立法的原委等为理由，通过将《法》第 14 条第 1 款解释为事先排除外国制刀剑，而将与此具有同样旨趣的《登记规则》第 4 条第 2 款视为合法（A_1 说）。这时，《规则》第 4 条第 2 款的排除外国制刀剑，"只是确认性地写明了从《枪刀法》自身的解释推导出来的登记对象"（一审中的 Y），或者"只不过是明确了《枪刀法》第 14 条第 1 款的旨趣而已"（二审判决）。另外，从这样的结论几乎自动地得出《规则》第 4 条第 2 款不超出《法》第 14 条第 5 款"委任范围"（一审、二审判决）的推论。

另一方面，X 以及反对意见坚持反对意见所说的"《法》第 14 条第 1 款所说的刀剑类，从文理上看，应理解为包括外国刀剑"、"在法的层面上，承认外国刀剑中也有具有美术品价值的"，通过将《法》第 14 条第 1 款所说的"具有美术品价值的刀剑类"理解为也可能包括外国制刀剑，而将与上述之《法》第 14 条第 1 款理解不同的，将外国制刀剑事先从鉴定、登记对象中排除的《规

---

〔6〕 南川·注〔4〕第 174 页也说，相对于注〔1〕的涉及最高法院 1987 年判决的案件是《规则》第 4 条第 1 款"是否处于裁量范围内的问题"，本案是有关《法》第 14 条第 1 款的"立法者的合理意图是什么的问题"。

则》第4条第2款判断为违反《法》第14条第1款，且"超出了委任立法的界限"（X的上诉理由）（A_2说）。不过，反对意见也探究授权条款即《法》第14条第5款的语言、含义，来补充《规则》第4条第2款"超出了委任限度"的理由。

如果归纳一下迄今为止所阐述的内容，那么大致如下表所示（虽不能说Y与下级审判决、X与反对意见的主张及判断完全相同，但在下表中概括为一个）：

	Y及下级审判决	X及反对意见	本判决（多数意见）
《法》第14条第1款之"有美术品价值的刀剑类"的意思	排除外国制刀剑（A_1说）	也包括外国制刀剑（A_2说）	未定——这一点也被委任于文部省令（B说）
《法》第14条第5款所说的"鉴定基准"（被授权的规范对象）的范围	包括外国制刀剑是授权对象之外——参见后述（四）	排除外国制刀剑以及规定"登记对象"是授权对象之外	规定排除还是包括外国制刀剑也是授权对象之内
《登记规则》第4条第2款排除外国制刀剑的合法性	合法，只不过是明示性确认规定，不超出授权的"范围"	违法，违反《法》第14条第1款，超出授权的"限度"	合法，按照《法》第14条第1款的"旨趣"，没有越出授权的"旨趣"

（四）被容许的规则修改的范围

即使是本判决，也丝毫没有否定在制定文部省令时行使"裁量权"将外国制刀剑包括在鉴定及登记对象内这一点。换言之，本判决丝毫没有否定删去现行《登记规则》第4条第2款中的"是日本刀"之后《规则》合法成立的余地[7]。在这一点上，与本案的下级审判决以及Y相比，有很大的不同。因为后者认为，

81

---

[7]　同一旨趣的，有高桥·注〔2〕第89页。

若《登记规则》在鉴定、登记对象中也包括外国制刀剑，将违反《法》第 14 条第 1 款之旨趣且不可允许。

当然，本判决并没有明确地阐述上述这一点。另外，本判决所阐述的《登记规则》第 4 条第 2 款排除外国制刀剑是"按照《法》第 14 条第 1 款之旨趣"这一部分，至少是近似于"与旨趣一致"（一审判决）、"将意图明确化"（二审判决）的表达，容易让人产生误解。这是因为"按照旨趣"这一说法，很有可能理解为《法》第 14 条第 1 款的意图本身就排除外国制刀剑。但是，因为本判决是审查制定《登记规则》时行使的"裁量权"是否超出了"法律之委任旨趣"，所以上述的所谓"按照旨趣"，不是"按照旨趣"，甚至意味着，登记规则若不像现行《登记规则》第 4 条第 2 款那样排除外国制刀剑，则违反《法》第 14 条第 1 款的旨趣而违法。

《登记规则》第 4 条第 1 款作为有关《法》第 14 条第 1 款所说的"具有美术品……价值……古式枪械"的鉴定基准，将制造或传入时期限定为一定时期（庆应 3 年）以前，且最高法院 1987 年的判决也将这一限定视为合法，但即使是这样，对于没有限定任何制造时期（或变更该时期）的登记规则，也丝毫没有否定其合法成立的余地[8]。前面所论述的内容与这一解释是一致的。

三、行政立法符合议会立法之审查的一般认识

82

虽然本判决并不包括有关行政立法之内容是否符合议会立法或行政立法裁量之司法审查的方法及基准、观点的一般性结论，但如果关注这方面一般法理的形成，那么关于本判决，可指出存在以下问题与论点：

（一）符合授权条款性与符合相关条款性

目前，对于行政立法之内容是否符合议会立法，可分为①是

---

[8] 参见注〔1〕的有关最高法院 1987 年判决的拙文·注〔1〕第 235 页。

否符合授权条款与②是否符合相关条款［也参见本书第一章第四节二（二）］。并且，如果以已经论述的内容为前提，那么可以认为本判决主要将本案作为上述①的问题，而本案的下级审判决是将本案作为上述②的问题，来最终性地把握本案。但是，这样的不同是来自于本判决与下级审判决对于《法》第 14 条第 1 款解释的差异，因此不能作为一般认识来讨论将行政立法符合议会立法性作为上述中的哪一个问题来处理更为恰当。另外，授权条款不可能授权制定违反该议会立法相关条款的规定（例如，《法》第 14 条第 5 款没有将违反相关条款《法》第 14 条第 1 款的规定授权于文部省令），如果从这一点来看，那么上述的①与②不是不同的两个问题，而是相互间密切关联的问题。

（二）"法律之委任"

虽然本判决是将《规则》第 4 条第 2 款排除外国制刀剑是否超出了"法律之委任"旨趣作为问题，但在"法律之委任"这一情形下的"法"当中，不仅包括没有明说的直接授权条款《法》第 14 条第 5 款，实质上也包括该条第 3 款、该条第 1 款等其他所有的有关刀剑类登记的条款。但是，行政立法授权本身应理解为不是依据议会立法整体，而是依据议会立法上的特定授权条款（就本案来说，是《法》第 14 条第 5 款，准确地说是"……的鉴定的基准……由文部省令规定"的部分）来进行的。并且，可以认为存在着这样的关系，即不仅通过授权条款，也通过其他的全部相关条款等，将该授权条款的授权对象或"旨趣"等明确化、具体化或使其因受到制约而明确化[9]。

83

―――――――――――――

〔9〕　另外，关于德国联邦宪法法院的判例也肯定为了明确授权旨趣而考虑授权条款"与其他规定的意思关联以及法律上诸规范所追求的总体目标"等，参见拙文："法律授权制定法规命令的明确性（二）――以西德联邦宪法法院判例为中心（法规命令制定への法律による授権の明確性（二）――西ドイツ連邦憲法裁判所判例を中心として――）"，载《大阪市大法学杂志》1983 年第 29 卷第 3 号。

(三)"委任旨趣"

虽然本案的下级审判决、X、Y及反对意见是将《规则》第4条第2款有无超出授权的"范围"、"界限"、"限度"作为问题，但在此，可以将其理解为这样的问题，即《规则》第4条第2款的规定是否止于通过授权条款及相关条款的法解释而明确的被授权的规范对象之范围内[10]？相对于此，能够将本判决理解为，以《规则》第4条第2款的规定在被授权的规范对象"范围"内为前提，再进一步将其是否符合"委任旨趣"作为问题。并且，如此，这里所说的"委任旨趣"，就是作为制约行政机关在行政立法时所享有的裁量（行政立法裁量）的内容来讨论的。

虽然上述授权的"旨趣"一词接近于"目的"，但其意思却未必明了。一般而言，授权的"旨趣"不限于制约行政立法裁量，在通过法解释明确授权行政立法进行规范的对象"范围"等时也有必要考虑这一"旨趣"。另外，还存在着这样一层关系，即通过对于授权条款或相关条款等的综合性法解释明确授权"旨趣"本身。

四、在本案中被授权的规范对象

84   最后，以本判决关于本案所采用的前提是否恰当为中心，简单地加以评论。

(一)"裁量权"的承认

本判决论点之基本框架的出发点，是承认文部省令在设定"鉴定基准"时存在着"专门技术上的一定的裁量权"[上述的二（一）中阐述的（a）]，最高法院的1987年判决，对于同样涉及

---

〔10〕 最大判昭46・1・20民集第25卷第1号第1页〔农地法收买农地出售案〕采用同样的审查方法，关于行政立法规定了被解释为在法律上已经预定而没有委任于行政立法的事项，认为其"超出了法律之委任范围而无效"。

《枪刀法》上（不是刀剑类的）枪械登记的《规则》第 4 条第 1 款也阐述了完全相同的内容。对于本判决的这一出发点应给予支持。也就是说，关于登记对象是否相当于《法》第 14 条第 1 款所说的"具有美术品或古董品价值的……古式枪械"（1987 年判决的案件）及"具有美术品价值的刀剑类"（本案）的个别性判断，可以承认行政机关（都道府县教育委员会）"在专门技术上"的裁量余地，进一步说，为了个别性判断，在立法政策上也完全可以考虑将设定必要的有关登记审查委员鉴定的一般基准，授权于被承认"专门技术性……裁量权"的文部省令这一行政立法，从这样的角度，就能理解授权设定"鉴定基准"的《法》第 14 条第 5 款[11]。

　　但问题是，文部省令被授权规范的对象范围，也就是说，是否可以理解为文部省令行使裁量权能够规定的对象、事项中，也包括能否将外国制刀剑作为鉴定、登记的对象这一点（上面阐述的（b），上表中的 B 说）。如果这一点被否定，那么就没有必要以承认"裁量权"为前提从"是否超出了委任旨趣"的角度进行审查。

　　（二）被授权的规范对象

　　关于上面的问题，有必要进一步区分为以下两点来进行探讨：

　　第一，通过考虑相关规定（《法》第 2 条第 1 款）、《枪刀法》整体的旨趣等来解释《法》第 14 条第 1 款作为登记对象所规定的"具有美术品价值的刀剑类"，能否明确外国制刀剑在《枪刀法》上可否成为鉴定、登记对象。如果肯定这一点（前面表中的 A_1、A_2 说），就不能说甚至连这一点的设定都委托于文部省令。

　　简单地说[12]，即使暂且不论外国制刀剑能否成为登记对象是

---

　　〔11〕　关于应该将登记（行政处分）时的裁量与制定登记规则（行政立法）时的裁量相区别，以及对本判决也有从此观点的疑问，参见多贺谷·注〔2〕、①第 36 页、②第 12 页。

　　〔12〕　尤其参见南川·注〔4〕第 172 页以下、中川·注〔2〕第 1379～1386 页之探讨。

否包括于反对意见所说的"政策性判断"的对象或"基本事项"中，常识性的且是所期待的理解是，外国制刀剑能否成为登记对象，这是作为议会立法之《枪刀法》本身应明确（应该依据法解释明确）的问题。并且，虽然在下级审判决的限于日本刀的法解释中，也有重视登记制度之原委、沿革（或广泛的立法事实）等合理且有说服力的部分，但难点在于从《法》第 14 条第 1 款等有关登记制度的各条款文字中没有推导出这一解释的线索，另外，也难以从《法》第 14 条第 1 款中解读出可能事先一般性地将外国制刀剑从登记对象中排除的旨趣。因此，作为《法》第 14 条第 1 款等的法解释，妥当的理解是，还留有外国制刀剑成为登记对象的可能性（《法》第 14 条第 1 款所说的"……刀剑类"中也包括外国制刀剑）[13]。

如果能够作上述理解，那么对于本判决所采用的前提，即《枪刀法》上关于外国制刀剑能否成为登记对象是模糊的这一点持有疑问，而《规则》第 4 条第 2 款是在法律事先预定的事项上附加限定，是违法的。

第二，假如即使是依据《枪刀法》的解释也不能够明确外国制刀剑能否登记，那么能否说《枪刀法》将设定这一规定授权于文部省令呢？更准确地说，《法》第 14 条第 3 款的"鉴定基准"，是否因规定"由文部省令规定"的《法》第 14 条第 5 款，甚至被授权制定将外国制刀剑从鉴定、登记对象中排除这样的规定呢[14]？即使是议会立法上的规定不明了或存有空隙，也并不是能

---

〔13〕 中川·注〔2〕第 1379 页以下，支持本判决的理解方法，也将只例外性地承认持有具有文化遗产价值的刀剑类，不受宪法保护作为理由（同上·第 1384～1385 页）。同样的指责，也参见盐野宏：《行政法I》（二版），有斐阁 1994 年版，第 81 页。

〔14〕 虽然不是没有可能包括于《法》第 14 条第 5 款（"有关第 1 款的登记方法、第 3 款的登记审查委员的任命及职务、同款的鉴定基准及程序等其他有关登记的必要细目，由文部省令规定"）中的"其他有关登记的必要细目"，但是 Y 及涉及本案的各判决之判断前提是，登记规则中排除外国制刀剑是"鉴定基准"。

够通过行政立法任意地明确或补充，要进行这样的行政立法，需要存在议会立法上的授权。因而，如果《法》第14条第5款授权规范的对象中不包括外国制刀剑能否登记的判断，又不允许文部省制定有关这一点的规定，只能把是否将外国制刀剑作为登记对象，委任于行政机关（基于鉴定审查委员的个别的专门技术鉴定）针对每一个个案所进行的裁量判断[15]。

我们只能将本判决理解为没有阐述特别的理由就肯定了上述问题，而反对意见着眼于"鉴定基准"这一用语及其意思，说"鉴定基准"与"登记对象"是不同的概念，从而明确地否定了上述问题。并且，从以下的意思来看，反对意见的结论是妥当的：

也就是说，如果以"基准"一词通常的用法为前提，那么并不容易将事先从鉴定（及登记）对象中排除外国制刀剑、事先概括性地否定外国制刀剑之"美术品价值"的规定理解为"鉴定基准"（之一）。将外国制刀剑从鉴定对象中事先排除的规定与《规则》第4条第2款的各项规定[16]是不同性质的规定，所谓"鉴定基准"只意味着该条款各项所规定的那样的内容。即使文部大臣作为对于"具有美术品的价值"的刀剑类的专门技术性裁量判断能在结果上概括性地否定外国制刀剑之"美术品价值"，能通过这种裁量性判断制约鉴定审查委员所进行的个别鉴定之对象，但要将这样的裁量判断作为文部省令来制定，也需要比现在的"鉴定基准"一词稍微明确一些的线索[17]。

---

〔15〕 但是，有可能通过训令、通知设定规定个别性判断指针的"行政基准"。

〔16〕 "是否相当于""①具有姿、锻、刃纹、雕饰等的美，或明确表明了各派的传统特色（中略）④是以前面各项记载的内容为标准的刀剑类，其外表具有工艺品之价值"。

〔17〕 在结论上支持反对意见的，有多贺谷·注〔2〕①第37页、③第103页。但是，中川·注〔2〕第1386~1387页认为，在作为"限定鉴定应在什么范围内向什么方向进行之方针"的"鉴定基准"中，即使包含"美术品"价值之定义也没有什么不合适，三代川·注〔2〕第264页说，如果考虑未能明确区分"鉴定基准"与"登记对象"，即使在前者中包含后者，该设定也"未必能说不合理"。

　　另外，因为根据《法》第 14 条第 3 款，都道府县教育委员会的登记需要"基于"鉴定审查委员的"鉴定"进行，所以登记前所进行的个别鉴定，至少也包括在实质上作出登记是否妥当的评价，因而，是否符合鉴定审查委员关于个别鉴定的方法、观点等所规定的"鉴定基准"，基本上就决定了刀剑类能否成为"登记对象"[18]。若是如此，那么《枪刀法》赋予了"鉴定基准"太多左右"登记对象"的作用。但是，"鉴定基准"在结果上左右着能否成为"登记对象"与"鉴定基准"本身是否也可以包括有关"登记对象"的一般规定，可以说是不同的问题。

　　（三）归纳

　　如果能够进行以上那样的思考，那么虽然正如 3 名多数意见与 2 名反对意见之分歧所表明的那样，有需要进行相当微妙的解释和判断的地方，但是对于本判决（多数意见）的两个前提，即《枪刀法》在外国制刀剑能否登记问题上是模糊的，以及被授权的"鉴定基准"中也包括是否将外国制刀剑作为鉴定（及登记）对象的判断，都不能予以支持。

　　另外，最高法院 1987 年之判决所涉及的案件，与本案的差异相当微妙，作为《法》第 14 条第 1 款所说的有关"……古式枪械"之鉴定基准，《登记规则》第 4 条第 1 款规定了附有"大约"一词的一定时期，这一判决将其视为合法，对此可予以支持[19]。

---

　　〔18〕　关于鉴定与登记的关系，也参见多贺谷·注〔2〕①第 37 页。
　　〔19〕　参见拙文·注〔1〕，第 235 页。该判决的一审判决即东京地判昭 55 · 10 · 27 行集第 31 卷第 10 号第 2113 页，虽然将《规则》第 4 条第 1 款规定的有关传入时期的要件作为违反《法》第 14 条第 1 款，而将适用《规则》第 4 条第 1 款的拒绝申请处分视为违法，将其撤销，但二审判决即东京高判昭 58 · 10 · 27 行集第 34 卷第 10 号第 1819 页，撤销一审判决，驳回请求。支持一审判决的判例评说类，有田中馆照橘："判例批判"，载《判例评论》1981 年第 272 号。此外，关于一审判决，有中岛尚志："判例批判"，载《昭和 55 年行政关系判例解说》，1981 年版；关于二审判决，有野崎弥纯："判例批判"，载《昭和 58 年行政关系判例解说》，1985 年版。

第三节　《监狱法施行规则》（法务省令）第 120 条案件

一、案件概要等及最高法院的判决

下面，介绍一下否定《监狱法施行规则》第 120 条等的合法性、驳回损害赔偿请求的最高法院 1991 年 7 月 9 日判决（以下，在本节中称为"本判决"）。　88

（一）相关行政性法规

作为相关行政性法规的《监狱法》（根据 1908 年法律第 28 号、1953 年法律第 6 号修改后的法律。以下在本节中称为《法》）及《监狱法施行规则》［根据 1908 年司法省令第 18 号（具有法　89 务省令的效力）、1991 年法务省令第 22 号修改前的规则。以下在本节中称为《施行规则》或《规则》］，其与本案有关的规定的内容如下：

《监狱法》第 45 条第 1 款规定，"有欲与在押者会面的申请者，予以允许"，第 2 款规定，"禁止服刑者及被拘留者与非亲属会面，但在有特别需要时，不在此限"，《法》第 50 条将"有关会面的限制"授权于"命令"（《法》第 50 条，"会面的在场者、信件的检查及其他有关会面及信件的限制，由命令规定"）。基于这一授权，命令即《施行规则》第 120 条规定，"禁止未满 14 岁者与在押者会面"，第 124 条规定，"在所长认为有改造上的必要时，可以不受上述四条的限制"。

（二）案件的概要等

本判决前的原委大致如下：

X（三审被上诉人、二审被上诉人、原告）因违反取缔爆炸物处罚规则等被起诉，于 1975 年 7 月被拘留于东京拘留所。X 于 1984 年 4 月 27 日向东京拘留所所长提出申请，请求许可与养母 A 的孙子 B（当时 10 岁）会面，该所所长依据《监狱法施行规则》第 120 条，于第二天作出了不予批准的决定（"本案处分"），并于同年 5 月 2 日告知了 X。对此，X 以因"本案处分"遭受莫大的精神痛苦为由，根据《国家赔偿法》第 1 条第 1 款向国家（三审原告、二审原告、被告）请求 50 万日元的精神损害赔偿。X 所主张的"本案处分"的违法事由是：①《规则》第 120 条超出了《监狱法》第 50 条对命令的委任范围；②即使是《规则》第 120 条合法，"本案处分"也存在着对《规则》第 120、124 条的错误解释及裁量权的滥用等。

一审判决（东京地方法院 1986 年 9 月 25 日判决）虽然否认了上述①，但在结论上支持上述②而视"本案处分"违法，同时也肯定了所长在"本案处分"上的过失，命令国家向 X 支付 5 万日元的精神损害赔偿。因二审判决（东京高院 1987 年 11 月 25 日判决）也以与一审判决基本相同的理由驳回了上诉[20]，国家上诉要求三审。

（三）本判决（三审判决）

本判决阐述如下的理由，全体法官一致同意，撤销了二审判决并驳回请求：

1. 《规则》第 120 条等的违法性

虽然基于"（a）防止逃跑或隐藏销毁罪证这样的未决拘留的目的"及"（b）认为在维持监狱内的纪律或秩序上很可能出现不

---

〔20〕 一审判决即东京地判昭 61·9·25 行集第 37 卷第 9 号第 11~22 页、二审判决即东京高判昭 62·11·25 行集第 38 卷第 11 号第 1650 页。作为判例评释类，关于一审判决，有绵贯芳源·《法律家（ジュリスト）》1987 年第 878 号，第 48 页；大田黑昔生·《昭和 61 年行政关系判例解说》，1988 年版，第 497 页；久保茂树·《自治研究》1990 年第 66 卷第 6 号，第 113 页。关于二审判决，有松山恒昭："昭和 63 年度主要民事判例解说"，载《判例时代》1989 年第 706 号，第 112 页。

能放任的妨碍时"，"在必要的"限度内，"合理地"限制"因未决拘留的被拘留者"（以下称"被拘留者"）的"身体自由及其以外的行动自由"，但"（c）在因该拘留关系产生的制约范围之外，原则上保障其作为一般市民的自由"。

《法》第45条第1款、第2款明确了"对于被拘留者的会面采用许可制"，同时"原则上批准被拘留者与外部人员会面"，只有"例外地，……（a）有可能出现逃跑或隐藏销毁罪证的情形"及"（b）……认为在维持监狱内的纪律或秩序上很可能出现不能放任的妨碍时"，能够在"必要的"限度内对会面加以"合理的"限制。

《法》第50条规定了"以命令（法务省令），只能对会面的在场者、场所、时间、次数等会面状态进行必要的限制"。"当然不允许用命令变更上述许可基准本身"。

虽然一方面《规则》第120条规定了"原则上不允许被拘留者与年幼者会面"，另一方面《规则》第124条作为其例外，规定"在限定的情形下，可以依据监狱长官的裁量允许会面"，但"即使这些规定是考虑到不伤害辨别事物能力不健全的年幼者的感情而设立的，其本身也没有法律依据，明显地限制了非被拘留一方的会面自由，是超出了《法》第50条之委任范围的规定"。"由于非被拘留者在因该拘留关系产生的制约范围之外，原则上理应保障其作为一般市民的自由。如果从保护年幼者的感情本来是监护他们的亲权人等应该考虑的事情来看，很难理解为《法》预定且允许完全禁止年幼者与被拘留者会面"。《规则》第120、124条"即使是如原审那样作限定解释，也还是作为限制《法》所承认的会面自由的规定，是超出了《法》第50条委任范围的无效规定"。

"结果，在不允许被拘留者与年幼者会面的限度上，不得不断定《规则》第120条（及第124条）是超出了《法》第50条委任范围的无效规定"。

2. 关于本案处分的过失

"对于《规则》第 120 条（及第 124 条）的执行者来说，很难理解到该法令在上述限度上超出了《法》第 50 条的委任范围"，"不能说监狱的长官在作出本案处分时预见到了或者应该预见到上述情况"。因此，"关于所长没有批准……会面，不能说存在着《国家赔偿法》第 1 条第 1 款所说的'过失'"。

二、《监狱法施行规则》第 120 条等的合法性

本案的下级审判决肯定《规则》第 120、124 条的合法性，同时针对存在着解释的错误以及裁量权的逾越、滥用而将本案处分视为违法。而本判决通过将《规则》第 120 条等看做超出了《监狱法》第 50 条之授权"范围的无效"规定，而将适用这一无效规定的本案处分视为违法。本判决通过审查行政处分阶段之裁量权行使等，认为在"缓和"与年幼者会面之"禁止"上"还不充分"，"以一刀两断之势将《规则》判断为无效"[21]。本判决关于行政立法的司法审查方法，也包括其有关规范监狱收容关系之行政立法的审查方法这一点，受到注目。

（一）行政立法合法性的司法审查

首先，针对行政立法内容的合法性，从有关司法审查之对象、方法的一般理论角度出发，对于本判决应如何定位，进行一定的整理，并指出其问题。另外，虽然也可能通过将对于行政立法授权的明确性、限定性等作为问题而否定该行政立法的合法性，也可以将《法》第 50 条授权的合宪性作为问题，但 X 没有主张这

---

[21] 松尾·注〔3〕，第 79 页。

些，本判决也没有涉及这一内容[22]。

1. 行政立法的合宪性

行政立法内容的合法性包括合宪性与符合议会立法性两个方面，虽然也可能直接将是否符合宪法上的人权条款等作为问题[参见本书第一章第四节二（一）]，但本判决没有明确谈到宪法及人权论，而主要是作为行政立法是否合乎法律的问题来处理的。

2. 行政立法的符合议会立法性

关于行政立法的内容（其他如程序、效力发生要件等也可能成为问题）是否符合议会立法，目前可分为：①是否符合议会立法上的授权条款的授权目的、对象等（符合授权条款性）；②是否符合授权条款以外的相关条款或议会立法整体的旨趣等（符合相关条款性）。本判决及本案下级审判决都是针对是否"超出了委任的范围"这一问题作出结论，最终是作为①来处理的。

3. 议会立法的解释与行政立法裁量

对于行政立法之内容进行符合议会立法性的审查，能将以下作为问题：①是否符合依据议会立法解释明确的被授权的规范对象之范围等；②被授权的行政机关行使裁量权的方法是否合理。并且，也有如在本章第二节中所例举的最高法院1990年判决等那样的判例——以"承认在专门技术上一定的裁量权"为前提，进而审查"是否超出了法律之委任旨趣"。

那么，即使对于本案的规则制定机关，也应该在一定范围内承认其对规则内容的专门技术性裁量权。但是，不管是本判决还是本案下级审判决，都没有提到规则制定时的"裁量权"问题，主要通过审查上述的问题①，推导出《规则》第120条等是否符

---

〔22〕　关于涉及公文、图画阅读限制的《监狱法》第31条第2款之授权，有东京高判昭52·2·15行集第28卷第1·2号第137页等的肯定例，最大判昭58·6·22民集第37卷第5号第793页〔监狱法报纸报道删除案〕也被解释为因施加限定解释而肯定该条款授权的合宪性。

合《监狱法》的结论。

4. 被授权规范的"对象"和"目的"

在与议会立法授权关系上，将行政立法内容之合法性分成什么样的要素或侧面进行讨论是恰当的，这一问题在判例及学说上还有不明了的地方。本判决是将与授权"范围"的关系作为问题，下面斟酌一下这里所说的"范围"的具体意思：

本判决明确地阐述了《法》第 50 条授权对于会面的"在场者、场所、时间、次数"及其他的"状态"进行"必要的限制"这一旨趣，也阐述了法律上不允许通过《规则》本身变更"许可基准"。在此，可理解为被授权的《规则》所能规范的"对象"（或者"事项"）已经为《监狱法》之解释所明确。

本判决还实质性地谈到了被授权的《规则》能够设定的"目的"（如果更准确地说，是对被拘留者之会面附加限制的"目的"）。也就是说，虽然本案的下级审判决除了列举①"防止逃跑或隐藏销毁罪证"及②"维持监狱内的纪律及秩序，保证监狱的正常管理运营"这两个目的之外，还将③回避"对于其他利益的具体危险"也作为可允许的目的列举出来，而③中包含着对于"伤害年幼者感情这一具体危险"的回避[23]，但本判决没有将上述③"保护年幼者的感情"理解为可允许的目的。

如果能作以上理解，那么本判决是将《规则》第 120 条等作为规定了授权"对象"以外的对象、且设定了授权"目的"以外的目的之规定，得出其"超出了"授权"范围"的结论。但是，"对象"与"目的"不是没有关系的，既可以说因为《规则》第 120 条等广泛地设定了"目的"，所以甚至对可允许的"对象"以外的事项都进行规定，反过来，也可以说因为《规则》制定机关广泛地理解了授权的"对象"，所以甚至让不可允许的"目的"

---

〔23〕 虽然没有明言，但可作如此解释。久保·注〔20〕第 117 页也持同一旨趣。

也混入其中。

（二）本判决的解释方法和论据

下面，更具体地与本案之下级审判决进行对比，同时在一定程度上整理和探讨本判决否定《规则》第 120 条等合法性的论据、解释方法的特征。

1. 宪法、人权论与法律解释

一般而言，在解释具有授权条款的议会立法或解释依授权制定的行政立法时，也有必要考虑有无宪法上的人权关联性及该人权的内容、性质等。关于这一点，与有关被拘留者阅读报纸、图书等自由的最高法院 1983 年判决[24]一样，本判决为，在承认被拘留者的自由有"相当的可能性"妨碍①"防止逃跑或隐藏销毁罪证"、②"维持监狱内的纪律及秩序"之目的时，在"必要的"限度内对其自由"合理地"进行限制，但"在因该拘留关系产生的制约范围之外，原则上保障其作为一般市民的自由"。但是，本判决与本案的下级审判决一样，没有谈到被拘留者的会面自由是包含何种内容、性质的人权。如果与上述的 1983 年判决关于宪法上阅读报纸、图书等自由的依据例举了《日本国宪法》第 13、19、21 条相比，且如果从 X 在本案一审中主张限制与年幼者会面违反《日本国宪法》第 31、13、14 条这一点来看，可以认为本判决存在美中不足。而且，本判决的上述的一般性说明，也可能理解为不是从《日本国宪法》，而是从相关法律（《监狱法》）或拘留制度之旨趣中推导出来的。

但是，如果从本判决要求参照 1983 年的判例等情况来看，可以肯定其旨趣不在于否定被拘留者的会面自由具有《日本国宪法》中某些人权条款的基础，以及可能从《日本国宪法》推导出

---

[24] 最大判昭 58·6·22 注（22）。

上述的一般性的说明[25]。另外，虽然没有直接审查《规则》第120条等的合宪性，但能够确认上面的一般性说明对于解释授权条款、相关条款所产生的影响（阐述为"如果综合考虑上面……说明，……"）。

2. 授权条款及相关条款的解释

审查行政立法是否符合议会立法，其前提在于解释相关议会立法的意思、内容。另外，应该立足于相关条款及整体议会立法的旨趣等来解释授权条款，明确授权的对象、目的等，当然，这时也有必要充分留意法条的文理、语言。但是，最高法院以前关于包括拘留关系的监狱收容关系的判决，不是那么拘泥于法律及规则的文理、语言，而是重视一般性制度目的或限制自由有无合理性来处理问题。并且，甚至可能作这样的理解，即在传统上监狱收容关系一直被作为特殊权力关系之一，未必严格地要求适用法治行政原理[26]。

但是，本判决在着眼于法上的授权条款、相关条款的同时，相当忠实地解释了这些条款的文理、语言，在这一点上与本案的下级审判决不同。下面简单地对比一下本判决与本案的下级审判决之间的法律解释方法、结果。首先，关于拘留者会面之法律上的相关条款，如果去掉《法》第50条，就只有《法》第45条。但本判决在提到该条第1、2款的基础上，对于被拘留者（"服刑

---

〔25〕 另外，被要求同时参照的最大判昭45·9·16民集第24卷第10号第1410页〔监狱法禁止吸烟案〕，回避了吸烟自由是否属于从《日本国宪法》第13条推导出来的人权这一问题。

〔26〕 除注〔22〕、注〔25〕所列的昭和58年判决、昭和45年判决之外，还有最二判昭55·12·19讼月第27卷第3号第552页〔监狱法不许可阅读图书案〕、最二判昭60·12·13民集第39卷第8号第1779页〔监狱法不许可给被关押者送日用品案〕。参见盐野宏："判例批判"，载《宪法判例百选Ⅰ》（二版），1988年版；拙文："判例批判"，载《法律家（ジュリスト）》1986年第862号·《昭和60年度重要判例解说》；等等。

者及被处以拘留者"以外的在押者），解释为《法》"广泛地允许其……会面"。这应该说是重视了该条的文理、语言，是对其忠实的解释（按照《法》第45条第2款文意的"反向解释"等[27]）。相对于此，下级审判决在结果上不承认《法》第45条在文理、语言上的特殊意思，关于被拘留者的会面只限于理解为《法》"容许一定的限制"（这时，只以《法》第50条将"关于会面之限制"授权于命令作为依据予以明示）。

其次，关于作为授权条款的《法》第50条，本判决将该条的授权对象明确地概念为有关"在场者、场所、时间、次数等会面状态"的"必要限制"，这也是基本上忠实于该条的文理、语言的解释（以"会面的在场者"为例的"其他有关会面的……限制"的文理解释）。并且，本判决基本上采用了 X 在一审中的主张——"不能将《法》第50条向命令的委任理解为包括对会面者年龄的限制"，它"只将有关会面的状态等的事务性、技术性事项委任于命令"。相对于此，下级审判决没有特别注意《法》第50条的文理、语言，关于被授权之规范对象等不表明任何的解释，而只是说"《法》即使是关于……会面，也容许一定的限制"[28]。

如此，本判决的特征在于相当忠实地解释法条的文理、语言，在解释被授权之规范对象等时，对于怎样将授权条款、相关条款等关联起来，也采用了通常的方法。也就是说，虽然因为一般性说明部分的"作为原则"以及关于《法》第45条的说明中的 96

---

〔27〕 另外，关于《法》第45条，分为①原则许可说与②许可制度采用说两派，本判决是第①说的方向。关于这一点，参见增井・注〔3〕，第358～359页。

〔28〕 这样的理解方法，与被告在一审中主张"将有关会面等的限制委任于命令"基本上相同。小野清一郎、朝仓京一：《改订监狱法》，有斐阁1970年版，第358页，也被认为基本上是同一旨趣。

"广泛"这一表述使得具体范围留有不明确的部分，所以最终以《法》第50条的文理、语言作为解决的手段划定被授权之规范对象，但并不是只依据《法》第50条，可以说也立足于关于限制被拘留者自由的一般性说明或有关《法》第45条的解释，并在某种程度上加以灵活的运用。

另外，如上所述，行政立法是否符合议会立法，目前可以分为①符合授权条款性与②符合相关条款性两个部分。如果将这样的区别关联起来说，那么本判决采用了将问题②吸收到问题①当中的方法。并且，鉴于议会立法不可能将违反相关条款或议会立法整体旨趣等的规定授权于行政立法，这一方法是完全有可能的处理方法。相对于此，在本案的下级审判决中，对于作为授权条款的《法》第50条之文理、语言，没有赋予其限定授权对象等的特别意思，将《规则》第120条等解释为没有违反法整体的旨趣等，进而直接推导出《规则》第120条等处于授权"范围"之内的结论。也就是说，回答上述问题②，基本上也同时成为对于问题①的回答。

3. 年龄限制的实质合理性

如何实质性地评价以保护年幼者感情这一父权主义性目的限制会面者的年龄，也影响到了本判决的结论。从本案的一审判决中能够看出其肯定上述年龄限制的合理性，二审判决也在提到"日本执行刑罚设施之现状"的同时，强调"从国家通晓这一现状之立场，直接承担保护年幼者感情的任务"是"必要的事情"，更加明确地肯定了对于年龄之限制，但本判决却明确地说"保护年幼者的感情本来是监护其亲权人等应该考虑的事情"，从这部分内容可以窥视出其消极性地评价年龄限制之实质合理性。像这样的明确说明，恐怕（至少在立法政策上）也消极性地评价——通过修改《法》第45条或《法》第50条等，给予以保护年幼者为目的的限制会面者年龄以明确的法律根据[29]。

（三）若干总结

与本案的下级审判决不同，关于行政立法之内容是否符合议会立法的审查，本判决的一大特征是，在着眼于授权条款或相关条款的意思、内容的基础之上，相当忠实地解释其文理、语言，在这种意义上以正统的方式进行如实的解释。因为采用这样的解释方法，所以看上去本判决的结论具有说服力。另外，本判决还立足于有关权利自由的一般性说明、相关条款解释来解释授权条款，据此明确授权行政立法进行规范的对象等。尽管还有未必明确的地方，但看起来大体上是妥当的[30]。

对于涉及监狱收容关系的行政立法，本判决采取上述审查方法及解释方法，并且，没有以监禁关系为理由对于司法审查的方法、密度或者法律解释方法作任何特殊处理，这些都不同于以前的最高法院的判决，值得注目。这一点即使在一般理论上还有探讨的余地，但基本上可予以支持[31]。

虽然本判决具有上述特征，但在审查行政立法之内容是否符合议会立法时，议会立法解释可能具有的意义之大小或法解释中重视文理、语言的必要程度会因案件而不同，如在本章第二节中列举出的有关《枪刀法》的1990年判决那样，有必要留意可称为语言重视派的见解有时也是少数意见。

---

〔29〕此外，也有可能考虑即使使1987年再次提出的刑事设施法案的内容、《规则》第120条等无效，也不对拘留所的实务产生大的妨碍等。关于这些，参见增井·注〔3〕，第360～361页。

〔30〕关于本判决对于《规则》第120条的合法性判断，虽然有横田·注〔3〕1070～1071页等的多数支持，但也有质疑的保坂·注〔3〕，第62页。

〔31〕但是，关于注〔25〕记载的昭和55年判决，绵贯芳源暗示如此的方向，即不是作为拘留所所长的裁量权范围问题，而是作为有关"团体内部规范"的"司法审查界限问题"进行探讨，参见绵贯芳源："判例批判"，载《法律家（ジュリスト）》1981年第743号·《昭和55年度重要判例解说》，第34页。

另外，本判决只是关于被拘留者与年幼者会面的问题，由此难以直接议论对有关被拘留者会面的其他问题或对广泛的监禁关系、监狱收容关系上各种问题的影响，也难以直接讨论对今后监狱收容关系之司法审查动向的影响。

98　　不过，本判决判断《规则》第 120 条等在"不允许被拘留者与年幼者会面的限度"上违法，在本判决的大约一个月之后，《规则》第 120 条被全面删除（1991 年法务省令第 22 号。另外，第 124 条中的"前四条"被修改为"前三条"），因而不能着眼于会面相对方的年龄，不许可包括被拘留者在内的一般在押者的会面。并且，作为这一判决的事实上影响，X 在这之后某种程度上也享受到了因《规则》之修改所带来的利益[32]。从这一意义上来说，虽然 X 的损害赔偿请求被驳回，但关于《规则》第 120 条等违法的判断不能说是"完全以甜言蜜语了结"[33]，实质上是能够评价为接近于 X 胜诉的判决的。

三、本案处分依据违法的《规则》作出的过失等

99　　本案的下级审判决以拘留所所长在本案处分阶段违法行使裁量权等而肯定其过失，承认国家赔偿。而本判决在将《规则》第 120 条视为违法无效的同时，否定了依据《规则》第 120 条的拘留所所长之过失，全面驳回请求。下面，结合本判决，主要评论一下对于拘留所所长作出本案不许可处分之过失的判断。

（一）违法性与过失

本案处分是违法的《规则》第 120 条等的执行行为。虽然本

---

〔32〕　另外，对于 X 的死刑判决由最判昭 62・3・24 判夕第 633 号第 106 页〔企业连续爆炸刑事案〕确定。

〔33〕　原田尚彦："行政法判例的动向（行政法判例の動き）"，载《法律家（ジュリスト）》1992 年第 1002 号・《平成 3 年度重要判例解说》第 32 页。

判决否定了拘留所所长关于本案处分的过失而作出结论，但这时似乎也将本案处分在《国家赔偿法》（以下称《国赔法》）上也违法作为当然或默示的前提[34]。

　　不过，这里还有几个不明了的、可以探讨的问题。首先，法律被判决判断为内容上违宪，对于其以前的具体执行行为，权威学说否定其《国赔法》上的违法性[35]。假设以这样的理解方法为前提，就很难单纯地说行政立法被判决判断为内容上违反议会立法，其执行行为就在《国赔法》上违法。其次，本判决在有关过失之判断的开头部分，虽然特别阐述了《规则》第 120 条等"在重大方面违反法律"，但其旨趣未必明了，会产生一个疑问，即"在重大方面"没有违反法律的情形下，对于依据《规则》作出的本案处分的违法性（及过失）可能得出不同的结论吗？最后，如在后面也谈到的那样，问题还在于，行政立法（的制定、维持行为）在内容上违反议会立法，在《国赔法》上也违法吗？对于这一问题会因执行行为是否介入而作出不同的判断吗？

　　（二）是否存在过失

　　虽然本判决通过否定对《规则》第 120 条等在一定程度上"超出了《法》第 50 条之委任范围"的预见可能性，进而否定了拘留所所长的过失，但在此过失问题，可以说是行政机关担任者在针对具体案件执行行政性法规时，因错误地解释行政性法规而出现的过失。这是因为《规则》第 120 条等是否超出了《法》第

────────────

〔34〕　增井·注〔3〕第 367 页，关于本判决的说明是"虽然违法，但却是因没有故意过失而驳回请求的事例"。藤田宙靖《行政法Ⅰ》（总论）（三版）第 474 页也与此同样地理解。

〔35〕　参见阿部泰隆：《国家补偿法》，有斐阁 1988 年版，第 144 页及其所记载的文献。阿部·同上第 144～145 页也阐述"至少……不会有过失"。

50 条之授权范围的判断，是以《监狱法》关于授权对象、目的等的解释以及《规则》第 120 条等的解释为前提的。

但是，因行政担任者错误地解释行政性法规而出现问题的多数情形是因为在与上位行政性法规关系上错误地解释了合法的行政性法规，而本案中作为解释对象的行政性法规其本身（《规则》第 120 条等）已经在内容上违法。在本案中，行政性法规的错误解释不仅产生了执行行为，也产生了行政立法的内容违法，这是因为将执行规则的行政担任者原封不动地承继规则制定者对于《监狱法》的错误解释作为问题。

如此，本案与错误解释的通常事例有性质上的不同。但是，只要以迄今为止的有关解释过失的学说或判例[36]为前提，将作出本案处分的拘留所所长在《规则》第 120 条等的合法性认识上有无过失当做问题，恐怕就难以批判本判决否定过失的结论。在此不详细探讨，但如果考虑到本案在学说、判例上甚至不存在解释上的分歧，是通过本判决才第一次表明一定的（《规则》第 120 条等违反《监狱法》这一）解释的事例，考虑到公务员有原则上服从的义务等，那么即使是要求拘留所所长履行职务上标准的注意义务（过失的抽象把握），也难以要求其甚至认识到《规则》

---

〔36〕 学说有，古崎庆长：《国家赔偿法》，有斐阁 1971 年版，第 154 页以下；秋山义昭：《国家补偿法》，ぎょうせい1985 年版，第 55 页；阿部·注〔35〕，171 页以下；等等。判例有，最二判昭 41·7·15 讼月第 12 卷第 8 号第 1189 页〔临时处分命令执行官权限案〕；最一判昭 44·2·18 判时第 552 号第 47 页〔抹消临时处分登记职权案〕；最一判昭 46·6·24 民集第 25 卷第 4 号第 574 页〔强制执行未登记树木案〕；最一判昭 49·12·12 民集第 28 卷第 10 号第 2028 页〔法院交付拍卖所得金案〕；东京地判昭 44·7·8 行集第 20 卷第 7 号第 842 页（上述最高法院昭和 44 年判决的一审）；东京地判昭 52·4·22 下民集第 28 卷第 1~4 号第 412 页；大阪地判昭 57·2·19 行集第 33 卷第1·2 号第 118 页（否定依据因判决而失效的法律作出行政处分的过失）；等等。

第 120 条等的违法、无效[37]。

另外，本判决将《规则》第 120 条等"自 1908 年被颁布以来经历了很长的施行期间"作为否定预见可能性的理由之一有些不慎。虽然是涉及《规则》第 120 条等从什么时候开始违法的问题，但是，如果在旧宪法下多少可能对规范监狱收容关系之《规则》的合法性作出不同的判断，那是因为可能在严格的意义上对旧宪法下提到的施行事实之意义提出质疑。

虽然本判决通过否定《规则》第 120 条等违法之认识可能性而直接否定了拘留所所长关于本案处分的过失，但会出现这样的疑问，即如果在本案中应该作为问题的直接是本案处分违法的认识可能性，那么假如在《规则》第 120 条等的违法性认识上没有过失，就没有必要以《规则》第 120 条等是合法、有效的规定为前提，进一步审查拘留所所长作出那些解释、适用或行使裁量权有无违法及有无过失了吗[38]？

（三）问题

因为行政性法规之违法性，"对于该法令的执行者来说"极少有"可能容易理解"（本判决）的情形，所以，根据本判决这样的判断方法，对于因依据违法的行政立法而作出的执行行为所

---

[37] 但是，对于本判决否定过失之论据持有疑问的，参见横田·注〔3〕第 1072 页。另外，关于本判决，虽然有"直截了当地表明了职务行为基准说之破绽"的评论（大滨·注〔3〕第 37 页），但因为该说是关于《国家赔偿法》上的违法性，未必恰当。另外，关于认为不是违法之行政立法而是违宪之法律的执行行为没有过失，增井·注〔3〕第 367 页说"需要再探讨"，但如果对照后者否定违法性本身的学说以及限定违宪法律的制定行为在《国赔法》上的违法性的后注〔43〕1985 年的判决等，很难说因为是违宪的法律就容易肯定其执行行为的过失。另外，关于公务员法上服从义务之范围的重大明显说与《国赔法》上的过失之间的关系，一直没有被有意识地展开讨论。

[38] 横田·注〔3〕第 1071 页认为，"假设即使法规范有效，也只能将具体行为评价为违法，那么即使不可能知道法规范无效，也并不是直接由此推导出否定实施具体行为的过失"；松尾·注〔3〕第 79 页说"不能因为三审否定了大的过失，就当然地推翻二审对于小的过失的认定"。

带来的损害，基本上没有承认赔偿请求的余地。并且，关于本案这样的案件，不应该只是着眼于执行行为的违法性、过失，也应该将行政立法的违法性及其制定、维持的过失作为问题。关于这一点将在后面的章节中提及。

四、违法的行政立法及其执行行为与国家赔偿请求

102　　虽然本判决没有提到，但关于本案这样的案件，可以考虑将行政立法（《规则》第 120 条等）的制定行为以及制定之后的维持行为（如果将制定后的维持行为理解为怠于修改、废止，那么也是"作为起因性的不作为"[39]。以下，也包括这一方面称为"行政立法行为"或关于本案称为"规则制定行为"）作为加害行为来把握，

103　　而将行政立法制定者（作为规则制定者的法务大臣）在违法的行政立法上的过失直接作为问题。并且，在本判决之后，X 以违法的规则制定行为其本身存在过失为由，提起了国家赔偿请求诉讼，1993年出现了承认这一请求的下级审判决[40]。

　　关于《国赔法》上各种问题与行政立法之间的关联，其现状是"很难说学说、判例真正地谈到这一问题"[41]，尽管有很多需要深入探讨的地方，但下面简单地探讨一下基于《国赔法》第 1条请求国家赔偿上行政立法所特有的问题、论点，同时也讨论一

---

〔39〕　参见远藤博也：《国家补偿法》上卷，青林书院新社 1981 年版，第 427 页。

〔40〕　东京地判平 5·2·25 判时第 1487 号第 75 页。

〔41〕　稻叶馨："立法/国家赔偿请求诉讼判例展望（立法/国家賠償請求訴訟判例展望）"，载《法律家（ジュリスト）》1992 年第 993 号，第 67 页。另外，宇贺克也说，"基于违宪的法律作出行政处分，关于追究该处分之责任的情形，几乎没有议论"，参见宇贺克也："立法与国家赔偿（立法と国家賠償）"，载《芦部信喜古稀纪念论文集·现代立宪主义的展开》下卷，有斐阁 1993 年版，第 88 页。可以说关于依据违法的行政立法作出行政处分的情形就更是如此了。另外，今村成和只是说"依据行政立法的情形，不存在与依据其他形式的行政权行使相区别的理由"，参见今村成和：《国家补偿法》，有斐阁 1957 年版，第 102 页。

下本案。

（一）加害行为

议会立法（或其制定、维持行为）一直被作为包括于《国赔法》第 1 条所说的"公权力之行使"中来对待。由此来看，对于行政立法也包括其中应该没有异议[42]。并且，在不是行政立法让其执行行为介入而是行政立法直接损害私人的法益时，对于作为加害行为或损害的原因行为而肯定其属于"公权力之行使"，并无异议。虽然是有关议会立法，最高法院的 1987 年判决[43]是将依据《公职选举法》废止在家投票制度（及关于恢复该制度的不作为）的做法作为执行行为没有介入时的原因行为来对待的。

也有的学说消极地看待执行行政立法之具体行为介入的情形。但是，即使行政立法与其执行行为以及损害之间的关系未必相同，在存在因依据内容上违法的行政立法才作出违法性执行行为、进而发生损害这一关系的情形下，该执行行为是直接或最终的加害行为，同时将行政立法行为也理解为加害行为，应该是没有问题的[44]。

本案因为《规则》之执行行为介入，所以本案处分是直接

---

〔42〕　但近年来出现了重新评价的动向。即使根据有关"公权力行使"之意义、范围的狭义说，也是同样的。关于狭义说，参见原田尚彦：《行政法要论》（全订版三版），学阳书房 1994 年版，第 242～243 页。

〔43〕　最一判昭 60・11・21 民集第 39 卷第 7 号 1512 页〔公选法废止在家投票制度案〕。另外，将制定《儿童游乐园设置条例》作为"行政权的明显滥用"肯定其《国赔法》上的违法性的判例，有新泻地判昭 58・12・26 判自第 5 号第 80 页。

〔44〕　消极性学说，参见下山瑛二：《国家补偿法》，筑摩书房 1973 年版，第 122～125 页。对此，古崎庆长肯定在有违宪的法律执行行为时，要追究违宪的法律本身的责任，参见古崎庆长：《国家赔偿法》，有斐阁 1971 年版，第 113 页；阿部・注〔35〕第 145 页、宇贺・注〔41〕第 89～90 页也以肯定说为前提。东京地判平 5・2・25 注（40）也可作同样的解释。另外，宇贺・同上第 90～91 页虽然不是关于行政立法而是关于法律，但将执行行为不介入的情形称为"直接事例"，将介入的情形称为"依据事例"。

的、最终的加害行为。但是，如果否定拘留所所长对《规则》第120条违法的认识可能性，那么关于本案，就难以期待基于《规则》第124条作出例外性适用。如此，本案的规则制定行为与本案处分叠加构成加害行为，也可以肯定规则制定行为与损害之间的因果关系。

另外，有见解提及，最高法院的1982年判决等认为在一定的情形下不需要具体特定加害行为，以"难以将所长的本案处分与法务大臣制定、维持规则看做组成一连串行为或一个行为"来作为否定因法务大臣之过失而发生赔偿责任的理由之一[45]。但是，本案并非涉及上述1982年判决之案件那样、不可能将加害行为特定化的案件。并且，该判决所说的是否"组成一连串行为或一个行为"的基准，设想的是行政进行多个个别行为的情形，而不是甚至连行政立法行为也纳入视野。

（二）违法性

关于作为加害行为的行政立法之违法性，其问题在于，制定、维持内容上违法（违反议会立法）的行政立法之行为在《国赔法》上也违法吗？

虽然关于《国赔法》第1条所说的违法的意义，应该讨论的地方很多[46]，但只要不可能从行政立法也是一种立法这一点上找到特别的理由，那么也包括执行行为介入的情形，应该肯定上述的问题[47]。并且，应与行政立法制定者有无过失问题分开（二元

---

〔45〕 增井·注〔3〕第366页，虽然是有关民法上国家赔偿责任的内容，但提到最一判昭57·4·1民集第36卷第4号第519页〔国家公务员定期健康诊断案〕。

〔46〕 涉及与抗告诉讼（尤其是撤销诉讼）中成为审查对象的"违法"性的异同、与"过失"要件关系上的"一元说"与"二元说"、也与此相关的"职务行为基准说"与"结果违法说"，或几个最高法院判决所阐述的是否"违背对于个别的国民所负有的职务上的法律义务"这一基准的意思及其适当与否等。

〔47〕 参见宇贺·注〔41〕，第90～91页。也参见盐野宏：《行政法Ⅱ》（二版），有斐阁1994年版，第244页以下；藤田·注〔34〕，第474页。

式地）审查行政立法是否符合议会立法。另外，虽然最高法院
1985 年判决[48]，区别法律内容的违宪性与法律制定行为在《国
赔法》上的违法性，将肯定后者的情形限定为极为例外的情形，
但这一判决被认为是有关国会议员的法律制定行为，在其射程范
围内不包含行政立法行为。

从以上情况来看，本案中的规则制定行为，在《国赔法》上
也是十足的违法行为[49]。

（三）过失

虽然关于认定行政立法行为有无过失的方法缺乏讨论，但一
般而言，至少关于不是行政立法之裁量权行使的议会立法之解释，
可以要求高于行政处分等执行行为的高度的注意义务。并且，有
必要从这样的角度，探讨怎样将以前有关错误解释之过失的观点
适用于行政立法时的议会立法解释错误。

在本案中，因法务大臣（实质上是法务省的相关部局）是
《规则》的制定者，所有关于《规则》第 120 条的合法性，应该
对其要求高于拘留所所长的高度的注意义务，并且，应该更认真
地探讨《规则》第 120 条的合法性以及与此相关的《监狱法》的
解释。只是，关于是否可能认识《规则》第 120 条的违法性，并
且是否可以说法务大臣的规则制定行为存在过失，还可能在判断

105

---

[48]　最一判昭 60 · 11 · 21 注（43）。关于法律制定的不作为，参见最二判昭 62 ·
6 · 26 讼月第 34 卷第 1 号第 25 页〔民间战灾者支援立法案〕，也参见有关法律制定行
为的最三判平 2 · 2 · 6 讼月第 36 卷第 12 号第 2242 页〔茧丝价格稳定法案〕。关于
1985 年判决，特别参见稻叶馨："国会议员的立法行为与国家赔偿（国会議員の立法
行為と国家賠償）"，载《熊本法学》1988 ～ 1991 年第 58、64、67、69 号；同 · 注
〔41〕，第 64 页。

[49]　虽然东京地判平 5 · 2 · 25 注（40）被解释为将《规则》第 120 条视为在
《国赔法》上也违法，但没有进行特别的说明。

上存在分歧[50]。

第四节　结　语

106　　以上分析探讨了 1990 年以后最高法院关于行政立法是否符合议会立法所作出的两则判决。下面简单地归纳一下上述内容，并进行一点补充作为结束语：

　　1991 年 2 月 1 日的判决中所存在的 3 名法官的多数意见与 2 名法官的反对意见间的分歧，为行政立法是否符合议会立法之司
107 法审查方法，以及与此相关的议会立法之解释方法等提供了让人感兴趣的素材。另外，作为最高法院在审查行政立法裁量是否适当的基础上肯定合法性的为数较少的判决之一，也具有意义。不过，虽然关于《枪刀法》有需要进行相当微妙的解释与判断的地方，但我感到应像反对意见那样下决心作出否定其合法性的判断[51]。

　　1991 年 7 月 9 日的判决，应该是最高法院否定行政立法符合议会立法的第三个判决，非常重要[52]。并且，也应该留意其作出违法判断时重视议会立法之文理、语言的做法。不过，对于因内

---

　　〔50〕　本判决关于《规则》第 120 条等的合法性，阐述为"在实务上没有特别进行让人置疑的解释，审判上也没有值得一提的问题"。并且，没有禁止与年幼者会面之规定的《刑事设施法案》（1982 年），不是以《规则》第 120 条违法的认识为前提的。但是，大滨·注〔3〕第 37 页说"法务大臣也许应该对于制定违法无效的规则其本身承认过失"，横田·注〔3〕第 1072 页"对于否认拘留所所长过失的疑问针对法务大臣也许更恰当"。东京地判平 5·2·25 注（40）也肯定法务大臣的过失。关于立法之过失，也参见关于法律制定行为的阿部·注〔35〕，第 145～147 页。

　　〔51〕　虽然本章省略了深层次的探讨，但在反对意见中，也可以看到以法治行政原理的观点，指出向行政立法授权的明确性、限定性及法律规定自身的合宪性问题的部分。5 名法官中的 2 名法官所表明的这样的意见，其意义不可小觑。

　　〔52〕　作为至今为止的否定例，有最三判昭 38·12·24 判时第 359 号第 63 页（《鲑鱼、鳟鱼流网渔业取缔规则》旧第 29 条第 2 款但书）〔水产资源保护法等案〕；最大判昭 46·1·20 注（10）。

容上违法的行政立法之执行行为所产生的损害赔偿请求，其处理方法只着眼于议论执行行为有无过失，这一点是这个判决的特征与局限[53]。

上述判决之案件中的真正的加害行为，完全可能理解为法务大臣的违法的规则制定行为。并且，在这种情况下，应该从正面将行政立法行为的违法性及其过失作为问题。不过，关于内容上违反议会立法的行政立法之制定行为在《国赔法》上违法性的判断基准、行政立法行为之过失的认定方法，以及这些问题与该行政立法的执行行为作为直接、最终的加害行为介入时执行行为的违法性、过失之间的关系等，以前的学说、判例几乎没有进行过讨论，本章也只是简单地提及。东京地方法院 1993 年判决肯定了法务大臣之规则制定行为的过失并表明了一定结论，有必要一并分析探讨，对于上述问题进行整理或深入考察。

在上述 1991 年判决的案件中，可能成为问题的是怠于修改、废止已经制定的《规则》第 120 条这一意义上的不作为，但正如已经在几个下级审判例中被视为问题的那样[54]，没有制定具有一定内容的行政立法这一在通常意义上的行政立法的不作为的违法

〔53〕 本判决根本没有提到法务大臣在规则制定上的过失，关于其理由，也参见增井·注〔3〕，第 366 页。

〔54〕 作为肯定违法的例子，在有关水俣病诉讼的下级审判决中，有关于旧《水质保全法》中的水域指定（政令）、该法中水质基准的制定（省令）、旧《工厂排水规制法》中特定设施的指定（政令）及《渔业法》、《水产资源保护法》中的政令、制定知事规则不作为的全部或一部分的，熊本地判昭 62 · 3 · 30 讼月第 33 卷第 11 号第 2605 页（参见拙文："判例批判"，载《法学教室》1987 年第 84 号；熊本地判平 5 · 3 · 25 判夕第 817 号第 79 页；京都地判平 5 · 11 · 26 判夕第 838 号第 101 页。作为否定的例子，有关于《劳动安全卫生规则》（劳动省令）等的札幌地判昭 61 · 3 · 19 讼月第 33 卷第 1 号第 1 页，长野地判昭 61 · 6 · 27 讼月第 33 卷第 2 号第 423 页；有关于基于《狩猎法》设定枪猎禁止区域的（兵库县告示）神户地判昭 61 · 3 · 28 讼月第 32 卷第 12 号第 2835 页；有涉及水俣病诉讼的东京地判平 4 · 2 · 7 判夕第 782 号第 65 页，新泻地判平 4 · 3 · 31 判夕第 782 号第 260 页等。

性等，也有在国家赔偿请求诉讼中被问及的可能性。另外，虽在
本章中没有涉及，但在讨论规制权限的不行使或"立法"的不作
为在《国赔法》上的"违法"性时，不仅是行政处分、行政指导
或议会立法的不作为，还有必要将行政立法的不作为也纳入视野，
探讨是否存在行政立法所特有的需要考虑的问题等。

第三章
关于"法规"的若干考察

第一节 序 论

一、引 言

考察"行政立法"时，存在着将"法规"（及"法规命令"）这一概念作为具有何种意思及功能的概念来使用才恰当的问题。关于这个问题，正如在本书第一章中已经简单地阐述的那样，排除以训令、通知类为代表性例子的"行政规则"部分，将只相当于"法规命令"的部分称为"行政立法"是恰当的，而且，以前一直根据有无"法规"性来区分"法规命令"与"行政规则"，如果再以此为前提，那么这里的"法规"可理解为——宪法及不成文法以外的、对行政主体或行政机关具有对外拘束力、可能作为裁判基准直接发挥功能的成文规范[1]。

本章将论述以前的"法规"概念所存在的问题或局限，再对上述新理解之"法规"的意思进行若干补充说明，在其他章节中

109

---

〔1〕 参见本书第一章第二节二（原书同），原书第 5 ~ 10 页；拙文："行政立法"，载《现代行政法大系》第二卷，有斐阁 1984 年版，第 66 ~ 67 页。此外，也参见拙文："行政立法"，载远藤博也、阿部泰隆编：《讲义行政法Ⅰ》（总论），青林书院1984 年版。

涉及"法规"部分时将不再作详细的论述。

二、以前的"法规"

虽然以前是怎样理解"法规"概念的也是问题之一，但将这一问题理解为行政法学上通说性理解的"法规"定义——"有关私人之权利义务的规范（一般性抽象性规定）"——应该没有问题〔2〕。这是因为它是着眼于与私人权利义务之关联性的、作为所谓"主观性"规范的"法规"。下面将"有关私人之权利义务"的规范理解为"法规"，称此为以前的"法规"，并将其作为探讨的对象。

〔2〕　田中二郎说，"在近代法治国家，作为有关人民权利义务的法规之规定，原则上采用形式性法律，也就是说，采用议会表决的立法形式"，参见田中二郎：①"法律与命令（法律と命令）"，载《行政法讲座》第 1 卷，有斐阁 1956 年版；②《行政法总论》，有斐阁 1957 年版，第 363 页；③《新版行政法上卷》，（全订二版），弘文堂 1994 年版，第 158 页（但也参见后注〔28〕、〔31〕）。今村成和说明为"有关个人之权利、义务的规定"，参见今村成和：《行政法入门》（第五版），有斐阁 1992 年版，第 61 页。田上穰治、市原昌三郎说明为"有关国民之权利义务的法规范"，参见田上穰治、市原昌三郎：《行政法上卷》，法学书院 1967 年版，第 49 页。杉村敏正说"除了有关国民之权利义务的规定之外，例如，当国民基于其自由意志使用、利用国家的公共设施时，规定其基本关系的规定，也应该解释为法规"，将通说的"法规"理解为"有关国民之权利义务的规定"，参见杉村敏正：《全订行政法讲义总论》（上卷），有斐阁 1969 年版，第 8 页。新井隆一《口述行政法》（成文堂 1989 年版）第 6 页、南博方《行政法》，有斐阁 1990 年版，第 76 页、广冈隆《行政法总论》（新版）（有斐阁 1992 年版）105 页、阿部泰隆《行政的法体系（行政の法システム）》（下）（有斐阁 1992 年版）第 706 页也都是以通说的"法规"为前提。虽然以上各种学说中的"法规"被解释为一种一般性抽象性规定，但柳濑良干认为，在被理解为"有关国民之权利义务的新规范"的"法规"中，也包括个别性具体性规范，参见柳濑良干：《行政法教科书》（再订版），有斐阁 1969 年版，第 23～24 页。此外，如果将宪法学也包括在内，那么有各种对于"法规"概念的理解，关于各种学说，参见高田敏："立法的概念（立法の概念）"，载奥平康弘、杉原泰雄编：《宪法学5》，有斐阁 1977 年版；后注〔3〕、〔4〕所列的文献。关于行政法学上的其他各种学说，在以下各注中将适当提及（参见注〔8〕、〔14〕、〔18〕、〔23〕、〔25〕、〔26〕、〔33〕）。

对于上述的"法规"，宪法学上有影响力的学说将"法规"理解为"一般性、抽象性的法规范"[3]，而且，这样的理解也被认为是宪法学上的"通说性见解"[4]。在以下的内容中，也附带性地简单阐述如此理解的"法规"及《日本国宪法》第41条所说的"立法"概念。

三、"法规"功能的再探讨

虽然"法规"概念广泛关系到行政法学上的基础问题[5]，但其重要的功能之一是，为行政机关之规范制定，阐明必须由议会立法授权之规范的意思及范围。只限于这一点，可将"法规"概念理解为一直被赋予了这样的功能，即为行政机关之规范制定明确"法律保留"的妥当范围。

不过，关于"法规"概念与"法律保留"之间的关系，并不明了，并且有学者指出有必要再行探讨。简单地说，例如①关于O.迈耶所说的"法律之法规创造力"这一命题，认为以前的一般性理解不充分，表明如此理解，即"'法律之法规创造力'意味着'法律原则上是法规'，而不是指称向立法机关的排他性授权"。并且，②因为将"法律之法规创造力原则的归宿"问题与"法律保留原则之妥当范围"问题同时"混在一起"，所以以前的

[3]　芦部信喜：《宪法》，岩波书店1993年版，第221页；同·《宪法演习》（新版），有斐阁1988年版，第250页；等等。同一旨趣的有，手岛孝："财政"，载竹内昭夫、手岛孝等编：《现代的经济构造与法（现代の经济构造と法）》，筑摩书房1975年版。

[4]　野中俊彦、中村睦男、高桥和之、高见胜利：《宪法Ⅱ》，有斐阁1992年版，第54页。

[5]　例如，参见远藤博也："复数当事人的行政行为（複数当事者の行政行为）（三）"，载《北大法学》1969年第20卷第3号；同·"关于行政法学的方法与对象（行政法学の方法と対象について）"，载《田中二郎古稀纪念论文集·公法的理论》下卷，有斐阁1977年版。

"法规命令"概念的"理论轮廓并不明了"[6]。

作者对于上述的问题意识或关注问题抱有同感。以下将留意"法规"与"法律保留"之间的关系、"法规"概念的功能，进一步地进行探讨[7]。

四、"法规"新解

基于上面所提到的问题意识，从明确"法律之法规创造力"的本来意义，赋予其与"法律保留"不同的固有意思这一角度，111 已经开始倡导"主要只从形式性效力的侧面"来理解新"法规"概念——"无需同意而拘束所有的执行机关，成为法院裁决诉讼之基准的法规范"[8]。这样的新理解与在其他章节以及本章的开头部分所论述的"法规"并不矛盾。下面将补充说明新"法规"的意思，并论述在新的"法规"概念下区分"法规"与"行政规则"的基准等。

---

〔6〕①森田宽二："法规与法律的支配（法规と法律の支配）（一）"，载《法学》1976 年第 40 卷第 1 号。关于 O. 迈耶的"法规"，也参见盐野宏：《O. 迈耶行政法学的构造（オットー・マイヤー行政法学の構造）》，有斐阁 1962 年版，第 112 页以下；②藤田宙靖：《行政法Ⅰ》（总论）（第三版），1993 年版，第 276 页。

〔7〕关于德国传统学说中的"法规"概念，参见注〔6〕的各文献；拙文《德国基本法下行政规则的学说（ボン基本法下における行政規則に関する学説（一））》第109 页以下、第 121 页注〔1〕所列的各文献（1976 年）；堀内健志：《德国"法律"概念研究序说（ドイツ"法律"概念の研究序説）》，多贺出版 1984 年版，第 39 页以下。

〔8〕藤田宙靖、山岸敬子采用这样的"法规"概念，参见藤田宙靖："行政与法（行政と法）"，载《现代行政法大系》第 1 卷，有斐阁 1983 年版，第 31~32 页；同·注〔6〕，54 页。山岸敬子：《行政权的法解释与司法控制（行政権の法解釈と司法統制）》，劲草书房 1994 年版。

第二节 以前的"法规"及其界限

以前的"法规"概念被理解为"有关私人之权利义务的规 112
范",它存在着种种不明了的地方。并且,对于被这样理解的
"法规"所可能具有的功能也存有疑问。下面,先探讨或确认
"有关私人之权利义务"的意思,在此基础上举出为行政机关制
定规范划定"法律保留"之妥当范围,以及明确对于具有议会立
法(直接性或间接性)渊源之规范所承认的效力这两种功能,在
与这两种功能的关系上探讨以前的"法规"概念所存在的问题或
界限。

一、着眼于效力的"法规"概念

(一) 引 言

以前就一直一般性地承认"法规"不是着眼于规范的存在形 113
式,而是着眼于规范的实质或性质的概念,或者将此作为前提。
例如,关于包括"行政规则"的广义"行政立法",有不少人谈
论根据政令、省令等的"法形式分类"和根据是否具有"法规之
性质"的"实质分类"[9]。而且,还有以一定的告示等为例,说
"也有不采用命令的形式,但实质上具有法规性质的规范"[10]。因

---

〔9〕 例如,藤田・注〔6〕,第273~276页;成田赖明、荒秀、南博方等:《现
代行政法》(改订补订版),有斐阁1992年版,第117~118页。

〔10〕 田中・注〔2〕②第365、374页。另外,同上・第374页说"即使形式上
是行政规则,实质上也不是没有法规性质的规范",将"行政规则"作为"法规"、
"法规命令"的对照概念、作为着眼于形式的概念使用。虽然这样叙述的旨趣是说,通
常在具有行政规则之实质的形式规范当中,也有是"法规"的规范,但如森田・注
〔6〕第47页所指出的那样,的确"矛盾"。也参见堀内健志:《立宪理论的主要问题
(立憲理論の主要問題)》,多贺出版1987年版,第50页。

为具有政令或省令之形式名称的所有规范不一定都是"法规"，但具有告示等形式名称的规范中有的也是"法规"。

很明显，上述的实质或性质是着眼于是否"有关私人之权利义务"，即所谓有无"主观"性。并且，也可能将以前的"法规"极简单地表述为"主观性"规范。只是，以前未必明确地讨论过这样的问题，即"有关私人之权利义务"是着眼于规范的什么侧面或要素。

虽然关于怎样整理某规范的实质、性质或其所具有的侧面、要素并怎样表达出来，还没有稳定的观点以及用词方法，但是，至少将这一规范所具有的"效力"区别于该规范的"规范对象"或"内容"是恰当而必要的[11]。

那么，在如上述那样区分效力和规范对象、内容的情形下，以前的"法规"的"有关私人之权利义务"这一表现是着眼于它们当中的哪一个呢？下面就关于这一问题进行探讨。

（二）着眼于规范对象的"法规"

如果将以前的"法规"理解为着眼于规范之规范对象的概念，那么所谓"法规"，意味着具有"主观性"规范对象、内容的规范，亦即"将有关私人权利义务之事项作为规范对象的规范"或"内容上涉及私人之权利义务的规范"。

在以前一直被作为"行政规则"而不是被作为"法规"的各

---

〔11〕 本章所说的"规范对象"（"内容"），不是规范的相对人，意味着某规范所规范的对象、事项、问题。但是，藤田·注〔6〕第274页的"立法的内容"及其第275页的"内容要素"中的"内容"，相当于本章所说的实质或性质。对此，小早川光郎《行政法讲义上Ⅰ》（弘文堂1993年版）第85页关于行政组织规范、特别权力关系的规定使用的"内容"、"对象"，相当于本章所说的规范对象（或内容），关于"内部行政规定"，其第89页所阐述的"根据内容如何……虽然也不是没有视为有关人之权利义务的规定的情形，但不能够承认……那样的意思"中的"意思"，不是本章所说的效力（设定或改变私人之权利义务的效力）。

种规范中，①规范行政组织的规范以及②规范营造物利用规则等特别权力关系的规范，也有可能理解为不是上面那种着眼于规范之规范对象的"法规"。例如，如果从服从特别权力关系的人不是一般的"私人"，或不是"权利义务"的主体这一点来看，即使是上述②，也能够否定其"法规"性——"以有关私人权利义务之事项为规范对象的"规范[12]。

但是，在一直被认为不是"法规"的各种规范当中，③规范行政机关各种活动的（作为一般性抽象性规定的）训令、通知类中以直接针对私人之"行政作用"为规范对象的训令、通知，不能将它们理解为不是"法规"——"以有关私人权利义务之事项为规范对象的规范"。这样的训令、通知类可以认为也是"以有关私人权利义务之事项为规范对象的规范"。

例如，如果从内容上看，具有单方面改变私人权利义务之效力的行政处分，以及关于该行政处分的议会立法上的规定"有关私人之权利义务"，那么关于该行政处分的要件、内容、程序等，制定训令、通知类，对有关该行政处分的议会立法上的规定进行解释，或在议会立法承认的裁量余地范围内设定行使裁量权的基准，从内容上看也"有关私人之权利义务"，也以"有关私人之权利义务"的事项为规范对象。不管是有关纳税处分表明议会立法上各种规定之解释的（作为"解释基准"的）通知，还是有关许可认可表明行使裁量权之基准的（作为"裁量基准"的）通知，将它们的规范对象或内容看做涉及私人（作为纳税处分或许

〔12〕　参见藤田·注〔6〕，第277～278页；拙文·注〔7〕，第114～115页。也能理解为以前所说的"法规"事先就带有仅有关"一般权力关系"之规范这一限定。参见田中·注〔2〕，②第38页；小早川·注〔11〕，第76～77页。也参见关于行政组织规范的后注〔22〕。

可认可的相对方）之权利义务，是比较自然的理解[13]。

（三）着眼于效力的"法规"

115　如此，至少关于上述③，不能够将以前关于"法规"的"有关私人之权利义务"这一表述理解为着眼于规范的规范对象或内容。并且，所谓"有关私人之权利义务"是着眼于规范之效力的表述，而以前的"法规"，意味着具有"主观性"效力的规范——"具有有关私人权利义务之效力的规范"，更准确地说，意味着"具有（单方面）设定或改变私人权利义务之效力的规范"[14]。

相对于此，关于上述①或②，也可能以从内容上看不是"有关私人之权利义务"为理由来否定它们的"法规"性。并且，如果是这样的话，也能够理解为以前的"法规"之"有关私人之权利义务"这一表述，是着眼于不同的两个侧面（规范对象、内容

　　〔13〕　例如，如果《都市计划法》关于开发许可制度的各种规定及个别开发许可是"有关私人之权利义务"的规定，那么，①规定市街化调整区域中涉及许可的开发行为，表明《都市计划法》第34条各项具体运用基准等的通知〔发送都道府县知事等的建设省计划局局长、都市局局长的通知——《关于都市计划法开发许可制度的实施》（昭和44·12·4）〕，②建设省关于该条第10项，认为都道府县知事等的"即使关于农户以外的次子、三男分家时的住宅等，也许可"等的基准"有不恰当的地方"，而要求重新考虑或删除的通知〔发送都道府县知事等的建设省计划局住宅地开发科民间宅地指导室室长的通知——《关于都市计划法开发许可制度运用的公正化》（昭和54·7·25）〕等，在内容上当然涉及相关私人的权利义务。另外，将《道路运输法》第6条第1款各项规定的普通车辆运输业许可基准具体化而规定"对61岁以上者不予许可"的东京陆运局局长设定的审查基准（参见东京地判昭45·3·9行集第21卷第3号第469页等），以及《行政程序法》第5、12条所说的"审查基准"或"处分基准"，也同样如此。再有，众所周知，还存在着这样的情况，即只看规定的内容基本上不能区别是训令、通知类还是政令、省令类规定，以及即使是训令、通知类或"纲要"类，但如果多少修改一下表现形式，即可作为政令、省令或地方公共团体长官规则原封不动地通用。

　　〔14〕　若如此理解，例如就能更准确地表述有关行政处分之训令、通知类的法的性质。它们在内容、规范对象上涉及"私人之权利义务"，这一点与"法规"不同。正因为不具有设定或改变"私人之权利义务"的效力，所以被理解为不是"法规"。乙部哲郎说明为——"法规，亦即具有规范国民的权利义务之效力的法规命令与不具有这样的效力的行政规则……"，参见乙部哲郎："行政立法"，载南博方、原田尚彦等编：《新版行政法（1）》（补订版），1992年版，第126页。

与效力）中的任何一个。但是，也完全可能理解为，从内容上看不涉及"私人之权利义务"的规范不应该具有设定或改变"私人权利义务"之效力，上述①或②也是被以不具有这样的效力为理由而一直被否定其"法规"性。因此，如果统一把握以前的"法规"的意思，就能理解为它不是着眼于规范的规范对象、内容，而是着眼于规范的效力[15]。下面就以此为前提，谈一下以前的"法规"的问题或界限。

虽然是有关上述③的判例，但是其已经以区分规范的规范对象、内容和效力为前提，表明理解"通知"之法的性质的方法。最高法院1968年的判决明确说，"通知的内容，有关法令的解释或处理"，即使"与国民之权利义务有重大的关联"，"也不直接拘束一般国民"[16]。另外，德国的某文献在区分"对象"（或者是"内容"、"主题"）与"法的效力"的基础上，说明了"法规命令"与"行政规则"的下述差异。在这里作为比较法性参考素材之一予以介绍：

因为法规命令和行政规则可能广泛地涉及同一对象，所以不能根据它们的内容进行区分。一般承认官厅组织在多数情形下，既可根据法律以及法规命令产生，也可根据行政规则产生。即使

116

---

〔15〕　藤田·注〔6〕第53页说，"法规"概念"在日本，以前一般认为是意味着'变动国民之权利义务的一般性规范'"（藤田·注〔8〕第47页也是同一旨趣），这被解读成将"法规"理解为着眼于本章所说的效力的概念。另外，若"法规"是着眼于效力的概念，就并非是是否是"有关私人之权利义务"的问题，而如矶崎辰五郎《行政法总论》（世界思想社1953年版）第274页以下那样，说明为"有拘束人的和不拘束人的两种"、"法规命令"和"行政规则"（矶崎·同上，准确地说，是与它们分别对应的"行政命令"与"行政规程"）的差异，也许更为恰当。

〔16〕　最三判昭43·12·24民集第22卷第13号第3147页〔墓地埋葬法通知案〕。另外，虽然东京地判昭46·11·8行集第22卷第11·12号第175页写道，"即使是通知，如果其内容与国民的具体性权利、义务或法律利益具有重大关联，且其影响也涉及……外部，改变了国民的具体权利、义务或法律利益，必须就通知本身进行争议……这样特殊例外的情形……应也允许将通知本身作为诉讼对象要求撤销"，但其前提是承认通知的内容和效力（不过，扩展到事实上的或间接的影响力）不同。

是关于国家和国民的关系（"外部关系"），例如，法律和命令以及为了解释它们而发布的行政规则（"解释通知"），最终表现为文字时也可能具有同样的标题。不管是哪一种情形，差异不在于其内容，而在于其法的效力[17]。

（四）"一般性、抽象性法规范"

关于"法规"及《日本国宪法》第41条所说的"立法"，宪法学上有影响力的学说所主张的"一般性、抽象性法规范"的理解，几乎等于说"立法"、"法规"是"法"（"法规范"），不能认为其是终结性的理解。不过，如后所述，根据这里所说的理解"法"之意思内容的方法所理解的"法规"，结果与本章所说的新"法规"相同[18]。

二、"法规"与议会立法的授权

118   如果将"法规"理解为"具有设定或改变私人权利义务之效力的规范"（以下只说"改变……之效力"），那么在这一意义上的"法规"是否具有这样的功能，即为行政机关制定规范阐明什么样的规范必须由议会立法授权（划定有关规范制定的"法律保留"之妥当范围的功能）？下面就将这一点作为问题进行论述。

（一）循环论证

毋庸置疑，行政机关制定"具有改变私人权利义务之效力的规范"需要由议会立法授权[19]（允许"再委任"时，包括被授

---

〔17〕 Ingo von Münch（hrsg.），Grundgesetz – Kommentar Bd. 3，1978，S. 223.

〔18〕 小早川·注〔11〕第91~92页将《日本国宪法》第41条的"立法"理解为"在与人民的关系中，单方面地制定有关其权利自由的新限制，或其他的一般性法规范"，这时的"一般性法规范"也是同样的。

〔19〕 严密的意思、要件成为另外的问题。除了本章第三节三（原书第三节四）（边码139页以下）以外，参见本书第一章第三节一至三（原书同），原书第22页以下、第四章第三节二（三）（原书二4）边码170~171页。以下，关于规范行政活动的规范，在规范（不是行政组织的）行政活动的个别的议会立法之授权这一意义上使用。

权之行政机关的"再委任"。以下同）这一定式是正确的。但是，
严格来看就会产生疑问，即这样的定式能具有多大程度的意义。
其理由如下：

为了使上述定式或以此为前提的思考方法妥当，有必要以能
够事先辨别行政机关想要制定的规范是否具有"改变私人权利义
务之效力"，且实际进行辨别作为前提条件。并且，为了辨别是否
具有这样的效力，还有必要准备辨别的方法或基准。

但是，只要不采用与上述定式相矛盾的前提，也就是说即使
不存在议会立法授权，行政机关也能制定具有"改变私人权利义
务之效力"的规范，就不可能在不考虑是否已经存在着议会立法
授权的情况下，事先辨别行政机关想要制定的规范是否具有"改变
私人权利义务之效力"。并且，说明为因为是具有"改变私人权利
义务之效力"的规范所以需要由议会立法授权，这在逻辑上是颠倒
的，正确地说，应该是——正因为是基于议会立法授权制定的，所
以行政机关制定的规范才可能具有那样的效力。

如果能作上述理解，那么可以认为上述定式只不过是"欲以
是否存在议会授权为线索来决定是否需要议会授权"[20]，实际上
陷入了循环论证（tautology，タウトロギー，同一论或反复论）。上
述定式虽然是行政机关在制定某规范时为了决定是否需要议会立法
之授权，而要将是否具有"改变私人权利义务之效力"作为基准，
但实际上，正是追问这一是否需要，将是否存在议会立法授权作为
重要的线索之一，才明确了是否存在这样的效力。

如此思考，上述定式严格来说就意味着，不依据议会立法之
授权，行政机关制定的规范就不具有"改变私人权利义务之效
力"。并且，限于这一意义上的定式，在行政机关制定规范之后，

119

---

〔20〕　拙文："行政立法"，载《现代行政法大系》第2卷，有斐阁1984年版；本书第
一章第二节二（二）3〔原书第一章第二节二3（ウ）〕，原书第9页。

能有助于明确这一规范是否具有"改变私人权利义务之效力"，但在行政机关制定规范之前，不能明确能否不依据议会立法的授权制定规范。

例如，地方公共团体的行政机关为了规制住宅地开发而要制定作为基准的"纲要"，在是否需要法律或条例授权成为问题时，不考虑是否已经存在着法律或条例的授权就不可能判断这一"纲要"是否具有改变居民之权利义务的效力。同时，即使不基于议会立法授权制定了这一"纲要"，也不会直接成为不允许这样的制定行为、已制定的"纲要"违法的情形，上述的定式只不过是明确这样的"纲要"不具有"改变居民权利义务之效力"，其至多只是对于居民没有法之拘束力的个别性行政指导基准。

另外，上述那样的陷入循环论证的危险，不是只存在于将"法规"所具有的效力理解为"改变私人权利义务之效力"这种情形，也存在于因为是行政机关基于议会立法授权制定的规范，所以着眼于对该规范所承认的效力，针对规范制定说明"法律保留"之妥当范围的所有情形[21]。

下面将"法规"理解为不是着眼于效力而是着眼于规范对象或内容的规范，在避免陷入上述循环论证的同时，简单地论及

────────

〔21〕虽说在能够回避这种问题上，"只不过具有方向指示性的功能"（藤田·注〔6〕第87页），但"重要事项保留说"或"本质性保留说"即使关于规范制定的"法律保留"也具有启发性。另外，虽然"权力保留说"富有影响力地主张"法律保留"的妥当范围，参见原田尚彦：《行政法要论》（全订三版），学阳书房1994年版，第75～76页；兼子仁：《行政法总论》，筑摩书房1983年版，第67～68页；小高刚：《行政法总论》，ぎょうせい1994年版，第28页；藤田·注〔6〕，第86页，但假设不考虑是否存在议会授权不可能事先判明行政机关的行为是否具有"权力性"性质，那么其意思不是说——因为是"权力性"行为所以才需要议会立法授权，而是说——只有基于议会立法授权进行的行为才可能具有"权力性"性质。虽然关于议会立法授权与"权力"之间的关系不能够一概而论，但也包括这一点，关于"权力保留说"的问题性，参见盐野宏：《行政法Ⅰ》（二版），有斐阁1994年版，第64页；阿部·注〔2〕，第714页；芝池义一：《行政法总论讲义》，有斐阁1992年版，第49页。

"法规"关于行政机关之规范制定，是否具有明确"法律保留"之妥当范围的功能。

虽然必须考求具有"有关私人权利义务"之内容的严密意思，但着眼于规范对象、内容的"法规"概念，关于①行政组织规范或②规范特别权力关系的规范，在某种程度上具有上述功能[22]。

但是，关于③规范行政活动中直接针对私人之"行政作用"的规范，根据是否具有"有关私人权利义务"之内容这一基准，不能够明确有关规范制定的"法律保留"之妥当范围。也就是说，如已所述的，比如有关行政处分的训令、通知类在内容上就"有关私人之权利义务"。因此，如果制定内容上"有关私人之权利义务"的规范全都要求议会立法的授权，那么其结论就是，关于"有关私人之权利义务"的行政处分等行政决定，一概不承认存在不基于议会立法授权的训令、通知类，这被认为是不适当的[23]。

121

---

〔22〕 以"有关私人之权利义务"的规范这一"法规"概念为线索，不可能谈论部分行政组织规范（亦即设置具有"有关私人之权利义务"权限的行政机关——行政厅及执行机关的规范）的"法规"性。关于这样的"作用法性路径"，也包括相关文献，参见稻叶馨：《行政组织的法理论（行政組織の法理論）》，弘文堂1994年版，第246～247、254、259～261页。

〔23〕 虽然对此，例如，高田敏阐述说"至少应该解释为凡是涉及基本权、基本义务的规范（关于权利利益的规范）必须用法律的形式规定，……该规范的制定需要法律之授权"，参见高田敏："法治主义与行政（法治主義と行政）"，载同编·《行政法》（改订版），有斐阁1994年版，但是，当"法规"着眼于与私人之法律地位间内容上的关联性时，对所有这样的"法规"的理解都能够这么说。另外，如对于不是作为每一个私人而是作为"群体"的都市居民之"享受都市环境利益"，谈论"客观法的地位"，参见矶部力："'都市法学'的尝试（『都市法学』への試み）"，载《雄川一郎献呈论文集·行政法的各种问题》下卷，有斐阁1990年版，内容上是否"有关私人之权利义务"（是否涉及每一个私人的"主观性"法的地位）是极其不明了的基准。关于这一点，参见关于财务会计法之"私人权利义务"关联性的本书第六章第三节一（二）（原书第三节二3），边码第283页；关于"行政作用"概念的本书第四章第三节一（一）（原书第四章第三节一2）以及边码第165、166页注〔46〕。并且，"法律保留"的意义在于寻求①私人的权利保护（也包括确保预见可能性）、②议会对于行政权的民主性控制这两点，但只将与"私人之权利义务"的关联性作为问题，可以认为

（二）议会立法与"法规"的制定

如上所述，很难说法规作为"具有改变私人权利义务之效力的规范"，对于行政机关的规范制定具有明确其"法律保留"之妥当范围的功能。

但仍然完全可能理解为，议会立法才是产生"具有改变私人权利义务之效力的规范"的（直接性或间接性）渊源。也就是说，使用以前的"法规"概念，完全可能说明为只有议会立法及其授权的行政制定规范才能制定"具有改变私人权利义务之效力的规范"，不基于议会立法之授权，行政机关制定的规范不具有"改变私人权利义务之效力"[24]。

因此，可以说"法规"概念具有这样的功能，即明确只对于在议会立法上有直接性或间接性渊源的规范所承认的是什么样的效力。并且，可能着眼于"法规"概念所具有的这样的功能来谈"法律之法规创造力"，赋予其与"法律保留"不同的独立意义。只是，如在下文三中所提到的那样，只将具有议会立法渊源的规范所具有的效力理解为"改变私人权利义务之效力"是否恰当，是另外的问题。

（三）"一般性、抽象性法规范"

在将"法规"理解为"一般性、抽象性法规范"时，如果此时的"法规范"是着眼于规范的效力，那么前面所进行的论述基

是只着眼于上述①。另外，议会及议会立法被要求进一步超越上述①、②发挥功能，如果从此观点来看，那么铃木庸夫的下述论述具有启发性："法治主义有两个侧面——权力抑制之功能和型塑社会、形成社会体系。社会制度必须以国民的合意形式，通过法律或根据法的支配之法则来形成，这是法治主义的基本要求。在当今有人指出的法治主义或法的支配形骸化、空洞化，与其说是针对前者的权力抑制这一方面，倒不如说处于后者的文脉之中"，参见铃木庸夫："书评·新藤宗幸《行政指导》（書評·新藤宗幸『行政指導』）"，载《年报行政研究》，ぎょうせい1993年版，第28号。

〔24〕 关于消极看待"行政立法"不以议会立法授权为必要的容许性，参见本书第一章第三节二（原书同）。

本上能够原封不动地适用。也就是说，（只要是在考虑是否存在议会 122
立法授权之后，才能够明确行政机关制定的规范是否是"一般性、抽
象性法规范"）虽然在严格的意义上，很难说明确了行政机关之规范
制定的"法律保留"妥当范围，但是，并非不可能理解为着眼于只对
在议会立法上具有渊源的规范所承认的效力使用"法规范"一词。

相对于此，如果上述的"法规范"不带有特别的意思，那么
所有的"一般性、抽象性规范"都将被理解为"法规"[25]。并且，
这样的理解将归结为一概不允许行政机关不基于议会立法之授权
制定"一般性、抽象性规范"，这是不能够采用的。诸多的训令、
通知就是不依据议会立法授权而制定的"一般性、抽象性规范"，
有必要将这些训令、通知的存在纳入视野。

三、"法规"与议会立法的效力

下面，将以前的"法规"概念所着眼的"改变私人权利义务 123
之效力"与规范可能具有的各种效力之间的关系作为中心，探讨
以前的"法规"的界限。 124

（一）规范的各种效力

按照与法院、行政主体或行政机关、私人这三者的关系，关
于规范可谈论以下三种效力：①对法院的拘束力（法院在审理诉
讼时可作为裁判基准适用，或必须适用）；②对行政主体或行政机
关的拘束力（行政组织、行政活动违反，就受到"违法"的评
价，比如，违法的行政处分原则上会被法院撤销）；③对私人的拘
束力（能够设定或改变私人的权力、义务及其法律地位）。

在"具有改变私人权利义务之效力的规范"这一意思上的以

---

〔25〕 芝池·注〔21〕第115页说明为"法规，也就是说有关国民之权利义务的
规范或一般性抽象性规范"。

前的"法规"，似乎只表达了上述效力③。但是，虽然也存在着私人之权利义务及其法律地位直接因"法规"而具体改变的情形，但如果考虑因受"法规"规范的个别性行政处分而改变的情形反而更多，那么在违背"法规"的行政处分不能改变私人之权利义务及其法律地位（原则上应通过撤销诉讼撤销）这一意义上，有可能从能够改变私人之权利义务的行政活动之范围或条件的角度，将上述效力②理解为表达上述效力③。并且，鉴于最终确定行政活动是否符合"法规"以及变动私人之权利义务的是法院，可以认为具有上述效力③的规范当然同时具有上述效力①或者是将其作为不可缺少的前提。虽然只是简单的说明，但在这一意义上，能够理解为在以前的"法规"概念所着眼的"改变私人权利义务之效力"中，也包括上述效力①及②。

（二）不是"法规"的议会立法

但是，如下所述，上述三种效力绝不是同一种效力，并且具有不同效力的规范其范围也不相同。

首先，在议会立法（及行政机关基于其授权制定的规范）中，可能存在着或实际也存在着很多规范，它们虽不具有"改变私人权利义务之效力"（上述③），但对于行政主体或行政机关具有拘束力（上述②）。例如，法律（各省设置法等）上规定国家各省厅、其内部部局之设置、组成以及掌管事务的各种规定，法律（财政法、会计法、物品管理法、地方自治法上财务关系的各种规定等）上规范财务、会计处理等的大部分规定，法律（国土综合开发法、近畿圈完善法等）上规定对私人没有拘束力的行政计划之制定程序及内容等的大部分规定。从"法律优先"原则来看，不能否定上述这些规定对于行政主体、行政机关所具有的拘束力。

其次，可能存在着或实际也存在着某些规范，它们虽不具有"改变私人权利义务之效力"（上述③），但具有对于法院的拘束力、作为裁判基准的效力（上述①）。也就是说，因为法院在宪

法上固有的审查对象——"法律上的争诉"被限定于当事人间的
权利义务或有关法律关系的纷争，而以保护、恢复、实现遭受违
法行政活动侵害（或有侵害之虞）的私人权利、法益为目的的"主
观诉讼"是行政诉讼制度的中心，所以多数情形，是具有"改变私
人权利义务之效力"的议会立法以及行政机关基于其授权制定的规
范（行政立法）作为裁判基准发挥功能。但是，在"客观诉讼"
中，如在以防止、纠正地方公共团体财务会计上之"违法"行为
（或填补其损害）为目的的居民诉讼（《地方自治法》第 242 条之
2）中，议会立法等（地方自治法上财务关系的各种规定等）虽不
是"具有改变私人权利义务之效力的规范"这一意义上的"法规"，
但也作为裁判基准发挥功能。《日本国宪法》（第 76 条第 3 款）所
规定的"拘束"所有法官的法律，并不限于具有"改变私人权利义
务之效力"的议会立法等。

　　另外，虽然能否实际上作为裁判基准发挥功能，因诉讼制度、
特别是被容许的"客观诉讼"之范围而不同，但是可以说议会立
法（及其授权的行政立法），也包括上面所举出的各种法律，全
都具有成为裁判基准的潜在可能性（具有上述效力①和②的规范
在范围上基本相同）[26]。

126

───────────

　　[26]　议会立法（及其授权的行政立法），根据其内容、用词，对行政主体等具有
对外拘束力，但并不否定也存在着如训示规定等、可理解为不具有拘束力的规定。另
外，这里的"裁判基准"性不与私人争讼上的法律地位具有直接关联性（谈到这两点
的，有堀内·注〔10〕第 31 页）。并不是根据有无对外拘束力、裁判基准性直接明确
提起私人争讼的资格或在争讼中能够主张的"违法"事由的范围，这些最终将取决于
行政争讼法规的规定。并且成为问题的，如应该怎样理解将在撤销诉讼中能够主张的
"违法"事由的范围限定为"主观法"［参见本书第六章第四节（原书同），边码第
298 页以下］的《行政案件诉讼法》第 10 条第 1 款（"不能以与自己法律上的利益无
关的违法作为理由要求撤销"）。关于这一问题，参见秋山义昭："撤销诉讼中违法事
由的主张限制（取消訴訟における違法事由の主張制限）"，载《雄川一郎献呈论文
集·行政法的各种问题》中卷，有斐阁 1990 年版，第 1 页以下。此外，高田敏虽然说
"纯粹关于地方公共团体内部事项的条例"不具有"宪法上的'法'"（"法规"）的性

如此，可能存在着且实际也存在着虽不是"具有改变私人权利义务之效力的规范"这一意义上的"法规"，但是具有上述效力①、②的规范。如果使用所谓二元式法律概念来说，那么上面所举出的法律上的大部分规定，即使是"形式意义的法律"，也不是"实质意义的法律"（＝"法规"）。而且，以前的"法规"概念所表明的"主观性"效力固然重要，但也只不过是议会立法（及其授权行政机关制定的规范）所具有的效力的一部分或一个侧面而已。这是因为议会立法等除了具有"改变私人权利义务之效力"以外，还具有"客观性"效力。

在将"法规"理解为"一般性、抽象性法规范"时，该"法规范"一词的具体含义未必明了，但如果它是指也包括"客观性"效力的、具有上述各种效力的规范，那么与仅着眼于"主观性"效力的"法规"相比，这种理解就能恰当地把握议会立法等所能具有的效力。

（三）若干归纳

可以认为"法规"概念具有这样的功能，即明确只对于直接或间接具有议会立法渊源的规范所承认的是什么样的效力，并且，这也是为了赋予"法规"概念以与"法律保留"不同的独立意义所期望的。但是，如上所述，将只对于在议会立法上具有渊源的规范所承认的效力理解为"改变私人权利义务之效力"，这是错误的，或者是不充分的。

另外，如前面已经谈到的那样，当"法规"是着眼于"改变私人权利义务之效力"这样的、被认为只有议会立法及其授权制

质，参见高田敏："条例论"，载《现代行政法大系》第 8 卷，有斐阁 1984 年版，第 179 页，但如果从本章有关"法规"的理解来看，条例形式的规定（只要没有违反法令，同时，若承认长官之专管事项，那么不与其相抵触）不管其规范对象如何，作为"法"（及"法规"）均对外拘束地方公共团体（及其他行政机关）。

定的规范可能具有的效力之概念时，在严格的意义上很难说关于 127
行政机关之规范制定，具有明确其"法律保留"所涉及的范围之
功能。

通过以上的分析，我们可以质疑在"有关私人之权利义务的
规范"（更严格地说，"具有改变私人权利义务之效力的规范"）
这一意义上，维持"法规"概念的意义和必要性。并且，如果仍
然使用"法规"这一概念，就有必要赋予其与以上不同的、新的
意思。关于这一点将在下一节中进行论述。

第三节 新"法规"与行政立法及行政基准的区别

如果以前的"法规"概念所具有的功能存在着上述问题或界 128
限，那么可以考虑赋予"法规"概念以与以前不同的新的意思。
另外，在重新理解"法规"时，还有用什么样的基准、方法来区
分以前所说的"法规命令"和"行政规则"的问题。下面对此进
行简单的考察。

一、"法规"新解（之一）

在赋予"法规"概念以新的意思之前，有必要先明确其将具
有什么样的功能。下面立足于前面的论述，进行若干的前提性整
理，再论述新理解的"法规"的功能，并对其意思、内容进行补
充说明。

（一）若干前提

作为能够考虑到的赋予"法规"概念的功能，可举出两个
方面：（a）关于行政机关的规范制定，明确其"法律保留"的
妥当范围；（b）明确只对于直接或间接具有议会立法渊源的规

范所承认的是什么样的效力。并且，如果结合行政机关所制定的规范来说，对应于这两个方面，"法规"当中可能有两种"法规"：（a）作为行政机关只能根据议会立法授权制定之规范的"法规"；（b）作为与议会立法具有同等效力之规范的"法规"。

而且，不可能让同一个"法规"概念同时指向上述两个意思，或者至少是不恰当的。也就是说，①如已经论述的那样，如果欲着眼于对于具有议会立法渊源之规范所承认的效力［(b)］明确规范制定之"法律保留"的妥当范围［(a)］，那么会陷入循环论证中（是因为具有一定的效力所以需要议会立法之授权？还是因为存在议会立法之授权所以具有一定的效力?)。②即使是以某些形式明确了规范制定之"法律保留"的妥当范围［(a)］，也完全有可能超出该"法律保留"的妥当范围制定议会立法，且行政机关被这一议会立法授权制定规范，而这样的议会立法以及行政制定规范，也具有在议会立法上有（直接或间接）渊源之规范所具有的效力［(b)］。因此，（b）"法规"的范围要比（a）"法规"广。

（二）新"法规"的功能

虽然"法规"概念具有上述两种不同的功能，但是如果赋予"法规"概念以明确行政机关规范制定之"法律保留"的妥当范围这一功能，那么"法规"概念之可以与"法律保留"相区别的、独自所具有的功能或存在意义就变得不明了。因此，着眼于只对于具有议会立法渊源（直接或间接）的规范所承认的效力来使用"法规"概念是恰当的。

另外，作为补充性理由，还可以举出下述情况，即以前至少已经部分性地使用着眼于具有议会立法渊源之规范所具有的效力的"法规"概念：如行政机关基于议会立法之授权所制定的规范，即使不是以前一直所说的"法规"（"有关私人权利义务之规范"），也一直被理解为"法规命令"（基于不具有"法规"性的

"形式意义法律"之授权的政令、省令等)〔27〕。如果是这样的话，130
这种情形（称"法规命令"）下的"法规"，就意味着与议会立法
具有同样效力的规范。并且，有影响力的学说解释说，"法规"
并不是一直只被理解为"有关私人之权利义务"的规范，它
（也）被作为意味着对行政机关和法院具有拘束力的规范，亦即
作为着眼于具有议会立法渊源之规范所具有的效力的规范
使用〔28〕〔29〕。

（三）"法规"的新理解

如果着眼于只对于具有议会立法渊源（直接或间接）之规范
所承认的效力，那么如本书第一章及本章序论中所论述的那样，
可将新"法规"理解为"无需同意而拘束所有的执行机关，成为
法院裁决诉讼基准"的规范，或"对行政主体或行政机关具有对
外拘束力，（有）作为裁判基准直接发挥功能的（可能性的）规
范"。

下面对于上述新理解的"法规"之意思、内容，也包括与
"法律保留"的关系，进行若干的补充说明：

（1）"具有改变私人权利义务之效力"可被吸收到新理解的
"法规"所表明的效力中。这是因为如已经提到的那样，要使某
规范"具有改变私人权利义务之效力"，它就必不可少地要具有

---

〔27〕 参见藤田·注〔6〕第 275～276 页，其作为具体例子举出了人事院规则，
指出"内容性要素与形式性要素"混在一起。

〔28〕 田中·注〔2〕②第 38 页说，作为"在国家与人民之间制定法规"的"立
法"，"一方面规定人民的权利义务，另一方面拘束国家本身，要求国家机关全面服从
它。这是立法的一个特色"，同注〔2〕③第 36 页说，"行政性法规，一般作为行政活
动应依据的基准或界限的规定，具有所谓行为规范的性质，同时……不得不说其自身
具有裁判规范的性质"。

〔29〕 森田·注〔6〕第 45 页以下指出，O. 迈耶的"法规"概念也是着眼于只对
于具有法律渊源的规范所承认的效力。但是，关于认为还可能推导出本章后面｜在
（三）2（2）〔原书4（イ）②〕中｜所论述的定式，参见藤田·注〔8〕第 42～43 页
的注（58）、拙文：注〔7〕第 125 页的注（14）。

对于行政处分等行政活动的拘束力以及裁判基准性。

（2）利用上述的"法规"概念，能将行政机关制定"无需同意而拘束所有的执行机关，成为法院裁决诉讼基准"的规范，或"对行政主体或行政机关具有对外拘束力，可能作为裁判基准发挥功能的规范"需要议会立法之授权定式化，并且，这样的定式在制定规范时也可能表明在议会与行政机关之间分配权限、管辖的原则。

131 但是，如已经论述的那样，这样的定式关于行政机关之规范制定，不能具体地明确其"法律保留"的妥当范围。

（3）关于规范制定，虽有必要深入探讨其"法律保留"之妥当范围问题，但问题基本上在于——什么样的事项、问题、对象在什么程度上，应该被具有上述"法规"效力的规范所规范[30]。而且，虽然存在着即使没有包括于"法律保留"之妥当范围内的

---

　　〔30〕　虽然关于《褒扬条例》（明治14年太政官布告昭和30年政令7号）的合宪性有过讨论，但利用"有关私人之权利义务的规范"或"一般性、抽象性法规范"等"法规"概念来讨论看上去并不恰当。虽然高田·注〔2〕第220页说，"在权利被极为广泛地进行解释的情形"下，褒扬关乎"权利利益"，"因为《褒扬条例》是一般性规范，并且是给予国民利益的规范，所以是应该用法律规定的规范"，但关于这种观点，参见本章边码第120～121页及注〔23〕。关于芦部·注〔3〕第25页等的"一般性、抽象性法规范"的理解、或宫泽俊义的"新决定任何一般性法规范，均为法律事项"的想法〔参见宫泽俊义："关于荣典制度（三人对谈）（栄典制度について　鼎談）"（发言），载《法律家（ジュリスト）》，1963年第288号；也参见栋末快行：《宪法讲义案（憲法講義案）》Ⅰ》（理论演习），信山社1992年版，第146页下〕，参见本章边码第121～122页及后注〔32〕。另外，虽然今村·注〔2〕第10页谈到荣典制度，说"即使是给对方提供利益的情形，凡是承认行政权的行使，当然也需要法律根据"，但这样的学说当中，"行政权的行使"的严格意思是个问题。并且，不是以被简单公式化的以前那样的"法规"概念等为媒介，有必要具体而综合地讨论一定的荣典制度是否属于议会立法应制定根据或规范的"重要事项"（阿部·注〔2〕第719页也是同一旨趣。但是，他说"关于是否有必须保留于国会权限内那样的重要性，有难以断言的感觉"）。如果《褒扬条例》（政令）不是基于法律之授权制定的，那么关于其效力，佐藤达夫介绍的"也应该说是内部规则"这一说明是一个逻辑推论，参见佐藤达夫："新宪法下的'独立命令'——褒扬条例的部分修改（新憲法下の'独立命令'——褒章条例の一部改正——）"，载《法律广场》1955年第8卷第4号。另外，关于《褒扬条例》（政令）的各种问题，也包括相关文献，进行详细探讨的有堀内·注〔10〕第241页。

事项、问题、对象也被"法规"所规范的情形，但是，要变更"法规"已经进行规范的内容，仍需要"法规"〔31〕，即使是这时，也能够谈论"法律保留"。

（4）上述意义上的新"法规"，除了规范与私人之权利义务及其法律地位相关联的、"主观性"事项之外，也能规范不是"主观性"事项的"客观性"事项。但是，关于什么样的事项、问题、对象是"法规"所应该规范的，这属于"法律保留"问题，从"法规"概念本身不能够明确"法律保留"之妥当范围的宽窄。

（5）如果与以前一样，将"法规"作为与"实质意义的法律"具有同样意思的概念使用，那么上面那样的理解"法规"概念的方法，实质上是将"实质意义的法律"与"形式意义的法律"等同视之。这是因将后者整体理解为前者亦即"法规"的缘故。不过，或许是重复性说明，就是根据前者应该通过后者（或者基于其授权的行政制定规范）来制定这一定式，不能够具体地明确"（形式意义的）法律保留"的妥当范围。

（6）在将"法规"理解为"一般性、抽象性法规范"时，该"法规范"如果意味着具有上述效力（对行政机关的对外拘束力和裁判基准性）的规范，那么以上所述的各点对于这样的"法规"也适用〔32〕。

---

〔31〕　田中·注〔2〕②第128页说，"制定直接关系到国民之权利义务的规定以及其他新的法的规范"，原则上需要采取法律的形式。也参见在注〔18〕中引用的、小早川·注〔11〕第91~92页中的"立法"概念的理解。

〔32〕　芦部信喜说，"立法权的特殊性……在于能够变更既有制定法的法的效力，亦即制定具有法律性效力的法规范的能力这一点上"，参见芦部信喜："现代的立法（现代における立法）"，载《现代法》第3卷，岩波书店1965年版，第21页。将"法规"理解为"一般性、抽象性法规范"的学说解释，虽然看上去扩张了"法律保留"的妥当范围，但是，如果"法规范"是意味着具有这样的（并且是在正文中论述的那样的）效力的规范，那么它在"法律保留"妥当范围问题上是中立的。另外，关于这样的学说是主张或暗示将"实质法律"与"形式法律"等同视之，参见芦部·同上，第30页；手岛·注〔3〕，第625页；野中等·注〔4〕，第54页。

二、"法规"新解（之二）

133   对于上述新理解的"法规"概念，还有需要再行探讨的地方。最终考虑恰当的方法是在原封不动地维持前述意思内容之上加以若干限定。下面就对此进行论述。

（一）"法"

以前，一直一般性地将"法规"理解为对规范制定具有表明"法律保留"妥当范围之功能的概念，或将"法规"理解为带有"有关私人之权利义务"，亦即"主观性"色彩的概念[33]，如果考虑这一情况，那么有可能以相当别扭的感觉来接受上述新意思上的"法规"。如此，就可以考虑既不使用以前所理解的"法规"概念，也避免重新理解"法规"概念，而在不使用"法规"一词的状态下来考察各种问题。

如果不使用"法规"一词，那么上述的新"法规"意思，可以简单且直截了当地用"法"这一概念来表达。也就是说，暂且
134 不考虑也包括"行政规则"的以前的"行政立法"概念上的"法"（及"立法"），所谓"无需同意而拘束所有的执行机关，成为法院裁决诉讼基准"的规范，或"对行政主体或行政机关具有对外拘束力，可能作为裁判基准发挥功能"的规范，就是在行政法学的各种讨论中所使用的"法"规范。而且，以前为了区分"法规命令"和作为"行政立法"之一的"行政规则"，另外需要将"法规"这一概念与"法"、"立法"相区分，但如果站在"行

---

〔33〕兼子仁说，"'法规'是拘束一般国民、居民的立法的总称"，"法规命令"是"作为有关国民权利义务之一般法规的行政立法"，参见兼子仁：《行政法总论》，筑摩书房1983年版，第101、114页。另外，虽然本章几乎没有提到有关行政组织规范的特有问题，但堀内·注〔10〕第3、258页等将"法规"理解为"针对私人的一般拘束性的形态法"。也参见堀内·注〔7〕，第375页。

政规则"不是"立法"（不是"行政立法"）这一前提下，就没有必要为区分上述两者，而使用与"立法"不同意思的"法规"一词[34]。

在以上论述的范围内，"法规"概念即使对于新理解的那种意思，也未必是行政法学上必不可少的概念，可以改称"法"来代替。

（二）作为宪法以外成文"法"的"法规"

但是，在不使用"法规"一词而改称"法"时，会出现以下的问题：关于"法规"的理解，即对"无需同意而拘束所有的执行机关，成为法院裁决诉讼基准"的规范，或"对行政主体或行政机关具有对外拘束力，可能作为裁判基准发挥功能"的规范之理解，虽然是着眼于对于具有直接或间接议会立法渊源之规范所承认的效力，但是具有上述效力的规范，并不只限于议会立法及其授权的行政制定规范，宪法或不成文"法"（法的一般原理等）也是具有这种效力的规范。因此，将议会立法及其授权的行政制定规范表述为"法"而不表述为"法规"，会使这些规范与只能是"法"规范的宪法或不成文"法"之间的区别模糊化。

如果能够作以上那样的考虑，那么为了区分于宪法或不成文"法"，还是使用"法规"一词总称议会立法及其授权的行政制定规范比较恰当。因此，所谓"法规"，严格来说，是指宪法或不成文"法"以外的、"无需同意而拘束所有的执行机关，成为法院裁决诉讼基准"或"对行政主体或行政机关具有对外拘束力，可能作为裁判基准发挥功能"的成文规范。另外，至少对于作为

135

---

〔34〕 虽然看上去有很多人将"法规"理解为与"法"相区别的，具有特别意义、功能的概念，但在德国，也有不少人将两者作为同一个概念使用，另外，有的学说还倾向于将"法规"＝"法"作为法理概念使用，将"行政规则"也称为"法规"。参见拙文·注〔7〕，第165页以下。另外，也参见手岛孝：《行政国家的法理（行政国家の法理）》，学阳书房1976年版，第105～106页。

成文法的宪法，可以将其理解为（或应该理解为）"法规"的一种。

（三）议会立法等的用语例子

议会立法及其授权的行政制定规范是"法"、"立法"，同时也是上述意义上的"法规"。并且，可以说上述意义上的"法规"也与在判例或议会立法等中使用的"法规"一词整合。可以明确的是，下述"法规"，至少不带有"有关私人权利义务"之规范这一意思或限定，它与"法律保留"问题不具有直接关系。

也就是说，虽然能将规范行政活动、行政组织的"法规"称为"行政性法规"（包括规范行政活动等之行政争讼程序的"法规"），但是还有最高法院 1990 年判决等使用的（解释为不包括宪法的）"行政性法规"[35]，以及《行政案件诉讼法》第 5 条关于"民众诉讼"使用的"法规"[36]、《日本国宪法》第 98 条将宪法称为"国家最高法规"时的"法规"（均不排除宪法）。

三、行政立法与行政基准的区分

136　　　像上面那样理解"法规"时，会出现根据什么样的基准或方法区分以前所说的"法规命令"和"行政规则"的问题。如果将"行政立法"理解为行政主体或行政机关制定的成文的"法"

---

〔35〕这时的"行政性法规"，是最二判平 1・2・17 民集第 43 卷第 2 号第 56 页〔新潟机场线路许可案〕说的——"规定该处分的行政性法规……在其包括这样的旨趣，即不仅是吸收消解于一般公益中的……作为每一个人的个别性利益也应该保护时，其所涉及的利益也相当于法律上所保护的利益"，不包括宪法。最三判昭53・3・14民集第 32 卷第 2 号第 211 页（赠品标识法饮料标识主妇联合会案）使用的"行政性法规"一词也同样如此。

〔36〕《行政案件诉讼法》第 5 条"……所谓'民众诉讼'，是指要求更正不符合国家或公共团体机关法规行为的诉讼……以不涉及自己的法律上利益的资格提起的诉讼"。作为与这里所说的"法规"类似的词，有《地方自治法》第 151 条第 1 款中的"成规"。

（"法规"），与"法规命令"等同视之，那么"法规命令"和"行政规则"的区分就成为行政立法和"行政规则"的区分。而且，如果将以训令、通知类等（以前所说的"行政规则"的代表性类型）制定的、规范行政活动的规范称为"行政基准"，就基本上意味着行政立法和行政基准的区分（关于"行政基准"的严密意思，参见本书第五章第一节）。

下面主要设想"行政规则"情形下的上述行政基准，探讨区分行政立法（"法规命令"）和以前所说的"行政规则"或行政基准的方法、基准。

（一）"法规"所具有的效力

是否是"法规"，可以说是将行政机关（或行政主体）制定的规范区分为行政立法和"行政规则"的基准。并且，如果基于前述之"法规"概念的新理解，那么，是否为"无需同意而拘束所有的执行机关，成为法院裁决诉讼基准"，或者是否"对行政主体或行政机关具有对外拘束力，可能作为裁判基准发挥功能"，也能够理解为区分上述两者的基准。而且，假设将"法规"所具有的这种效力简单地表述为"外部效果"〔37〕，那么还能根据有无"外部效果"来区分两者。

137

不能够说像上面那样说明行政立法和行政基准等"行政规则"的差异是错误的。但是，还必须考虑一个问题，即根据什么样的基准或方法认定行政机关制定的规范具有上述那样的效力、进而是具有那样的效力之规范的"法规"。因为只要不明确这一点，就不能辨别某规范是否是"法规"以及其是否具有作为"法规"的效力。

如果在是否具有"法规"之效力中寻求将行政机关制定规范

〔37〕 参见盐野·注〔21〕，第76页以下。本书第四章中，使用"'外部性'法的效力"这一表达。

· 141 ·

区分为"法规"、"法规命令"和"行政规则"的基准或标志，那么基本上与前面关于规范制定论述与"法律保留"的关系时同样，容易陷入循环论证中。另外，如下面所介绍的两个例子那样，即使在德国，也意识到了这一点并进行批判：

（1）一方面，"在某规定对……私人的权利状态产生效力，换言之，在其具有'外部效力'时，该规定是法规"，这一见解"是从与私人的关联性推导出法规性，但另一方面，反过来说，要从法规性正确地推导出对私人所赋予的权利或所课以的义务，会产生循环论证的危险。亦即，某规定因为具有'外部效力'所以是传统意义上的法规范，还是因为是法规范所以该规范具有'外部效力'？"

（2）"法规命令"是"以'外部效力'直接对私人课以义务或赋予权利"，而"行政规则""仅限于具有'内部效力'，不直接与私人的权利义务发生关系"，这样区分两者，看上去论点似乎始终一致。但严格来看，这种区分很明显是循环论证。也就是说，一方面，某命令只在关系到外部人之权利或义务时被认为具有法规命令的性质，而另一方面，以对于外部人存在具体权利和义务为理由，要求其通过法律或法规命令来制定"[38]。

（二）存在形式及相对人

使用以某规范有无效力判断其是否是"法规"这一基准来区分行政立法（"法规命令"）与"行政规则"，有上述的问题。但在理解怎样辨别是否具有"法规"之效力问题时，可考虑以下的基准或方法：

首先，规范存在形式的差异。或许最理想的状态是特定行政

<hr>

［38］ ①Fritz Ossenbühl, Verwaltungsvorschriften und Grundgesetz, 1968, S. 179f. ②Peter Selmer, Rechtsverordnung und Verwaltungsvorschrift, Verwaltungsarchiv 1968, S. 116. 参见拙文："德国基本法下行政规则的学说（ボン基本法下における行政規則に関する学説）（二）"，载《阪大法学》1977年第102号。

制定规范始终被肯定为"法规"时的存在形式，以及不能成为"法规"时的存在形式，根据存在形式之差异简单地辨别某规范是行政立法还是"行政规则"。而且，如"政令"、"……省令"、"……规则"与"训令"、"通知"等的存在形式名称（形式名称）的差异，某种程度上也提供了有力的着手点。但是，正如仅着眼于"告示"这一形式名称不能明确具有"告示"这一存在形式的规范是否是"法规"那样，规范的存在形式差异原则上不能成为决定性或最终性基准。

其次，规范相对人的差异。一方面，如果考虑训令、通知类只将行政机关作为相对人，那么规范的相对人是国民或一般居民还是行政机关，看上去也能成为判断行政机关制定的规范是否是行政立法的基准或标志。但是，这需要详细探讨"相对人"的严格意思以及规范之相对人是什么样的人，例如，也可能将议会立法中与"私人之权利义务"无关的规定（例如，法律上规范财务会计和物品管理的大部分规定）理解为其相对人不是私人而只是行政机关。另一方面，以"告示"形式对一般居民公布的"纲要"类，虽然看上去也可能被理解为是将私人作为相对人，但并不是根据这一点就能够肯定其是"法规"。因此，行政相对人是一般国民、居民还是行政机关这一差异，原则上也不能成为决定性或最终性基准。

（三）议会立法的授权

如果上述基准或标志，不是辨别行政机关制定的规范是否为行政立法的准确基准或标志，那么不应着眼于内在于规范本身的各个侧面、要素，而有必要着眼于行政制定规范是基于什么样的根据或理由而具有作为"法规"的效力。

如果着眼于这一点，就能在规范的制定是否基于议会立法之"立法"（"法规"的制定）授权〔并且，是否满足了议会立法关于"立法"所要求的形式、程序上的要件（公布等）〕这一点上，

139

寻求将行政机关制定的规范区分为行政立法（"法规命令"）和行政规则的决定性基准或标志[39]。所谓"法规"是着眼于对于具有议会立法渊源的规范所承认的效力的概念，行政机关所制定的规范是否具有那样的"法规"效力，其决定性线索在于是否基于议会立法对制定"法规"的授权。因此，例如，不能将训令、通知类或以"告示"形式公布的"纲要"类考虑为行政立法（"法规命令"），其决定性理由在于其不是基于议会立法之"立法"授权发布的。

如上所述，辨别行政机关制定的规范是否为行政立法（"法规命令"）的基准、标志，基本上可以考虑为对这一规范的制定是否存在着议会立法之"立法"授权。并且，由此来看，在议会立法授权行政机关进行某些行为时，应该尽可能地明确其授权是否为"立法"授权。

只是，议会立法上的规定，未必明确表明是否授权"立法"。因此，探讨议会立法之"立法"授权的必要形式、样态以及是否为"立法"授权规定的判断方法，也成为重要的课题（也包括下面一点，参见本书第一章第二节三、四）。另外，在议会立法上的授权规定将行政机关基于其规定制定具有什么样效力的规范委任于行政机关之判断或选择时，也可能存在这样的例外情形，即应以上面提到的存在形式或相对人等为着手点，判断这一规范是否具有"法规"之效力。

第四节　结　语

如果简单地归纳一下上面对"法规"概念所进行的若干考

---

〔39〕　在拙文·注〔38〕第 128 页以下所介绍的德国的各种学说中，有相当于"（基本法）第 80 条要件说"（同上第 166 页以下）。大桥洋一将"行政规则"定义为"不基于议会的委任，是行政机关制成的、有关将来职务运营的指针"，将缺少"议会的委任"作为"行政规则"概念的重要要素，放入其定义中，参见大桥洋一：《行政规则的法理与实态（行政规则の法理と実態）》，有斐阁 1989 年版，第 15 页。

察，那么其内容如下：

第一，能够明确在以前不是被作为“法规”而是被作为“行政规则”的规范中，也存在着其内容或规范对象涉及“私人之权利义务”的规范（将“行政作用”作为规范对象的训令、通知类）。因此，能够理解成以前的“法规”概念所说的“有关私人之权利义务”，是着眼于（单方面地）设定或改变私人权利义务之效力。

第二，如果根据以前的“法规”概念所着眼的有无改变私人权利义务之效力这一点来明确规范制定之“法律保留”的妥当范围，很容易陷入循环论证中。这是因为对于行政机关制定的规范是否具有改变私人权利义务之效力，至少要将是否已经存在议会立法之授权作为重要线索之一，才能够明确。

第三，虽然可以考虑赋予“法规”概念以这样的功能，即表明只对于直接或间接具有议会立法渊源的规范（议会立法以及基于其“立法”授权的行政制定规范）所承认的是什么样的效力，但是，以前的“法规”在具有改变“私人权利义务”效力之规范这一意义上，没有充分准确地表达出这样的效力。

第四，如果以前的“法规”存在着上述第二、第三那样的问题或界限，就可以着眼于只对于具有议会立法渊源的规范所承认的效力，将“法规”概念，例如作为“对行政主体、行政机关具有对外拘束力，可能作为裁判基准发挥功能”的规范来重新理解。

第五，虽然也可以考虑将第四那样的规范表现为“法”规范而不使用“法规”一词，但看来还需要一个词去总称宪法或不成文“法”之外的成文“法”，即议会立法以及基于其“立法”授权的“行政立法”，而这样的词就可以使用“法规”。因此，议会立法及行政立法既是“法”、“立法”，也是“法规”。并且，所谓“法规”，意味着宪法、不成文法之外的，“对行政主体、行政机关具有对外拘束力，可能作为裁判基准发挥功能”的成文规范。

141

第六，决定行政机关制定的规范是否为行政立法（"法规命令"）的基准或标志，基本上可以考虑为对该规范的制定是否存在议会立法的"立法"（制定"法规"）授权。

应该怎样理解"法规"概念的意思和功能，被认为是行政法学上的难题之一。在本章进行的若干考察，虽然表明了一种观点或整理方法，但是，也包括没有深入探讨——关于规范制定应该如何考虑其"法律保留"的妥当范围等问题[40]，还存在着不少不充分的地方。

另外，本章是将这样的认识作为前提，即在行政法学上，将行政机关制定的规范根据有无"法"规范性（"法规"性）区分为行政立法（"法规命令"）和以训令、通知类等规定的行政基准等（以前所说的"行政规则"），具有其意义和必要性，但并不否定以下几点：①不是"法规"的各种规范也对行政活动等发挥着重要功能；②间接地或者在结果上，它们可能具有与"法规"类似的效力；③在训令、通知类中，有在与本章中所说的"法"、"法规"相区别的意义上能称为行政"内部法"的规范。关于这些内容，将在其他章节中提及（关于①、②、③，分别参见本书第四、五、六章）。

---

〔40〕 参见本章第二节二（一）、（二）（原书第三章第二节三2、3），第三节一（三）（原书第三节二4）（边码第 120～122 页、第 130～131 页注〔21〕、〔22〕、〔23〕、〔30〕、〔32〕）。此外，关于规范制定的"法律保留"与个别性行政决定的"法律保留"具有什么样的关联，也包括"全部保留说"、"侵害保留说"等的严密意思，有深入探讨的必要。例如，关于针对私人的个别性行政决定，即使站在"全部保留说"的立场上，也并不要求规范该行政决定的全部的规范的制定均需"法律保留"，不能排除存在没有议会立法授权的训令、通知类。即使站在"侵害保留说"的立场上，也并不要求对私人具有"侵害"性内容的全部的规范的制定均需"法律保留"，不能排除存在关于"侵害"性行政决定的训令、通知类的存在（可能也有以前的训令、通知类对私人的不利变更）。另外，援用"侵害保留说"，即使可以说能够没有议会的立法授权而制定授益性的规范，也不是直接承认该规范具有"法规"的（设定权利、免除义务等授益性的）效力（只有议会立法授权才能具有"法规"的效力）。

第二部分　行政基准

第四章
训令和通知

第一节　引　言

　　"训令、通知"或单是"通知"作为行政法学上的课题之一　143
屡屡被提起[1]。而在"训令、通知"或"通知"这一主题之
下，可以深入地探讨一下应将什么样的规范或规定作为考察对
象。在本章中，首先基于这样的问题意识，将实际行政中存在
的多种多样的"训令、通知"类纳入视野，尝试整理一下涉
及"训令、通知"的概念，再探讨一下被认为不具有行政法
学上训令之实质、性质的"训令"和"通知"类（第二节）。

　　即使将"训令、通知"限定为具有行政法学上训令之实质、
性质的规定，关于这样的"训令、通知"，也存在着对什么样的
问题从什么样的角度进行考察才恰当的问题。

　　本章只就上述意义上的"训令、通知"，提出其法律上的根

---

　　〔1〕　山内一夫："训令与通知（訓令と通達）"，载《行政法讲座》第4卷，有斐
阁1965年版；町田显："通知（通達）"，载山田幸男、市原昌三郎、阿部泰隆编：
《演习行政法（演習行政法）》（下），青林书院新社1979年版；中西又三："通知的法
的性质（通達の法的性質）"，载《行政法的争议点（行政法の争点）》（旧版），1980
年版。将"训令、通知"放在一起的有：原田尚彦：《行政法要论》（全订三版），学
阳书房1994年版，第37页以下；芝池义一：《行政法总论讲义》，有斐阁1992年版，
第101页以下；等等。

据、性质以及"依通知行政"的意思、问题等基本问题，进行若
干的考察（第三、四节）。并且，将这些定位为有关行政基准
（本书第五章）的前提性研究〔2〕。

第二节　各种"训令""通知"类

144　　　关于"训令、通知"是指什么样的规范或规定，行政法学上
未必有一致的见解，如果再将实际行政中的"训令、通知"类也
纳入视野，那就更不明确了。并且，在"训令、通知"这一主题
下可能考察的规范、规定的范围，与行政法学迄今为止通常考虑
的内容相比，似乎内容更为广泛。

下面，先简单地整理一下行政法学上训令及"训令、通知"
的意思，之后，再深入到行政实务上"训令"、"通知"类的含义
中，简单考察一下虽不是行政法学上的训令，但也完全可能包括
在"训令、通知"中考察的"训令"、"通知"类。

一、行政法学上的训令通知

145　　　首先，有必要确认行政法学上的"训令"及"通知"的
意思。

（一）训令

行政法学上的训令大体上一直被这样理解：所谓训令，是
上级行政机关基于其指挥监督权，为了指挥下级行政机关处理

---

〔2〕使用"训令、通知"或"通知"一词，特别是要从"行政作用"的法的控
制角度考察有关"训令、通知"的各种问题时，未必恰当（参见本书第五章第一节二
（一）（原书二2），边码第194页以下）。本书第五章使用"行政基准"一词，同时也
实质性地提到涉及"训令、通知"的各种问题。

事务或行使权限而发布的命令[3]。并且，这种训令概念的中心要素可以理解为两点：①以各行政机关被阶层性地设置、组成为前提，以上级行政机关具有的指挥监督权为根据而发布，②对于下级行政机关（有拘束力）的命令。并且，关于其法律性质，也基本上没有异议，即③虽然拘束下级行政机关，但在与行政组织"外部"的私人或法院的关系上，不具有拘束力。

下面，将"训令"作为意味着具有上述实质或性质的概念来使用，也将其称为"行政法学上的训令"。并且，将这样的训令概念作为本章考察的出发点。

（二）训令与"通知"

也涉及《国家行政组织法》第 14 条第 2 款（"各大臣、各委员会及各厅的长官，对于其机关所掌管的事务，为了下达命令或指示，可对所管辖的各机关及职员发布训令或通知"）所使用的"训令"、"通知"，关于它们的意思及两者的关系、异同，存在着以下几种学说：

（a）学说认为，"训令"是有拘束力的"命令"，而"通知"只是没有拘束力的"指示"。根据这一学说，"训令"基本上相当于行政法学上的训令，而"通知"是着眼于对下级行政机关缺乏

---

〔3〕 参见田中二郎：《新版行政法》（中卷），弘文堂 1976 年版，第 37 页；佐藤功：《行政组织法》（新版增补），有斐阁 1985 年版，第 238 页；山内·注〔1〕，第 166 页；等等。关于"行政机关"的概念有两种考虑，本章是在所谓作用法或理论意义上使用。另外，在训令概念的定义或说明上，也有人将发布命令及接受命令的行政机关表述为"行政厅"。但是，因为也承认对所谓辅助机关或执行机关的训令，被行政性法规授权例如进行行政处分的行政机关（行政厅）在什么意思上是"下级行政厅"也可能成为问题，从这些方面来看，将发令机关及受命行政机关限定为"行政厅"，恐怕缺乏严密性。关于这一问题，也参见远藤博也：《行政法Ⅱ》（各论），青林书院新社 1977 年版，第 37 页；同·《职权撤销的法律根据（職権取消の法的根拠について）》，载《田上穰治喜寿纪念论文集·公法的基本问题》，有斐阁 1984 年版，第 249 页以下。

拘束力的词语，意味着不具有作为训令的实质或性质[4]。

（b）学说认为，规定基本事项的是"训令"，规定细则性事项等的是"通知"。这一学说是根据内容的差异来区分两者的。但是，这一学说也被解释为在根据内容的差异的同时，也根据对于下级行政机关有无拘束力（是否为"命令"）来区分两者，如此，则是在上述（a）说的基础上附加了内容差异这一要素［即（a）说之一］[5]。

（c）学说在将"训令"基本上相当于行政法学上的训令作为前提的同时，认为"通知"是通过公文（书面）发布的训令。根据这一学说，"通知"一般具有作为训令的实质或性质，"通知"就成为着眼于训令之形式（通过公文）的词语[6]。

---

〔4〕（a）柳濑良干《行政法教科书》（再订版）（有斐阁 1969 年版）第 36 页："相对于训令，不具有命令之性质且限于告知一定事实的公文，将其称为通知（俗称通牒）"。虽然也能够分类到下面的（b）中，但佐藤达夫阐述："称为'通知'的公文，不是像训令那样命令性的公文，可以说是对于下级机关告知法令解释以及其他事务处理的基准"。参见佐藤达夫：《行政法》（第二改订补订版），学阳书房 1972 年版，第 23 页。

〔5〕（b）田中二郎《行政法》中卷（有斐阁全书）（有斐阁 1955 年版）第 48 页："训令，通常以有关管辖的机关及职员之基本职务运营的命令事项为内容，而通知以有关这些内容的细节性事项、法令解释、运用方针等指示事项为内容"。与其基本上持同样旨趣的有：真柄久雄："行政机关"，载成田赖明、南博方、园部逸夫编：《行政法讲义上卷》，青林书院新社 1969 年版；佐藤立夫：《新版行政法总论》，前野书店 1978 年版，第 145 页；和田英夫：《行政法的视点与论点（行政法の视点と論点）》，良书普及会 1983 年版，第 174 页。

〔6〕（c）山内·注〔1〕第 169～171 页：训令也有口头或政府公报上公告之通知方法，"在用书面通知时，称为通知。《国家行政组织法》第 14 条第 2 款所说的'通知'就是这一意思"，"即使从行政厅的实际做法来说，……在实质意义的训令或职务命令通过公文指示时，将其称为'通知'……"〔山内一夫《行政法》（第一法规 1986 年版）第 90 页也是同样旨趣〕；田中·注〔3〕第 41 页："训令或通知是拘束下级官厅的命令"，该通知也通过口头、政府公报来进行，"用书面……指示时，称为通知"；杉村敏正《全订行政法讲义总论》（上卷）（有斐阁 1969 年版）第 86 页："训令中，用书面进行的特别称为通知"。此外，还有中西又三："通知的法律性质（通達の法的性質）"，载《行政法的争点》（旧版），1980 年版；室井力："通知和劝告的法律性质与界限（通達・勧告の法的性質と界限）"，载氏著：《现代行政法的原理（现代行政法の原理）》，劲草书房 1973 年版，第 99 页；芝池·注〔1〕，第 101 页；等等。

在近年的行政法学上，多数采纳上述三种理解中的，训令通过公文发布时一般称为"通知"的（c）学说[7]。但是，如果不限于《国家行政组织法》第14条第2款的解释，作为行政法学上更一般性的用法，还可以看到明显存在以下倾向：

（d）学说实质上将训令和通知作为同义词，不严格区分两者而总括为"训令、通知"，或用"训令"和"通知"中的一个来代表两者[8]。从多数训令实际上是通过公文发布的来看，这一学说与上述（c）学说几乎没有不同。并且，在这一意义上可理解为这一学说多是以上述（c）学说为前提的。

虽然上述（d）学说及（c）学说一般将通知理解为具有训令实质或性质的概念，但还存在着以下这样的理解方法，即认为通知是指比以训令为内容的公文范围更广的概念：

（e）学说认为，所谓通知是为了有拘束力之命令（训令）及没有拘束力之指导的公文（分别称为"指示通知"或"指挥监督通知"与"指导通知"[9]）。这一学说强调的是，通知中也包括国家行政机关为了进行行政指导而发布的有关地方公共团体自治

---

〔7〕 例如，广冈隆说，虽然不是作为《国家行政组织法》第14条第2款的解释，但"训令以公文指示时，将其称为通知是一般的理解"，参见广冈隆：《新版行政法总论》，ミネルヴァ书房1992年版，第51页。

〔8〕 藤田宙靖：《行政组织法》，良书普及会1994年版，第67页；原田·注〔1〕，第37～38页；佐藤·注〔3〕，第244～245页；外间宽："告示和通知的法律性质（告示·通達的法的性質）"，载《行政法的争点》（新版），1990年版；等等。同一旨趣的还有乙部哲郎："行政立法"，载南博方、原田尚彦、田村悦一编：《新版行政法（1）》（补订版），1992年版。也参见成田赖明、荒秀等：《现代行政法》（改订补正版），有斐阁1992年版，第120～121页。

〔9〕 兼子仁认为，"行政机关对其管辖的机关，在行政内部表明有关事务处理之命令或指导性'指示'的公文是通知"，他说，在有拘束力的"指示通知"中"采用条文形式的一般指示公文被称为'训令'"，"狭义的通知表示行政解释或具体性指示"，参见兼子仁：《行政法总论》，筑摩书房1983年版，第117页。另外，成田赖明、荒秀等·注〔8〕第120页说，"通知""除了在行政机关相互间之外，也对服从国家或公共团体特别监督的私人发布"。

事务的公文，这样的通知不具有拘束力[10]。

（三）一点总结

关于行政法学上的训令与"通知"间的关联，有影响力的学说是上述（c）说（一般将以训令为内容的公文称为"通知"），或基本上以（c）说为前提的上述（d）说（基本上将训令和"通知"作为同义词使用）。在下面的内容中，将这两个基本相同的学说当中的"训令、通知"称为"行政法学上的训令、通知"。

二、行政实务中多种多样的"训令"、"通知"类

下面稍探讨一下国家及（不适用《国家行政组织法》第14条第2款的）地方公共团体行政实务中的"训令"、"通知"，并进行简单的整理。

（一）用法

（1）虽然有必要详细地调查和探讨，但目前可以从以下几点来推测实际行政中"训令"、"通知"的用法与行政法学上的"训令、通知"之不同。

第一，行政法学上的"训令、通知"（特别是（c）说）以着眼于某规定之实质或性质的训令概念为基础，在其中加入公文之形式要素，而实际行政中所说的"训令"、"通知"一词，多是某种程度上也立足于行政法学上的训令概念，同时，以存在将某些规定作为内容的公文为前提，再作为表示该规定之存在形式的词（以下也称为"形式名称"）来使用。在这一意义上，其观点或关注点与行政法学上的"训令、通知"不同。

第二，作为形式名称的"训令"和"通知"被作为不同的词区分使用。以具有行政法学上训令之性质的规定为内容的公文，

[10]　参见兼子仁：《自治体法学》，学阳书房1988年版，第71~72、82~83页。

其形式名称并不限于通知，"训令"本身与"通知"一起，都是行政法学上训令的形式名称之一。

第三，若作为形式名称之"训令"和"通知"的区分对应于规定内容之实质或性质差异，那么虽然形式名称之差异同时也能表明其规定之实质或性质差异，但是不一定能表明此外更多的差异，诸如"训令"是"通知"的上位规定、"训令"规定更基本的事项[11]。

第四，"训令"及"通知"以外的类似词语，也被用做行政法学上训令的形式名称。所谓的行政法学上"训令、通知"中的"通知"，成为便宜地总称行政实务中训令之各种形式名称［"通知"之外的"训令"、"训示"（訓達）、"须知"（達）、"通令"等］的名称。只是，在这种情形下，以用什么样的词或根据什么样的基准区分它们作为内容的规定，国家、各地方公共团体并没有规定。

（2）下面用若干的例子来说明上述的内容。首先，作为国家运输省（运输大臣）"训令"规定（"依据《国家行政组织法》第14条第2款……运输大臣发布的命令采取运输省训令的形式，……运输大臣发布的指示采取运输省通知的形式"[12]）使用的"运输省训令"、"运输省通知"，虽然均被解释为运输大臣发布规定的形式名称，但两者是根据是"命令"还是"指示"进行区分的。这也会产生这种区分是否与有无拘束力相对应的疑

---

〔11〕 例如，参见《让收容者阅读图书、报纸等的处理规程》（法务大臣训令昭41矫正甲1307号）与《关于让收容者阅读图书、报纸等的处理规程的运用》（矫正局长依命通知昭41矫正甲1330号）的关系、差异。

〔12〕《运输省训令以及有关运输大臣通知的训令》（昭33运输省训令1号）。另外，运输省的《有关通知的训令》（昭34运输省训令15号）第1条"通知"中也包括"对于照会的回答"。

150 问[13]，假设后者不具有拘束力，那么与学说上的上述（a）说一样，"通知"是为了不是行政法学上训令之规定（而存在）的形式名称。

其次，大阪府的解说公文在对于所管辖的机关、职员发布的命令当中，将有必要（通过公报刊登等）公布的命令称为"训令"，没有必要公布的命令称为"训示"，而将虽然同样没有必要公布，但不是对"训令"等规定的"职务运营上的基本事项"而是对其规定的"指示法令之解释或行政运营之指针等比较详细事项进行命令时"称为"通知"[14]。这里的"训令"、"通知"等虽然是作为形式名称使用，但"通知"又被明确说明为以"命令"为内容，并且，"训令"等和"通知"被根据其内容规定的是"基本事项"还是"比较详细事项"进行区分。如果从不是关于是否具有拘束力而只是关于内容之差异这点来看，这样的区分方法与学说上的上述（b）说是一样的。并且，还从是否需要公布这一观点，在"训令"之外准备了"训示"这一形式名称。

此外，还有①关于公文管理规程类等，区分"训令"、"通知"、"通令"、"回答"；②区分"训令"与"须知"，没有准备"通知"这一形式名称；③区分作为形式名称的"训"与"通

---

〔13〕 参见学说上关于前面（a）说的山内·注〔1〕第171页、佐藤·注〔3〕第245页、藤田·注〔8〕第67页。

〔14〕 大阪府总务部法制文书科编：《公文事务指南（文書事務の手引）》，1990年版，第172～178页。虽然不是国家或地方公共团体本身的书籍，但小林节夫编"公文事务手册（文書事務ハンドブック）"（载《地方自治职员研修临时增刊》1982年第12号）、松田晓文编"必携/自治体公文事务（必携/自治体文書事務）"（载《地方自治职员研修临时增刊》1993年第42号）认为"训令"与"通知"都是以"命令"为内容之规定的形式名称，同时说明为，根据是规定命令之"基本性事项"还是规定命令之"详细性事项"或"比较详细性事项"来区别"训令"和"通知"。今井实也基本上是同样的，并且还说，"训令"中有的也对外公布，而"通知"没有对外公布的，这也是两者的差异，参见今井实：《公文事务（文書事務）》（补订版），学阳书房1982年版，第158页。另外，大阪府的"须知"是指单方性（依职权）行政处分，"指令"是附加于对申请、申报之行政处分的公文的形式名称。

知"；④也准备了"规程"这一形式名称等。这些形式名称的区分基准等不是十分明确。这些情况表明，不仅是"训令"或"通知"，与它们类似的词也被用做形式名称。另外，在关于行政实务的解说文献中，还阐述了⑤在相当于行政法学上训令的形式名称中，除了"训令"之外，还有"训"、"训示"、"内训"；作为《国家行政组织法》第 14 条第 2 款所说的"通知"的形式名称也使用"须知"、"通令"；对于询问也使用"回答"这一形式名称等[15]。

（3）在这里附带说明一下，在行政机关发布的公文中，还有不具有特别形式名称的公文。而在这样的公文中，有的也具有行政法学上训令之性质。

另外，应该将某规定的形式名称与该规定所附加的标题、书名、题目（以下称"标题"）相区别。虽然"训令"一词也部分用做具有"训令"这一形式名称之规定的标题[16]，但在具有"训令"、"通知"等形式名称的规定中，除了"……训令"之外，有的也具有"……规程"或"……纲要"这样的标题，更有的具

151

---

〔15〕 ①《文部省文书处理规程》（昭 43 文部省·文化厅训令第 1 号）第 13 条。只是，这些（"训令"另当别论）是否限定于对所管辖机关（及职员）发布还不明确。另外，《总务厅文书管理规则》（昭 59 总务厅训令第 10 号）第 9 条虽然区分"训令簿"和"通知簿"等，但没有提到"通知"、"回答"。②参见《大阪市公示令达规则》（昭 36 大阪市规则第 24 号）第 1 条；③《建设省直辖公共事业施行所带来的损失补偿基准》（昭 38 建设省训 5 号、昭 48 建设省训 8 号修改），同上·《运用方针》（昭 38 建设省计发第 18 号、昭 62 建设省经整发 1 号修改/从建设事务次官发给各地方建设局长、都道府县知事等的通知）；④《公文处理规程》（昭 398 尾市规程 11 号）、《居民基本登记册事务处理规程》（昭 418 尾市规程第 10 号）。⑤总理府总务科监修《文书事务提要》，第一法规 1982 年版，第 672 页以下、第 756 页以下。另外，兼子·注〔9〕第 117 页将"回答"与"通知"作为没有拘束力的"指导通知"的例子列举出来。

〔16〕 注〔12〕、后注〔24〕中记载的"……训令"等。

有"……规则"或"……实施规则"这样容易混淆的标题[17]。

（二）性质

下一个问题是，在行政实务中，被赋予"训令"、"通知"等各种形式名称的规定（以下称"训令"、"通知"类或只称"训令"类或"通知"类），其实质或性质是否仅限于行政法学上的"训令"。并且，虽然不可能逐一探讨数量庞大的"训令"、"通知"类的性质，但作为与行政法学上之训令具有不同性质的"训令"、"通知"类，至少能够总结出以下三种类型：

第一，行政法学上的训令是对下级机关发布的规定，但如上述（e）说中的"通知"所包括的那样，存在着不是对下级行政机关而是国家行政机关对地方公共团体（或其行政机关）发布的、有关该地方公共团体自治事务的"通知"类（其中有的也表明条例案的内容）[18]，并且，还有不是对于地方公共团体而是直接发给私人的"通知"[19]。

---

〔17〕 除了注〔11〕、〔15〕、后注〔20〕、〔24〕、〔33〕、〔78〕中记载的"……规程"、"……纲要"、"……规则"以外，还有《隔音事业关联维持费补助金交付纲要》（昭49年防卫设施厅训令第1号）、《运输省厅舍管理规则》（昭40运输省训令第23号）、《行政咨询委员法施行规则》（昭59总务厅训令第22号）等。另外，关于"规程"，自治省行政局内地方自治相关实务研究会编《地方自治法关系实务事典》，第一法规1979年版，第1503页中说"训令，因其内容相当丰富，所以将适合以条款、设置章节等区分的训令，称为规程是恰当的"。只是，还有作为行政立法之形式名称的"规程"，参见本书第一章第二节三（二）（原书三），边码第14页。关于"……规则"这一标题的易混淆性，也参见阿部泰隆：《行政的法体系（行政の法システム）》（下），有斐阁1992年版，第772页。

〔18〕 发给大阪府总务部长的自治省公务员第一科长回答：《关于对于没有日本国籍者的职员任用》（昭48·5·28自治公第28号）、从建设事务次官发给都道府县知事等的《关于〈有关宅地开发等指导纲要的措施方针〉》（昭58建设省计民发第54号）、从建设省都市局长发给都道府县知事等的《规定法定风景区内建筑等规制之政令的制定》（昭45建设省都计发第3号）附带的《法定风景区内建筑等规制条例》、从建设省都市局都市计划科长发给都道府县知事的《关于市町村审议会的设置》（昭44·8·13）附带的《市町村都市计划审议会条例（案）》、从建设省都市局长发给都道府县知事等的《标准停车场条例之修正》（平3建设省都再发103号）附带的《○○市

　　第二，行政法学上的训令即使拘束下级行政机关权限行使等，也不具有对外（亦即在与私人或法院的关系上）拘束力，但有的能够解释为具有拘束力，直接规范私人或具有独立法主体性者的法律地位，或者是至少有这样的意图。

　　也就是说，首先，规范①厅舍等公用物之管理、利用，②公共设施（公共用物）之管理、利用的"训令"、"通知"类至少是其一部分。此外，还能够举出③作为公务员之职务命令的"训令"、"通知"类[20]。在③当中，除了对下级行政机关不具有训令之性质的非训令性职务命令外，也能包括区别于行政法学上训令本身的、训令性职务命令[21]。

　　此外，有的学说还说明为，将作为"训令"在政府公报、公报上刊登的称为"形式意义的训令"，其除了"实质意义的训令"（行政法学上的训令）之外，还规定"职务命令"、"营造物规则"等[22]。

　　第三，行政法学上训令的前提在于，已经存在着被分配了一

152

停车场条例》（后两个分别要求对于市町村"指导"、"彻底周知"）等。关于"通知"之"条例、规则准则提示功能"，也参见大桥洋一：《行政规则的法理与实态（行政规则の法理と実態)》，有斐阁1989年版，第374页。

　　〔19〕　发给各银行代表者的大藏省银行局长通知《关于银行的会计基准》（昭54藏银第3010号）、发给生命保险公司的大藏省银行局长通知《关于储蓄保险募集活动的公正化》（昭48藏银第1108号），及后注〔33〕记载的内容等。

　　〔20〕　①《运输省厅舍管理规则》（昭40运输省训令第23号）、《邮政省厅舍管理规程》（昭40公达第76号）（也参见后注〔41〕），②《大阪市立大学研修生规程》（昭50学长达第19号）等。③参见后述第三节一（二）（原书一3）（边码第165页）及后注〔47〕。

　　〔21〕　另外，从《国家行政组织法》第14条第2款明确记载"可向所管辖的各个机关及职员……发布"，也可得出认为该条款说的"训令"（及"通知"）可能也是职务命令是通说性理解。参见佐藤·注〔3〕，第244页；田中·注〔3〕第41页。

　　〔22〕　山内一夫："行政组织法"，载杉村章三郎、山内一夫编：《精解行政法》下，光文书院1973年版；同·《行政指导》，弘文堂1977年版，第80～81页。也参见同·注〔6〕，第239～240页。

定权限或掌管事务的下级行政机关，且上级行政机关对这些下级行政机关具有指挥权。但是，①在一定范围内，以"训令"类来设置、编制下级行政机关或事务分管单位[23]，以及对它们分配掌管事务，②也以"训令"类设置为了应对特定问题的横向会议、总部等或审议会。③虽然有的以下级行政机关已经存在为前提，但是作为涉及权限或掌管事务之分配的"训令"类，也有让下级行政机关专门决定（内部委任）一定的事务或权限。另外，还有④对行政性法规规定的、向内部部局等分配职员定员进行规定的"训令"类，其至少与上述那些"训令"类具有类似的功能[24]。

（三）若干整理

如果立足于上述讨论，着眼于行政实务中"训令"、"通知"类之实质或性质来分类，那么大致可分为以下四种：（a）将一个行政主体之"外部"主体作为直接相对人发布的"训令"、"通知"类；（b）直接规范（或者有这种意图）特定范围内之私人等

---

〔23〕 在本章中将不是理论或作用法意义上"行政机关"的部、科、股等或税务署、保健所等，称为"事务分管单位"。藤田·注〔8〕第55页使用"单位组织"一词。

〔24〕 ①《在本省内部部局的科等设置股的训令》（昭59年运输省训令第7号）、《在港湾局总务科设置民间活力推进室的训令》（昭63运输省训令第11号）、《检察厅章务规程》（昭34法务省训令第1号）、《大阪市股设置规程》（大阪市达第31号）等。②《关于设置关西国际机场建设推进会议的训令》（昭和57运输省训令第10号）、《关于设置运输省货物流通总部的训令》（平3运输省训令第7号）等。③《知事部局代决专决规程》（昭37岩手县训令第4号）、《助理以下专决规程》（昭33神户市训令甲第5号）、《东京都港区案件专决规程》（昭51港区训令第19号）、《教育长专决规程》（昭31福岛县教育委员会训令第2号）等。另外，认为最后一个规程的部分规定合法的判例，有最二判昭43·2·16教职员人事相关判例集第6集第49页〔职位免除处分教育长专决案件〕，参见东条武治："判例批判"，载《教育判例百选》（三版），1992年版。④《文部省定员细则》（昭44文部省训令第12号）、《规定内部部局等定员之训令》（昭44运输省训令第11号）、《总务厅定员规则》（昭59总务厅训令第2号）。另外，相关法令有：关于行政机关职员定员的法律、《行政机关定员令》（昭44政令第21号）及《文部省定员规则》（昭44文部省第12号）、《运输省定员规则》（昭44运输省令第31号）等（不存在总理府令）。

的法律地位的"训令"、"通知"类；（c）规定行政机关或事务分管单位之设置、组成及其掌管事务的"训令"、"通知"类；（d）具有行政法学上训令之实质或性质的"训令"、"通知"类。

在以上各种"训令"、"通知"类中，（a）是直接针对一个行政主体的"外部"者。相对于此，（a）以外的（b）、（c）、（d）这三者，大体上说，是规范不需要议会立法进行规范，或者一直被视为不涉及"法律保留"的行政"内部"关系或行政"内部"事项。并且，关于规范行政"内部"关系、事项的规定，以前一直使用"行政规则"这一概念，但是上述（a）以外的各种"训令"、"通知"类，并不是只对应以前所说的"行政规则"中的特定类型，其几乎对应"行政规则"之整体范围（暂且舍弃一般抽象性规定与个别具体性规定之区别问题）。 153

也就是说，在以前的行政法学说上，关于"行政规则"之分类或类型化的方法，有两种类型。第一种类型分为①"组织上的命令"或"行政组织规则"、②"执务上的命令"或"行政执务规则"、③"营造物命令"或"营造物管理规则"三种[25]，而第二种类型有两种代表，①"有关与国家和人民间的权利义务无关之事项的规定"，如一定范围的组织规范等，②"只拘束服从特别权力关系者的规定"[26]，如果简单地说，那么前面的（b）对

---

〔25〕 高木武："行政立法"，载金子芳雄、广冈隆、山本德荣编：《行政法上卷》，法学书院1974年版。同样的还有村上义弘："只靠法律完全搞不懂——法规命令、行政规则及通知——（法律だけではさっぱり分からない——法规命令・行政规则および通達——）"，载盐野宏、室井力编：《学习行政法1》，有斐阁1978年版。

〔26〕 田中二郎：《新版行政法》上卷（全订二版），弘文堂1974年版，第166页；田上穰治、市原昌三郎：《行政法》上卷，法学书院1967年版，第56页。杉村认为，②当中，不包括"《营造物管理规则》中有关利用之基本关系"的规定（认为是"法规"），除了这一点，杉村・注〔6〕第172页基本上相同。另外，今村成和作为"行政规则"的例子，也例举了"如行政机关的分科规程那样的有关内部组织的规定"和"如公共设施利用规则那样的只适用于利用者的内部规范"两种，参见今村成和：《行政法入门》（五版），有斐阁1992年版，第61页。

应于或被包含于上述前者的②（其中的职务命令）及③、后者的②，（c）对应于或被包含于前者的①、后者的②，（d）对应于或被包含于前者的②、后者的①。

三、若干探讨

156　　如果将行政实务上多种多样的"训令"、"通知"类也纳入视野，那么在"训令、通知"这一主题下的考察对象中，也应该包括它们。并且，至少允许将它们作为全体"训令、通知"的一种来定位并进行某些考察。只是，基本上不可能总括性质不同的各种"训令"、"通知"类作为考察对象，并且这也是不恰当的。而且，因为对每种类型的"训令"、"通知"类进行详细探讨时，会分别涉及诸多论点、问题，所以也未必容易。

尽管存在着上述局限，但是可以说，在"训令、通知"这一主题下某种程度地谈论各种"训令"、"通知"仍具有意义。所以，下面简单地探讨一下前述［二（三）中］（a）、（b）、（c）之类型的"训令"、"通知"类，关于具有行政法学上训令性质之"训令"、"通知"类［上述的（d）］的基础问题，将在其他章节中考察（第三、四节）。

（一）行政指导

行政主体对于"外部"者直接发布的"通知"类［前面的（a）］是行政主体或行政机关对外性行为的一种，是国家对地方公共团体，或国家、地方公共团体对私人（包括业界团体等）的行政指导性质的公文（或以行政指导性规定为内容的公文）。对此，目前有以下的问题及论点：

（1）一方面，关于地方公共团体处理自治事务，国家行政机关向地方公共团体发布的"通知"类，即使是将地方公共团体的长官等行政机关作为相对人，也不能说其具有法的拘束力（参见关于自

治大臣、主管大臣的建议、劝告的《地方自治法》第 245 条第 1
款、第 4 款）。因此，如果《国家行政组织法》第 14 条第 2 款所说
的"训令"、"通知"哪一个都具有拘束力，那么国家行政机关（或
省厅等）即使主管有关该自治事务的法令，在作为该条款所说的
"训令"、"通知"之相对人的"主管各机关"中，也不得包括处理
地方公共团体自治事务时的该地方公共团体及其行政机关[27]。

　　另一方面，涉及国家与地方公共团体间法律及事实上的关系，
关于作为自治事务作出的行政处分，从现行的行政复议制度之内
容等来看[28]，不能否定其事实上存在界限，但是，还是可以强调
地方公共团体一方自主判断或者自主解释自治事务相关法令的必要
性[29]（也参见《地方自治法》第 138 条之 2）。而且，关于文部省
就同时实施学力调查等发给各都道府县教育委员会教育长官等的
"通知"之拘束力问题，有涉及最高法院 1976 年判决的案件[30]。

　　（2）如果作为一般用语的"通知"能理解为泛指某方对于他

---

　　〔27〕　兼子·注〔10〕第 72 页阐述，即使是关于"有关自治事务的各省通知"，
"自治体及其长官相当于各省大臣的'管辖机关'吗？这样的想法必须说是第二次世
界大战前将自治体看成国家的地方派出机关的感觉"。另外，参见东京地判昭 59·5·
18 判夕第 527 号第 165 页，其明确地说，关于预防接种，基于《预防接种法》的《预
防接种实施要领》等通知类，同时兼有两个性质：实施主体是国家时即为对下级行政
机关的命令，实施主体是地方公共团体时即为行政指导的公文。

　　〔28〕　参见阿部泰隆：《行政救济的实效性（行政救济の実効性）》，弘文堂 1985 年版，
第 108 页以下；远藤博也：《行政法素描（行政法スケッチ）》，有斐阁 1987 年版，第 13 页；
原田尚彦："地方自治体的法令解释权（地方自治体の法令解释权）"，载《法律家（ジュリ
スト）增刊·地方自治的可能性》，1980 年版。

　　〔29〕　参见原田尚彦：《地方自治——其法与构造（地方自治——その法としく
み）》，学阳书房 1983 年版，第 151 页以下；同·注〔28〕，第 195 页；兼子·注
〔10〕，第 82~83 页。

　　〔30〕　最大判昭 51·5·21 刑集第 30 卷第 5 号第 615 页〔旭川学力测试案件〕。成
为问题的"通知"类是文部省初等中等教育局长、调查局长发给各都道府县教育委员
会教育长等的《关于对全国初中生同时进行学力调查的实施日期（通知）》"（昭 36·
3·8）、《关于昭和 36 年度全国初中同时进行学力调查的实施（附调查实施纲要）》
（昭 36·4·27）。

方的指示、传达、联络或为此的公文，那么将以对行政主体之"外部"者的行政指导为内容的公文称为"通知"，并不一定错误。但是，如果将"通知"同时也用做行政法学上训令的形式名称之一，那么这样的用法就比较模糊，容易给人以其与训令具有同样拘束力的印象[31]。

（3）在本来是"外部"性关系的国家与地方公共团体、国家及地方公共团体与私人团体等之间，在能够谈论类似于行政主体"内部"之上下关系实质性地存在或形成的情形下，其发布的多数"通知"类难以与作为行政"内部"性规定的训令相区别，这作为表明行政实际状态的现象受到关注[32]。

（4）行政法学上的训令规定国家对于地方公共团体、国家及地方公共团体对于各种私人团体等的行政活动时，在其内容被原封不动地作为"通知"类交给地方公共团体时，可将这

---

[31] 原田·注〔1〕第38页关于对业界团体等的"通知"说，"对于不是组织法上监督下的团体等，行政厅使用通知一词发布指示，给人以犹如有监督权那样的印象，这应该说是不妥当的"。

[32] 盐野宏认为，以事务次官或担任局长之名义对于都道府县的"通知""不限于机关委任事务，甚至广泛地波及委任事务、固有事务"，虽然通常只有以《地方自治法》第245条为根据的部分才"可能正当化，但这一点是否渗透到实际行政运营的法意识当中，值得怀疑"，这一点应该成为法社会学的考察对象，"作为表明规范与现实相背离的现象也有让人感兴趣的地方吧"，参见盐野宏：《国家与地方公共团体（国家と地方公共団体）》，有斐阁1990年版，第73页、第75页注〔67〕。伊藤大一指出，"虽然通知本身是作为规范内部关系的规定而产生的，但通过采用通知这一规范形式，连本来属于外部性关系的部分也被转换为组织内部规范关系"，他说，"人们对于官厅对民间事业团体的指示、劝告被称为通知完全不感到奇怪，从这一事实"能够很容易地推测出"通知"不是国家行政组织法框架内的规定，参见伊藤大一："自治体行政与通知（自治体行政と通達）"，载《地方自治职员研修》1990年第155号。关于土地改良及农业关系的"通知"类，伊藤还指出，通知"飞越都道府县职员的头顶"，从具有"通知"本来性质的规定，"成为直接影响农业相关者，促使其积极行为"的规定，发生了时代性的变化，参见同·"对于行政裁量论的预备性考察（行政裁量論への予備の考察）"，载日本行政学会编：《日本的行政裁量》，ぎょうせい1984年版。也参见山内·注〔6〕，第91～92、355～356页。

一行为理解为期待产生向一定方向诱导的效果，是向相关私人等公开或公布对下级行政机关之训令的内容。例如，针对认可许可基准给相关业界团体等的"通知"类，规定国家对地方公共团体交付补助金等要件、程序等的"通知"类等[33]。

158

另外，关于对于复数人的行政指导，《行政程序法》要求原则上公布成为他们共同内容的事项（该法第 36 条）[34]，但以前以"通知"类规定的内容也有不少相当于这里的公布对象。

（二）《营造物利用规则》等

有的"训令"、"通知"类［前面的（b）］直接规范特定范围之私人或公务员（与国家、地方公共团体等具有不同的法主体性）的法律地位，是规范传统上一直被作为"特别权力关系"的、也就是说与人密切相关的特殊法关系的规定。传统学说一直认为，这种"训令"、"通知"类的根据在于"特别权力"，即"营造物权力"是规定一定范围之公共设施利用条件等的根据，而"职务权力"是对于公务员之职务命令的根据，这些规定在根据和性质上，基本上与不具有直接规范私人法律地位之效力且以上级行政机关的指挥监督权为根据发布的训令不同[35]。只是，关于应该怎样具体理解这些规定的法律性质，

---

〔33〕　从运输省车辆局局长发向全日本卡车协会会长的通知《宅急送运费认可基准》（昭 58 自货第 113 号之二）．［其内容与发向下级行政机关（各陆运局局长）的"通知"是同样的］，建设省事务次官发给都道府县知事、指定市长的《都市计划推进费补助金（都市综合再开发促进计划策划费补助）制度》（昭 56 年建设省都再发第 88 号），建设省都市局局长通知《都市开发资金贷款要领》（昭 41 年建设省都发第 140 号），国土事务次官发给都道府县知事及指定市长的《土地利用规制等对策费补助金交付纲要》（昭 50 年国土利第 139 号），国土厅计划调整局特别调整科科长发给振兴基地地区制度担任部局长的《承认振兴基地地区基本构想之基准》（平 1 国计特第 18 号）等。

162

〔34〕　《行政程序法》第 36 条："为了实现同一行政目的，而要对符合一定条件的复数者进行行政指导时，行政机关事先根据案件，制定应该成为这些行政指导之共同内容的事项，并且，只要没有行政上的特别妨碍，必须公布这些事项"。

〔35〕　关于这一点，也参见兼子仁：《教育法学与教育审判（教育法学と教育裁判）》，劲草书房 1969 年版，第 71～73 页。

应该怎样整理这些规定与行政法学上各种概念间的关系，还有很多不明了的地方。关于这一点，在此仅指出以下几点：

（1）《营造物利用规则》和职务命令，即使具有"训令"、"通知"等形式名称，但只要承认其直接规范特定范围之私人、公务员的行为且拘束他们，就只能是让独立法主体之权利、义务产生或变更的、具有法效力的规定。并且，理解为它们是以与其他多数行政作用同样的"行政作用"为规范对象未必合适，将它们的规范对象理解为行政"内部"关系、事项也不恰当。

（2）即使职务命令产生"义务"，但关于是否直接容许就职务命令（特别是其中对特定公务员课以具体义务的命令）之合法性提起诉讼，还有必要另外探讨。

对于职务命令中不是针对接受命令的公务员之所在行政机关的训令（非训令性职务命令），原则上应该容许直接提起诉讼。而且，有容许撤销诉讼或义务不存在确认诉讼的下级审判决，最高法院1986年的判决虽然是有关请求损害赔偿的诉讼，但其也将非训令性职务命令的研修命令称为"处分"[36]。只是，对于以不履行义务（违反服从职务命令之义务）为理由的惩戒处分，最高法院1972年判决采取了预防性中止诉讼的理解方法。由此看来，判例对此持消极的态度[37]。

（3）有没有可能谈论行政权之固有的法规制权限，例如作为《日本国宪法》第41条之例外或不适用该条的固有的"立法"

---

〔36〕 福冈地判昭57·3·19行集第33卷第3号第504页〔关于研修命令的撤销诉讼〕、长野地判昭39·6·2行集第15卷第6号第1107页〔义务不存在确认诉讼、后注〔37〕的最高法院判决的一审判决〕、最一判昭61·10·16判自第36号第15页〔大阪市教委长期研修案件〕。

〔37〕 最一判昭47·11·30民集第26卷第9号第1746页〔长野县教委勤务评定案件〕。关于这一问题，参见藤田·注〔8〕，第274~275页；拙文："判例批判"，载《公务员判例百选》，1986年版。另外，也参见后述第三节一（二）（原书一3）、三（三）（原书三4）（边码第165页、第176~177页）。

权，这在《营造物利用规则》上特别可能成为问题[38]。如果不能肯定这一点，那么为了成为对特定范围之私人等具有法拘束力的规范，就必须具有下述性质之一，即①基于议会立法之授权（或上位行政立法的再委任）的行政立法或行政处分，或者是②基于契约的条款或契约（条款）的行为[39]。因此，有必要对照相关的

---

　　[38]　盐野宏说，关于"公立图书馆等的利用规则（营造物规则）"，"有必要考虑建立与法规命令、行政规则不同之另一范畴的意义"，参见盐野宏：《行政法Ⅰ》（二版），有斐阁1994年版，第84页。关于与"法规命令"（或"一般命令"）、"行政规则"相区别，作为基于行政权固有立法权或不需要议会立法明示性授权"立法"的德国公法学说中的"特别命令"，参见拙文："德国的'特别命令'论（「西ドイツにおける『特别命令』論」）"，载《大阪市大法学杂志》1979年第26卷第2号；大桥·注[18]，第78～80页。虽然不清楚它们是怎样理解与原有各范畴之间的关系的，但关于大学学校规则等，最三判昭52·3·15民集第31卷第2号第234页〔富山大学经济系案〕谈论"特殊的部分社会"的"自律性法规范"，最三判昭52·3·15民集第31卷第2号第280页〔富山大学专攻科案〕阐述说，关于《学校教育法》，能够理解为"为了实现大学之设置目的，关于必要的各种事项，即使在法令没有特别规定的情形下，大学一般也具有能在学校规则中规定并实施这样的自律性、概括性权能。从这一点来看，其旨趣是将专攻科毕业的要件、效果等该法没有规定的事项全部委托于各大学的学校规则等进行规定"。

　　[39]　关于《营造物利用规则》，在行政法学上"契约条款"说占多数。参见山内一夫："营造物及其利用关系（营造物とその利用関係）"，载《行政法讲座》第6卷，有斐阁1966年版，第155、161页，注（五），其阐述："《营造物利用规则》可以看成是格式合同之条款的一种。"关于"行政条款"有兼子仁："行政的意义（行政の意義）"，载杉村章三郎、山内一夫编：《精解行政法》（上），光文书院1971年版；关于大学学校规则有兼子仁：《教育法》（新版），有斐阁1978年版，第408页；拙文："行政立法"，载远藤博也、阿部泰隆编：《讲义行政法Ⅰ》（总论），青林书院新社1984年版。另外，原田·注[1]第80页说："将营造物规则中基于具体法律授权之规定看做委任命令，将营造物规则中缺乏法律授权之规定看做非权力性的（譬如说看做一种利用条款）是正当的"。但是，即使是基本上应该理解为合同条款（"行政条款"）的规定，只要它们规范的个别性行为成为抗告诉讼的对象，实质上与行政立法同样地，可能作为审查该个别性行为违法性的裁判基准发挥功能。福冈地判昭55·3·44讼月第26卷第4号第670页被解释为在不许可休学处分的撤销诉讼中将《九州大学通则》、水户地判昭59·6·19判夕第528号第143页被解释为在无限期停学处分等的撤销诉讼中将《筑波大学学生规则》同《惩戒规则》、高松高判平1·4·26行集第40卷第4号第326页被解释为在不许可延长在学期间处分的撤销诉讼中将《德岛大学大学院规则》原封不动地作为裁判基准使用。关于这一点也参见盐野·注[38]，第84页。

163

行政性法规，个别探讨是否存在"立法"等授权和其法关系的性质。如果不具有上述任何一个法的性质，那么可以说其在对于特定范围之私人等的关系上，③是限于不具有拘束力的指导、建议或期望类的规范。只是，即使是这种情形，④在多数的情形下，也具有作为对于下级行政机关之训令（为了实施公共设施之行政性法规的解释基准、裁量基准等）的性质。

（4）看来在这里将"训令"、"通知"类作为以前所说的"行政规则"之一来定位未必恰当，应立足于涉及公共设施利用关系或公务员勤务关系之法性质议论的个别性探讨，将其分解到上述内容的某一个当中去。

可是，虽然不是以前一直被解释为以"特别权力"为根据的规范，但只要是直接规范一般私人或公务员、职员团体的行动，160 即使是关于以"公物管理权"为根据的有关厅舍管理的"训令"、"通知"类，也可以谈论上述同样的问题[40]。只是，关于"须知"形式的厅舍管理规程，最高法院1982年的判决既没有将其理解为了实施相关行政性法规（《国有财产法》）的训令（或本书第五章中所说的"行政基准"），也没有将其理解为有关厅舍利用的契约条款，并且，其甚至谈论基于"厅舍管理权"的厅舍管理规程所规定的"许可制度"[41]。

---

〔40〕 原龙之助说，在道理上当然也承认以公物管理权、厅舍管理权为根据，采取"训令、通知之形式"的厅舍管理规则"规制利用者的自由"，参见原龙之助：《公物营造物法》（新版），有斐阁1974年版，第236~240页。但这样的法律效力自何而来成为问题，松岛谆吉对承认以没有议会立法上根据的"行政规则"实行"厅舍管理对人进行规制"提出质疑，参见松岛谆吉："公物管理权"，载《现代行政法大系》第9卷，有斐阁1984年版，第305页，注〔17〕。另外，还有《静冈县厅内管理规则》（昭39静冈县规则第3号）（参见东京高判昭48·5·8高刑集第26卷第2号第237页）等，一般来说并不用"通知"类制定有关厅舍管理的规定。

〔41〕 最一判昭57·10·7民集第36卷第10号第2091页〔邮政省厅舍管理规程案件〕，认为基于《邮政省厅舍管理规程》（昭40公达76号）的使用许可并不是《国有财产法》第18条第3款的许可（所谓目的外使用许可），同时（因而，这一厅舍管

（三）关于行政机关设置等的规定

德国的传统理论认为，规定行政机关、事务分管单位之设置、编制或掌管事务之分配的"训令"类［前面的（c）］，是以行政权之"组织权力"为根据的规定。

对此，首先应该留意的是，尽管关于国家的"省内部组织"，有影响力的学说阐述，在不用法律"而用政令以下的形式规定时……也应该解释为宪法要求具有法律之委任"〔42〕。但实际上，并不是所有的下级行政机关、事务分管单位之设置或掌管事务之分配都是通过法律、条例或依据其授权的政令、省令、规则等（"行政立法"的存在形式）进行的。如此，就出现这样的问题，即是否一概不允许通过"训令"类设置下级行政机关等，如果允许，那么基于行政机关什么样的权限能够制定该"训令"类、有没有可能谈论在宪法上存在行政权之固有的"组织权"（下级行政机关的设置、编制权）〔43〕。另

理规程不是规定《国有财产法》上目的外使用许可的"行政基准"）明确说明是"关于特定情形具有解除一般禁止这一意思及效果的处分"，另外还说，"《厅舍管理规程》第6条规定的许可制度"，虽然其基本旨趣是解除禁止（恢复自由）而不具有设定权利的法律效果，但或许应该肯定其创造出不基于议会立法而基于并非旨在实施议会立法的厅舍管理规程（"须知"）的行政处分（的制度）。

〔42〕 佐藤·注〔3〕，第141~142页。也参见基本上是同一旨趣的田中·注〔3〕，第14页。但是，根据对于"省内部组织"之范围的理解，并不是所有的行政机关之设置等都要求根据议会立法或其授权的规定。

〔43〕 虽然不是完全不可能理解为基于上级（不限于最接近于上级）行政机关的指挥监督权，但一直没有解释成上级行政机关的指挥监督权中包括接受指挥的下级行政机关对于下位行政机关的设置、编制权。另外，室井力认为，关于行政组织"立法议会之立法控制在事实上存在界限"，"不是承认行政组织权是不受法律干预之自由的、行政府之固有的权限……"，同时说，"现实上具体……存在着国会没有通过法律进行规范的部分，这应该作为在广义立法裁量的结果，解释为承认行政对于行政组织的自律性规范"，参见室井力："行政组织总说"，载《现代行政法大系》第7卷，有斐阁1985年版。如果依据这样的理解，那么行政权对行政组织的规范虽然不能明确通过政令、省令等规范与通过训令、通知类等来规范会产生什么样的差异，但是根据：以放弃议会立法之规制这一形式表现出来的、议会立法对于行政机关的"默示"授权，或者可以补充议会立法之规制空白的（在不需要议会立法授权之意义上的）行政权之固有的权限。另

外，虽然以前在议会立法与政省令、规则等之间的分配问题是关注的焦点，但现在还有这样的问题，即如何在政省令等与"训令"类之间分配有关下级行政机关之设置等的规则才恰当。

除了涉及行政组织之"依法律行政"原理内容的上述问题之外，也可以探讨违反规定下级行政机关、事务分管单位之设置及
161 它们所掌管事务的"训令"类，会在"违法"性评价上给该下级行政机关等的行为带来什么样的影响。

第三节　训令、通知的法的根据与性质

一、下述的"训令、通知"

164 下面将对象限定在行政实务中之各种"训令"、"通知"类中的，具有行政法学上训令之实质或性质的部分（以下仅称训令或"训令、通知"），探讨若干基础问题及论点。虽然已提及行政法学上训令的意思，但下面将对其意思及具体范围再进行一些论述。

（一）"行政作用"

如果将行政法学上的训令理解为"上级行政机关基于其指挥监督权，为了指挥下级行政机关处理事务或行使权限而发布的命令"，那么训令的规范对象是下级行政机关的"处理事务或行使权限"[44]。并且，如果将处理事务、行使权限表述为广泛的"行
165 政活动"，且将"行政作用"用做"将行政作为对人的生活具有一定影响意义的作用进行观察时成立的概念"[45]，则训令、通知

---

〔44〕 关于"事务"处理与"权限"行使的意思、两者的关系等，参见藤田·注〔8〕，第34、38~39页。

〔45〕 小早川光郎："行政组织法与行政程序法（行政組織法と行政手続法）"，载《公法研究》1988年第50号。田中·注〔3〕，第15页说，"行政作用法，将规范行政主体实施的行政作用、规定人民之权利义务作为核心"。

所规范的"行政活动",有的是"行政作用",有的则不是"行政作用"。而且,如果能够将对私人有某些影响的"行政作用"表述为行政主体或行政机关的"外部"性行政活动,那么训令、通知的规范对象中,除了这样的"外部"性行政活动之外,也包括处于行政组织"内部"的下级行政机关的各种活动。只是,行政机关的各种"内部"性活动虽然与"行政作用"不具有直接或密切的关系,但也理应间接或最终以"行政作用"为目的(或者不能说完全与私人没有关系),如此就很难严格区分训令、通知所规范的行政机关之"外部性"活动和"内部性"活动[46]。

下面,在留意上述问题的同时,主要着眼于规范以某些形式与下级行政机关相关的"行政作用"的训令、通知。

(二)"公务员行政"

在训令、通知所规范的行政活动中,也可以包括有关公务员之人事、工资等公务员勤务关系的事务处理或权限行使(也就是说"公务员行政"或"公务员劳动行政")。因此,也存在着对于实施"公务员行政"之下级行政机关的训令、通知,有必要将这些训令、通知与直接针对作为"公务员行政"相对人

---

〔46〕 例如,关于国家主管大臣等实行的"行政作用",规定进行报告、提议的审议会类议事程序或相关行政机关间协议、调整程序等的"训令"、"通知"类,间接地涉及对私人的"行政作用"。另外,关于以"训令"、"通知"类制定的文书管理规程类或(需要电子计算机处理的)有关个人信息保护的规程类,即使没有规定任何针对私人的行政机关活动,主要是为了公文管理或保护个人信息而制定应该采取的"内部"措施,也不认为其内容与私人无关。关于后者,也参见兼子仁:"信息公开与行政的改革(情报公开と行政の改革)",载《公法研究》1981年第43号。关于"行政组织之运作状况"或"产生对外性行政作用之行政组织内部过程(小早川·注〔45〕,第165、175页),位于行政机关之设置、编制和针对私人之'行政作用'中间",像这样的情况,也涉及在与"行政作用"、"行政组织"或"行政程序"等行政法学基本概念的关系上对其如何定位才恰当的问题。

之公务员的职务命令相区别（只是，对于实施"公务员行政"的行政机关公务员来说，它也是训令性职务命令）。它们之间的区别有时极为微妙，例如，教育局长关于公立学校教职员勤务评定制定的实施要领类，①如果它只是对进行勤务评定的校长发布，就是对于作为行政机关的校长的训令（并且也是对于担任学校校长的公务员的训令性职务命令），②如果其对于教职员直接课以某些义务，就是（非训令性）职务命令[47]。

（三）一般性和抽象性

166　　下面虽然主要着眼于作为一般性、抽象性规定的训令、通知，但是就训令、通知谈论一般性、个别性以及抽象性、具体性（因为有必要也将接受命令的行政机关以外的相关个人纳入视野），要比议会立法、行政立法的情形困难。例如，虽然在训令、通知中，有只将下级行政机关有关特定具体案件的活动作为规范对象（该活动是"行政作用"时，具有只涉及特定私人的内容）和将有关现在已经出现或将来有可能出现的多数案件的活动作为规范对象（该活动是"行政作用"时，具有涉及多数私人的内容）这两种，但在后者的情形下，即使接受命令的行政机关被特定（如果着眼于直接相对人，是"个别性"规定），也可能出现这样的问题，即是否可以理解为在与该行政机关之活动（或与此相关的私人）的关系上"一般性"且多数的情形具有

[47]　①涉及东京都公立学校教职员的《勤务评定实施要领》（昭33教职发41号教育局长通知）。参见东京高判昭49·5·8行集第25卷第5号第373页（最三判昭53·11·14后注〔70〕的二审）。②涉及长野县立学校教职员的《勤务评定实施要领》（昭34教高第31号教育局长通知）是发给校长的，虽然关于其是否直接对教职员课以义务存在疑问，但长野地判昭39·6·2注（36）以内容的具体性等为理由，解释为"实质上同时是针对……全体教育职员的职务命令"。此外，被解释为是训令的，有《期末及勤劳补贴支给基准》（富山县教育委员会通知。参见名古屋高金泽支判昭49·4·5行集第25卷第4号第225页）等。

"抽象性"规定的性质[48]。

二、法的根据

作为有关训令、通知的基础问题之一，首先提出其法的根据
问题。制定包括训令、通知的"行政规则"，以前一直被解释为
"行政权的当然权能"。并且，训令权也被解释为上级行政机关指
挥监督权所带有的"当然权限"[49]。如果基于这样的理解，那么
《国家行政组织法》第14条第2款是在确认当然的事情，而该条
款将发布"训令"、"通知"的行政机关限于"各大臣、各委员会
及各厅的长官"也只不过是例示[50]。

因此，看来有必要深入探讨一下上述的"当然权能（权
限）"。下面考察一下发布训令、通知的法的根据。

（一）行政组织法上的根据

如果训令的根据在于上级行政机关对下级行政机关所具有的
指挥监督权，那么指挥监督权的法律根据，同时也成为训令的根
据。并且，指挥监督权的法律根据，可求诸因设置、编制各行政
机关而在它们之间设定上下级关系的、有关行政组织的行政性法
规的规定（行政组织法规）。这一点已经被包含于"只要法令上

---

〔48〕 关于一般性、抽象性，参见清宫四郎：《国家作用的理论（国家作用の理
論）》，有斐阁1968年版，第11~13页、第106页以下；芦部信喜："现代之立法（現代
における立法）"，载《现代法》第3卷，岩波书店1965年版，第28~29页；小早川光
郎：《行政法讲义上I》，弘文堂1993年版，第77页；等等。另外，关于结合"行政规
则"概念的定义谈到一般性、抽象性等的学说，有大桥·注〔18〕，第14~15页。

〔49〕 关于"行政规则"，参见田中·注〔26〕，第166页；荒秀："行政立法"，载
杉村章三郎、山内一夫编：《精解行政法》（上），光文书院1973年版，第263页；广
冈·注〔7〕，第109页；等等。关于训令，参见佐藤·注〔3〕，第238页；等等。

〔50〕 山内·注〔1〕，第167页；田中·注〔3〕，第41页。但是，关于具有"训
令"或"通知"这种形式名称之规定的发令权者，不同的解释也可能成立。关于这一
点，参见藤田·注〔8〕，第68页。

168 的一行政机关对其他行政机关有指挥权，那么基于该指挥权，前者就可能对后者发布训令"的说明中[51]。并且，如果这样理解，那么《国家行政组织法》第 14 条第 2 款就是行政机关能够对其下级行政机关发布训令、通知的例示性确认规定。

但是，还存在着问题。问题之一是，国家主管大臣、都道府县知事对地方公共团体的行政机关就处理机关委任事务发布训令、通知的法律根据。关于这一点，因为在前者与后者之间并不当然地存在上下级关系，所以明确规定前者对后者具有指挥监督权的《国家行政组织法》第 15 条第 1 款第 1 句或《地方自治法》第150 条的规定，才真正是这样的训令、通知的法律根据。并且，如果从《地方自治法》第 150 条等将具有指挥监督权的行政机关限定为国家主管大臣、（对于市町村长官的）都道府县知事来看，应当解释为上述以外的行政机关不具有发布训令的权限（以国家省厅等局长等的名义发布的训令、通知均成为所谓"依命通知"）。

问题之二是，以"训令"类设置多个行政机关以及设定它们之间的上下级关系时，"上级"行政机关之训令、通知的法律根据。如果这时也承认"上级"行政机关之训令权的存在，那么如前所述［第二节四（三）］，进一步成为问题的就是，能否通过"训令"类在行政机关间设定上下级关系、规定这种"训令"类的权限由何而来等。

（二）行政作用法上的根据

如果排除存在上述问题的情形，那么训令、通知的法律依据，似乎可寻求于在多个行政机关间设定上下级关系的行政组织法规。但是，关于规范下级行政机关进行的（或相关的）"行

---

〔51〕　山内·注〔1〕，第 167 页。另外，如果此外还有在长官、辅助机关之间设定上下关系的行政组织法规，那么《地方自治法》第 154 条（"……长官，指挥监督作为辅助机关的职员"）成为明示性确认规定。

政作用"的训令、通知，会产生疑问：只基于有行政组织法规根据的指挥监督权能否发布这样的训令和通知？除行政组织法规上的根据之外，不是也需要有关"行政作用"的其他法律根据吗？[52]

上述疑问涉及行政组织法规、行政作用法规（并且涉及"行政组织"、"行政作用"）的意思、区别及关系。并且，若不深入探讨这两者的严密意思等，也许可理解为训令的法律根据归根到底在于行政组织法规，行政作用法规只不过起制约训令内容的作用。

但是，下面的理解方法也有成立的余地。也就是说，为了发布规范"行政作用"的训令、通知，除了行政组织法规上的根据之外，还需要有行政作用法规授权发布训令、通知的上级行政机关进行或参与该"行政作用"（同理，在行政机关根据行政作用法规授权进行或参与某些行政作用时，该行政作用法规成为——为了实际进行该"行政作用"而对下级行政机关发布必要的训令、通知的法律根据）。如果能这样理解，那么，例如，在行政作用法规授权某一行政机关作出行政处分，且承认该行政机关对行政处分要件认定等的裁量余地时，在所赋予的裁量权中，可寻求为了行使该裁量权而以训令、通知设定"裁量基准"的（默示

---

〔52〕村井正将税务通知等训令、通知看成是"规范行政内部的组织规范"，进而对通过这些来规定课税标准、课税要件提出质疑，参见村井正："税务行政的根据与构造（税務行政の根拠としくみ）"，载《法律家（ジュリスト）增刊·日本の税金》，1984年版。这也能够理解为对于训令、通知只根据组织法就来规范"行政作用"的疑问。另外，在这里的问题是，发布规范"行政作用"之训令、通知的根据，不是行政机关制定的规定具有"外部性"法效力的根据。虽然东京地判平4·3·16行集第43卷第3号第364页认为，法务省矫正局局长通知（昭41矫正甲第1330号）之"法令上根据"在于《监狱法》第31条第2款、该法《施行规则》第86条第2款，断定根据上述通知的规定，能够让在押者负担为了审查申请阅读的外语图书内容所需要的翻译费（驳回国家赔偿请求），但这是有疑问的。

的）法律根据[53]。

在判例中，有判例作为"通知"的根据例举出组织法上的指挥监督权和有关行政作用的个别行政性法规上的权限的观点，这种观点接近于上述理解。该下级判决认为，"厚生大臣……，以法（《健康保险法》）……之疗养费支付额决定权以及对都道府县知事的指挥监督权为根据，规定……可向都道府县知事下达通知"[54]。

在训令、通知所规范的"行政作用"存在行政作用法规之授权时，可能采用上述理解，但是，在训令、通知规范没有行政作用法规授权、规制的"行政作用"，看上去该训令、通知似乎又是该"行政作用"之根据时（关于作为"行政基准"的一种的"行政性法规替代基准"，参见本书第五章第一节四），无法采用上述理解。并且，假设站在为了发布规范"行政作用"的训令、通知只有行政组织法规上的指挥监督权是不充分的这一前提下，那么上述训令、通知的法律根据，还有必要进一步在规定上级行政机关能够进行（或参与）"行政作用"之个别行政作用法规以外的法律根据中寻求。也就是说，如果能够基于行政作用法规以外的某些法律根据进行"行政作用"，那么也能在该法律根据中，寻求为了实际进行该"行政作用"而发布必要的训令、通知的

---

〔53〕　如果不限于"裁量基准"，一般而言，实施行政作用法规的权限（实际实行为行政作用法规授权的"行政作用"的权限）中也包括发布训令、通知的权限（也参见将"诚实地执行法律"作为内阁任务的《宪法》第 73 条第 1 项）。杉村敏正说，"行政规则之制定，以法律之默示认可为前提"，也被解释为包括这样的旨趣。参见杉村敏正："行政裁量"，载《现代法》第 4 卷，岩波书店 1966 年版。另外，外间宽更明确地谈及对于"设定具体基准"的"授予认可许可权限这一一般性的形式授权"，参见外间宽："研讨会发言"，载《公法研究》1976 年第 38 号。

〔54〕　东京地判昭 57 · 7 · 16 行集第 33 卷第 7 号第 1538 页。也参见二审判决即东京高判昭 58 · 9 · 27 行集第 34 卷第 9 号第 1643 页。

（默示的）法律根据[55]。

（三）与"执行命令"的差异

与训令、通知的法律根据这一问题相关，并有必要进行综合考察的是，与一直被作为行政立法（"法规命令"）的"执行命令"这一部分之法律根据间的关系和差异。

虽然以前的通说认为，制定"执行命令"（也包括以"行政作用"为规范对象的部分）只要有议会立法关于行政组织的一般授权（《国家行政组织法》第12条第1款前段）就足够了，但如果基于这样的理解，关于国家行政机关的训令、通知，也同样能够谈论有议会立法关于行政组织的一般授权（《国家行政组织法》第14条第2款）。而且，如果后者是关于行政机关之"当然权限"的确认规定，就可能将前者理解为也是同样的确认规定。并且，还会产生一个疑问：制定"执行命令"（理应是"立法"的一种）是行政机关之"当然权限"（看上去与《日本国宪法》第41条不协调），这不是以前通说的前提性观点吗？

如果出现这样的重要差异，即"执行命令"具有作为行政立法之一的效力而训令、通知不具有这一效力，那么，除了形式名称、

---

〔55〕作为这样的法律根据，能够考虑①行政组织法规上有关管辖事务的一般规定，②有关预算的款、项，但如果这些不是直接授权行政作用，也许有必要进一步寻求于③宪法上固有的、宪法上的国家之"行政权"（第65条）或地方公共团体的"处理事务以及执行行政之权能"（第94条）。关于德国作为"行政规则"类型之一举出为了"直接执行宪法"而"独立于法律的行政规则"的学说，参见拙文："德国基本法下行政规则的学说（三）"，载《阪大法学》1978年第106号。另外，作为探讨在此提到的问题之前提，关于"行政作用法规"及"行政作用"，必要"根据"的严密意思成为问题，但《警察法》第2条或《地方自治法》第232条之2，不能说是个别性行政决定的"根据"规范。另外，也参见藤田宙靖："行政与法（行政と法）"，载《现代行政法大系》第1卷，有斐阁1983年版；芝池·注〔1〕，第52页；等等。

名义上的相对人、是否需要公布或有无公布等差异[56]之外，关于议会立法之授权形态，不是也应该存在明确的差异吗？这样的疑问

171 与以前对（至少是规范"行政作用"的）"执行命令"之范畴的疑问相关联（也参见本书第一章第三节二、三）。

三、法的性质

172 下面作为有关训令、通知的基础问题之一，提出其基本法律性质问题。

（一）"外部性"法的效力的欠缺

训令、通知作为上级行政机关为了指挥下级行政机关进行（或参与）行政活动而发布的命令，以前既不是"法规"、"法规命令"，也不是"行政行为"，而是一直被作为"行政规则"或者"行政内部之个别行为"（不是一般用语）的一种。

虽然有必要深入探讨上述各概念中之"法规"的严密意思以及其与"行政规则"的区分基准等，但如在本书第一、三章中论述的那样，这里所说的"法规"，其恰当理解是"无需同意而拘束所有的执行机关，成为法院裁决诉讼基准"或"对外拘束行政主体或行政机关，能成为裁判基准"的（成文）规范[57]。并且，如果以这样理解的"法规"为前提，那么作为一般性、抽象性规定的训令、通知，其基本性质不具有上面所表明的在"对外性"

173 关系上的效力。以下将训令、通知所欠缺的这种效力，称为"外

---

〔56〕 森田宽二考察以前通说理解的"通知"和"执行命令"的差异，说"将其他行政机关作为相对人予以特定、明示，这一形式特征"才是"认为通知不具有法规之地位这一见解的着眼点"，参见森田宽二："法律之观念（法律の観念）"，载《基本法学》第4卷，岩波书店1983年版。

〔57〕 包括将"行政规则"从"行政立法"中排除，认为将行政机关制定的规范区分为"法规"和"行政规则"的基准基本上在于是否基于议会立法的"立法"（制定"法规"）授权等，参见本书第一章第二节二（原书同），原书第4页以下；第三章第三节三（原书四）原书第136页以下等。

部性"法的效力。

关于上述欠缺"外部性"法的效力更具体地意味着什么，最高法院 1968 年判决[58] 结合被认为具有行政法学上训令性质的"通知"，作了如下阐述。虽然有必要留意其阐述中暗示的"通知"例外性地可能具有"法规"性或者主要是考虑抗告诉讼（特别是撤销诉讼）的情形等，但是，关于这一阐述，在学说上几乎没有异议[59]，并且，至少作为讨论的出发点，今后也必须予以维持：

本来，通知原则上不具有法规之性质，是上级行政机关为了对相关下级行政机关及职员指挥其行使职务权限、对其下达职务命令而发布的，因为这样的通知对于上述机关及职员只不过是行政组织内部的命令，即使是这些机关及职员受这样的通知拘束，一般的国民也不直接受这样的通知拘束，这种状况即使在通知之内容是有关法令的解释或处理，与国民之权利义务具有重大关联的情形下，也没有什么特别不同。如此，因为通知本来不具有法规之性质，所以即使行政机关违反通知之旨趣作出处分时，也不得以此为理由来左右这一处分的效力。而且，法院当然也不会受这些通知拘束，法院在解释适用法令时，应该能够作出与通知所表明的法令解释不同的独立解释，在通知规定的处理方法违反法的旨趣时，也能够独立判断其违法。

如果立足于上述内容，结合与行政活动、私人、法院间的关系，重新整理一下欠缺"外部性"法的效力的意思，那么它们虽然不可分地相互关联着，但存在以下关系。

---

〔58〕 最三判昭 43・12・24 民集第 22 卷第 13 号第 3147 页〔墓地埋葬法通知案〕。

〔59〕 但是，吉良实说，不是可以理解为——承认税务通知的"法规范性"及"法源性"，在"违反公平负担原则不直接成为问题的情形下"，违反合法"通知"的课税处分也违法吗？参见吉良实："税务通知的规范性（税务通達の規範性）"，载《税法学》1971 年第 284 号。

1. 与行政机关活动之间的关系

下级行政机关的行政活动是否符合训令、通知，同该活动与法院或私人关系上的"合法"性评价不具有直接关系。即使该活动是"行政作用"或与"行政作用"具有密切关系也是如此。例如，即使下级行政机关违反训令、通知作出行政处分（或参与了此处分），该行政处分也并不以违反训令、通知为理由而被直接评价为违法，该理由也并不直接成为撤销诉讼的撤销理由。除了最高法院的上述 1968 年判决之外，1953 年判决或 1966 年判决也都阐述了这一点[60]。

174

2. 与私人法律地位之间的关系

虽然在训令、通知中，有的因规范下级行政机关进行的（或参与的）"行政作用"而成为具有涉及私人之法律地位的规定（上述最高法院 1968 年判决也承认存在着"通知之内容有关法令的解释或处理，与国民之权利义务有重大关联的情形"），但即使是这样的训令、通知，对私人也不具有拘束力（不具有设定或变更私人之权利义务及其法律地位的效力）。例如，最高法院 1963 年的判决认为："所论的国税厅长官的基本通知，是指挥下级行政机关行使权限，而不是对于国民具有效力的法令"。而且，某下级审判决认为，法务省的《嫌疑人补偿规程》（法务省训令）不是

---

[60] 最三判昭 28·10·27 民集第 7 卷第 10 号第 1141 页〔未开垦地收购计划案〕——不是因为说违反上述通知（昭 24·1·18 农林次官通知《适宜开垦地选定基准之事宜》）制定未开垦地收购计划就产生违法问题，而且，也不能说因为符合通知所表明的基准收购就直接违法。收购计划是否适当应该主要根据其是否符合法律的规定及旨趣进行判断，不应该根据是否符合通知进行判断。最二判昭 41·5·20 讼月第 12 卷第 7 号第 1083 页〔房屋登记册法通知案〕——"上述通知（法务省民事局局长通知《房屋登记册事务处理要领》）只不过是表明房屋登记册办公基准的训令，……违反有关申报程序的通知，无论如何也不允许解释为对于登记申请书之受理或房屋登记册之登记，产生了相当于撤销这一处分或让这一处分无效那样的瑕疵"。

对私人产生补偿请求权的规定[61]。

即使训令、通知明显地具有具体性（或个别性、具体性）规定之性质，上面的论述也可能否定其抗告诉讼的对象性（"处分性"）。例如，上述最高法院 1968 年的判决认为，"一般国民不直接受其（通知）拘束"，"不能说是直接侵害了上诉人的墓地经营权、管理权，重新课以埋葬忍受义务等"，否定有关《墓地埋葬法》上一规定之"解释运用"的"通知"的处分性。只是，在下级判决中，有的也肯定"通知"的处分性[62]。

3. 与法院权限之间的关系

训令、通知不拘束法院，法院在对行政活动进行司法审查时，不能将训令、通知作为裁判基准直接适用，也没有适用的必要。训令、通知既不是《日本国宪法》（第 76 条第 3 款）规定的为拘束所有法官而制定的"法律"，也不是规定《行政案件诉讼法》（第 5 条）民众诉讼之裁判基准的"法规"。

（二）对于下级行政机关的拘束力

训令对接受命令的下级行政机关具有拘束力。但是，其前提要件是：（a）是由对该下级行政机关具有指挥监督权的行政机关发布的训令；（b）是有关在该下级行政机关掌管事务、权限范围内之事项的训令。而且，即使是行政组织法规上有关处于下位的行政机关所掌管的事务等范围内之事项的训令，（c）在该行政机关关于一定事项之权限行使等的"独立性"受到保障时，不是针对该事项的训令，也是前提条件之一[63]。

175

---

〔61〕　最三判昭 38・12・24 讼月第 10 卷第 2 号第 381 页〔征收赠与税处分案〕、大阪高判昭 57・6・29 行集第 33 卷第 6 号第 1436 页（一审即大津地判昭 57・2・8 行集第 33 卷第 1・2 号第 35 页）。此外，有名古屋高金泽支判昭 49・4・5 注（47）等，认为教育委员会通知《期末及勤劳津贴支付基准》不发生勤劳津贴请求权。

〔62〕　最三判昭 43・12・24 注（58）、东京地判昭 46・11・8 行集第 22 卷第 11・12 号第 1785 页（也参见本书第三章注〔16〕）。

〔63〕　参见山内・注〔1〕，第 172 页；佐藤・注〔3〕，第 246、254 页。

关于上述各要件，特别是关于（c），可能成为问题的是，例如，①地方公共团体的长官对于具有机关委任事务之行政处分权限的长官（及行政委员会）以外的"下级"行政机关（如建筑主事），②关于具体教育内容等，教育委员会、教育局长或学校校长对于教员，③"上级"行政机关对于具有行政复议裁决权限的行政机关，能否分别发布具有拘束力的命令（如果能够发布，是关于什么事项的）？虽在此不能够详细地分析，但关于上述③，《国税通则法》第99条设有特别规定（被解释为以国税厅长官能够向国税复议所所长发布训令为前提，试图在两者间进行某种程度的调整[64]），还有下级判决阐述，是裁决机关的劳动者灾害补偿保险审查官"作为劳动省内部行政组织的部门之一，关于法令以及其解释运用，当然是基于明确劳动省行政解释的通知进行判断"[65]。

关于机关委任事务之处理，国家主管大臣发布的训令、通知对于作为国家下级行政机关的地方公共团体行政机关具有拘束力，在该训令、通知之规定的范围内，即使留有自由判断等的余地，整体

---

[64]《国税通则法》第99条第1款"国税复议所所长，根据与国税厅长官通知所表明的法令解释不同的解释进行裁决时，或进行被承认是其他国税处分之法令解释时的重要先例的裁决时，必须事先向国税厅长官提交意见"。第2款"国税厅长官，在有前一款提议时，在对国税复议所所长进行指示时，除了国税复议所所长的意见是承认审查请求人所主张的意见且国税厅长官承认该意见的妥当性的情形以外，必须基于国税审查会的表决进行"。另外，木村弘之亮以与国税厅长官发布的"通知"之间的关系为核心，详细地分析了国税复议所的独立性，明确了对于国税复议所所长之裁决权、法令解释权存在着大幅度的制约，参见木村弘之亮："国税复议所的通知拘束与裁决权——其制定过程与现状（国税不服審判所の通達拘束と裁決権——その制定過程と現状）"，载《法学研究》1981～1982年第54卷第11号，同第12号，同第55卷第1号。

[65] 长崎地判昭61·11·28判夕第625号第167页，在正文引用部分之后接着说，因为可能进行与原处分厅不同的事实认定与评价，所以"难以解释为因审查官受劳动省内部通知等拘束而抹煞了审查会审查制度的旨趣"。

上也不能说只不过是行政指导[66]。上面谈到的最高法院 1968 年的判决也说："限于拘束知事以下行政机关的通知，即使这些机关不能作出违反上述通知的行为……"这也是以通知具有拘束力为前提的。只是，为了确保其实效性，需要主管大臣等的劝告后特别训令（所谓职务执行命令）以及诉讼（职务执行命令诉讼）的提起和胜诉（参见《地方自治法》第 151 条之 2），这与本来的国家主管大臣等对于下级行政机关的训令、通知不同。

另外，虽然在信息公开条例中，作为不能公开（或课以义务）的信息类型之一，列举了主管大臣等关于机关委任事务"明确指示不许公开"的信息，但如果公文管理（包括公开、非公开的判断）本身是其自治事务，那么主管大臣对此并不具有指挥监督权。因此，上述"指示"不是基于指挥监督权的有拘束力的命令，而是"要求"，应当将上述条例中的规定，理解为明确地方公共团体自主服从之这一旨趣[67]。

176

---

[66] 这样理解的是：兼子仁：《行政事例研究》，学阳书房 1971 年版，第194～195 页；真砂泰辅："机关委任事务的现状与改革（機関委任事務の現状と改革）"，载《大阪市政研究所研究报告第41号·国家与地方的关系》第 55～56 页 1980 年；藤原淳一郎："关于自治体行政中通知的法的探讨（自治体行政における通達の法的検討）"，载《地方自治职员研修》1980 年第 155 号；大桥·注〔18〕，第 18 页；等等。但也参见室井力：《现代行政法的展开（現代行政法の展開）》，有斐阁 1978 年版，第166 页以下。

[67] 《大阪府公文书公开等条例》第 9 条第 3 项、《大阪市公文书公开条例》第 9 条第 5 项等。虽然解释为文书管理本身是机关委任事务的情形另当别论，但问题是，在这种情形下，不能成为依条例请求公开的对象吗？参见栋末快行："判例批判（判批）"，载《判例评论》1990 年第 376 号；山下淳："机关委任事务与信息公开（機関委任事務と情報公開）"，载《法律家（ジュリスト）增刊·信息公开·个人信息保护》，1994 年版。没有提到这一问题，将"指示"的"明示"性等作为问题的相关判例，有大阪地判平 3·12·25 行集第42卷第11·12 号第2022 页、大阪高判平4·12·18 行集第43卷第11·12 号第1526 页。此外，关于这一问题，也参见兼子·注〔10〕，第 105 页以下；阿部泰隆（发言）："围绕着信息公开（情報公開をめぐって）（座谈会）"，载《判例地方自治》1993 年第 105 号。

（三）"内部性"法的效力

训令、通知作为上司对部下公务员的职务命令（训令性职务命令），拘束着担当接受命令行政机关的公务员，具有设定或改变职务执行上之权利或义务的直接的法律效力。这样的效力在区别于训令、通知所不具有的"外部性"法的效力的意义上，可表述为"内部性"法的效力。只是，会有这样的问题，即训令是根据行政组织法规上的指挥监督权而对于下级行政机关的命令，不能将其本身说明为对于作为具有法律人格之主体的公务员具有拘束力。虽然还有必要探讨，但对此问题可以解释、说明为：在公务员相关法规[68]所规定的拘束部下公务员的"职务上的命令"中，也包括对于公务员所在之行政机关的训令，以这些法规为媒介，训令向职务命令"转换"[69]。

关于职务命令内容上违反行政性法规（包括规范"公务员行政"的部分），对于公务员是否具有拘束力并产生服从义务，对此问题迄今为止一直有各种各样的讨论。在此不想深入此问题当中，只想阐述以下几点：①探讨这一问题时，区分训令性职务命令与非训令性职务命令具有重要意义；②也应该留意当是否存在服从义务被作为问题时局面或诉讼的差异；③在以没有服从训令性职务命令为理由作出的惩戒处分之撤销诉讼中，关于二审之判断，即"在严重且明显缺乏这些要件的情形下，也就是说在职务命

177

---

〔68〕 《国家公务员法》第 98 条第 1 款："职员就其职务的执行……必须忠实地服从上司的职务上的命令"，《地方公务员法》第 32 条："职员在执行其职务时……必须忠实地服从上司的职务上的命令"。也参见《地方教育行政法》第 43 条。

〔69〕 虽然是关于相关的其他问题，但藤田宙靖谈论了行政组织法与公务员法的"联动"，参见藤田宙靖："公务员法的定位（公務員法の位置付け）"，载《田中二郎追悼纪念文集·公法的课题》，有斐阁 1985 年版；同·注〔8〕，第 273 页。另外，中村高志将"联动"或"转换"这一构成视为疑问，参见中村高志："德意志联邦共和国官吏服从义务的基本问题（ドイツ連邦共和国における官吏の服従義務の基本問題）"，载《名大法政论集》1988 年第 120 号。

令无效的情形下，该职务命令不具有拘束力，接受命令的公务员……不需要服从这一职务命令"，最高法院 1978 年的判决认为，该判断是正当的，应予肯定[70]。

很难容许公务员关于训令性职务命令提出撤销诉讼等。这是因为与非训令性职务命令不同，训令性职务命令的内容不涉及公务员个人的主观性法益，实质上相当于下级行政机关就上级行政机关之训令的合法性提起争议的机关诉讼[71]。只是，如

---

〔70〕　①参见今村成和："论公务员对职务命令的服从义务（職務命令に对する公務員の服従義務について）"，载《杉村章三郎古稀纪念论文集·公法学研究》（上），有斐阁 1974 年版，（收录于氏著：《人权丛说》，有斐阁 1980 年版。②参见拙文："判例批判"，载《公务员判例百选》，1986 年版。③最三判昭 53·11·14 判夕第 375 号第 73 页〔东京都教委勤务评定案〕。二审判决是东京高判昭 49·5·8 注（47），所谓的"这些要件"，是"发布命令者是上司"，"是有关接受命令者职务的规定"，"内容不与法规相抵触"。其他的相关文献有金子宏："行政机关及公务员的服从义务（行政機関および公務員の服従義務について）"，载《自治研究》1959 年第 34 卷第 11 号；山内一夫："判例批判（判批）"，载《自治研究》1965 年第 41 卷第 5 号；同·注〔1〕，第 172～173 页；同·注〔6〕，第 87～89 页；真砂泰辅："公务员的服从义务（公務員の服従義務）"（续），载《法律家（ジュリスト）增刊·学说展望》，1965 年版；园部逸夫："公务员的权利义务（公務員の権利義務）"，载《行政法讲座》第 5 卷，有斐阁 1965 年版；杉村·注〔6〕，第 149 页；田中·注〔3〕，第 257 页；远藤·注〔3〕，前者第 39、109 页；同·注〔28〕，第 5～7 页；畠山武道："如果不服从上司的职务命令会如何（上司の職務命令に従わなかったらどうなるか）"，载室井力、盐野宏编：《学习行政法（行政法を学ぶ）2》，有斐阁 1978 年版；鹈饲信成：《公务员法》（新版），有斐阁 1980 年版，第 229 页以下；阿部泰隆：《行政诉讼改革论》，有斐阁 1993 年版，第 56 页，注（4）；田村浩一："公务员的勤务关系（公務員の勤務関係）"，载《现代行政法大系》第 9 卷，有斐阁 1984 年版；木佐茂男："违法的训令与职务命令的拘束力（違法な訓令·職務命令の拘束力）"（演习），载《法学教室》1988 年第 91 号；高田敏："职务命令与服从义务（職務命令と服従義務）"，载《行政法的争点》（新版），1990 年版；今村·注〔26〕，第 44～46 页；原田·注〔1〕，第 40 页；藤田·注〔8〕，第 269 页以下；等等。

〔71〕　相关判例有：关于《入学者选拔纲要》否认学校校长提起诉讼资格的札幌地决昭 31·1·28 行集第 7 卷第 1 号 129 页、关于学校校长勤务评定义务的秋田地判昭 35·9·8 行集第 11 卷第 9 号 2685 页、同二审即仙台高秋田支判昭 37·12·19 行集第 13 卷第 12 号 2358 页（参见真砂泰辅"判例批判"，载《教育判例百选》，1973

果承认公务员有主观性法益即"不被强行性要求进行违法（包括违宪）性行政活动的利益"，就有容许提起撤销诉讼的余地。

四、其他的性质和功能

180　上面论述了训令、通知的基本法律性质，下面就训令、通知的性质和功能再进行一点探讨。

训令、通知的性质和功能并不限于上面所论述的几点，作为在与行政机关其他行为之区别上还可能成为问题的性质和功能，能够指出以下几点：

1. "行政处分"

当训令、通知的内容被以不同的形态、方法公开或公布，或者通过某些方法、途径为相关私人所知，可能会出现因相关私人服从训令、通知所规定的内容进行一定的行为而给其他私人带来不利的情形。这种情形可以理解为是训令、通知朝一定方向诱导相关私人的行为（是"称为通知内容周知的一种'信息'的行政指导性、诱导性效果"），因而产生侵害其他私人法律利益的事实上效果。并且，这时出现这样的问题，即着眼于这样的效果之产生（或可能产生），能否将训令、通知本身作为抗告诉讼的对象[72]。只是，上述效果不是训令、通知所承认的法的效果（训

年版）等。虽然对于上级行政机关（担任其的公务员）要求履行训令性职务命令所规定的义务而提起的诉讼也可以谈同样的事情，但关于机关委任事务处理的"职务执行命令"，如在（二）的正文中所论述的那样，关于存在不履行时的特别诉讼（机关诉讼之一）被法定。关于这一诉讼的意思、法院的审查对象，参见最二判昭35·6·17民集第14卷第8号第1420页〔砂川町长职务执行命令案〕。

〔72〕参见拙文："判例批判（判批）"，载《行政判例百选》（三版）1993年版。被诱导的私人的行为，涉及最三判昭43·12·24注（58）事例的异教徒之强行埋葬等、涉及东京地判昭46·11·8注（62）事例的交易经营者的合同解除等。关于"训令、通知"或行动基准的处分性，也参见本书第五章第三节四（一）（原书四2），边码第234~235页。

令、通知不能说是"行政厅的处分"）。所以为了肯定训令、通知之抗告诉讼的对象性，不是理解其基本法律性质，而有必要转换到思考抗告诉讼对象性（所谓广义的"处分性"）的方法上。

2. "行政指导"

能将训令、通知可能具有的上述事实上的效果称为行政指导性效果，而且，在行政机关积极公开训令、通知的内容或向相关者提示时，有不少可以理解为这一行为就已经是（与发布训令、通知行为相区别的）"行政指导"[73]。

3. "行政计划"

如果训令、通知涉及某一行政领域的整体，只要其规定了将来的政策方针或目标，就具有可定性为"行政计划"的侧面。本来在已有的行政法学各种概念中，最接近"行政计划"的是训令或"行政规则"，训令、通知与不具有"外部性"法的效力的"行政计划"只有相对的差异[74]。

4. "行政立法"

虽然将在本书第五章中进行论述，但在行政处分等的司法审

---

〔73〕　新井隆一指出，训令、通知之"公布，在被积极公布时，具有一种行政指导的意思"，参见新井隆一：《行政法》（四版），成文堂1980年版，第55页。也参见氏著："民事纠纷的行政处理（民事紛争の行政の処理）"，载《现代行政法大系》第5卷，有斐阁1984年版。

〔74〕　手岛孝例举了自治省事务次官通知《地方自治团体完善计划》，作为计划的形式或表示方法之一例举了"训令或通知"，认为"在现有的法范畴中"与国家计划"最亲近"的是"训令"，同时定性为"执政＝以行政内部性的训令性质为基本"的"独立种类的法规范"，参见手岛孝："国家计划的法理——宪法学上的考察（国家计画の法理——憲法学的の考察）（二）"，载《法政研究》1971年第38卷第1号。另外，芝池·注〔1〕第216页说，"可以说制定行政计划原本是行政的内部过程，行政计划具有训令的性质"。此外，关于行政计划与训令的异同，也参见原田·注〔1〕，第93页；关于"计划国家现象与通知国家现象的互相重叠"，也参见大桥·注〔18〕，第360页。

查中，有时可赋予训令、通知某些法的意义或使其与行政立法具有同样的功能，只在这种情形下，作为一般性、抽象性规定的训令、通知与"行政立法"之间的差异变得相对起来。但是，这不是变更了训令、通知的基本性质本身，原则上，这可以毫无障碍地理解为伴随裁量控制论等学说或判例之展开和深化而出现的他律性的间接性、附随性现象。

第四节　"依通知行政"

182　　与"依法律行政"相对，在行政法学上一直经常使用"依通知行政"一词[75]。那么，上述"依通知行政"或单是"通知行政"是具有什么意思、背景的现象呢？其蕴藏着什么问题呢？下面，作为有关训令、通知的基础问题之一，与上一节同样，着眼于"训令"、"通知"类中具有行政法学上训令之实质、性质的部分（以下称"训令、通知"），针对它们的问题进行若干考察。

一、作为前提的间接的"外部"性功能

　　虽然训令、通知本身不具有"外部性"法的效力，但如果接受命令的行政机关遵守这些训令、通知进行（或参与）了针对私人的"行政作用"，那么训令、通知实际上就发挥了"行政作用"

---

　　[75]　田中二郎："依法律行政与依通知行政（法律による行政と通達による行政）"，载氏著：《司法权的界限》，弘文堂1976年版；北野弘久："通知课税和通知行政（通達課税・通達行政）"，载田中编：《判例研究日本税法体系》第1卷，学阳书房1978年版；佐藤・注〔3〕，第244页；远藤・注〔28〕，第12页；原田・注〔1〕，第37页；山内・注〔6〕，第91页；等等。

之基准的功能，且以服从训令、通知的"行政作用"为媒介，间接地对"外部"私人具有影响力。

可以说，只要承认训令、通知依据行政组织法规上的指挥监督权能够规范"行政作用"[76]，以及训令、通知对下级行政机关具有拘束力，出现上述现象就是理所当然的，也是不可避免的。并且，"依通知行政"在只着眼于上述现象本身这一意义上，作为训令、通知本来预定具有的功能，在逻辑上不能特别视为问题。

另外，以向职务命令（训令性职务命令）转换为前提，训令对于担任下级行政机关之公务员所具有的拘束力（"内部性"法的效力），以及对于不服从者存在的惩戒处分制度（参见《国家公务员法》第82条第2项、《地方公务员法》第29条第1款第2项），也支撑着上述训令、通知的间接的"外部"性功能。

二、现实功能之大及其背景

训令、通知大量地存在着且对于"行政作用"（及与此相关的私人）发挥着很大的现实功能，姑且不论如何评价这一现象，先表现一下吧。下面简单地言及训令、通知的数量等，再对其背景进行一点考察。

（一）数量等

训令、通知发布的数量极大，这一点可从某"基本通知"集中大约刊登的一万六千五百个（大约是现行法律数的十倍）"训

---

〔76〕 关于有必要探讨其法律根据的，参见本章第三节二（原书同）（边码第167页以下）。这也是怎样理解"作为行政组织之内部规范的形式的通知，也与行政机关的外部权限相关联"（佐藤·注〔3〕，第248页）的问题。

令"、"通知"得到证实[77]。而且，除了有数量众多的税务"通知"之外，①规定出租车"同一地域同一运费制"的"通知"、②关于"缩减农耕面积（减反）"（水田利用重组）的"通知"、③关于大规模零售店铺之开店调整的"通知"等，也让人广为知晓训令、通知之功能的重要，还有的"通知"是④以"通知"制定所谓"经由事务"为契机而产生[78]。

184

---

〔77〕《基本行政通知》第1~86卷（增删式，ぎょうせい）。数字来自该书编辑部（1994年8月末当时）。此外，例如，厚生省生活卫生局指导科监修的《环境卫生相关营业法令通知集》（第一法规1989年版）刊登了对于4个法律（《理发师法》、《美容师法》、《关于理发师法及美发师法之特例的法律》、《洗衣业法》）、4个政令、3个省令、12个告示的135个通知（包括对于照会的回答。是法律数的大约34倍，是去掉告示后的法令数的大约12倍），国土厅土地局土地政策科监修的《农住合作社法令通知集》（改订版）（大成出版社1991年版）刊登关于1个法律（《农住合作社法》）的13个"通知"，建筑省都市局都市再开发科监修的《都市再开发法实务必携》（ぎょうせい1993年版）刊登199个"通知"类，建设省道路局企划科监修的《道路技术建筑通知集》（四次改订）（ぎょうせい1991年版）刊登152个通知。

〔78〕①运输省车辆局局长通知（昭30·7·23）、运输省车辆局局长（依命）通知（昭48·7·26）《一般轿车客运业车费更改与否的探讨基准及车费原价算定基准》。参见大阪地判昭60·1·31行集第36卷第10号第74页。②农林事务次官（依命）通知《水田利用重组对策实施纲要》（昭53农蚕2379号）〔还有内阁审议了解《农产品综合性自给能力的强化与米需求均衡化对策》（昭53·1·20）〕。也参见加藤一郎：《农业法》，有斐阁1985年版，第358页；阿部泰隆：《行政的法体系（行政の法システム）》（上），有斐阁1992年版，第369页。③从通产省产业政策局长发给各都道府县知事的《关于大规模零售店铺登记之今后的运用》（昭59产局第242号）、将这一《运用》废止的通产大臣官房商务流通审议官发给各都道府县知事的《同上》（平2产局第132号）等。④农林省构造改进局长通知《农地转用许可后促进转用事业等的事务处理》（昭51构造B1939号）规定了变更事业计划申请应经由农业委员会，该委员会附上意见后转呈知事（参见名古屋高金沢支判平1·1·23行集第40卷第1·2号第15页）。另外，根据最一判昭41·2·17刑集第20卷第2号第13页〔农业委员会委员受贿案件〕，关于一定规模以上的农地转用所涉及的有关所有权转移的（经由县知事的）农林大臣许可手续，某县存在着一个习惯，即基于农林省农地局局长通知《农地法相关事务处理要领（已开垦地部分）其一》（昭27地局第3707号）、这一通知废止后的农林省农地局局长通知《转用农地等相关事务处理要领》（昭34地局第5507号）所规定的"如有必要，知事听取市町村农业委员会的意见"，将申请书提交市町村农业

（二）基本背景

训令、通知对于"行政作用"具有很大的现实功能，虽然根据每一个训令、通知，且根据相关行政性法规或相关行政领域的差异，其理由及背景会有所不同，但基本理由和背景在于——行政性法规（议会立法或行政立法）对"行政作用"之规范的不充分性或欠缺，以及实际进行每一个"行政作用"的必要性。也就是说，①在相关行政性法规之规范不明了或不充分的情形下，为了执行该行政性法规，实际进行"行政作用"，将以训令、通知补充必要的规范。一般不能将这一点视为问题（反倒是希望的时候多）。行政性法规之规制越不充分，训令、通知对于实际"行政作用"的意义、功能就越大[79]。并且，在某些情形下，也可能以训令、通知导入行政机关的各种"政策"性判断。而且，②并非为所有的"行政作用"都需要个别行政性法规之授权和规范，从这一点来看，在没有任何相关行政性法规的情形下，有可能通过训令、通知创造出一种对进行"行政作用"所必要的规范，进而诞生一个"制度"或"体系"。并且，在这种情形下，训令、

委员会，该委员会附上意见书后邮寄知事。与上述同样的规定，还有农林省农地局局长通知《转用农地等相关事务处理要领》（昭46农地B第500号、最新修改平5构改B64号）。另外，关于基于《山梨县景观条例》向知事提交申请，该《施行事务处理要领》（平3·4·1）规定向市町村长提交、向县土木事务所邮寄（附有市町村长意见的申请）的手续（参见甲府地判平4·2·24行集第43卷第2号第185页）。此外，还有关于建筑主事的建筑确认，要求土木事务所所长承认的"训令"的例子（参见京都地判昭59·1·19行集第35卷第1号第1页）；有将公安委员会许可集体游行条件的具体内容实质上委托于警视厅警备部长以下的（委员会接受事后报告承认）的《事务处理规则》的例子（东京地判昭42·5·10判夕第206号第182页说"是个大问题"）。

〔79〕 如果行政性法规的不充分性是由（因行政性法规的修改）灵活应对具体情况变化的局限产生的，那么训令、通知具有迅速应对各种情况的变迁而"补充"必要规范的功能。另外，关于"补充"的必要性，阿部·注〔17〕第696页说，与"依人行政，依脸行政"相比，"依通知行政"还是要好一些。

通知甚至成为"行政作用"的法根据[80]。

（三）其他主要原因

可以说以行政性法规规制之不充分性以及实际进行"行政作用"的必要性为基本背景，与其他各种背景或原因相互叠加，从而使训令、通知的现实性功能越来越大。在此先简单地谈以下几点，除了（1）之外，其他几点都涉及行政争讼制度：

（1）对于地方公共团体行政机关，有很多有关机关委任事务的训令、通知，关于这一类训令、通知的数量之多、功能之大的背景，有必要将机关委任事务制度本身或作为行政主体的国家与地方公共团体的关系纳入视野。

（2）在下级行政机关依据训令、通知进行或参与的行政活动是行政处分时，如果行政处分被正式撤销之前在现行的行政争讼制度上产生暂定性通用力（公定力），那么，训令、通知关于行政处分所规定的行政性法规之解释或裁量权行使之基准等内容，实质上也具有同样的暂定性通用力。此外，撤销诉讼之起诉期间的限制（《行政案件诉讼法》第14条）、提起撤销诉讼等不停止执行原则（《行政案件诉讼法》第25条）、"情势判决"制度（《行政案件诉讼法》第31条）等，也关系到训令、通知之现实功能的维持。

---

〔80〕 关于训令、通知之存在理由和必要性，参见田中·注〔75〕，第293～294页；原田·注〔1〕，第38页；新井·注〔73〕前者，第57页以下；北野弘久：《现代税法构造（现代税法の構造）》，劲草书房1972年版，第291页；同·注〔75〕，第55～56页；等等。此外，关于"通知的法律化"（"通知"向法律的"升格"），也参见远藤·注〔28〕，412页；畠山武道："告示和通知（告示·通達）"，载《法律家（ジュリスト）》1984年第805号；阐述"税务通知构成法社会学上的重要法源"的有北野·同上第264页。虽然作为训令、通知的存在理由，能够例举出统一多数下级行政机关担任或参与的行政活动（并且确保行政性法规之适用及行政活动的平等性）的必要性，但这也不是与由行政性法规规制之不明了性、不充分性及实际进行行政活动的必要性无关系。

而且，只要行政复议之裁决机关被上级行政机关发布的训令、通知所拘束，那么对于只关于行政处分之训令、通知主张违法或不当的私人来说，行政复议制度基本上没有意义，并且在撤销诉讼采用行政复议前置主义时，其甚至是有害的〔是否相当于不经裁决的"正当理由"（《行政案件诉讼法》第8条第2款第3项）可能成为问题〕。

（3）并不是对于下级行政机关服从训令、通知进行或参与的所有"行政作用"都可能提起诉讼，而且，即使是可能并实际提起诉讼，从提起行政诉讼的案件数量极少等情况来看，也只是数量庞大的行政活动的一部分。大量训令、通知的合法性、合理性不受法院审查，作为规范现实"行政作用"的规定发挥功能。

（4）与上一点相关联，对利用行政争讼制度等进行法律上的抗争犹豫不决的私人意识，以及有尽可能回避提起行政活动之争讼倾向的行政担当者的意识，也是训令、通知在现实上具有很大功能的要因之一[81]。例如，即使是训令、通知或基于训令、通知的行政指导（"通知行政"与"指导行政"常常是不可分的）对私人没有拘束力，或内容上不一定合法，也有不少私人服从这些规定行动。

三、与"依法律行政"原理的关系

在与"依法律行政"原理的关系上，"依通知行政"还被用 187

---

〔81〕 盐崎润将"税务通知"多且功能大的原因之一，归于"不喜欢与行政官厅进行诉讼的纳税人一方心情与因允许税务官多义性解释而不希望与纳税人产生争议的租税官厅一方心情相结合"的、"十分复杂""微妙的国民心理"，参见盐崎润："租税通知的作用与功能（租税に関する通達の役割と機能）"，载《税经通信》1965年第20卷第5号。也参见新井・注〔73〕前者，第63页。

做表现应予批判或应视为问题的现象[82]。下面关于"依通知行政"所包含的问题,整理出两大批判意见,再进行一点评论:

(一) 合法性与合理性

第一个关于"依通知行政"的批判意见针对的是,在内容的合法性(包括合宪性)[83]或合理性上存有疑问的训令、通知,基于前面已经提到的背景、主要原因,发挥着行政活动(尤其是针对私人的"行政作用")之基准的功能。如果从与"依法律行政"原理的关系来说,这一现象主要蕴藏着与"法律优先"原则相抵触的危险[84]。

关于上述意义上的"依通知行政",虽不可能针对一般的训令、通知进行讨论,并且即使进行讨论也不恰当,但如在本书第五章中

---

[82] 田中・注[75] 第 295 页说,"在通知中,法令框架之外,既有在行政指导的名义下,指示进行对人民之权利义务产生重大影响那样的行政处理的例子,也有让人对于作为法令解释或处理准则到底能否切中要害抱有怀疑的内容。另外,从立法的角度来说,当然,也有很多本应由法令规定的事情却用通知规定的例子"。矶部力关于都市环境问题,在谈到"通知"、"纲要"等的同时,指出"从议会制定法的优位走向非正式法的兴盛"这一倾向,参见矶部力:"都市的环境管理计划与行政法的现代条件(都市の環境管理計画と行政法の現代的条件)",载《高柳信一古稀纪念文集・行政法学的现状分析》,劲草书房 1991 年版,第 318~319 页。

[83] 例如,法务省民事局局长等发给都道府县知事的《关于居民基本登记册事务处理要领》[昭 42 法务省民事甲第 2671 号、保发第 39 号、厅保发第 22 号、粮食业第 2668 号(需给)自治振第 150 号] 所附带的《居民基本登记册事务处理要领》规定,若父母不存在婚姻关系,在其子女的血缘关系一栏中只记载"子",其合宪性成为问题。东京地判平 3・5・23 行集第 42 卷第 5 号第 688 页以其有"充分的根据",没有违反《日本国宪法》第 13、14 条的规定为由,驳回损害赔偿请求。

[84] 虽然危险一词不一定恰当,但的确因担任下级行政机关之公务员的"通知盲从"意识而被表面化或扩大化。参见北野・注[80],第 117~118、262~263 页;盐崎・注[81],第 44 页。另外,小川政亮列举了认为随着从事务次官"通知"到局长"通知"的具体化而愈加背离宪法理念的例子,参见小川政亮:《作为权利的社会保障(権利としての社会保障)》,劲草书房 1964 年版,第 264 页以下。伊藤大一介绍分析了税务职员对于"通知"的意识,参见伊藤大一:《现代日本官僚制之分析(现代日本官僚制の分析)》,东京大学出版会 1980 年版,第 211 页、216 页以下。

提到的那样，为了确保训令、通知之内容的合法性及合理性，可以在决定程序上下一些功夫或者完善公开制度等，同时也期待着法院对训令、通知之内容的合法性及合理性审查能够有效地发挥功能。

（二）行政性法规的不充分性及欠缺

第二个关于"依通知行政"的批判意见针对的是，本应由行政性法规进行规定的事项，有不少却以训令、通知来规定[85]。相对于上述第一个批判意见针对的是发布训令、通知的行政机关，第二个批判性意见除了针对发布训令、通知的行政机关之外，应该说主要是针对行政性法规的制定者。

虽然有必要整理和探讨有关"依法律行政"原理之意思、内容的各种基础概念，但在对于训令、通知所规范的"行政作用"已经存在行政性法规之授权和某种程度的规范时，可以说上述现象主要是关系到"法律之规范密度"问题，也就是说，关于每一个"行政作用"，议会立法及行政立法应该事先制定详细到什么

---

〔85〕田中・注〔75〕第301页关于租税通知，特别说"当今，在用通知形式规定的事项中，当然包含着应由法律（至少是命令）规定的也应该说是属于基本课税要件的事项"，北野・注〔80〕第262、292页，同・注〔75〕第56页指出"轻易地委任通知"。另外，阿部泰隆认为，关于所得税之标准必要经费率，有必要"法律或政令、省令化"，关于市街化调整区域之开发许可基准（后注〔86〕记载的昭和44年建设省计划局局长、都市局局长通知）有必要以"政令"设定"更为详细的基准"，参见阿部泰隆：《行政裁量与行政救济（行政裁量と行政救济）》，三省堂1987年版，第39~40页。此外，指出有必要在"立法"上明确化或质疑依据训令、通知的有：阿部・注〔17〕，第660~662、731、734页（关于河川占用许可基准、农地转用许可基准、《自然公园法》第17条许可基准、经营墓地许可基准、否定外国人具有"参与公权力之行使或政府意见之形成"的公务员就任资格的文部省通知、内阁法制局意见）；荒秀："综合设计制度批判"，载《独协法学》1994年第39号；金子宏："财政权力——课税权力的合理行使（财政权力——課税権力の合理的行使をめぐって）"，载《基本法学》第6卷，岩波书店1983年版；北野・注〔75〕，第54页；玉国文敏："医疗费扣除的范围与界限（医療費控除の範囲と限界）"，载《雄川一郎献呈论集・行政法之诸问题》下卷，有斐阁1990年版；木村实："不动产行政的活动方式/行政立法（不動産行政の活動方式/行政立法）"，载荒秀、小高刚编：《不动产法概说（2）行政性法规篇》（第3版），有斐阁1991年版，等等。

程度的规范来拘束它们（作为其一个侧面，议会立法等应该将行政裁量余地限定到什么程度）。

另外，即使关于上述情形，也可能同时出现两个问题，一是涉及"法律优先"的问题：训令、通知之规定没有违反相关行政性法规吗？二是涉及"法律保留"之妥当范围的问题：基于训令、通知之规定的一定措施，不是也有必要依据行政性法规上的明示根据吗？[86]

在对于训令、通知所规范的"行政作用"不存在行政性法规之授权和某些规范的情形下，上述现象直接关系到"法律保留"之妥当范围问题，即什么样的"行政作用"需要议会立法之授权和规范。

（三）若干评论

关于上述"依通知行政"在与"依法律行政"原理的关系上
189 所存在的问题，可作以下评论：

（1）怎样从整体上认识、评价前面提到的两个（特别是后者）意义上的"依通知行政"，同时也是怎样认识、评价"依法律行政"原理在实际行政中的渗透程度的问题。不注意训令、通知的大量存在及其功能，就不可能谈论现实行政中"依法律行政"原理（或关于行政的"法治主义"）的意义和功能。

（2）要从与"依法律行政"原理的关系这一角度分析评价

---

〔86〕 关于建设省计划局局长、都市局局长发给都道府县知事等的《关于都市计划法开发许可制度之施行》（昭 44 计宅开发第 117 号、都计第 156 号），同另附的建筑省计划局局长、农林省农地局局长的《开发许可等与农地转用许可间调整备忘录》（昭 44 农地 B 第 3177 号、建设省计宅开发第 103 号）规定的开发许可等和农地转用许可两个手续间的连接、调整，山村恒年阐述为"应该基于法令根据"（同时还有是不是《都市计划法》及《农地法》相关条款允许范围内这一有关"法律优先"的问题），参见山村恒年："现代行政过程论的各种问题（现代行政過程論の諸問題）（二）"，载《自治研究》1982 年第 58 卷第 11 号。另外，也参见新井·注〔73〕前者第 63 页指出的——虽然与"法规"有一些关系，但"不认为被包括于其所规定的内容中"，有通知规定"其他规定"的情形。

"依通知行政"，特别有必要更加详细地讨论必要的"法律之规范密度"以及"法律保留"之妥当范围。

虽然一般一直对于"法律之规范密度"提出严格的要求[87]，但关于应由行政性法规规定的事项、程度与训令、通知也可以规定的事项、程度，却很少具体讨论有效且明确的区分基准（将行政性法规之规制的不充分性作为违反"依法律行政"原理而判断为违宪的基准）。而且，某规定的内容是否是"有关私人之权利义务"的内容，对于明确必要的"法律之规范密度"以及"法律保留"的妥当范围基本上不起任何作用，如果也着眼于与私人的关联性来考虑，就必须将问题重新设定为——在内容上"有关私人之权利义务"的事项中，应该由议会立法本身或行政立法依据其个别授权来规范的重要事项是什么样的事项，以及什么样的事项、问题在什么程度上应由行政性法规来进行规制（也参见本书第三章第二节注〔21〕、第三节注〔30〕）。

（3）为了探讨上面所谈到的课题、问题，有必要在充分留意与"依法律行政"原理之关系的基础上，结合每一个训令、通知以及分别结合相关行政性法规、相关行政领域的训令、通知，不断地进行具体的分析与探讨[88]。

---

〔87〕 例如，关于"法律的羁束"，参见高田敏："现代法治行政之构造（现代における法治行政の構造）"，载《渡边宗太郎古稀纪念论文集·行政救济之诸问题》，有信堂1970年版；同·《社会法治国的构造（社会的法治国の構造）》，信山社1993年版，第463~464页。

〔88〕 关于税法领域以外的训令、通知类，阿部·注〔17〕第660页以下提到了各行政领域的诸多训令、通知类（也参见注〔85〕），另外，田村和之《保育所行政之法律问题（保育所行政の法律問題）》（新版），劲草书房1992年版，第38页、第47页以下、第65页、第86页以下等关于儿童福利行政领域，大桥·注〔18〕第191页以下关于生活保护等社会福利行政领域，荒秀"开发许可之实态（開発許可の実態）"（载《田中二郎古稀纪念论文集·公法的理论》上卷，有斐阁1976年版）关于《都市计划法》上的开发许可，铃木庸夫"行政信息与统计信息（行政情報と統計情報）"（载《雄川一郎献呈论集·行政法之诸问题》下卷，有斐阁1990年版）关于统计法领域，分别谈到了训令、通知类。

190　　（4）还需要批判性地分析探讨判例是怎样评价"依通知行政"的。虽然在这里不能充分探讨，但即使能看到下级判决从"依法律行政"原理角度将"依通知行政"视为问题的姿态，对于行政性法规规制不充分性等是否合宪之判断，也未必能说提供了明确且有效的基准和观点[89]。而且，问题还有，如最高法院1987 年判决等那样，不将必要的"法律之规范密度"问题作为议题从正面提出[90]。

---

　　〔89〕　例如，虽然东京高判昭 41·4·28 判夕第 194 号第 148 页说，一般而言，"必须力戒以通知进行行政解释之名，行修改或补充法令之实，给国民之权利义务带来重大影响"（只是，不认为成为问题的通知违反"依法律行政"原理），但是，为了判断是否是"行修改或补充法令之实"、"给国民之权利义务带来重大影响"，需要更具体的基准或角度。另外，东京高判昭 48·3·12 シュト第 140 号第 24 页认为，遗产继承时价计算基准通知没有违反租税法定主义（《日本国宪法》第 84 条），东京地判昭 55·3·4 行集第 31 卷第 3 号第 353 页认为，厚生省国库负担金交付基准通知没有违反《地方财政法》第 11 条。

　　〔90〕　①最二判昭 62·2·26 讼月第 34 卷第 2 号第 413 页"不许可香烟零售者变更位置案"——不允许通过只不过是通知的《香烟零售者指定相关规程》（昭 42 年总裁达促第 6 号）的运用要领，限制宪法对国民所保障的营业自由；②最一判昭 39·9·17 税资第 43 号第 332 页〔否认法人税法损失金案件〕——根据通知（《法人税法基本通知 62》）否认损失金"违反《日本国宪法》第 30、84 条"；③最三判平 1·4·25 税资第 170 号第 157 页〔法人税法董事奖金案件〕——对于上诉理由，即"什么样的情形课税，什么样的情形不课税，必须由法律或法律具体委任的命令规定。以只不过是通知的《法人税法基本通知 4-3-3》规定上述情形，明显地违反《日本国宪法》第 84 条规定的租税法定主义"，没有作出任何具体回答，其甚至认为，行政性法规特别是议会立法应该详细或具体地规范到什么程度基本上是立法政策问题。另外，关于可成为最二判昭 33·3·28 民集第 12 卷第 4 号第 624 页〔弹子球游戏机通知案〕论点之一的——法律上对于"游戏机"这一课税对象的规定从租税法定主义看充分地明确、详细吗？当事人没有将这一点作为问题，上述判决也没有提到。也参见本书第五章第二节一（原书同）注〔32〕。

第五章
行政基准

第一节 序 论

一、引 言

在从法律上分析针对对外性行政活动之"行政作用"的"行 193
政过程"时，有必要将在本书第四章后半部分使用的意思上的
"训令、通知"（具有"训令"、"通知"等的形式名称，且具有行
政法学上训令的性质）作为重要对象之一定位[1]，而且在考察法
院对行政活动进行法的控制问题时，也完全有必要将其纳入视野

---

[1] 围绕着行政活动或者与行政活动中行政裁量的关系上的训令、通知现象的研
究，行政学似比行政法学领先。也谈及地方公共团体的自治事务的"指导通知"类的，
例如，伊藤大一：《现代日本官僚制的分析（现代日本官僚制の分析）》，东京大学出版
会1980年版，第207页以下；同·"自治体行政与通知（自治体行政と通達）"，载《地
方自治职员研修》1980年第155号；西尾胜："关于行政国家的行政裁量——其预备性
考察（行政国家における行政裁量——その予備の考察）"，载渓内谦等编：《现代行政
与官僚制（现代行政と官僚制）》（上卷），东京大学出版会1974年版；加藤一郎："基
准与裁量（基準と裁量）"，载《行政学讲座》第3卷，东京大学出版会1976年版；竹
下让："条例与通知（条例と通達）"，载《都市问题》1984年第75卷第1号；森田郎：
《许可认可行政与官僚制（許認可行政と官僚制）》，岩波书店1988年版，第174页以下；
等等。西尾胜·同上第90、111页说，关于行政法学上训令、通知与裁量的关系的考察
"明显不足"，"应该更多地关注训令（通知）及营造物规则的功能"。

之中。

在行政机关针对行政活动之内容、要件、程序等制定的规定中，与行政性法规不同但与"训令、通知"一样，不具有"外部性"法的效力者，也存在于不具有"训令"、"通知"等形式名称的规定或者不具有行政法学上训令所具有的"内部性"法的效力的规定当中。为了也能涵盖这一点，本章将以在本书第四章中论述的内容作为基本前提，使用"行政基准"一词来代替"训令、通知"，从行政活动的法律控制这一角度出发，针对行政机关有关行政活动制定的、不具有外部性法的效力的规定所存在的问题与论点，进行概括性的整理和一定的探讨。下面在本节中，先简要整理一下上述"行政基准"的含义、范围及分类。

二、"行政基准"一词

194　　从行政活动的法律控制角度，考察"训令、通知"等行政机关有关行政活动制定的、不具有外部性法的效力的规定时，首先可以探讨使用"训令、通知"（或只用"训令"或"通知"）一词是否恰当的问题。如果使用这个词不一定恰当，那么使用什么词更为恰当。

（一）"训令、通知"

1. 用词方法

"训令、通知"一词是并列写"训令"和"通知"的词，看上去只是内含两者的关系、异同等内容模糊的便宜之词。而且，关于"训令"和"通知"，分别存在着以下问题：

首先，在与行政活动的关系上谈训令、通知时，与"训令"相比，"通知"一直被更多地使用（例如，"通知行政"、"通知课税"）。但是，实际上也存在着针对私人或者（从国家）针对地方公共团体、作为对外性行政活动之行政指导文书的"通知"类[2]。而且，作为一般用语，在泛指指示、传达、联络以及为此的文书时，可能使用"通知"一词。如果考虑这些情况，那么限定于具有行政法学上训令之性质的规定使用"通知"一词未必恰当，至少有容易混淆的地方。

其次，在考察行政组织法论（及关于训令性职务命令的公务员法论）上的各种固有问题及上下级行政机关之间的关系等时，应将"训令"作为重要的概念来维持。但是，"训令"归根结底是从行政组织"内部"角度来考虑的概念，不能让人十分明确地认识到其作为规范对象的行政活动，尤其是作为外部性行政活动的"行政作用"。

2. 范围

只要以此为前提，即"训令、通知"是具有"训令"、"通知"等形式名称，且意味着是具有行政法学上训令之性质的规定，那么使用"训令、通知"一词，关于其范围就有以下的问题或界限：

第一，在行政机关就行政活动制定的规定中，多数存在着即使不具有"训令"、"通知"或类似的形式名称，在与行政活动的关系上也具有与训令、通知相同性质的规定。例如，①"阁议决定"、"阁议了解"，②一定范围的"告示"，③不具有特别的形式名称（不具有特定的存在形式）的规定等。

第二，多数存在着虽不具有行政法学上训令的性质，但在与行政活动的关系上也具有与训令、通知同样功能的规定。也就是说，如①行政机关自身制定的有关该行政机关实施（或参与）行

---

〔2〕　参见兼子仁：《行政法总论（行政法総論）》，筑摩书房1983年版，第117页；本书第四章第二节二（二）（原书二3），边码第146页。

政活动时的规定，②不能说对下级行政机关具有约束力的规定。

196 由此看来，如果使用"训令、通知"一词进行考察，有将与训令、通知具有同样性质的诸多规定置于视野之外的危险。例如，以"……纲要"为标题的规定，除了是"训令"、"通知"类之外，还有很多是前面"第一"中②或③的情形，如果使用"训令、通知"一词进行考察，某种程度上就很难将宅基地开发指导纲要这种"从法律上来说是实质意义上的训令"的"纲要"类[3]纳入视野（例如，会给人以这样的印象，即"通知行政"与"纲要行政"的性质完全不同吗?）。另外，最高法院1978年的判决[4]说，行政处分"即使违背了裁量权行使之准则，原则上也只产生妥当与否的问题，并不当然违法"，但如果将考察对象限定为"训令、通知"，那么有可能将这样的"裁量权行使之准则"（在上述判决之案件中，相当于上述"第一"中③的情形）排除出去。

考虑到存在上述危险，也可以不用"训令、通知"而用"训

---

〔3〕 山内一夫：《行政指导（行政指導）》，弘文堂1977年版，第80页；同《行政法》，第一法规1986年版，第238页。也参见千叶勇夫：《行政指导研究（行政指導研究）》，法律文化社1987年版，第165~166页。最二判平1·11·7判夕第710号第274页〔武藏野市拒绝供水刑事案〕、最一判平5·2·18民集第47卷第2号第574页〔武藏野市教育设施负担金案〕也是以《武藏野市宅地开发等指导纲要》（昭46·10·1）本身与训令、通知一样没有"外部性"法效力为前提的。明确阐述这一宗旨的，有东京地八王子支判昭59·2·24判时第1114号第10页（上述前者的一审判决）（"虽说得到市议会全体成员协议会承认，但并非条例，也不是基于法律或条例的规定"，"只不过是不依据法令表明的进行行政指导的方针，原本就不具有法的拘束力或强制力"）、大阪地堺支判昭62·2·25判夕第633号第183页（"本案指导纲要只不过是不基于法律根据或授权的行政机关内部的训令"）。关于"纲要"类的各种论点、判例，参见真砂泰辅："纲要的法律性质（要綱の法的性質）"，载《行政法的争点》（新版），1990年版；铃木庸夫："纲要行政的判例动向（要綱行政をめぐる判例の動向）"，载《法与政策》1982年第17号；千叶·同上，第166页以下。

〔4〕 最大判昭53·10·4民集第32卷第7号第1223页（麦克林入管令案）。

令、通知类"这样的表达，但这种模糊的便宜之词不适合用做行政法学上严格的概念。

（二）"行政规则"

作为"训令、通知"或"训令、通知类"的更为恰当的替代词，首先可以考虑的是"行政规则"一词。关于"行政规则"的概念，有"并非基于议会之委任而由行政机关设定的、有关将来职务运营的指针"这种新的理解方法[5]，但这样理解的"行政规则"，基本上意味着行政机关有关行政活动制定的、不具有外部性法效力的规定。

但在以前，"行政规则"不是"法规"或"法规命令"，而是①如训令、通知那样的有关行政活动的规定，此外还包括②有关行政机关之设置、编制等的规定（组织规范）及③"营造物利用规则"等（规范"特别权力关系"的规范）。因此，假如承认上述的②或③中也存在着不是"法规"的规定（或者是没必要作为"法规"制定的规定），那么只将上述的①称为"行政规则"，就成为与以前的"行政规则"不同的、射程范围狭窄的概念用法[6]。

如果"行政规则"仅指上述①，那么将其用作行政机关制定

---

〔5〕　大桥洋一：《行政规则的法理与实态（行政規則の法理と実態）》，有斐阁1989年版，第15页。

〔6〕　至少②作为不是"法规"（或者没有必要制定为"法规"）的规定的类型留了下来。关于也有"训令"、"通知"类规定的组织规范，参见本书第四章第二节二（二）（原书三3），边码第152页，关于没必要将"营造物利用规则"等理解为"行政规则"的独自类型，参见本书第四章第二节三（二）（原书四3），边码第158页以下。如此，作为统称①和②的用语可以使用"行政规则"一词。只是在本书中存在着如后所述的缺点，另外，如小早川光郎所阐述的所谓的"行政组织的规定"或者"关于特别权力关系的规定""将着眼点不同的行政内部规定的问题也用同一个概念'行政规则'来概括，……有可能招致无用的混乱，①和②的根据或性质并不一样，参见小早川光郎：《行政法讲义上（行政法講義）Ⅰ》，弘文堂1993年版，第89～90页。

199

197　的并非"法规"性规定的概括性概念，就会产生与宪法上、行政性法规上的"规则"一词难以区分的麻烦。也就是说，作为法院合宪性审查对象的"规则"（《日本国宪法》第81条）和作为请愿权行使对象的"规则"（《日本国宪法》第16条）都是"法规"（或者表现其存在形式的名称）的一种，但不能说成行政法学上的"行政规则"[7]。国家委员会或厅长官等的"规则"、地方公共团体的长官及委员会的"规则"也是同样的（《国家行政组织法》第13条、《国家公务员法》第16条等、《地方自治法》第15条及同第138条之4第2款、《警察法》第38条第5款、《地方公务员法》第8条第4款、《地方教育行政法》第14条第1款等）。而且，也同时让人联想到作为行政立法的省令等当中有不少具有"……施行规则"这一标题的规定。

　　如果考虑上述宪法上、行政性法规上的用词方法，那么即使是行政法学上的概念没有必要始终与它们保持一致，但行政法学上的"行政规则"也是相当容易混淆的词语。因此，应尽可能地避免使用宪法或行政性法规上的"规则"而不是行政法学上的"行政规则"这样的说明或表达。如此，在这一意义上，将行政机关有关行政活动制定的、不具有外部性法的效力的规定称为"行政规则"，也不恰当[8]。

　　（三）"行政基准"

　　如果"训令、通知"、"训令、通知类"以及"行政规则"均不恰当，那就有必要重新设定概念，以便更恰当地表达行政机关有

---

　　〔7〕　此外，还有两议院的"规则"（《日本国宪法》第58条），最高法院、下级法院的"规则"（同第77条第1款、第3款）。

　　〔8〕　结果与小早川（注〔6〕第90页的"在当今已经不应当维持'行政规则'这一概念"）的指责是一样的。但是，还留有这样的问题，即如果有一个总括不是"法规"的规范、规定的什么概念不是更好吗？

关行政活动制定的、不具有外部性法的效力的规定，迄今为止，行政法学上已经使用了①"行政基准"、②"行政内规"、③"行政内部规定"等词〔9〕。此外，也可以考虑使用"行政内部基准"、"行政指针"、"行政准则"等词。

其中，"行政内规"、"行政内部规定"、"行政内部基准"等词，在能够看出它们表明仅具有"内部"性效力这一点上，这些词是恰当的，但鉴于也能请求它们向"外部"公布、公开，也被作为告示向"外部"公告，规范的对象也有可能是"外部"性行政活动，因此使用这些词语还存在一些难点。而行政法学上的"裁量基准"一词，从很早时就一直被使用〔10〕，关于基于申请之处分及不利处分的"为了依据法令规定进行判断所必要的基准"，《行政程序法》将其表述为"审查基准"、"处分基准"〔11〕（同法第5条、第12条），看来与前述情况最为整合的词是"行政基准"。如此，不是特意地拘泥于这个词，当然使用这个词也还存在

198

---

〔9〕　①山村恒年："现代行政过程的各种问题（現代行政過程の諸問題）（二）"，载《自治研究》1982年第58卷第11号；同·"同上（七）"，载《自治研究》1984年第60卷第7号。②兼子·注〔2〕，第116页以下。③小早川·注〔6〕，第88页以下。此外，盐野宏《行政法Ⅰ》（第二版）（有斐阁1994年版）第84页以下使用"行政机关的行动基准"，阿部泰隆《行政裁量与行政救济（行政裁量と行政救济）》（三省堂1987年版）第38页（1987年，三省堂）使用"行政内部规则、内部基准"这一表达。也参见本书第六章第一节（原书同）（原书268页）注〔3〕所列的判例、文献。

〔10〕　杉村敏正谈到，"应该规范有关具体性行政行为的判断、决定的裁量基准，即裁量权行使的类型性基准"，参见杉村敏正："行政裁量"，载《现代法》第4卷，岩波书店1966年版；盐野宏作为"行政过程"中需要分析的行为类型之一，举出了与"行政立法"相区别的裁量基准，参见盐野宏："行政过程总论（行政過程総論）"，载《现代行政法大系》第2卷，有斐阁1984年版。

〔11〕　关于其基本性质，盐野·注〔9〕第245页说，"审查基准在分类上是行政规则，不是法规"。宇贺克也也持同一旨趣，参见宇贺克也：《行政程序法的解说（行政手続法の解说）》，学阳书房1994年版，第62页。

着难点[12]，但"行政基准"一词可以说是最为恰当的[13]。

三、行政基准的意思、范围

200　　　关于行政基准，目前可以理解为行政机关有关行政活动之内容、要件、程序等制定的规定，不具有行政立法性的外部性法的效力[14]。下面就这种行政基准的意思及范围进行一些补充说明：

　　（1）如已论述的，不只是"训令"、"通知"或者具有类似的形式名称的规定，还包括（a）"阁议决定"、"阁议了解"，（b）"告示"，以及（c）不具有特别的形式名称的规定，只要是行政机关有关行政活动制定的、不具有外部性法的效力的规定，

---

　　〔12〕原田尚彦将"行政立法、准立法"及"行政上的计划"，小高刚将"计划"以外的行政立法、告示、"行政内规"，兼子仁将"行政内规"、"行政立法"、"告示、计划"称为"行政设定基准"或"设定基准"，参见原田尚彦：《行政法要论》（全订三版），学阳书房1994年版，第81页以下；小高刚："现代行政的手法（现代行政の手法）"，载《公法研究》1987年第49号；兼子·注〔2〕，第111页以下。在本章中使用的"行政基准"一词，指比上述这些范围更狭窄的规范、规定，也有容易混淆的地方吧。另外，虽然本章中的"行政基准"是关于行政活动（行政机关的行动）的基准，不包括组织规范，但不能说其恰当地表达出了这一点。

　　〔13〕学说上，与本章在同样意思上使用"行政基准"一词的，有注〔9〕①、铃木·后注〔16〕第117页，藤原静雄也说"所谓行政基准，是指'裁量基准'、'解释基准'等行政机关的行动基准"，参见藤原静雄："德国行政规则论笔记——行政基准诉讼的一个侧面（ドイツ行政規則論のためのノート——行政基準訴訟の一側面）"，载南博方、关哲夫、铃木庸夫编：《市原昌三郎古稀纪念论文集·处理行政争议的法理与课题》，法学书院1993年版。在实际行政中，如《神奈川县关于机关公文公开条例的解释和运用基准》（昭和58县民部长通知）、《有关色情行业等规制及业务公正化等的法律等的解释基准》（昭和60警察厅保安部）等，在标题中使用"……基准"。而且，刊登后者的一个文献的书名不是《……法令通令集》，而是警察厅保安部防范科监修的《新风俗营业法/法令基准集》（大成出版社1985年版）。

202　　〔14〕森田郎与用"客观性进程"表示行政性法规相对，使用了"内部性进程"一词，但基本上相当于后者，参见森田郎："关于行政裁量的一个考察（行政裁量に関する一つの考察）"，载日本行政学会编：《日本的行政裁量》，ぎょうせい1984年版。

就是行政基准[15]。"指导纲要"类也包括在其中[16]。

（2）行政基准所规范的行政活动，并不限于设定行政基准之行政机关的下级行政机关所进行的活动，还包括设定行政基准之行政机关为自己行使权限或处理事务而设定基准的活动。

---

〔15〕（a）《关于环境评估之实施》（昭和58·8·28阁议决定）、《公共用地取得时损失补偿基准纲要》（昭37·6·29阁议决定）、《公共事业施行时公共补偿基准纲要》（昭42·2·21阁议决定）、《关于预防接种事故的措施》（昭45·7·31阁议了解）、《公共用地取得时损失补偿基准纲要的施行》（昭37·6·29阁议了解）等。关于"阁议决定"与"阁议了解"的差异，参见林修三："内阁的组织与运营（内閣の組織と運営）"，载《行政法讲座》第4卷，有斐阁1965年版。（b）《退职鼓励纲要》·《同特例纲要》（昭52年〔宫崎县〕高山町告示16号·昭54同24号）、《派遣家庭服务员纲要》（昭59年垂水市告示27号）等。被解释为是（c）的内容，有武藏野市《宅地开发等指导纲要》（参见注〔3〕）、栃木县《产业废弃物指导纲要》（平1·4·1）（参见宇都宫地判平3·2·28行集第42卷第2号第355页）、大阪府《居家老人福利对策补助金交付纲要》（昭49·9·17）、公正交易委员会（公布文）《关于导入消费税后维持再销售价格制度的运用》（平1·2·22）等。另外，关于最一判昭55·7·10判夕第434号第172页〔下关市退职鼓励案〕，市教育委员会按照县教育委员会每年制定的《退职鼓励基准年龄》所设定的《退职鼓励方针》（昭45·1·8）、关于名古屋地判昭34·9·29下民集第10卷第9号第2038页，名古屋市教育委员会的《退职鼓励方针》（昭21·4·15）好像都不存在特别的形式名称。此外，《内阁法制局意见》也可能作为行政基准发挥功能。关于这一点，参见山岸敬子：《行政权的法解释与司法控制（行政権の法解釈と司法統制）》，劲草书房1994年版，第40～41、72～74页。

〔16〕关于有关开发、建设的指导纲要类的法的性质，虽有讨论，但一般解释为不具有"外部性"法效力的纲要（否定法规性），这是妥当的。除注〔3〕所列的学说、判例之外，参见盐野·注〔9〕，第88～89页；千叶勇夫："建筑指导纲要的性质（建築指導要綱の性質）"，载室井力、盐野宏编：《学习行政法1》，有斐阁1978年版。芝池义一也阐释说，"纲要不是正规的法，只具有行政内部性规范的性质"，"有时能够理解为裁量基准"，参见芝池义一："行政法上的纲要及协定（行政法における要綱および協定）"，载《基本法学》第4卷，岩波书店1983年版。另外，铃木庸夫在使用"行政基准"一词时指出，"行政指导行为的法的评价，应该与设定涉及……行政基准、指导的裁量基准行为作为一个整体来考察，关于行政指导的讨论有必要作为在纲要行政的行政过程中的问题提出来"，参见铃木庸夫："行政指导与国家赔偿（行政指導と国家賠償）"，载《法律家（ジュリスト）》1992年第993号。

（3）有的规定虽不能理解为具有行政法学上训令所具有的"内部性"法的拘束力，但如审议会的答复类[17]、国家行政机关就地方公共团体处理自治事务的"指导通知"类，只要也用做现实行政活动的基准且事实上与训令、通知具有同样的功能，就能够包括于行政基准中。

（4）如以上三点所示，行政基准指比训令、通知范围更广的规定。只是，从"基准"一词的意思来看，行政基准很难包括仅关于个别特定案件的具体规定。只在这一点上，会出现比训令、通知类范围窄的情况。

（5）需要探讨的课题还有，行政基准中是否也包括"行政计划"类、"基本方针"类等［也参照本书第一章第二节四（三）］。因而，关于行政基准，即行政机关有关行政活动制定的、不具有

201

---

〔17〕 小高・注〔12〕第134页认为，作为"基准设定"这一稀少的形式有"审议会答复"，举例说明了《公害健康受害补偿法》第2条规定的关于第一种地域的指定、解除指定要件的答复［中央公害对策审议会《关于公害健康受害补偿法实施的重要事项》（昭49・11・15）］，阿部泰隆阐述，濑户内海环境保护审议会的答复《关于运用濑户内海环境保护临时措施法第13条第1款之填海造地规定的基本方针》（昭49・5・9）作为濑户内海填海造地的许可基准发挥作用，参见阿部泰隆：《行政的法体系（行政的法システム）（下）》，有斐阁1992年版，第662页。另外，如果根据大阪高判昭60・10・15行集第36卷第10号第1746页，一般承认财团法人设置的研究会（第一次下水道财政研究委员会）所提倡的"雨水公费、污水私费原则"，作为有关公共下水道费用负担的一般原则的妥当性，对于行政运营起着指针性的作用"；如果根据前桥地判平6・3・25判夕第846号第146页，社团法人日本道路协会制成的《道路维持修缮纲要》（昭41）等成为"道路管理者的重要的实务基准、指针"。此外，还能例举出作为离岛振兴对策审议会"内规"的《指定一部分离岛地区基准》（昭39・1・29），国土审议会特殊土壤地带对策特别委员会的《指定特殊土壤地带基准纲要》，涉及地价评估（或公布）、土地买卖、损失补偿等国土厅土地鉴定委员会发给国土厅长官的《关于设定不动产鉴定评估基准的答复》（平2国鉴委25号），中央用地对策联络协议会（联络调整国家8省厅、13公团等公共事业施行者取得用地的组织）制定的《公共用地取得时损失补偿基准纲要》（昭37・10・12），同上的《细则》（昭38・3・7，平2・10・9修改）等。

外部性法的效力的规定这种理解方法还缺乏严密性[18]。但是，将行政基准理解为与"计划"类等性质完全不同的概念也不恰当，因为关于行政裁量的法律控制或私人的权利保护等，也存在着可以采纳与"计划"类等同样或类似观点的情形[19]。

（6）在行政基准作为规范对象的行政活动中，其法律控制是行政法学上重要课题的，主要是作为"外部"性行政活动的"行政作用"。但是，要区分"行政作用"与行政机关"内部性"的各种活动（例如，审议会的运营及议事、公文管理及物品管理、与其他行政机关之间的调整、协议）未必容易。因此，将行政基准所规范的行政活动之范围灵活地解释为也包括后者或许更为恰当。

（7）行政基准不具有外部性法的效力，其理由在于行政基准基本上不是根据议会立法之"立法"授权（或基于其授权的行政立法的"再委任"）制定的［参照本书第三章第三节三（三）］。

（8）如果以在本书第三、六章中谈到的各种概念来说，那么行政基准不是"法"或"外部法"，即使是成文的规定，也不是"法规"。但是，关于行政基准中具有"内部性"法的拘束力的规定，可以讨论行政"内部法"。

---

〔18〕　如在第一节二（二）（原书二3，边码第196页）中介绍的那样，大桥·注〔5〕第15页在给"行政规则"下定义之后说："可以明确其中也可能包括称为计划、纲要的现代化的手段。明确这些手段与行政规则的关系是未解决的课题之一。"

〔19〕　例如，关于因修改、废止已公布的"计划"所产生的有关"计划担保责任"的讨论，也可以参见如何保护私人对于多少包括目标设定、实现手段之综合化要素的行政基准之存续的信赖等问题。参见手岛孝：《计划担保责任论（計画担保責任論）》，有斐阁1988年版，第121页以下等。另外，手岛·同上第234页以下，作为"相关判例"探讨的三个案件中成为问题的是，以告示形式的一般处分变更农业行政上的措施、与"以前实施的抽象基准"的口头说明相矛盾的行政措施、政府的经济政策，均不具有"计划"这一名称。

四、行政基准的种类

203 对于具有上述含义、范围的行政基准，下面再简单地谈一下其种类、分类[20]。

（一）根据所规范的行政活动的种类

首先，通过着眼于所规范的行政活动之差异，可将行政基准作以下分类：

（1）能够区分为关于外部性行政活动之"行政作用"的行政基准与关于行政机关"内部性"各种活动的行政基准。但是，正如前文所述，并不容易实际进行区分。

（2）根据"行政作用"是否存在议会立法之授权和某种程度的具体规范，可区分为"实施行政性法规"的行政基准（"行政性法规实施基准"）与"代替行政性法规"的行政基准（"行政性法规替代基准"）[21]。后者也可以表述为"独立于行政性法规"的行政基准或者为了"直接实施宪法"的行政基准。只要承认某

204 些"行政作用"不需要行政性法规之授权和规范，这就是几乎不

---

〔20〕 盐野·注〔9〕第84页以下，举出了"解释基准"、"裁量基准"、"给付基准"、"指导纲要"四种"行政机关的行动基准"（或者是"行政的行动基准"），其分类观点略微不同，但指出了行政基准的主要类型。如本章后述的，"解释基准"、"裁量基准"是"行政性法规实施基准"的主要分类、类型（也包括基于行政性法规的有关"给付"、"指导"的基准），"给付基准"、"指导纲要"是大致着眼于"给付"、"指导"这一行政活动的差异的"行政性法规替代基准"的主要分类、类型。另外，为了补充行政性法规之不充分、缺乏或者为了行政活动，行政基准创造出了必要的规定，其作为这样的基准，被认为可能存在于或者确实存在于行政活动几乎所有的领域、阶段、侧面，但关于行政代执行，除了《行政代执行法》以外，政令及省令、"训令"、"通知"都不存在，参见远藤博也：《实定行政法（実定行政法）》，有斐阁1989年版，第31页。

〔21〕 大桥·注〔5〕第377页指出，有必要"区分并考察将法律具体化的行政规则和将预算具体化的行政规则这两个系统"。另外，关于德国学说的"法律替代性规则"，参见大桥·同上，第78页以下。

可避免的分类方法。并且，例如，有关规制开发、建设等之行政指导，只基于预算的补助金及扶助金等的交付，公共事业实施对环境影响之评价等的行政基准，很多能够理解为创造出了一个"制度"或"体系"[22]。不过，根据怎样理解对于"行政作用"是否存在着必要的议会立法授权或必要的规范密度，分类到上述两种行政基准中的哪个当中，会出现不同[23]。

（3）根据作为规范对象的"行政作用"之范围大小，可分为关于行政处分等个别行为之基准、关于基于某行政性法规之整体"行政作用"的基准、关于与复数行政性法规相关之整个行政领域的基准等。大体上来说，范围越广，与行政"计划"类的差异也越相对[24]。

（4）与作为规范对象的"行政作用"所使用的行为形式（或者是个别行政决定的法律性质）之差异相对应，对行政基准进行分类时，可称为"行政处分基准"、"行政指导基准"、"行政计划

---

〔22〕 如规制地方公共团体开发及建设的"指导纲要"类、本书第四章注〔33〕（的一部分）及本章后注〔23〕所列的那样，有向涉及各种"事业"等的地方公共团体或私人交付补助金、扶助金等的"纲要"类、《关于公共事业实施的环境保护对策》（昭47·6 阁议了解）、《关于环境影响评价的实施》（昭59·8·28 阁议决定）、《关于建设省管辖事业环境影响评价的实施》（昭60·4·1 建设事务次官通知）、《关于都市计划的环境影响评价的实施》（昭60·6·6 建设省都市局局长通知）、大阪府《环境影响评价纲要》（昭59·2·14）等。此外，有规定《生活保护法》适用于外国人的厚生省社会局局长通知《关于对于生活困难的外国人之生活保护措施》（昭29 社发382号）、《侵犯人权案件调查处理规程》（昭59 法务省权调训383号）等。

〔23〕 例如，大阪高判昭54·7·30 行集第30卷第7号第1352页阐述，依据大阪市《保育所儿童服装用品及保育用品购入费扶助金支付纲要》的扶助金支付制度，是将相关法律（《同化对策事业特别措施法》）"要求具体化"并在该法"设置根据"的制度，如果依据这一判例，《纲要》有可能成为"行政性法规实施基准"。

〔24〕 例如，参见《综合土地对策纲要》（昭63·6·28 阁议决定）、《综合土地政策推进纲要》（平3·1·25 阁议决定）。畠山武道指出，"通知不只将法律的解释或行政的运用方针传达到下级机关，也作为将极为概括性的政策推行到全国的手段"发挥功能，并谈到有关国土开发的各种"通知"，参见畠山武道："告示与通知（告示·通達）"，载《法律家（ジュリスト）》1984年第805号。

（策划制定）基准"、"行政合同（缔结）基准"[25]，等等。另外，从行为方式以外的其他角度，还可说到"给付基准"（其中之一的"补助金交付基准"）、"财产评估基准"（"损失补偿基准"类、根据税务通知的"财产评估基准"类等）等类型。《行政程序法》所说的"审查基准"、"处分基准"（第5、12条）均为"行政处分基准"的一种，而该法要求对复数人进行行政指导的行政机关制定的"应成为其共同内容的事项"（第36条），是"行政指导基准"的一种。另外，最高法院1993年的判决，将作为"行政指导基准"之一的地方公共团体"指导纲要"表述为"行政指导的内部基准"[26]。

（二）其他的种类

从其他角度可以对行政基准进行以下分类：

（1）如果行政处分等个别行为，经过事实认定、事实评价、认定要件是否充足、程序选择、内容选择、决定实施时期等过程进行，那么能够对应于这些阶段或者侧面的差异进行行政基准的分类。这样的行政基准虽是有关行政处分等"行政作用"的基准，但如果转换一下角度，多数也能看成规范进行该"行政作用"的行政机关之"内部性"行动、程序或行政"内部过程"的基准。另外，《行政程序法》（第6条）对于依申请处分，要求尽量设定标准的处理期间，这一规定是上述有关实施时期的行政基准。

（2）对于存在着行政性法规之授权和规范的"行政作用"，虽然关于上述各个阶段、侧面已经多少存在着行政性法规的规范，

---

[25] 包括"行政合同基准"的，例如有《普通财产处理规则》（昭40大藏省训令2号）、《地方开发事业团分售合同基准》（参见鹿儿岛地判昭51·2·27行集第27卷第2号第283页）。"损失补偿基准"类实际上也主要用做取得公共用地等的买卖合同的对价基准。

[26] 最一判平5·2·18注（3）。

但在这种情形下，也能分为两种基准，其一是在行政性法规使用的语言等意思内容不明确时"解释"行政性法规的行政基准（"解释基准"），其二是行政性法规委任行政机关进行裁量性判断、选择时规定该裁量权行使方法的行政基准（"裁量基准"）。虽然以前谈论"表明法令之解释基准的内容"与"关于法令之运用方针、行政事务程序或者是行政上裁量基准等表明处理准则的内容"间的区别，但这里所说的"行政事务程序"即使需要若干的保留，也基本上相当于"解释基准"与"裁量基准"的区别[27]。

另外，所谓行政"裁量"，如果是指在行政性法规的范围或框架内承认行政机关的自由判断或选择余地，那么，"裁量基准"是"行政性法规实施基准"的一种。并且，因"行政性法规替代基准"没有受到行政性法规的制约而只受宪法或法的一般原理（或者至多是相关行政性法规的一般性目的规定等）制约，所以讨论其"裁量基准"性是不恰当的[28]。

（3）也可根据有无"内部性"法的拘束力或者程度，进行行

---

〔27〕田中二郎：《司法权的界限（司法権の限界）》，弘文堂 1976 年版，第 297～298 页。但是，如规定作为损失补偿或课税处分之前提的"财产评估"方法等的行政基准（"财产评估基准"）那样，是否承认其"裁量"性？承认什么侧面（即是否为"裁量基准"之一）等成为问题的地方也不少（福冈高判平 1・8・31 判夕第 715 号第 140 页认为，因计算方法的不同，土地所有权的价格不可避免地会出现某种程度的差异，承认收用委员会"在合理范围内的裁量"）。东京地判昭 45・3・9 行集第 21 卷第 3 号第 469 页将作为"裁量基准"的个人出租车业执照行政基准称为"行政上的解释基准"。另外参见山内・注〔3〕《行政法》第 354～357 页，他区别于行政机关作出行政决定时的法解释，将独自事前提示的法解释称为"行政解释"，并整理其产生的理由；山岸・注〔15〕第 19 页，整理"行政权之法解释"的存在形式、相对人等；关于在德国讨论过的（与解释基准、裁量基准不同的）"规范具体化的行政规则"这一类型的有藤原・注〔13〕第 244 页以下。

〔28〕也参见大桥・注〔5〕，第 75 页。但是，盐野・注〔9〕第 88 页关于补助金等交付的行政基准（"给付规则"）说"可谓是广义上的裁量基准"。关于"指导纲要"，芝池・注〔16〕第 284 页也是同样旨趣。

政基准的分类[29]。正如"基准"一词在某种程度上所表明的那样，行政基准未必具有训令、通知所具有的"内部性"法的效力，而如已经谈到的那样，审议会的答复类、对于地方公共团体的"指导通知"类，也能成为行政基准。

（4）还可区分为被行政性法规课以对"外部"公布或公开义务的基准，虽未被行政性法规课以义务但事实上通过某些形式公布、公开的基准，以及其他的基准。

另外，还能够根据制定的行政机关或（内部）决策权者的差异[30]、有没有预定需要经过某些程序制定等，进行区分。

（三）一点补充

虽然对于行政基准能够如上述那样进行各种分类，但如果作一点补充，那么，首先，一个公文所规定的全部行政基准（一堆）并不限于只符合各分类中的哪一个。例如，在一个公文所表明的行政基准中，有可能包括"行政处分基准"和"行政指导基准"，并且即使整体上是"行政处分基准"，也有可能出现某个部分是"解释基准"，而其他某个部分是"裁量基准"的情形。其次，某一"行政作用"未必只存在一个（被某一公文规定的）行

---

[29]　在对下级行政机关发布的"训令"、"通知"类中，也有可以认为只是建议、劝告或提供"参考资料"者。例如，参见关于行政处分（开发许可）只表明应作为"参考"的判断基准的"试案"的、建设省计划局住宅地开发科民间宅地指导室室长发给都道府县主管部长等的《关于"开发行为"的解释》（昭55建设省计民49号）之附件《"建筑目的"的判断基准（试案）》。另外，北野弘久的"本来性解释通知"与"解说通知或留意通知"二分法，也在某种程度上与约束力的有无及其程度相对应，参见北野弘久：《现代税法的构造（现代税法の構造）》，劲草书房1972年版，第261～262页。

[30]　依据《关于通知的训令》（昭34运输省训令15号），《运输大臣通知》的决策者分别是——"特别重要或异例的事项"——运输大臣；"成为行政事务基本"的法令的解释、行政事务运营"基本"方针的指示——事务次官或运输审议官；上面记载以外的"法令的解释"、"行政事务运营方针的指示"及行政事务"基本"执行手续的指示——官房长官、总务审议官或本省内部部局的局长；上面记载以外的"行政事务执行手续"的指示——本省内部部局的部长或大臣官房的科等的长官。

政基准，有不少多个行政基准以复杂的阶层性关系而存在的情形[31]。

第二节　行政基准的制定与公开

一、引　言

对于行政基准，例如，存在着行政机关能够基于什么法律根据制定行政基准的问题。另外，对于行政基准产生的原因、背景即行政性法规之规范的不充分性以及欠缺，存在着关系到"依法律行政"原理之具体意思内容的问题[32]（参照本书第四章第三节二、第四节）。

在本章中，不准备谈论上述那样的理论性或基础性问题，

208
209

---

〔31〕　例如，《建筑基准法》第59条之2（及该法《施行令》第136条）所规定的、关于综合设计制度之行政处分（特定行政厅的许可）的行政基准，按从上位到下位的顺序，分别是建设省住宅局局长发给特定行政厅的《综合设计许可准则》（昭61建设省住街发93号、被平2建设省住街发148号修改）、建设省住宅局市街地建筑科科长发给特定行政厅建筑主务部部长的《关于综合设计许可准则的技术基准》（昭61建设省住街发94号、被平2建设省住街发100号及149号修改）、特定行政厅所设定的行政基准（例如，大阪市市长设定的《大阪市综合设计许可处理要领》以及其下位的《大阪市综合设计许可处理要领实施基准》）。另外，关于存在着各种"损失补偿基准"类，参见注〔15〕、〔17〕，本书第四章注〔15〕③（边码第154页）所列的内容。

〔32〕　最一判平4·10·29民集第46卷第7号第1174页〔伊方核反应堆设置许可案〕、最一判平4·10·29判夕第804号第65页〔福岛第二原发案〕以"不是基于法律或其委任设定的、有关核反应堆设施安全的基准"，分别简单地驳回了违反《日本国宪法》第41条等、《核反应堆规制法》第24条第1款第4项没有"制定明确、公正的许可基准"违反《日本国宪法》第31条等的上诉理由。关于这一点，高木光认为"为了让对应于科学技术进步之要求与法律判断的客观性相协调"，通过政令等行政性法规"设定'审查基准'是适当的"，参见高木光："判例批判（判批）"，载《自治研究》1985年第61卷第12号。另外，虽然第二次行政程序法研究会《行政程序法纲要案》（1989年）设立了"关于许可、认可等审查基准，尽可能用法令设定"的规定（第0502条②），但未被其后的行政程序法案类、行政程序法所采用。

在以下各节中，从行政基准所规范的行政活动，尤其是从"行政作用"之法律控制这一观点，主要关于规范行政处分等个别性行政决定之内容、要件、程序等的行政基准，就其所存在的各种问题、论点，进行概括性的整理与若干的探讨。

虽然从行政活动之法律控制这一观点，未必存在关于行政基准各种问题、论点的成形的整理方法，但在本节中，首先提出制定行政基准及被制定的行政基准的公开问题。关于这一行政基准的制定、公开，已经被《行政程序法》（1994年施行）规定为一定范围内的义务（或努力义务）。以下，在简单地谈一下发展至今的过程等之后，论述《行政程序法》。

二、行政基准的设定

（一）传统理解

从现实中存在着众多的行政基准，已经可以看出为了实际进行行政活动，制定行政基准在很大程度上是不可避免的，也是必要的[33]。但是，若根据对于训令、通知或者"行政规则"的传统理解，那么是否设定（或变更）不具有外部性法的效力的行政基准可以说是行政机关的任意，而从未考虑过行政机关会有设定行政基准的义务。

（二）个人出租车判决

设定行政基准有时是法的要求，产生这一想法的重要端倪，是几个关于基于《道路运输法》要求撤销不批准汽车运输业（个人出租车业）执照处分之诉讼的判决。也就是说，东京地方法院

---

〔33〕 谈到设定行政基准的必要性及意义中也包括指出了具体例子的，有外间宽："行政规制——以汽车运输业法制为中心——（规制行政——自動車運送事業法制を中心として——）"，载《公法研究》1984年第46号；西尾·注〔1〕，第99页、第110页以下。

1963 年判决所阐述的关于上述许可有必要设定"具体基准"，恐怕是第一次肯定了设定行政基准的法的必要性，并且其二审判决也阐述了同样的宗旨[34]。另外，最高法院 1971 年的三审判决，对于设定行政性法规上的许可基准，即"将目的具体化的审查基准"的必要性，也作了如下阐述[35]：

如果综合考虑"是否批准个人出租车业执照涉及个人之职业选择自由"以及有关听证的第 122 条之 2 的规定等，"行政厅在基于具体性个别性相关事实从多数人中选择特定的少数人决定是否批准执照时，应将让人怀疑行政厅在事实认定上独断专行的情形，转换为更为客观地被承认的不可能采用不公正程序的情形。也就是说，因为上述第 6 条只不过规定了抽象性的许可基准，所以应该进一步设定内部性的审查基准，将其旨趣具体化，并公正合理地予以适用。特别是如上述基准那样，在其内容复杂，需要高层次的认定时，对于有必要适用上述基准的事项，必须给予申请人提出主张和证据的机会"。

关于上述三个判决，有这样的问题：

第一，什么样的行政处分要求设定行政基准？关于这一问题，大致可理解为应考虑以下三点：①行政性法规对于要件的规范是

<hr>

[34]　东京地判昭 38・9・18 行集第 14 卷第 9 号第 1666 页——"一般而言，关于从多数人中选定特定的少数人，除了仅依靠抽签的情形之外，只要基于对具体性、个别性事实的认定进行选定，不设定具体基准就不可能公正处理。这时，只凭着是在没有设定具体基准的情况下作出的处分这一点，就不得不解释为其作为通过不公正的程序作出的处分，是违法的处分"。东京高判昭 40・9・16 行集第 16 卷第 9 号第 1585 页——鉴于是否批准个人出租车执照，涉及限制宪法上的职业选择自由，所以为了实现程序的公正，排除在事实认定方面的独断，应该要求"从多数的申请人中选择特定的少数人决定是否应该批准的行政厅，在实施……听证、审查之际，事先最低限度地设定将……第 6 条第 1 款各项旨趣具体化的审查基准，……举行听证，认定事实"。

[35]　最一判昭 46・10・28 民集第 25 卷第 7 号第 1037 页〔道路运输法个人出租车案〕。另外，关系到一般出租车业许可的东京地判昭 46・4・17 讼月第 18 卷第 3 号第 360 页也与以上三则判决大致相同。

抽象的，且行政厅有相当广的裁量余地，②涉及宪法上的人权（选择职业的自由），③从多数的申请人中选择特定少数人作出行政处分。

211

第二，基于什么理由或根据要求设定行政基准？也正如在与针对申请者告知、听证的关系上，将行政基准的设定或存在与否当做问题时所表明的那样，其根据在于确保行政厅事实认定之公正性（排除有关事实认定的"独断"）以便保护私人利益的"正当程序"要求。另外，关于这一点，同样是有关私人出租车执照的其他案件的下级法院判决，其谈了设定"内部性审查基准"的必要性，同时也将行政性法规之抽象性等作为理由进行阐述，但并不是积极地阐述事实认定之"正当程序"要求，上述三个判决与其相比，稍有不同[36]。

（三）行政程序法案类

上述各判决是有关《道路运输法》上特定的行政处分，对于设定其他行政处分或行政处分以外的有关行政机关行为的行政基准，判例一般并不积极地阐述其法律上的必要性[37]。但是，以上述判例为契机，对于一定范围内的行政处分，作为正当行

---

[36]　东京地判昭42·12·20 行集第18卷第11号第1713页、东京地判昭45·3·9注（27）。关于各判决，参见滨秀和："行政程序的规制（行政手续の規制）"，载《法律家（ジュリスト）·判例展望》1972年第500号；西村康雄、寺前秀一："关于个人出租车及公共汽车许可的判例上的行政程序（個人タクシーおよび乗合バスの免許に関する判例における行政手続）"，载成田赖明编：《行政程序的比较研究——以运输法制为中心——（行政手続の比較研究——運輸法制を中心として——）》，第一法规1981年版；等等。

[37]　消极地看待设定行政基准的法律必要性的判例有，关于课税处分之价格计算基准的东京高判昭48·3·12シュト第140号第24页、关于特别在留许可处分的神户地判昭52·3·7讼月第23卷第3号第523页及大阪地判昭53·10·26讼月第24卷第12号第2679页、关于支付公务员勤劳补贴的成绩率基准的名古屋高金泽支判昭49·4·5行集第25卷第4号第225页等。另外，东京地判昭54·10·8判时第952号第18页关于行政指导基准，说"虽然为了能够公平地进行行政指导，客观地表明指导基准是理想的，但不能说因为没有达到那种程度，就成为行政指导当然违法的理由"。

政程序的一环，要求设定行政基准的观点变得相当普遍起来。

首先，1964 年第一次临时行政调查会第三专门部会第二分科会发表的《行政程序法草案》，规定行政厅原则上有义务就"许可、认可、执照、专利等"，制定"为了实施申请之程序、许可基准以及其他法令所必要的事项（被称为"许可基准"等）"（《草案》第 21 条）。这一《草案》发表于以上谈到的 1963 年东京地方法院判决的第二年，可以看出其设定"许可基准等"部分受到这一判决的影响[38]。

其次，在上述 1971 年最高法院判决之后，1983 年第一次行政程序法研究会的《法律案纲要（案）》及 1989 年第二次行政程序法研究会的《行政程序法纲要案》，关于适用行政处分，规定了设定"处分基准"的原则性要求［第一次研究会案第 0701 条，第二次研究会案 0501 条①]　[39]。

最后，虽在判例上设定义务没有被当做问题，但上述后者的第二次行政程序法研究会案，关于依申请之行政处分，将"根据事务之不同确定标准的处理期间"也规定为义务（这一规定是有关行政处分的行政基准的一种）［第二次研究会案第 0307 条②。但是，没

212

---

〔38〕《行政程序法草案》（1964 年）第 21 条"行政厅基于法令，要进行许可、认可、执照、特许等（以下称'许可等'）时，必须事先规定、公布有关许可等的申请手续、许可基准以及其他为施行法令所必要的事项（本条中称'许可基准等'）。在行政厅变更许可基准等时也同样如此。但是，在规定许可基准等明显困难或公布许可基准等明显妨害公共安全及其他公共福利时，不在此限"。在同条的"逐条说明"中，提到东京地裁 1963 年判决。参见桥本公亘：《行政程序法草案（行政手続法草案）》，有斐阁 1974 年版，第 130～131 页。另外，也参见关于当时专门组气氛的外间宽（发言）的"研究会/行政程序法（研究会/行政手続法）"（第一回），载《法律家（ジュリスト）》1994 年第 1049 号。

〔39〕 第一次行政程序法研究会案（1983 年）第 0701 条"行政厅就处分设定处分基准。但是，符合下列各项之一的情形不在此限：①行政厅对于作出该处分没有裁量余地的情形，②法令具体规定了处分基准的情形，③从该处分的性质上看难以设定处分基准的情形"。第二次行政程序法研究会案（1989 年）第 0501 条①"行政厅，除从处分性质上看难以设定处分基准的情形外，应就处分设定处分基准"。

有谈到告知、公布]。另外，该案将关于行政处分以外的"以同一目的对多数人进行行政指导时"设定有关"该行政指导的指针"也规定为义务（第二次研究会案第 0802 条）。

（四）对象与目的的扩大

在上述行政程序法案中，有义务设定行政基准之行政处分的范围，不限于上述各判决作为对象考虑的从多数申请人中选择特定少数人所作出的行政处分，而是不断向（除了法律适用以外的部分）全部依申请之行政处分、进而向全部行政处分扩大。第二次研究会案还将范围从行政处分进一步扩大到一定范围的行政指导。

此外，虽不能明确各法案如何理解要求设定行政基准的理由、目的，但如第一次行政程序法研究会报告将课以设定、公布"处分基准"之义务的目的说明为确保行政处分之"公平与公正"那样，可以理解为虽作出行政处分时重点放在确保事实认定的公正性上，但其目的未必局限于保护行政处分相对人的主观性权利[40]。

三、行政基准的"公开"

214　　对于既有的行政基准，私人能够知道其内容或记载其内容之公文的途径，大致有以下几种：①在行政争讼等的过程中，②向

---

〔40〕　关于行政程序法研究会（特别是第二次）方案实际上怎样法制化，不容乐观。第一次行政程序法研究会（1983 年）方案公布后，西村康雄说："至少在从多数人当中选择少数人时"设定行政基准是必要的这一观念"在各省厅内部正成为一般常识"，他还说，"除了能事先预测裁量之对象的情形，在总是出现新问题，需要随时进行判断的形成及决定政策、行政方针的过程中，几乎没有可能设定基准的情形。"参见西村康雄："行政裁量的内在性控制（行政裁量の内在的统制）"，载日本行政学会编：《日本的行政裁量》，ぎょうせい1984年版。另外，在关于第一次研究会对各省厅等进行的问卷调查中，也指出了第 0701 条的种种缺点，参见总务厅行政管理局编：《面向行政程序法的制定（行政手続法の制定にむけて）》，ぎょうせい1990年版，第 64 页。

具有利害关系之私人的"告知"，③一般性的"公布"。下面简单地谈一下这几种途径，关于与上述判例、行政程序法案有关的设定义务，是上述的②及③。

（一）在行政争讼等过程中的"开示"等

关于是否可以或是否有必要"公开"、"阅览"或"提出"以行政基准为内容的公文，可能在行政诉讼或国家赔偿请求诉讼、行政复议中成为问题。与此问题相关的是，以保护行政争讼等当事人之私人在争讼上的法律地位等为目的，在行政诉讼等中命令提交公文（《民事诉讼法》第 312 条[41]）或在行政复议中请求阅览证据材料等（《行政复议法》第 33 条第 2 款）。因此，关于行政基准"公开"问题，也有必要将这样的状况或与相关法制的关系纳入视野进行探讨。

（二）向利害关系人的"告知"等

前面关于行政基准之设定，提到了对基于《道路运输法》申请许可的人进行告知的判决，而向行政处分之对方等利害关系人"告知"行政基准内容的必要性也是从这些判决开始谈论的。并且，能够将这时要求告知行政基准的目的、理由，理解为给予申请者在听证过程中就具体事实关系进行公正的主张和提出证据的机会。因此，如果从这种目的来看，只要没有怀疑听证时审查之公正性的特别理由，没有告知行政基准的内容不直接产生程序上的瑕疵[42]，并且，即使有告知的必要，也不需要告知行政基准本身或者其全部，正如最高法院 1971 年判决所阐述的那样，在"基准的内容需要微妙、高级认定"时，只要告知"适用基准上的必

215

［41］ 例如，关于有碍风俗之物品的"通知"的、札幌高决昭 57·1·29 讼月第 28 卷第 3 号第 622 页认为，不相当于《民事诉讼法》第 312 条第 3 款所说的"法律关系"公文。

［42］ 关于个人出租车许可，参见东京地判昭 42·12·20 注（36）、东京地判昭 44·12·26 判时第 585 号第 34 页。另外，札幌地判昭 49·2·26 判时第 746 号第 34 页，以审查基准的"内部"性以及没有举行听证程序的申请为理由否定告知的必要性。

要事项"就足够了[43]。因此，从确保事实认定公正性的"正当程序"要求，未必能推导出将设定的全部行政基准告知利害关系人的必要性。

将行政基准的内容只通知特定利害关系人，有可能出现妨害公正执行相关行政活动的情形。而且，也有可能产生与公务员的保密义务（《国家公务员法》第100条第1款，《地方公务员法》第34条第1款）相抵触的问题。虽然有必要深入探讨与这些问题相关的各种论点，但最高法院1975年的判决，关于所得税推算课税的某行政基准是否相当于"秘密"这一点，以未被普遍知晓以及公布后会产生税务行政上的恶劣影响为由予以肯定[44]。此外，最高法院1980年的判决，关于不批准在押者申请阅读刊登着有关《监狱法》之"通知"的杂志这一处分，指出"允许阅读本案的通知类，能够预想到……曲解了其旨趣，对监狱工作人员共同作出违

---

〔43〕 最一判昭46·10·28注（35）。虽二审判决即东京高判昭40·9·16注（34）也说告知"适用基准所必要的事项"就足够了，"不存在将基准内容本身告知申请人的公共利益或现实利益"，但一审判决即东京地判昭38·9·18注（34）阐述，在"基准的内容需要微妙的高级认定"，如果不将其"告知利害关系人，……给予其提出主张与证据的机会，就难以避免事实认定的独断"时，"行政厅没有不告知利害关系人基准内容而将程序继续下去的裁量自由"。有关其他案件的东京高判昭52·2·3行集第28卷第1·2号第56页，虽然与上述的前者持同样意见，但其一审判决即东京地判昭46·4·17注（35）认为告知全部"具体性审查基准"即使在举行听证以外的情形下也是必要的。关于这一问题，阿部泰隆在提到个人出租车许可的审查基准的同时，说"没有必要告知申请人……没有对于行政厅的明文规定，却只因为承认申请人的主体性地位而要求事先公开基准，可以认为有些过度"，参见阿部泰隆：《行政裁量与行政救济（行政裁量と行政救济）》，三省堂1987年版，第15～16页。

〔44〕 关于大阪国税局所得税科制成的《昭和32年营业庶业等所得标准率表》、《昭和32年所得业各种类效率表》的、最二决昭52·12·19刑集第31卷第7号第1053页〔所得税法征税传统习惯案〕。一审判决即大阪地判昭42·5·11下刑行集第9卷第5号第668页说"按照租税法定主义精神，不能允许对国民隐瞒这样的事情"。关于这一案件，参见畠山武道："判例批判（判批）"，载《法律家（ジュリスト）》1978年第666号·昭和52年度重要判例解说。

反规范的行为"等，撤销了认为不许可处分违法的二审判决[45]。

（三）一般性的"公布"

关于一般性地"公布"行政基准之内容的必要性，虽然在已经提到的关于基于《道路运输法》之许可的各判例中，有对此持积极态度的判例[46]，但是甚至包括上述最高法院 1971 年的判决在内，多数判例持消极的态度。虽然也关系到将设定行政基准规定为义务的目的、理由，但正如已经谈到的那样，从以公正的事前程序来保护申请者个人之主观性权利这一要求，很难直接产生一般性"公布"的必要性。而且，或许会成为将行政基准的内容"一般性地公开，也不会直接有助于保护申请者或利害关系人的权利，公开的必要性也不被承认"[47]的情形。

但第一次临时行政调查会的《行政程序法草案》（第 21 条）

216

［45］　最二判昭 55・12・19 讼月第 27 卷第 3 号第 552 页〔监狱法不批准阅读图书案〕。关于这一判决，参见绵贯芳源："判例批判（判批）"，载《法律家（ジュリスト）》1981 年第 743 号・昭和 55 年度重要判例解说等。虽然东京高判昭 52・2・15 行集第 28 卷第 1・2 号第 137 页、东京地判昭 50・2・21 行集第 26 卷第 2 号第 211 页也认为不批准不违法，但上述最高法院判决的二审即东京高判昭 51・7・19 讼月第 22 卷第 8 号第 1982 页、高松高判昭 48・3・31 讼月第 19 卷第 6 号第 86 页、高松地判昭 47・3・30 讼月第 18 卷第 8 号第 1267 页认为其违法。此外，名古屋高金泽支判昭 49・4・5 注（37）消极地看待让作为利害关系人的"全体职员周知"地方公务员勤劳补贴支付基准的必要性。

［46］　东京地判昭 46・4・17 注（35）。但它说"应该告知执照申请者，或者一般性公布"，而没有作为不可缺少的要件。作为必要的理由，除了应该对于国民充分保障其辩解、提出证据的机会之外，例举了审查基准"实际上被如同法规一样地适用，决定执照的批准与否"。

［47］　东京高判昭 40・9・16 注（34）。东京地判昭 38・9・18 注（34）说，即使"公开基准的内容，接受世人的批判，是为了实现行政程序的公正所希望的事情，但因为公开基准对于保护上述利害关系人的权利不可能直接起作用，所以一般地公布基准……不能解释为程序正当的不可缺少的要件"。东京高判昭 59・3・14 行集第 35 卷第 3 号第 231 页在结论上也是同一旨趣。另外，福冈地判平 3・7・25 行集第 42 卷第 6・7 号第 1230 页、最一判昭 46・10・28 注（35）说"本案是不同的事例"，否定告知、公布福冈县温泉审议会设定的《福冈县温泉相关许可基准内规》的必要性，东京地判平 2・10・15 行集第 41 卷第 10 号第 1639 页说"不公布处分的基准不直接成为处分违法的事由"。

及第一、二次行政程序法研究会的纲要方案（分别是第 0702、0502 条），关于"许可基准等"及"处分基准"，原则上（如果是根据后者，那么排除"妨害行政目的，或者损害公共福利的情形"）都要求"公布"（但第二次行政程序法研究会案第 0802 条关于"行政指导的指针"只要求"向相关者开示"）。

虽然不十分清楚上述各法案如何考虑要求公布行政处分基准的理由、目的，但可以认为它们在客观上赋予了超出保护行政处分相对人之主观性权利的目的和功能[48]。

再有，对于是否有必要基于地方公共团体信息公开条例"开示"（或者"公开"）行政基准（或以其为内容的公文），虽然成为问题的是，是否会妨害涉及该行政基准之行政活动的公正执行，但只要请求权人的范围没有限定于对相关行政活动具有个人性利害关系的人，那么对于特定请求人的"开示"，实质上就具有一般性"公布"的功能。这是因为一旦向特定的请求人公开行政基准（只要请求人的主观事由不是条例上规定的为判断公开与否所要考虑的要素），就不允许拒绝其他人的请求。

四、行政程序法

218　　《行政程序法》被根据 1991 年临时行政改革推进审议会（第三次）的《行政程序法纲要案》起草，并于 1994 年 10 月 1 日正式施行。下面谈谈《行政程序法》关于行政基准的设定及公开的各种规定，同时简要地整理一下可能考虑到的各种问题与论点。

（一）《行政程序法》

1. 相关规定

《行政程序法》规定了以下四种行政基准：（a）关于依申请

---

〔48〕　关于要求行政基准"公开"的意义、目的或对象等，也包括德国的判例、学说，参见乙部哲郎："要求行政规则公开的权利（行政規則の公開を求める権利）"，载《神户学院法学》1981 年第 11 卷第 4 号；大桥·注〔5〕，第 144 页以下。

的处分，"为依据相关法令规定判断是否批准所申请的许可认可等所必要的基准（"审查基准"）（第5条第1款）；（b）关于依申请的处分，"从申请到达事务所至对该申请作出处分为止通常应该需要的标准期间"的规定（第6条）；（c）对于不利处分，"为根据相关法令规定判断是否给予不利处分或者给予什么样不利处分所必要的基准"（"处分基准"）（第12条第1款）；（d）为了"实现同一行政目的"，对于"符合一定条件的复数的人"进行行政指导时"应该成为这些行政指导内容之共同事项"的规定（第36条）。在这四种基准中，（a）、（b）、（c）是作为"行政性法规实施基准"的行政处分基准，它们不但可能涉及行政处分的效果或内容，还可能涉及事实认定及评价、要件充足性之认定等［（b）是处理期间］方面，也可能是解释基准和裁量基准中的某一个。（d）多是作为"行政性法规替代基准"的行政指导基准。

此外，《行政程序法》对于适用该法的行政处分及行政指导，课以设定有关这些处分及指导之行政基准的义务［（a）、（d）］或者课以必须努力地设定行政基准之义务［（b）、（c）］，同时也要求将设定的基准"公开"［（a）、（b）、（c）］或"公布"［（d）］。

2. 目的

前面所提到的各判决，只关于依申请行政处分的一部分阐述设定、公开行政基准的必要性。相对于此，如果将仅课以设定行政基准之努力义务的内容也包括在内，那么上述《行政程序法》的规定与各法案同样，将对象扩大到行政处分（对于申请的处分、不利处分）及行政指导[49]。

---

〔49〕 但有必要注意，除了地方公共团体行政机关进行的行政指导、基于条例及规则的行政处分之外，还有很多适用例外的情形。参见《行政程序法》第3（特别是第1款第6～14项）、4条。

　　另外，以前的判例通过确保行政厅事实认定之公正性来保护行政处分对方的权利利益，从这一角度出发，将是否有必要设定、告知行政基准列为问题。而《行政程序法》的各规定与各法案类的相关规定同样，具有超出了这样的目的的功能。

　　也就是说，就上述三种行政处分基准来说，设定这些基准并予以公开，不仅有助于行政处分之相对人针对相关事实适当地辩解或提供证据，也提高了预测是否会被作出行政处分以及（到什么时候）被作出什么内容的行政处分的可能性（进而，例如减轻准备申请时的负担）。而且，设定并公开这些基准，也成为事先在某种程度上提示行政处分的理由，从可能明确所作出的行政处分是否符合行政基准等方面来看，这也在某种程度上为行政争讼提供了攻击与防御的资料。

　　上述功能，虽然不限于确保事实认定之公正性，但仍可以说是《行政程序法》在整体上所具有的、"保护国民之权利利益"（第1条）这一"自由主义性"或"主观法性"[50]目的范围内的功能。但是，不仅将行政基准的内容告知相对人而且予以公开，这是将行政基准的内容置于一般国民的监督、批判之下，既有助于设定具有合法且合理之内容的行政基准，也有助于确保行政机关在行政处分判断上的客观正当性、公正性。在这一点上，它不仅对于利害关系人，在与一般国民的关系上，也有助于"确保行政运营的公正性和提高透明度"（第1条），从而发现"迈向民主

---

〔50〕　分别是原田尚彦：《行政法要论》（全订第三版），学阳书房1994年版，第133～134页；藤田宙靖：《行政组织法》，良书曾及会1994年版，第101页。盐野·注〔9〕第236～237页也阐述说《行政程序法》的目的"归结于国民个人权利、利益的保护"等。

或更为开放之行政决定的契机"〔51〕。

（二）解释、运用

如上所述，《行政程序法》在行政基准之设定、公开上的规定具有划时代意义，但如果主要针对上述的"审查基准"、"处分基准"来说，那么可举出以下几个法解释上或运用上的论点：

（1）如果法令关于依申请处分以及不利处分充分地规定了具体基准，并不产生设定"审查基准"、"处分基准"之义务或努力义务〔52〕，那么有必要根据各行政处分，分别去探讨法令上的规定的具体性、详细性程度。另外，还可能出现这样的问题，即什么样的情形能说是怠于履行设定"处分基准"并"予以公开"的"努力"义务〔53〕。

（2）要求对应于相关许可认可、不利处分之性质设定"尽可能具体"的"审查基准"、"处分基准"（第5条第2款、第12条第2

〔51〕　盐野·注〔9〕第238页指出，《行政程序法》不是"完结的封闭"的法，"……也可能发现迈向民主的或更为开放的行政决定的契机，并加以运用"。总务厅行政管理局作为制定、公布审查基准、处分基准的旨趣，除列举了①确保行政处分的申请人、相对人的"预见可能性"之外，还列举了②"提高行政厅判断过程的透明度"，参见总务厅行政管理局编：《逐条解说行政程序法（逐条解说行政手続法）》，ぎょうせい1994年版，第93、123页。另外，关于与"信息公开"的关联，小高刚说"《行政程序法》规定公布审查基准等，不是与行政信息公开的社会要求无关"，参见小高刚：《行政法总论》，ぎょうせい1994年版，第204页；南方博、关有一说"《行政程序法》与信息公开问题有方向一致的地方"，参见南方博·关有一：《简明行政程序法（わかりやすい行政手続法）》，有斐阁1994年版，第19页。也参见宇贺克也："信息公开与行政程序法（情报公开と行政手続法）"，载《法律家（ジュリスト）增刊·信息公开/个人信息保护》，1994年版。

〔52〕　宇贺·注〔11〕第59页、总务厅行政管理局编·注〔51〕第94、96页等。

〔53〕　总务厅行政管理局编·注〔51〕第123页阐述："即使作为努力义务，也不是当然允许没有合理的理由怠于设定或公开处分基准。"另外，有设定义务（或努力义务）的行政机关是"行政厅"，即使在地方公共团体行政机关将关于机关委任事务从国家主管大臣发布的"指示通知"、关于基于法令的自治事务从国家发布的"指导通知"、或审议会类的答复等，作为"审查基准"、"处分基准"原封不动地使用时，也有必要以该行政机关的名义另行设定。

款），那么就有各种行政处分所必要的具体性、详细性程度问题。

（3）关于没有必要将已设定的"审查基准""公开"时的"有行政上的特别妨碍"（第 5 条第 3 款。也参照关于行政指导基准的第 36 条），问题是其具体性判断，以及"公开"的具体方法。如果就后者而言，所谓"公开"，即使不意味着积极、一般性的"公布"，也没有刊登于政府公报、公报的必要（也没有采取"告示"形式的必要），但只在被认可许可等的申请者等请求时出示的做法也与"公开"一词不匹配，是不充分的，至少有必要将写着设定有行政基准（以其为内容的公文）、请求时将无条件地提供的公文，张贴于相关行政机关事务所（窗口），让人周知[54]（关于前面"标准的处理期间"的规定也同样如此）。

221

（4）在怠于履行设定"尽可能具体的"基准之义务及努力义务，或者怠于履行"公开"之义务及努力义务时，其给予行政处分自身之违法性或效力以什么样的影响成为重要的问题[55]。

（三）其他课题

行政基准之设定以及公开的问题，并不限于《行政程序法》解释、运用上的各种问题，还有以下几点遗留下来的问题、课题：

（1）关于不适用《行政程序法》之行政处分的行政基准，是否可以适用最高法院 1971 年判决关于设定、告知利害关系人所表明的观点，还可能成为问题。

---

〔54〕 宇贺·注〔11〕第 62 页说，因为"在欲申请的人连存在审查基准这一情况都不知道时，也不可能申请公开"，所以"希望至少努力让人们知道存在审查基准"。另外，不只是申请人等利害关系人，任何人都能要求提示（公开）。宇贺·注〔11〕第 55 页也是同一旨趣。

〔55〕 原田·注〔50〕第 133 页说："因未表明审查基准或者因审查基准不明确而导致申请人不能正确地申请，在申请被拒绝时，可以认为拒绝申请的行为因程序上的瑕疵而违法。"在以前的判例中，东京地判昭 38·9·18 注（34）认为，"没有设定具体基准而作出处分，仅此就能作为以不公正的程序作出的处分而带有违法性"；东京地判昭 46·4·17 注（35）在肯定存在没有"告知"或"公布""审查基准"这一"程序上的瑕疵"的同时，认为行政处分的"内容"合法而驳回撤销请求。

（2）除了依《行政程序法》"公开"的行政基准以外，可能还存在着将其进一步细化的下位行政基准。另外，也可能存在着作为"行政上有特别妨碍"而不予"公开"的行政基准。对于这些行政基准，也可能出现上述（1）中所谈到的问题。

（3）有可能基于《信息公开条例》（或者1994年制定此法以前，基于国家的有关信息公开的法律）请求公开上面（1）、（2）中提到的行政基准（以其为内容的公文），那么，各条例的解释、运用方法也将成为问题。

（4）《行政程序法》没有规定行政基准之设定程序。对一般行政基准或一般"行政处分基准"施以（原则性的）程序性规制是困难的，也是不适当的。不过，尽管可能是关于部分行政基准，但最好能通过个别的行政性法规施以一些程序性规制，以提高其内容的客观性、合理性[56]。 222

第三节　行政基准和司法审查（之一）

一、引　言

下面将概括性地整理与探讨行政基准在行政活动之司法审查中具 223
有何种意义以及如何定位的问题。在本节中，尽量避免详细探讨诉讼制度本身的诸多问题与论点，在留意行政基准之基本性质的

---

〔56〕　如果从行政立法与行政基准的实质性功能的相对性来看，关于设定程序的理想状态，认为没有必要严格地区分两者的观点也可能成立。另外，其中也有可以与行政计划制定程序采用同样想法的行政基准吧。关于出租车执照基准，原田尚彦说"希望完善除原有经营者之外，还能够充分反映一般利用者代表性意见的行政程序"，参见原田尚彦："运输业与认许可行政（運送事業と許認可行政）"，载《法律家（ジュリスト）》1970年第463号；关于税务通知，北野弘久建议说"重要通知方案在第三人性的审议会审议，公开其制定过程"，"确定前广泛听取各界意见"，参见北野弘久："通知课税与通知行政（通達課税・通達行政）"，载同编·《判例研究日本税法体系》，学阳书房1978年版；山岸·注〔15〕第70页指出，有必要在法的层面上完善国民参加"法解释决定过程"的程序。

同时，试着全面整理行政基准在行政活动之司法审查中的意义及其定位。另外，除特别谈及国家赔偿请求诉讼［三（三）］之外，主要考虑的是抗告诉讼的司法审查，但只要对于"违法"性判断没有差异，以下叙述也适用于（基于《国家赔偿法》第 1 条的）国家赔偿请求诉讼。

二、若干前提

　　在将行政基准与行政活动之司法审查间的关联当做问题的前提下，可先指出以下问题：

　　（一）行政基准的内容与适用

　　在行政活动的司法审查中，行政基准可能出现的问题，除了在上一节中提及的是否存在行政基准或有没有公布等之外，还有必要明确地区分为以下两点：①行政基准本身内容的合法性或合理性；②将行政基准适用于具体案件的方法或其结果的合法性、合理性。

　　上述内容虽然是关于作为行政基准之一的裁量基准，但在行政法学说上，一直进行着这样的论述，即①"行政机关违反所依据之法令的内在目的"或者"违反比例原则或平等原则设定裁量基准，在依据这样的裁量基准作出具体行政处分时"，②在适用"裁量基准"时"错误认定要件事实"或者"违反比例原则或平等原则"，均为"违法的裁量滥用"[57]。

　　另外，关于许可设置发电用核反应堆的最高法院 1992 年判决，也区分上述两种情形谈到（有关核能委员会等调查审议的）行政基准，它认为，①"具体审查基准有不合理之处"，或者②"在认为该核反应堆之设置符合具体审查基准的……调查审议

---

　　[57] 杉村·注［10］，第 89 页。杉村敏正也持同一旨趣，参见杉村敏正：《全訂行政法讲义总论（全訂行政法講義総論）》（上卷），有斐阁 1969 年版，第 197 页。

及判断过程中存在着难以忽视的过错、欠缺"时，（依据核能委员会这样的调查审议、判断的）设置许可违法[58]。

（二）行政基准的类型

在行政基准的各种分类当中，与司法审查的关系重要的是，"行政性法规实施基准"与"行政性法规替代基准"之区别，以及关于前者的解释基准与裁量基准之区别。另外，如果将司法审查的情形设想为抗告诉讼，那么可以说成为问题的行政基准多数是"行政处分基准"；如果将其他的诉讼（公法上的当事人诉讼、国家赔偿请求诉讼等）也纳入视野，那么"行政指导基准"等有关其他行政活动的行政基准也可能成为问题。

225

就上述解释基准与裁量基准之区别而言，法院关于它们中的任一基准，都能够独立地判断其在与行政性法规的关系上内容是否合法（前者是判断其是否错误地解释了行政性法规，后者是判断其是否超出了行政性法规所承认的裁量余地之范围，或者是否存在裁量权滥用）。并且，在行政基准被判断为违法时，依据其所作出的行政决定（行政处分等）也违法。而且，也可以说在行政基准被判断为合法时，依据其所作出的行政决定多数也合法。

不过，关于违反合法的行政基准所作出的行政决定之合法性，根据其所依据的行政基准是解释基准还是裁量基准而不同。也就是说，只要站在行政性法规关于某问题、事项的正确解释能够特定为一个之前提上，法院的行政性法规解释与合法的解释基准一致，行政决定违反该基准，就成为违反行政性法规之正确解释的、基于错误之法解释的违法决定。相对于此，在行政性法规所承认的行政机关裁量余地范围内，不同内容的复数的裁量基准都可能作为合法的基准而被设定。行政决定即使没有依据行政机关所选择的特定内容的裁量基准，只要其处于行政性法规承认的裁量余

---

〔58〕　最一判平 4·10·29 注（32）。

地范围内，就可能是合法的决定[59]。

（三）行政基准与私人的利害关系

如果简要谈一下私人对于行政基准的态度，大致可分为两个方面：①不服依据行政基准作出的行政决定，②要求依据行政基准作出行政决定[60]。也就是说，私人对于行政基准的利害关系有两种完全相反的情形：①某行政基准的内容对私人不利，尽管私人要求不适用这一行政基准，仍被依据这一行政基准作出（或者是准备作出）行政决定；②某行政基准的内容对私人有利，尽管私人要求适用这一行政基准，但是不依据该行政基准作出行政决定，或者作出（或者是准备作出）与其不同的不利的行政决定。并且，或许因行政基准种类之差异而有所不同，但总的来说诉讼时私人的主张方法也对应于这两种情形而不相同[61]。

226

----

[59] 关于解释基准与裁量基准的差异，参见盐野·注〔9〕，第84页以下；大桥·注〔5〕，第71页以下、第368～369页；町田显："通知与行政案件诉讼法——以通知的裁判基准性为中心（通達と行政事件訴訟法——通達の裁判基準性を中心に——）"，载《司法研修所论集》，1968年版；拙文："行政规则的法的拘束力（行政規則の法的拘束力）（一）"，载《大阪市大法学杂志》1980年第26卷第3·4号。另外，如已经阐述的那样，一个公文所表明的全部行政基准并不一定都被划分到其中的哪一类。国家行政机关就地方公共团体处理自治事务表明相关法令的"解释"等、没有拘束力的"指导通知"类，只要地方公共团体一方服从之，就也是行政基准。

[60] 大桥·注〔5〕，第362～363页，将其分别称为行政基准的"消极利用"和"积极利用"。

[61] 对应在正文中阐述的意义上的①不利的行政基准与②有利的行政基准之情形的区别，设想作为诉讼当事人的私人作如下主张（①a～c、②d～f），被告行政机关一方做如下反驳（①a'～c'、②d'～f'）。它们之间的区别实际上也有微妙的地方（特别是a与c、d'与f'）。另外，关于这些内容不是单一选择，根据案件也可能被预备性或交换性地平行进行主张，也可能分别根据一个公文中复数存在的行政基准中的每个部分另行主张）a、d（及a、'd'）是关于关系到私人的具体相关事实与行政基准的关联性主张，b、f（b'、f'）是关于行政基准的内容的合法性、合理性的主张，c、f（c'、f'）是关于行政基准的适用方法或结果的主张。①a不是可以适用行政基准的案件。a'是应该适用行政基准的案件。b行政基准是违法的、不合理的，适用其作出的行政决定是违法的。b'行政基准是合法、合理的，适用其作出的行政决定是合法的。c即使是行政

三、行政基准与裁判基准性

行政基准不具有外部性法的效力，法院不能将其作为判断行 227
政活动是否合法的裁判基准直接适用，对于违反行政基准的行政
活动，法院也不能仅以此为理由而将其评价为"违法"[62]。关于
行政基准的这种基本性质，存在着以下论点和问题：

（一）行政基准的"外部法"化

问题是在什么意义上能够谈行政基准具有外部性法的效力，
或者具备何种条件、要件，行政基准才具有外部性法的效力或类
似的效力。如果将具有外部性法的效力的规范称为"外部法"
（参见本书第六章第四节），那么问题就是行政基准"外部法"化
的意思和条件。但是，关于这一问题不能单纯地或者一概性地议
论，有必要留意"外部法"化的意思及条件可能是多种多样的。
关于这一点，存在着以下的论点与问题：

（1）根据行政机关之"立法"是否有议会之授权的理解方
法，有可能将迄今为止一直被当做行政基准（或"行政规则"）

基准，是合法、合理的，其适用方法、结果有错误，行政决定也是违法的。c' 行政基
准是合法、合理的，在其适用方法、结果上没有错误，行政决定是合法的。②d 是应该
适用行政基准的案件。d' 不是可以适用行政基准的案件。e 行政基准是合法、合理的，
应该适用其作出行政决定。e' 虽然是可以适用行政基准的案件，但其行政基准是违法
的、不合理的，没有适用其作出行政决定的必要。f 虽然是应该适用合法、合理的行政
基准的案件，但其适用方法、结果有错误，不作出行政决定（或作出与其不同的行政
决定）是违法的。f' 虽然是可以适用合法、合理的行政基准的案件，但有适用其不恰
当的特别的理由，不作出行政决定（或作出与其不同的行政决定）是合法的。

　〔62〕参见本书第四章第三节三（一）（原书三2，边码第172页以下）及后注
〔99〕、〔101〕、〔109〕所列的各判决。阐述不以行政决定违反行政基准为理由直接将其
视为违法这一旨趣的早期下级判决，有关邮政兼电气通讯省内部制成的"削减职员基准"
的名古屋地判昭26·4·28 行集第2卷第6号第925页，关于《法警职务规则》（明23司
法省民训令241）的函馆地判昭30·12·12 讼月第2卷第2号第66页，关于收买、交售
农地事务的农林省农林局局长通知的东京地判昭33·1·29 行集第9卷第1号第14页等。

的规定定性为具有"外部法"效力的行政立法（虽然对此持消极的态度，但例如，对仅依据预算的"给付基准"，肯定预算之"立法"授权）。由此也可以探讨行政机关制定的规定成为"立法"的依据、条件。只是，这是涉及区别行政立法与行政基准之方法本身的问题，很难说是将具有行政基准之基本性质的规定变成"外部法"的要件问题。

（2）依据行政基准持续性地进行行政活动时形成行政惯例，行政惯例因包括私人在内的法的确信而得以维持。这时就可能讨论"习惯法"或"行政先例法"的成立，并且有的下级判决在一般理论上也承认这一点[63]。在这种情形下，"习惯法"化的行政基准其本身同时成为"外部法"的一种。只是，虽然私人对税务行政上的非课税实务或"给付基准"、地方公共团体对作为"行政指导基准"的"指导纲要"都主张成立、存在"习惯法"[64]，

228

---

　　[63]　长崎地判昭 36·5·19 行集第 12 卷第 5 号第 1017 页作为一般理论，阐述依据"通知"处理事务，"长期重复这一做法时，这种事实上的处理取得一般性法的确信，也可能有应该作为习惯法的行政先例法予以承认的情形"（但是，三审即第三判昭 38·12·24 讼月第 10 卷第 2 号第 381 页〔征收赠与税处分案〕没有提到"习惯法"化的论点）。关于"习惯法"成立的要件（所谓"法的确信"被认为是通说），参见田中二郎：《行政法总论》，有斐阁 1957 年版，第 147～161 页；中川刚："行政法与习惯法（行政法と慣習法）"，载《行政法的争点》（新版），1990 年版。
　　[64]　关于应该征收弹子球游戏机物品税之"通知"以前的非课税实务，参见东京地判昭 34·5·14 行集第 10 卷第 5 号第 937 页、东京高判昭 35·5·21 行集第 11 卷第 5 号第 1497 页的案件（这些是否定存在着非课税的"法的确信"的判例），关于"给付基准"参见大阪高判昭 54·7·30 注（23）的案件，关于"指导纲要"参见最二决平 1·11·8 注（3）、同二审判决即东京高判昭 60·8·30 判自第 22 号第 49 页的案件。另外，长崎地判昭 36·5·19 注（36）否定基于"通知"的处理具有"习惯法"的效力而驳回请求，东京地判昭 45·7·29 判时第 616 号第 59 页否定存在有关租地权比例的"行政先例法"而驳回请求，福冈高判昭 60·9·27 行集第 36 卷第 9 号第 1447 页，关于县立高中校长的任命需要教职员工会的推荐或承认，肯定存在"惯例"，同时认为任命违反"违背法制"的惯例不违法，也考虑该惯例，审查对于拒绝校长就任的斗争者之惩戒处分适当与否，将免职处分作为裁量滥用而撤销（最二判平 1·9·8 判自第 72 号第 19 页〔拒绝县立高中校长就任案〕也维持这一结论），福冈高判平 1·

但是（第二次世界大战以后）没有判例承认行政基准能成立"习惯法"。有必要深入地探讨上述"法的确信"的意思以及能够承认其已形成的条件[65]。

（3）虽然并非是直接承认行政基准本身具有"外部法"之效力，但有的现象可理解为以法的一般原理为媒介，间接地或在结果上使行政基准产生这种效力。例如，最高法院的1985年判决所述的、如果能有可将对行政指导的不合作说成违反"正义观念"的特别理由，或者1989年判例所述的、如果对不服从行政指导的人供水可能助长违反"公序良俗"，那么像这样的例外情形，虽然需要以考虑个别案件的具体理由或探讨行政指导内容的合理性为前提，但在结果上是承认了该行政指导所依据的行政基准之"外部法"性的效力[66]。

7·18 判夕第721号第139页否定能在邻接町设置的小学就读的"习惯法"上的权利而驳回请求，东京地判平4·1·28行集第43卷第1号第7页排斥被告行政厅所主张的企业团体（日本矿业协会）册子表明的会计处理"作为同业界公正妥当的会计处理基准已经固定"，承认部分请求。

〔65〕三边夏雄说"现状况之下，还不能承认开发指导纲要的习惯法性质"，同时强调"也包含着向习惯法发展的契机"，参见三边夏雄："地方公共团体开发指导纲要（地方公共団体における開発指導要綱）"，载《成田赖明退官纪念论文集·国际化时代的行政与法》，良书普及会1993年版。另外，关于存在着一部分承认"习惯法"性的学说，参见三边·上述，第245~246页。

〔66〕最三地判昭60·7·16民集第39卷第5号第989页〔东京都建筑确认保留案〕（但不是有关基于"指导纲要"的行政指导）、第二地判平1·11·8注（3）。也参见东京地八王子支判平4·12·9判夕第813号第216页，这一判例说不依据"指导纲要"，"不直接违反公序良俗"。兼子仁说，不是承认指导纲要本身的"法规"性，应该"从都市'条理法'的角度"评价、认定违反指导纲要的"反都市法性"，参见兼子仁：《自治体法学》，学阳书房1988年版，第223页以下；真砂泰辅说，不服从指导纲要，有成为"社会性实质违法"的情形，参见真砂泰辅："地方公共团体的行政指导——以住宅用地开发指导纲要为中心——（地方公共団体における行政指導——宅地開発指導要綱を中心として——）"，载足立忠夫等编：《现代政治与地方自治》，有信堂1975年版，第247页。另外，铃木庸夫指出了以个别行政指导解决纠纷背后的"指导纲要"类的界限，指出有必要在"理想城市之利用计划或城市建设政策"体系中定位，参见铃木庸夫："行政机关解决建筑和开发纷争的问题点及其改革方向（建

（4）另外，如果对个别案件不依据行政基准作出行政决定就违反"平等原则"或"诚信原则"，可以说该行政基准在结果上产生了（课以依据其作出行政决定之义务）"外部法"性的效力。关于这一问题，将与行政决定因行政基准的变更（新行政基准的设定）而违反以前的行政基准的问题一起，在后文中重新论述（本章第四节三、四）。

（二）"依通知裁判"

如果出现上述的行政基准"外部法"化，法院将行政基准作为裁判基准或者如同裁判基准一般适用，那么就出现可以表述为（不是"依通知行政"）"依通知裁判"的现象。虽不能说是判例整体的动向，但在判例中，有的判例让人感到未严密且慎重地考虑行政基准的基本性质或其"外部法"化条件，就轻易地将行政基准如同"外部法"一样地利用。关于这一问题，也将在后文中重新论述（本章第四节二）。

（三）国家赔偿请求诉讼

迄今为止，主要设想抗告诉讼（尤其是撤销诉讼）的情形来谈论行政基准的基本性质，即并不以行政活动违反行政基准为理由而直接将其视为违法，那么对于国家赔偿请求诉讼中的"违法"性判断，可否也作同样的理解呢？虽然关于这一问题，有必要深入探讨抗告诉讼之"违法"与国家赔偿请求诉讼之"违法"的异同、国家赔偿制度的意义及功能等问题[67]，但是国家赔偿制

築・開発紛争の行政機関による解決の問題点とその改革の方向)"，载南方博、关哲夫、铃木庸夫编：《行政纷争处理的法理与课题（行政紛争処理の法理と課題）》（市原昌三郎古稀纪念论文集），法学书院1993年版。

〔67〕 目前，参见远藤博也：《国家补偿法（国家補償法）》上卷，青林书院新社1981年版，第166页以下；藤田宙靖："法治主义与现代行政（法治主義と現代行政)"，载《现代法哲学》第3卷，东京大学出版会1983年版；阿部泰隆：《国家补偿法（国家補償法）》，有斐阁1988年版，第147页以下；盐野宏：《行政法II》（第2版），有斐阁1994年版，第226页、第244页以下；宇贺克也："国家责任的分析（国家責任の分析)"，载《高柳信一古稀纪念论文集・行政法学的现状分析》，劲草书房1991年版。

度也应发挥担保"依法律行政"原理之功能，如果考虑并重视这
一点，那么对于刑事司法上的行为（如检察官的起诉等，问题就
在于与"过失"要件的关系及异同）或者规制权限之不行使等
（"过失"要件被吸收到"违法"性要件中论述）以外的通常的行
政活动，可以认为基本上可与抗告诉讼的情形作同样理解。也就
是说，姑且不论前面提到的那样的能够谈论行政基准"外部法"化
的情形，通常的行政活动（"公权力之行使"的行政活动）即使违
反行政基准，也不被适用《国家赔偿法》第 1 条直接评价为"违
法"行政活动。但对于上述不作为的情形或缺乏行政性法规之规范
的学校教育行政上的措施等，在"违法"性实质上被与有无"过
失"进行一体性判断时，有时将违反行政基准作为重要的理由推导
出"违法"性[68]。

在此一并说明一下，关于与国家赔偿请求诉讼之关系上的行
政基准的议题，除了上面简要涉及的行政活动违反行政基准的
"违法"性问题外，还有以下问题：

（1）行政决定被原封不动地依据内容上违反行政性法规的行
政基准作出，且这一行政决定在《国家赔偿法》上也"违法"
时，有作出这一行政决定的公务员有无"过失"的问题。此时同
样的问题还有，行政机关担任者原封不动地依据内容违法的行政

230

----

〔68〕 如果只谈有关规制权限之不作为的部分判例，大阪地判昭 57·9·30 讼月第
29 卷第 4 号第 599 页对于肯定（有关劳动基准监督行政上的行政指导等的行政基准，
最为具体的是大阪劳动基准监督局局长发给守口劳动基准监督署的有关"昭和 42 年度
卫生管理特别指导"的通知）行政指导及停止使用处分等的不充分性、不作为之"违
法"性发挥了极大的作用。另外，虽然原田尚彦说"作为法律论有些勉强"（参见原
田尚彦："判例批判（判批）"，载《法律家ジュリスト》1979 年第 693 号·昭和 53 年
度重要判例解说），但东京地判昭 53·8·3 判夕第 365 号第 99 页认为，因行政基准
［厚生省药务局局长《关于承认药品制造的基本方针》（昭 42）］的设定而使《药事
法》的性质发生了实质性变化，这时可能根据这一变化撤回对医药品制造的承认，在
一定的要件之下，其不行使从该行政基准设定时就"违法"了。

立法作出行政决定，其有无"过失"[69]，但对于依据违法行政基准的情形，该行政基准有无"内部性"法的效力（公务员是否存在服从行政基准的义务）也是应考虑的要素之一。

（2）即使否定依据违法行政基准之公务员的"过失"，也可能将设定这种行政基准的行为本身作为加害行为理解，且将设定行为之"违法"性及设定行政机关（担任的公务员）之"过失"作为问题，并且，有判例肯定这一点[70]。此外，不问作为具体执行行为的行政决定是否介入，设定、修改、废止一定内容的行政基准（或者不设定行政基准）作为"公权力之行使"之一，是加害行为，其"违法"性以及"过失"都可能独自成为问题。

（3）不依据没有违反行政性法规（合法）、且具有"内部性"法的效力的行政基准进行行政活动，而此行政活动"违法"时，某种程度上可简单地肯定公务员不依据合法行政基准的"过失"[71]。

---

〔69〕 参见本书第二章第三节三（原书同），边码第99页以下。札幌地判昭32·10·11讼月第3卷第11号第42页认为《关于第二次农地制度改革之事宜》（昭22农政3107号）的一部分因错误解释法而"违法"，但同时，它以存在着与上述"通知""站在同一见解上的学说及判例"为理由，否定市町村、都道府县各农地委员会委员依据其作出行政处分及裁决的"过失"。但是，大分地判昭63·5·30シュト第322号第39页、第323号第7页认为，依据了有"相当根据"的税务通知作出的课税处分，即使此后该通知变更，也不是《国家赔偿法》第1条的"作为归责事由的违法"。

〔70〕 参见阿部·注〔67〕，第172页；藤原淳一郎："判例批判（判批）"，载《判例评论》1988年第348号（关于要求缴纳开发协助费的"指导纲要"的设定）。东京高判平5·10·28判夕第863号第173页判断：关于应该接受《废弃物处理法》第14条第1款许可的产业废弃物处理业的意思、范围，厚生省环境卫生局产业废弃物对策室室长通知（昭56环产14号）是错误解释法的违法通知，且"很难说解释有相当的根据"，"……厚生省的主管官员对发布通知、表明对于法的错误解释至少存有过失"，关于基于依据行政基准的行政指导所进行的无用的许可申请、许可取得所使用的费用，承认国家赔偿请求。关于这一判决，参见桥本博之："判例批判（判批）"，载《法律家（ジュリスト）》1994年第1043号。另外，名古屋地判昭61·10·23判夕第637号第169页否定市教育局局长没有发布"通知"的赔偿责任。

〔71〕 例如，东京地判昭59·5·18讼月第30卷第11号第2011页，将违反行政基准（昭和36年《预防接种实施要领》）的行为，直接结合到公务员（接种担任者）在与两名受害儿童关系上的"注意义务"之违反、"过失"之存在的认定上。另外，

（4）有关"公共营造物"设置、管理的行政基准之内容是否适当或其有无被遵守，与《国家赔偿法》第 2 条所说的有无"瑕疵"之认定间存在什么样的关系，也可以成为探讨的问题[72][73]。

有关居民诉讼的京都地判昭 62·7·13 行集第 38 卷第 6·7 号第 550 页虽将公款支出的合法性视为疑问，但还是以自治省行政局公务员部部长没有发布有关更正工资的"通知"作为理由之一，否定市长的"过失"。

　　〔72〕　如果只谈判例的一部分，东京地判昭 55·1·31 判时第 956 号第 25 页阐述说，千叶县《海水浴场等安全指导纲要及施行要领》只不过是对于设置、管理海水浴场的市町村的行政指导，不能够将行政指导的内容原封不动地当做本案海水浴场本来应该具备的安全措施的内容，认为没有依据上述《纲要》不直接产生《国家赔偿法》第 2 条的赔偿责任（参见真砂·注〔3〕第 38 页、铃木·注〔3〕第 39 页）；关于暴雨时因国家直接管理的多目的水库泄洪所造成的损害，鹿儿岛地判昭 59·3·23 讼月第 30 卷第 9 号第 1511 页详细探讨了《鹤田水库操作规则》（昭 42 建设省训令 8 号）的内容（洪水调节容量等）以及其具体实施方法，驳回了赔偿请求；名古屋地判昭 61·3·14 讼月第 32 卷第 12 号第 2775 页深入探讨了建设省道路局局长通知《关于立体横断设施设置要领（案）》（昭 42）的内容、适用状况，否定了人行过街天桥设置市以及发布上述通知的国家的赔偿责任（参见藤原淳一郎："判例批判（判批）"，载《判例评论》1987 年第 336 号）；前桥地判平 6·3·25 注〔17〕对于违反建设省都市局局长、道路局局长通知《桥、高架道路等的技术基准》（昭 47）等主张，阐述"在判断……瑕疵存在与否时，即使基准可能成为大体的线索，……也不能依据有无适用基准直接决定有无……瑕疵"等而驳回请求。

　　〔73〕　此外，在抗告诉讼、国家赔偿请求诉讼以外的诉讼中，行政基准具有何种意义也可能成为问题。宫崎地判昭 57·3·30 判タ第 464 号第 76 页，将《关于救助技术训练的经过报告》（昭和 52 宫崎县消警 899 号）等内容作为理由之一，肯定国家公务员有安全考虑义务；东京高判昭 59·7·19 判时第 1121 号第 33 页认为变更"通知"类〔《关于延长定期检查时间》（昭 39 航空自卫队幕僚长整电 152 号）〕本身违反安全考虑义务。另外，关于谈到行政基准在私人间非法行为诉讼上的意义的学说、判例，参见原田尚彦：《环境权与审判（環境権と裁判）》，弘文堂 1977 年版，第 232～234 页；真砂注〔3〕，第 39 页；最三判昭 42·10·31 判タ第 213 号第 234 页〔防止噪音指导基准民事案〕（二审即名古屋高判昭 41·12·12 判タ第 213 号第 235 页认为，"只要没有其他特别理由"，名古屋市防止噪音指导基准"就是社会生活上一般应忍受的……客观基准"，而承认请求。三审认为其包括指导基准在内综合性地进行了判断，而维持二审判决）；最二判昭 46·4·23 民集第 25 卷第 3 号第 351 页〔铁路道口保安设备民事案〕（阐述因为可以明确《运输省铁路监督局局长通知（昭和 29 年 4 月 27 日铁监第 384 号、同之二）》规定的"地方铁路轨道及专用铁路的道口保安设备设置标准"，"表明了作为行政指导监督上大致标准的必要的最低限度，所以只以依据上述基准不要求在本案铁路道口道路设置保安设备这一点，不能作为在铁路道口道路的轨道设施的设置上没有瑕疵而应该否定《民法》第 717 条的土地建造物所有者赔偿责任的理由"，从而承认对于电铁公司的请求）。

四、行政基准与私人的法律地位

234   行政基准本身不具有外部性法的效力，不具有直接设定或改变私人之权利义务以及其他法律地位的效力。但在行政基准具有对私人有利的内容时，不是不可能谈论因行政基准的"外部法"化而对私人产生某些"权利"（例如，根据平等原则或诚信原则，要求依据行政基准作出行政决定的"权利"）。另一方面，因具有不利内容之行政基准的"外部法"化而进行的"依通知裁判"，对私人的法律地位不利地发挥功能。

虽然上述行政基准的裁判基准性、"外部法"性问题，同时也是与行政基准之关系上私人的法律地位问题，但下面主要从私人在争讼上的法律地位或通过争讼保护、实现私人法律地位的角度，论述行政基准在诉讼上的若干问题与论点。

（一）行政基准本身的"处分性"

如果如大多数判例那样作为抗告诉讼（《行政案件诉讼法》
235 第 3 条第 1 款）的对象要件，要求是对私人产生（直接性且具体性）法律效果的行为，那么因为行政基准本身对私人不具有（"外部性"）法的效力，所以行政基准不能成为抗告诉讼的对象。不过，不是只有抗告诉讼为私人提供法律保护，正如在本书第四章第三节四中也谈到的那样，如果着眼于行政基准可能具有的"外部"影响力（产生侵害或可能侵害私人权利、法益的事实效果），且站在作为抗告诉讼对象的"公权力之行使"并不一定局限于对私人产生法律效果之行为这一前提上，那么不问是否站在所谓"形式性行政处分"论之上，即使在现行法之下，也可以承认行政基准成为抗告诉讼〔撤销诉讼、无效确认诉讼，或者如果其对象限定为具有"法的"效果的行为，则作为法定外抗告诉讼的违法确认

（宣告）诉讼〕对象的可能性[74]。

（二）基于行政基准之行为的"处分性"

如果只有基于议会立法之授权的行政决定能对私人产生（具体的）法律效果，且只有具有这种法律效果的行为才能是抗告诉讼的对象，那么在受"行政性法规实施基准"规范的行为中，不能说是基于行政性法规授权的行为以及只受"行政性法规替代基准"规范的行为，不能够成为抗告诉讼的对象。并且，有不少判例依这种观点否定"处分性"，如最高法院 1963 年的判决等。只是，也有必要考虑抗告诉讼之外的诉讼，与在上面（一）中的论述同样，如只受行政基准规范、行政基准成为其"根据"那样的，对私人不具有法律效果的行政决定，也有承认其"处分性"的余地。

此外，"处分性"问题以外，还有这样的问题，即行政基准

---

〔74〕　结果相当于《行政案件诉讼法》第 3 条第 2 款所说的"其他相当于公权力行使的行为"。如山内一夫也指出的那样，虽然对于行政基准之诉讼可能具有"规范控制诉讼"的性质，但在有无"处分性"的判断中，即使是采用是否存在"法律上的争讼"性或具体案件性的判断，也不能否定因行政基准的设定而产生具体的纷争，参见山内一夫："判例批判（判批）"，载《法律家（ジュリスト）》1973 年第 535 号〔东京地判昭 46·1·18 行集第 22 卷第 1112 号第 1785 页是肯定"通知"的"处分性"的判例，其所涉及的"通知"特定相关私人（函数尺制造业者），具有相当具体性的内容〕。关于"通知"类或行政基准的处分性，参见有关最三判昭 43·12·24 民集第 22 卷第 13 号第 31~47 页〔墓地埋葬法通知案〕的拙文："判例批判（判批）"〔载《行政法判例百例Ⅰ》（三版）〕所列的诸多文献、兼子·注〔66〕第 72~74 页、盐野·注〔67〕第 81~82 页、大桥·注〔5〕第 136~137 页。作为否定的判决，除上述的最高法院判决之外，关于限制被收容者发信的拘留所所长的规定，有大阪地判昭 58·11·10 行集第 34 卷第 11 号第 1895 页，关于公平交易委员会的公布文（参见注〔15〕）有东京地判平 4·3·24 行集第 43 卷第 3 号第 498 页。另外，关于对"通知"的行政不服申诉"错误"地作出驳回决定，也参见东京地判昭 45·8·20 判夕第 256 号第 269 页、被解释为以通知具有处分性为前提议论行政申诉机关的东京地判昭 43·2·28 行集第 19 卷第 12 号第 335 页。另外，山岸·注〔15〕第 153 页以下提议，将"直接司法控制行政权之法解释"的"解释诉讼"作为"客观诉讼"之一立法化。

之规定的内容是否可能成为承认（作为行政处分对方以外的第三人的）私人之原告适格的根据[75]。

（三）行政基准与私人的"权利"

236 　　即使是只基于行政基准的行为有成为抗告诉讼之对象的余地，或者，即使是允许与此相关的抗告诉讼以外的某些诉讼，行政基准的基本性质——对私人不具有法律效力且不直接产生与此对应的私人的某些"权利"也带来诉讼上的种种难题。关于抗告诉讼，除了上面提到的"处分性"或原告适格问题之外，还有其他

---

　　〔75〕 除后注〔76〕所列的各判例以外，否定"处分性"的案件是：关于知事基于厚生省保险局局长发给都道府县知事的《社会保险医疗担当者监察纲要》（昭 28 厚生省保发 46 号）对保险医作出"警告"，有最三判昭 38・6・4 民集第 17 卷第 5 号第 670 页〔社会保险医警告案〕；关于基于东大阪《道路用地界线明示以及……处理纲要》（昭 42・6・1）的明示行为（界线桩设置行为），有大阪地判昭 53・10・12 判时第 928 号第 57 页；关于不进行基于《法务省嫌疑人补偿规程》（昭 32 法务省训令第 1 号）补偿的"裁定"，有大津地判昭 57・2・8 行集第 33 卷第 1・2 号第 35 页、大阪高判昭 57・6・29 行集第 33 卷第 6 号第 1436 页；关于基于寝屋川市《开发指导纲要》的建筑"承认"，有大阪地判昭 58・9・29 行集第 34 卷第 9 号第 1681 页；关于基于《土地利用公正化指导纲要》（昭 49 告示第 1209 号）的拒绝事前协议申请行为，有静冈地判昭 63・5・27 行集第 39 卷第 5・6 号第 359 页、东京高判昭 63・10・31 行集第 39 卷第 10 号第 1359 页；关于作为基于"通知"的"经由事务"，农业委员会对知事的"进达"，有名古屋高金泽支判平 1・1・23 行集第 40 卷第 1・2 号第 15 页。也参见青森地判平 4・7・28 行集第 43 卷第 6・7 号第 991 页，其否定了对于国立大学校园内土地使用申请之回答的"处分性"。另外，关于补助金交付决定的东京地判昭 63・9・16 行集第 39 卷第 9 号第 859 页、该审二审东京高判平 1・7・11 行集第 40 卷第 7 号第 925 页等，从同样的观点，否定作为居民诉讼二号请求（《地方自治法》第 242 条之 2 第 1 款第 2 项）对象的"行政处分"性。关于原告适格问题，如果从行政基准的基本性质来看，行政基准不应该对于行政性法规范之保护法益解释直接发挥作用。只是，一方面，福岛地判昭 59・7・23 行集第 35 卷第 7 号第 995 页、高松高判昭 59・12・24 行集第 35 卷第 12 号第 2078 页等，关于撤销核反应堆设置许可诉讼，以《安全设计审查指针》（昭 45 核能委员会决定）、《立地审查指针》（昭 39 核能委员会决定）等以防止周边居民受害为目的作为周边居民具有原告资格的根据（是将行政基准如同"法"一样对待，对于私人发挥有利功能的例子），另一方面，前桥地判平 2・1・18 行集第 41 卷第 1 号第 1 页，以有关废物处理场的《用地选定基准》只不过是"行政指导之指针"而不是保护附近居民个别性利益之旨趣为理由之一，否定原告适格。

的问题，例如，在行政基准对于依申请之行政决定体系已进行规定时，能否将基于行政基准的申请说成提起不作为违法确认诉讼所必要的"基于法令的申请（《行政案件诉讼法》第3条第5款）"（即申请的"权利"能否从行政基准产生），或者在本案审理中，如何审查该行政决定的违法性（行政基准不能直接成为裁判基准）等。此外，关于公法上的当事人诉讼、民事诉讼，还有为了在本诉中胜诉怎样引导出必要的某些"权利"的问题。

作为"行政性法规替代基准"之一的"给付基准"，其规定补助金、扶助金等的交付，贷款等的要件、程序等，尤其可能出现上述各种问题，而且，正如已经在几个下级判例中看到的那样，实际上也产生了上述各种问题[76]。虽有必要根据每个"给付基准"的内容或实际运用状态进行深入的讨论，但是如果以应允许对根据"给付基准"不批准申请的决定或不作为提起某些诉讼为前提，那么大致可考虑从以下四个方向解决：

（1）承认由行政基准创设一定的给付制度违反"法律保留"原则，违宪、违法，同时，给予由行政性法规进行授权和规范以宽限期，在这一宽限期内，将基于行政基准的给付制度理解为临时且例外地产生私人之"权利"的"法的"制度。这种思考方法是以有关"法律保留"之适当范围的（宪法）理论与行政实务上的理解相背离为前提，谋求两者之间（以保护私人利益为方向）的调整。并且，与受行政性法规之规范的补助金等给付制度同样考虑，允许利用抗告诉讼或其他的诉讼。但问题是，有必要讨论由行政基准创设　237

---

[76]　大阪地判昭53・5・26行集第29卷第5号第1053页（大阪市《服装及保育用品购入费助成金支付纲要》）、大阪地判昭53・5・26判时第909号第27页（大阪市《特别就学奖励费执行要项》）、东京地判昭60・6・27行集第36卷第6号第1063页（荒川区《同化职业资金贷款事业实施纲要》）等，以"纲要"类的基本法律性质为理由否定"依法令申请"性或"处分性"。

给付制度是否违反"法律保留"原则，以及能在多大程度上期待法院作出上述旨趣的判决[77]。

（2）将基于行政基准的给付制度理解为将相关行政性法规（规定地方公共团体等职责的各种规定等）之要求具体化了的"一种法制度"，从而在"一般法理上"产生接受给付之"法的利益"及（对应于这种法的利益）行政机关对于申请的应答"义务"，进而肯定《行政案件诉讼法》所说的"依法令申请"性（私人申请的"权利"性）、应答行为的"处分性"，容许利用抗告诉讼[78]。但是，未必能明确"一般法理"的意思、内容或"权利"、"义务"产生的具体性要件。此外还有这样的问题，即在不存在如将行政基准之旨趣具体化那样的相关行政性法规时，应该怎么处理。

（3）更进一步考虑上述（2），在与有关行政争讼之行政性法规的关系上，将"给付基准"解释为"外部法"（"法规"）的一种而允许抗告诉讼[79]。这种观点是重视在争讼程序上实现

---

〔77〕 大桥·注〔5〕第361页阐述，如果与德国判例的"设宽限期维持以前的体系，同时促进其法定化"的手法（参见同上，第108～109页）同样考虑，那么"在宣告依据通知的体系违法的同时，作为违法的处理方法，暗示否定以前的制度会出现损害一直主张权利的原告及其他多数申请者或领取者利益之结果，是不合道理的，从而过渡性地维持以前的制度"。另外，也参见同上，第345～347页。

〔78〕 大阪高判昭54·7·30判夕第395号第98页（大阪市《孕产妇对策费支付纲要》）。相关行政性法规是《同化对策事业特别措施法》第4、8条等）。除了没有谈"一般法理"这一点，大阪高判昭54·7·30注（23）（注〔76〕第一所列的判例的二审）、福冈地判昭55·9·26判时第998号第38页（北九州市《升学奖励金及入学准备金支付纲要》）、福冈高判昭56·7·28行集第32卷第7号第1290页（前述判例之二审）也相同。另外，福冈地判昭53·7·14判时第909号第38页（北九州市《升学奖励金及入学准备金支付纲要》）虽然也肯定了"依法令申请"性，但只限于阐述"可以明确"对于申请有应答的"义务"。支持这一判决的有室井力："判例批判"，载《判例评论》1979年第244号。

〔79〕 兼子·注〔66〕第212页阐述，"在与行政争讼程序之法制的关系上，将助成纲要理解为'依申请行政处分'之据的自治体法规、自治立法的一种，合乎自治体法学的条理"。

宪法上之"生存权"的保障。只是，在与行政争讼法制间关系这一重要场合下，实质上是放弃了对于行政基准之基本法律性质的理解。

（4）将基于行政基准的给付决定理解为缔结赠与（及贷款）合同，在此基础之上，允许针对请求（申请）之应答或一定金额补助金等给付合同之缔结，要求民事诉讼（或者是公法上的当事人诉讼）。这时，不作为诉讼的容许性而作为诉讼的本案审理问题，有必要探讨从（也制约作为行政活动之一的依合同方式给付补助金等行为的）平等原则等法的一般原理（或者民法上的一般条款）怎样产生且将产生什么内容的具体（要求给付）"权利"[80]。

第四节　行政基准与司法审查（之二）

一、引　言

在上一节中，全面整理和简要论述了行政活动之司法审查　240
与行政基准的关系，下面特别提出其中的若干论点和问题，亦

---

[80]　参见盐野宏："围绕补助金交付决定的若干问题（補助金交付決定をめぐる若干の問題点）"，载《雄川一郎献呈论集·行政法的诸问题》中卷，有斐阁1990年版；高木光、小早川光郎（各发言）："研究会——现代型诉讼的探讨课题"，载《法律家（ジュリスト）》1989年第925号。另外，园部逸夫认为，通过"当事人诉讼（给付诉讼）"争辩依据《纲要》的给付比较妥当，参见园部逸夫："不作为违法确认之诉（不作為の違法確認の訴え）"，载同编：《注释行政案件诉讼法》，有斐阁1989年版；村上义弘认为能够通过"民事诉讼或者当事人诉讼"充分进行争辩，参见村上义弘：《抗告诉讼的对象（4）——不作为违法确认诉讼［抗告訴訟の対象（4）——不作為の違法確認訴訟]》，载园部逸夫、时冈泰编：《行政争讼法》（审判实务大系1），青林书院新社1984年版。

即"依通知裁判"问题、行政基准的适用方法（或者其结果）以及行政基准变更后的司法审查问题，对这些问题进行一定考察。

另外，在下面的探讨中，除了学说之外（注中记载的），因为也将判例作为素材使用，所以有必要留意关于各事例行政性法规、行政基准、行政决定间关系的复杂多样性，有必要将各判例作为一般论的结论与具体性的适用、结论相区别，有必要留意因当事人对于行政基准之利害关系差异或主张方式差异而可能使各判例所表明的一般论或具体结论的内容也不同。不过，因为不可能详细地深入到各个事例中，所以以下的论述不得不在某种程度上简单化或抽象化。

二、"依通知裁判"

如果将行政基准作为裁判基准或者如同裁判基准一样使用表达为"依通知裁判"，那么，这种"依通知裁判"，是因已经谈到的行政基准之"习惯法"性的承认、与行政争讼法制关系上一定范围内的行政基准之"外部法"性的承认，或者在下述三中谈到的以法之一般原理为媒介（在结果上或间接地）"外部法"化而产生的。在行政基准的内容以及依据其作出的行政决定对私人有利时，"依通知裁判"对该私人具有发挥有利功能的重要意义。

只是，虽主要是关于"行政性法规实施基准"，但实际上，有些判例看上去未必严密且慎重地考虑行政基准的基本性质或行政基准"外部法"化条件等，将行政基准如同"外部法"或裁判基准一样实质性地利用。并且，关于这一意义上的"依通知裁判"，有必要探讨一下这样的问题，即在行政基准之基本性质的理解方法上没有问题吗？对于私人发挥不利功能的情形不是也很多吗[81][82]？虽然因行政基准分类之差异或原告私人主张方法之差异等导致的问题以不同的表现方法出现，但下面基于所关心的问题，大致划分为"解释基准"与"裁量基准"，简单地谈一下判例动向：

（一）解释基准与法院

行政机关所设定的解释基准不约束法院，法院可独立地进行行政性法规的解释。并且，有几个能够解释为明确地排斥或者实

---

〔81〕　町田·注〔59〕第42、43、46页，分析有关"通知"的判例，在行政处分是否符合"通知"成为当事人之间的争论点时，判例多"将通知用做审判的判断基准"审查行政处分是否符合"通知"，"这时，不少判例不特别表明将通知作为审判之判断基准的理由，……阐述了理由的判例也大体简单"。并且，值得注意的是，将"通知"如同裁判基准一样使用的判例"大部分将行政处分认定为符合通知，判断为合法……虽然是为行政处分合法找具体的理由，但也不是不能说依通知阐述是为了说明的方便"。另外，"在处分是否因违反通知而违法成为重要争论点的案件中，大多数的判例否定通知的裁判基准性"，因此，"在现实诉讼中，……如果依照通知行动，其处分被当然地判断为合法；同时，即使判断处分违反通知……仍被判断为合法的情形也不少。"

〔82〕　对原告私人有利的判例有：神户地判昭58·12·20行集第34卷第12号第2195页，其将基于《兵库县赛马合作社地方赛马实施条例》之《施行规则》而制定的"认定"（及取消）厩务员的要件、程序的《厩务员设置认定纲要》，作为"法规"的一种理解，审查诉的利益或撤销认定处分的合法性；京都地判昭62·7·13注（71）将发布自治省行政局公务员部部长通知《关于违法支付工资等的更正》（昭54自治给31号）作为在形成对公款支出的"合法性存疑"这一结论的过程中考虑了的事实之一提出来。另外，作为与被告行政厅不同，具体适用、认定对私人有利的行政基准，承认请求（尽管是其一部分）的判例有：东京地判昭29·5·21行集第5卷第5号第1078页，其阐述，地方财政委员会的《固定资产评估基准》"只要不是明显不合理的基准，依据其进行评估的方法本身是恰当的"；东京高判昭31·12·27行集第7卷第12号第2968页将《适宜开拓地选定基准》（农林次官通知昭24开63号）等作为法院判断的"一个资料"，详细地探讨成为问题的土地是否适宜开拓；东京地判昭34·4·22行集第10卷第4号第746页认为自治厅长官的《固定资产评估基准》"虽然其本身不具有法的拘束力，但是依据上述《地方税法》的规定，都知事负有按照上述基准决定……课税标准价格的义务"（但青森地判昭35·3·17行集第11卷第3号第613页等，在一般理论上阐述该宗旨的同时，认为依据基准的评估是公正的）。另外，也有被告行政厅一方将行政基准如同"外部法"一样予以主张的情形，例如，参见东京地判昭57·7·16行集第33卷第7号第1538页。

质性地否定解释基准所表明的解释的判例。例如，①关于自治厅选举部长"通知"的最高法院 1954 年判决；②关于《所得税法》之"通知"的最高法院 1960 年判决[83]。

只是，以最高法院 1958 年判决或 1986 年判决为代表，多数的判例在结果上追认解释基准所表明的行政性法规解释[84]，即使关于税务"通知"类，"实际上也是支持通知解释的判例占绝大多数"[85]。并且，在解释基准所表明的解释与法院之解释一致时，据此基准作出的行政决定被简单地判断为合法，与行政机关争议其所设定的解释基准之解释的私人败诉。

多数判例将解释基准的内容视为合法，这作为法院所作出的

---

[83] ①最大判昭 29・10・20 民集第 8 卷第 10 号第 1907 页〔公职选举法住所通知案〕。否定"通知"关于"住所"所表示的"生活的据点"的具体意思（大部分学费由家里寄来等的学生，其"生活的据点"是家乡）解释。也参见田中・注〔27〕，第 302～303 页。②最二判昭 35・10・7 民集第 14 卷第 12 号第 2421 页〔所得税法利益分红案〕。也参见北野・注〔29〕，第 268 页。此外，长野地判昭 27・10・21 行集第 3 卷第 10 号第 1967 页否定大藏省主税局局长通牒（昭 17、昭 20）关于对黑市交易所得不课税这一解释，熊本地判昭 51・3・13 判夕第 346 号第 337 页认为有关劳动者灾害补偿等级认定的劳动省通知（昭 42 基发 1036 号）的解释违法，福井地判昭 59・9・28 行集第 35 卷第 9 号第 1574 页在阐述农林事务次官通知《变更都道府县营土地改良事业计划处理要领》（昭 42 农地 C449 号）"本来不足以成为裁判规范"的同时，排斥被告依据上述《要领》的（没有采用计划变更手续的必要）法解释（但承认其弥补了程序上的瑕疵，而驳回请求），东京地判昭 59・9・28 判自第 9 号第 24 页认为东京都主税局局长通知（昭 45 主课法 500 号）等扩大到地方税法上的不课税对象而对其合法性颇有疑问（驳回请求），横滨地判平 1・6・28 行集第 40 卷第 7 号第 814 页说有关医疗费扣除的所得税基本通知（昭 45 直审（所）30 号）73－3 是"在实际运用中实质性地扩大了"所得税法施行令上医疗费扣除的范围（但因不符合该通知所表明的基准而驳回请求）。

[84] 最二判昭 33・3・28 民集第 12 卷第 4 号第 624 页〔弹子机球游器通知案〕（东京国税局局长通知、昭 26 例规间消 32 号）、最一判昭 61・3・13 民集第 40 卷第 2 号第 258 页〔抽掉内部评定惩戒处分案〕（文部省初中教育局局长通知、昭 49 文初地 434 号）、最一判昭 39・9・17 税资第 43 号第 332 页〔法人税法否认损失金案〕〔法人税法基本通知（昭 25）62〕。关于下级审判决参见后注〔86〕。

[85] 菅纳敏恭、垂井英夫编：《租税法判例与通知的相互关系（租税法判例と通達の相互関系）》，财经详报社 1993 年版，收录的金子宏"推荐语（推薦のことば）"第 1 页。

判断理应予以尊重。但是，问题是法院是否过度地依赖了解释基准。并且，实际上解释基准的内容给法院的行政性法规解释带来了不少影响。例如，在判例中，①以"自创法中所谓牧野之解释虽未必绝对，但应该说还是值得参考的解释"，作出与解释基准"如出一辙"的认定；②以"通知当然应成为权威性解释资料之一"，实质上依据"通知"审查合法性；③阐述虽没有"法的效力"，但"不妨碍判定为具有高度妥当性的资料"，进而依据行政基准进行判断；④明确说明在进行自我解释时"同时考虑""通知"的内容；⑤通过提及"通知"的内容而将自我解释正当化；⑥介绍"通知"的内容后，没有表明特别的理由就阐述与"通知"内容相同的解释；等等[86]。

（二）裁量基准与法院

行政机关设定的裁量基准也不是直接拘束法院，法院可独立判断裁量基准的合法性（包括有无裁量权的逾越、滥用）。并且，如

---

〔86〕　①前桥地判昭27·5·6行集第3卷第6号第1115页，②东京高判昭30·6·29行集第6卷第6号1334页（农林次官通知《关于选定适宜开拓土地的基准》昭24开63号），③虽然不是有关行政性法规"解释"其本身的判例，东京高判昭35·8·23行集第11卷第8号第2391页［关于矿床种类的、立足于通商省矿山局局长通牒（昭26）的札幌通产局局长的分类基准］，④名古屋地判昭61·9·29行集第37卷第9号第1173页（内阁总理大臣官房公害对策室室长通知《关于公害防止事业费雇主负担法的施行》）。参见又坂常人："判例批判（判批）"，载《自治研究》第64卷第1号。⑤东京高判昭54·6·26行集第30卷第6号第1167页［《所得税基本通知38-7》昭45直审（所）30号］、大阪高判昭59·6·29行集第35卷第6号第822页［《法人税基本通知4-3-1》昭44直审（法）25号］。⑥大阪高判昭60·10·15注（17）［《关于依据建设省都市局局长通知的下水道事业受益者负担的标准条例案》（昭44·9·1）等］。此外，作为支持行政基准所表明的行政性法规之解释（或者关于其适用于具体事实之方法的基准）的判例，有福冈地判昭34·12·12行集第10卷第12号第2480页；福冈高判昭53·8·17判夕第372号第130页［熊本地判昭51·3·23注（83）二审］；冈山地判昭59·4·25シュト第270号第37页；东京高判昭61·2·26行集第37卷第1·2号第177页；京都地判昭61·8·8行集第37卷第7·8号第1020页；东京地判平1·9·25行集第40卷第9号第1205页；东京地判平4·3·24注（74）（参见畠山武道："判例批判（判批）"，载《判例评论》1993年第412号）；东

某下级判决认为认可出租车价格变更（表明"同一地区、同一车费之原则"）的裁量基准违反了相关行政性法规那样，如果裁量基准被判断为违法，那么依据其作出的行政决定也将被判断为违法[87]。

只是，很少有判例明确说明裁量基准本身违法，即使是可理解为在实质上质疑裁量基准之合法性、合理性的判例，其大多数也是将裁量基准的适用方法（例如，下面的三中谈到的"机械适用"）作为问题来处理[88]。

此外，在裁量基准不违法（合法）的情形下，依据这样的裁量基准作出的行政决定也多为合法。并且，在下级判决中有这样的判例，即将有关裁员的"削减方针、内部基准"理解为"将当然的道理明文化"，明确指出无视这一基准的免职处分"违法"，在此基础上认为免职处分符合该基准所以合法[89]。而且，经常能

京地判平 4·3·24 判夕第 784 号第 218 页等。特别阐述法院之解释与"运用基准"之内容不矛盾的判例，有名古屋地判平 4·4·24 行集第 43 卷第 4 号第 640 页（参见高木光："判例批判（判批）"，载《自治研究》1993 年第 69 卷第 10 号）。另外，有关《信息公开条例》的判例中，也有大阪地判平 1·3·14 判夕第 691 号第 255 页["参考"《大阪府公文书公开等条例的解释运用基准》（昭 59）的同时，"……深究其……宗旨"]；福冈地判平 2·3·14 行集第 41 卷第 3 号第 509 页（参考县规定的上述解释运用基准的同时，考察本号的宗旨……）；大阪高判平 2·5·17 判夕第 738 号第 82 页[判断有无具体性的信息公开请求权时，"也应将〔解释运用〕基准作为判断的资料"]等判例，谈到《解释运用基准》类，进行条例解释。

〔87〕 大阪地判昭 60·1·31 行集第 36 卷第 1 号第 74 页[运输省汽车局长通知《关于一般轿车客运业车费更改与否的探讨基准及车费原价算定基准》（昭 48·7·26）等]。不过，认为裁量基准本身合法的学说，有阿部·注〔43〕第 303 页以下等。

〔88〕 关于不批准个人出租车业执照的处分，东京地判昭 45·3·9 注（27）实质上是认定了对 61 岁以上者不发放执照的基准不合理，但是其以没有"综合探讨"年龄以外的"其他各项"为理由而作为"基于不合理的判断"的处分，视为违法。此外，参见后注〔101〕所列的内容。

〔89〕 名古屋高判 30·3·2 行集第 6 卷第 3 号第 715 页说"任免权者必须按照上述整理方针、内部基准进行免职，如果无视……作出了本案免职处分，则必须说其是违法的"，东京地判昭 34·10·28 行集第 10 卷第 10 号第 2069 页也将"整理方针、该基准"作为整理超员时"合乎各一般原则之旨趣的做法"，在阐述同样的旨趣后，驳回了请求。

够看到也包括上述判例的诸多判例，以这样的三段论：①裁量基准没有违反行政性法规、②行政决定符合裁量基准、③所以行政决定也合法，来驳回争议裁量基准是否合法或者（及）行政决定是否符合裁量基准的私人之请求。例如，某下级判决阐述，看不到行政基准上裁量权之逾越，因而行政厅据此判断是否符合法定要件"当然"合法，而将判决理由的大部分用于论证行政处分符合裁量基准，得出行政处分符合裁量基准"进而"也符合行政性法规的结论，驳回私人的请求[90]。此外，还有这样的判例，即在私人以裁量基准之合法性为前提请求适用这一裁量基准时，法院在探讨涉及该私人之案件是否应适用该裁量基准后，否定适用且

---

〔90〕　东京地判昭 57·10·15 行集第 33 卷第 10 号第 2046 页（日本专卖公社《关于指定香烟零售者的有关规程》昭 42 总裁达 68 号、《关于指定香烟零售者的有关规程之运用要领》）。其二审即东京高判昭 58·4·6 行集第 34 卷第 4 号第 593 页也是同样的。关于同一规程等，青森地判昭 59·3·13 行集第 35 卷第 3 号第 219 页也说"符合上述规程及要领规定的条款时，也承认推定符合与其对应的法的上述各条"等而驳回请求（其二审即仙台高判昭 59·8·10 行集第 35 卷第 8 号第 1265 页也维持原判）。作为关于上述《规程》等结论相同的判例，还有新潟地判昭 58·5·31 行集第 34 卷第 5 号第 989 页。此外，名古屋地判昭 35·5·30 行集第 11 卷第 5 号第 1640 页认为整理公务员基准符合"一般原则"，主要审查免职处分是否符合基准而驳回请求；和歌山地判昭 50·2·3 行集第 26 卷第 2 号第 145 页认为在招生要点中记载"公开抽签"的国立中学入学者选拔方法合法，而将据此不许可的处分视为合法；东京地判昭 57·7·16注（82）认为在疗养费算定基准上没有裁量权之逾越、滥用而将依据此基准作出的支付额决定处分视为合法（参见铃木庸夫："判例批判（判批）"，载《自治研究》1984年第 60 卷第 5 号）；大阪地判昭 58·11·10 注（74）将拘留所所长制定的限制被收容者发信的基准视为既不违反《监狱法》第 46 条等，也未"滥用裁量权"而驳回请求；那霸地判昭 60·2·19 行集第 36 卷第 2 号第 167 页认为市道路线路认定（虽然一部分是违反的但）整体上符合《市道认定基准之规程》（昭 46 那霸市训令 4 号）而驳回请求；东京地判平 2·10·15 注（47）认为有关电气主任技术者资格认定的《内部运用基准》有"其合理性"而将据此作出不批准申请的处分视为合法；福冈地判平 3·7·25 注（47）及其二审即福冈高判平 4·10·26 行集第 43 卷第 10 号第 1319 页认为，规定限定距离等的《福冈县温泉关系许可基准内规》没有"逾越裁量"，而将基于此的温泉审议会的决议、知事的不许可视为合法；大阪地判平 2·1·26 行集第 41 卷第 1 号第 91 页认为《指定盐贩卖者事务处理细则》［昭 60 盐（企）23 号］等是"合理的"，

驳回请求[91]。采用此判断方法时，只要裁量基准被判断为合法（或原告私人只争议行政决定是否符合裁量基准），行政决定是否符合裁量基准实质上决定着诉讼的结局。并且，此时，裁量基准发挥着如同裁判基准一样的功能。

（三）几点总结

关于上述判例动向，目前可指出以下几点：

（1）在法院审查行政决定的合法性或论证行政决定合法时，行政基准不论是解释基准还是裁量基准，均发挥着"辅助"审查、论证的重要作用。而且，因未必充分地考虑与行政基准的基本性质、其"外部法"化条件等之间的关系，所以，行政基准实质上已经如同"外部法"一样发挥着功能，在依据（对私人内容

将据此作出的不指定为盐零售商处分视为合法；大阪地判平4·8·28行集第43卷第8·9号1126页认为，如果"依据建筑省的通知"的大阪市"综合设计实施基准"合理且许可处分符合这一基准，"只要没有特别事由"就合法，探讨是否符合该基准而驳回请求（大阪高判平5·5·13行集第44卷第4·5号第396页也维持。参见荒秀："判例批判"，载《判例评论》1994年第428号）。东京地判平5·7·30判夕第841号第121页认为法务省矫正局局长通知·昭38年矫正甲丙96号中"没有缺乏合理性的地方"，认为"正确地使用"这一通知的不允许死刑犯向报纸投稿的处分合法。另外，虽然不是使用单纯的"三段论法"的判例，但最一判平4·10·29注（32）也将核能委员会制定的《安全设计审查指针》等以及依据了上述委员会基于此指针进行调查、审议所得出的意见的许可处分，在结论上都视为合法（虽然没有使用"裁量"一词，但将《安全设计审查指针》等"具体审查基准"，理解为判断是否满足行政性法规上要件的一种"裁量基准"没有问题）。

〔91〕札幌地判昭49·2·26注（42）认为行政基准规定了有关个人出租车许可的"合法合宪"的许可要件，原告私人不符合该要件，因此也不符合法定的基准。名古屋地判昭60·4·26行集第36卷第4号第552页对于原告的适用《关于指定香烟零售者的有关规程》（参见注〔90〕）某条款但书的主张，详细探讨了原告私人是否符合正文与但书中的某一个，认为"难以承认符合"但书而驳回请求（名古屋高判昭61·7·29行集第37卷第7·8号第1000页、最二判昭62·2·6讼月第34卷第2号第413页〔不许可香烟零售者变更位置案〕也维持原判）。东京地判平5·2·17行集第44卷第1·2号第17页以原告私人的申请不符合有关《都市计划法》第54条1款的合法、合理的"许可处理基准"（昭56东京都都市计划局长通知）而驳回请求（东京高判平5·9·29行集第44卷第8·9号第8416页也维持原判）。

不利的）行政基准作出行政决定，或者相关私人对被适用于行政 244
基准不服的情形中，从结果上看，对私人不利的情形不少[92][93]。

（2）在与解释基准的关系上，可以指出的是，法院有必要维
持自身关于行政性法规"解释"的独自判断。并且，可将法院是
否追随、过度依赖于解释基准所表明的行政机关之法解释、是否

---

[92] 东京地判平5·2·17注（91）说，"在就许可与否的认定设有应该依据的具
体基准时，因为行政厅自身就其裁量权的行使设定了一定的限度，所以在这一限度内行
政厅的行为受到羁束，关于不符合上述许可基准的许可或不许可决定，应该解释为可能
违法的情形"；福冈地判平3·10·15判夕第791号第134页说，《关于遗产税财产评估
的基本通知》所规定的"时价"评估基准，"如果从上述基准作为合理的时价评估方法
而普遍通用这一点来看，除了有承认不依据上述基准是正当的特别事由，原则上，依据
上述通知的基准进行继承财产的评估，从遗产税课税公平的观点看不得不说是适当的"
（也参见后注[108]、[109]、[114]记载的判例）。这些判例（特别是后者）可以说表
明了接近于在后面三（二）（原书3）中谈到的平等原则或"信赖保护"原则之行政"自
我拘束"的想法。但有必要留意的是，这些判例是以私人的许可申请不符合行政基准因
而不许可处分是合法的（前者）、课税处分符合行政基准因而是合法的（后者）这一推
导出对原告私人不利的前提，来进行论述的。

[93] 关于私人不争议行政基准内容的合法性、合理性，而只是不服将基准适用于
涉及该私人的具体案件中进行争议的情形，如长崎地判昭25·4·18行集第1卷第4号
第527页[农林次官通知《关于选定适合开拓地基准之事宜》（昭24阁63号）]、东
京地判昭57·3·2行集第33卷第3号第330页（《关于遗产税财产评估的基本通知》）
那样地，没有谈到任何行政基准的基本性质，主要把可否将基准适用于该案件当做问
题而驳回请求的判例，另外，关于私人要求适用行政基准的情形，东京地判昭62·3·
16行集第38卷第2·3号第207页、广岛地判平2·1·25行集第41卷第1号第42页
（《法人税基本通知》）、东京地判平2·3·23行集第41卷第3号第674页、东京地判
平2·5·31行集第41卷第6·7号第1101页（《租税特别措施法通知》）就"通知"
本身的意思、内容表明与原告私人不同的解释而驳回请求，关于私人主张违反行政基
准的情形，冈山地判平4·1·29判夕第800号第176页（关于土地区划整理的"土地
评估基准"）排斥这一点而驳回请求。行政基准实质上如同裁判基准一样发挥着功能。
此外，福冈高宫崎支判昭59·8·29行集第35卷第8号第1323页在明确地说明高山町
《退职鼓励纲要》（昭52告示16号）不是"法规"的同时，回答了原告居民的主张，
也详细地探讨了町长的行为是否符合上述《纲要》并作出了肯定的回答，认为即使其
是"法规"也不违法，驳回原告居民的请求，东京高判平1·8·30行集第40卷第8
号第1153页在阐述农林省农地局局长通知（1972年）所表明的"换地设计基准例"
法修改后的基准例，不适用于成为问题的换地处分，并且对于换地设计来说不能说是
"绝对的基准例"，回答了换地处分违反基准例的原告主张，也探讨了上述"基准例"
的适当性并予以肯定。

抑制独自的法解释等作为问题[94]。

（3）在与裁量基准的关系上，存在这样的问题，即在对个别行政决定进行司法审查时，法院应从何种角度、如何审查或者能够怎样审查该行政决定之裁量基准是否合法、合理。虽然本章没有深入探讨，但尤其成为问题的是有关"政策形成"性或"科学技术"性判断、评价的裁量基准[95]（以及作为裁量基准之一整理未必恰当的"财产评估基准"[96]）。此外，对于详细审查是否

---

[94] 虽然可以认为租税行政性法规的正确解释应该被特定为哪一个（参见北野·注〔56〕，第62页），但名古屋地判昭57·8·27行集第33卷第8号第1725页关于所得税说，"虽然修改的通知……有充分的合理性，但即便如此，也不能立即断定原通知……一看就是明明白白的违法解释"，对于依据了相较于修改后通知对原告私人不利的原通知之申报人，驳回其返还不当得利的请求。

[95] 大桥·注〔5〕第369页虽然谈论了"专门知识聚集型行政规则"这一类型，但特别符合这一类的是后者与"科学技术"问题相关的行政基准。也就是说，即使采取着眼于"程序"或"过程"的裁量审查之方法（另外，主张有必要"将行政过程整体纳入视野进行审判性控制"的内容，参见高桥滋：《现代型诉讼与行政裁量（现代型訴訟と行政裁量）》，弘文堂1990年版，第266、207页等），也有必要进一步探讨应该如何给裁量基准定位以及怎样进行审查。最一判平4·10·29注（32）只限于阐述"对照现在的科学技术水平，如果……具体审查基准上有不合理之处"，那么依据此基准的行政决定违法。关于这一点，参见高木光："判例批判"，载《判例评论》1993年第414号等。另外，在德国的判决及相关学说中，引入"科学技术"上专门知识设定的行政基准，在司法审查时具有"先占性专家鉴定意见"的意义，作为介绍、探讨这一学说的内容，有高木光："通知中法与专门技术的交错（通達における法と専門技術性の交錯）（一）～（三·完）"，载《自治研究》1985年第61卷第3～5号；高桥·同上，第67页以下。

[96] 例如，关于作为"财产评估基准"之一的、"专门技术性"性质浓厚的各种补偿额算定基准（"损失补偿基准"类），法院能在什么程度上、怎样审查其合法性、合理性成为问题。有必要深入到诸多判例中进行分析，但金沢地判平4·4·24行集第43卷第4号第651页，简单地阐述了可承认依据"有关土地征用的基本通知、训令"的"评估手法合理"，排斥了增加相关被征用地之补偿额的请求，大阪地判平4·6·26行集第43卷第6·7号第847页说，征用裁决的认定、判断"按照《公共用地取得时损失补偿基准纲要》及其《细则》认定、判断……是正当的"，排斥有关搬迁费补偿的增额请求，关于《施行公共事业时公共补偿基准纲要》的意义、内容表明了与原告私人不同的解释，也排斥了要求恢复生产功能费用的请求。

符合合法的裁量基准、为行政决定之合法性寻找理由的判例，还有这样的疑问，即如何理解其与行政基准之基本性质间的关系，即并不以未依据裁量基准（在行政性法规允许的裁量余地范围内设定的具有特定内容者）为理由而直接将行政决定视为违法。

（4）在此所阐述的意义上的"依通知裁判"，与法院怎样才能恰当地进行需要诸多行政性法规、行政领域之专门知识的司法审查这一基本问题相关[97]。如果法院不容易将行政机关之法解释或裁量权行使之基准判断为违法，那么，"利用"行政机关基于自身的专门知识、经验、信息而设定的行政基准进行审判，在相当程度上也是不可避免的状况。

三、行政基准的适用与司法审查

一般认为，原封不动地依据内容违法的行政基准作出的行政决定［虽有后述（二）1中所谈到的那样的问题，但原则上］违法。而且，依据合法的行政基准作出的行政决定多为合法。但是，即使是"违背裁量权行使之准则作出"行政决定，"原则上只产生当与不当的问题，不当然违法"，这时也能够讨论"应当公正且合理地适用"被设定的行政基准之要求[98]。并且，依据合法的行政基准的行政决定，不一定总是合法，尤其是依据裁量基准的行政决定，如果着眼于适用具体性案件的方法或者将其适用于具体性案件的过程，那么有能够将依据合法的行政基准作出的行政决定视为违法的情形。下面，在留意行政基准（特别是裁量基准）的基本性质的同时，着眼于合法的行政基准之适用方法、过程，论述行政决定之司法审查的若干论点、问题。

250

251

---

〔97〕　关于法官对于行政案件的审查能力局限或"追随行政"意识，存在着各种各样的指责、报告等，也包括相关文献，参见山岸注·〔15〕，第159、166~169页。

〔98〕　分别是最大判昭53·10·4注（4）、最一判昭46·10·28注（35）。

（一）个别性裁量的余地

依据合法的解释基准作出的行政决定，只要在对该具体性案件适用解释基准上没有问题，就合法（但也参见后述的四）。相对与此，依据合法的裁量基准作出的行政决定，即使是适用于满足该裁量基准所规定的要件等的具体性案件，也有违法的情形。也就是说，如果从裁量基准的基本性质来看，如某下级判决所阐述的那样，"基准固然重要，但也只不过是一个准则"，"虽说裁量权本身为行政厅内部之基准所设定，但也不能认为其会立即消灭"[99]，即使是合法且大致合理的裁量基准，在不适合原封不动地适用这一基准的特殊事由存在于具体性案件中时，也要求考虑该事由，根据每一个具体性案件公正地行使裁量权（个别性裁量）。并且，无视或轻视应考虑的特殊事由，"机械地"或"统一地"适用裁量基准作出的"僵硬"的行政决定，可能会因缺乏裁量权行使之合理性而违法。

这样的"机械"地适用合法的行政基准（裁量基准）可能导致行政决定违法的现象，是从"裁量"权本来或内在的性质以及行政基准（其本身不是"外部法"）之基本性质产生的。而且，上述现象对于不服原封不动地依据合法的裁量基准作出行政决定的私人来说，也具有意义。只是，虽为裁量基准之具体内容所左右，但正是因为某种程度上"机械"地适用裁量基准，才确保行政活动的高效及统一，而且，毫无疑问，关于何种事由是在处理

---

[99] 名古屋高金泽支判昭49·4·5注（37）。另外，那霸地裁判昭55·1·29讼月第26卷第5号第719页认为，"如果是在法令许可的范围内，为适当、顺利地执行事务，当然可能不受自己设定的基准拘束而进行不同的处理"。但是，大阪地判昭58·2·24判夕第489号第169页，只援用最大判昭53·10·4注（4），而未作特别说明，将违反裁量基准（劳动省事务次官通牒昭·24劳动省发54号）的行政决定（地方劳动委员会劳动者委员的任命）视为合法。也参见关于此判决的阿部·注〔43〕第282页以下的批判意见。

具体性案件时有必要考虑的特殊事由，也是难以判断的[100]。

在判例当中，有的判例关于依据裁量基准作出的①对公务员的惩戒处分、停职处分，②不批准私人出租车业执照处分，③不允许在押者阅读图书处分，阐述为"只按照通知而没有考虑应该考虑的……"、"不斟酌当然应该斟酌的事实就适用了基准"、没有"综合探讨其他各种事项"、"形式性地适用通牒只不过是墨守成规"等，而将它们视为违法。而且还有④虽然是有关事实认定的判例，但认为限定"通知"的适用范围并原封不动地适用这一"通知"的课税处分违法[101]。

---

〔100〕　阿部·注〔43〕第18页说"既然是基准，如果不能机械性地适用就不发挥作用，如果因基准勉勉强强而不得不附加实质性的考虑，结果就如同没有基准，不能有效地执行行政实务。因此，如果基准真正合理，应该就可以机械性地适用……问题在于基准是不是真正合理"。其他谈到裁量基准的"机械性"适用问题的，参见兼子·注〔2〕，第158页，北野·注〔29〕，第291页；阿部·注〔17〕，第666页以下。另外，介绍、探讨法国的"案件特别事由的审查义务之法理"的有，交告尚志："个别审查与统一性处理（個別審査と画一的の処理）（一）～（三·完）"，载《自治研究》1984～1985年第60卷第12号，第61卷第3号、第4号；大贯裕之："论案件特别事由的审查义务（事案の特殊事情審査義務について）"，载《自治研究》1988年第64卷第10号、第11号。

〔101〕　①东京高判昭45·4·27行集第21卷第4号第741页（但也说行政基准本身"不符合法的旨趣目的"、"不能说是相当的"）、大阪高判昭49·1·17判时第771号第82页、东京地判昭43·7·20行集第19卷第7号第1278页（但也说不是一律要求适用"通知"本身，而要求合理性运用），②东京地判昭42·12·20注（36）（但也暗示了拒绝处分不符合行政基准的但书）、东京地判昭45·3·9注（27），③东京高判平5·7·29行集第44卷第6·7号第671页，④福冈地判昭62·12·24讼月第34卷第4号第873页（租税特别措施法的相关通知35-14（2）ロ）。此外，神户地判平4·3·13行集第43卷第3号第309页也指责机械地适用判定委员会关于市立高中合格与否而设定的判定基准，大阪高决平1·8·10行集第40卷第8号第985页指责厚生省儿童局局长通知（昭36儿发129号）的（与其说是机械适用，不如说是）"形式性"的理解、运用。另外，关于遗产税财产评估基准，东京高判昭48·3·12シュト注（37）认为，一般而言，"因为社会状况不断变化，算定时价时所参考的各种要素因时间和地点而不固定，所以这时关于可能有特种事由的财产评估，还固执地依据一般性的基准，无视上述变动和个别性，反倒成为时价算定之不合理，欠缺课税之不公平"，驳回请求，上述的④的二审即福冈高判昭63·12·14讼月第35卷第5号第927页明确

（二）法的一般原理对个别性裁量的制约

还有一种情形，即在尽管有合法的裁量基准但还留有个别性裁量权之行使余地时，这一余地为（宪法或）法之一般原理所制约或限定，在结果上行政机关被课以依据裁量基准作出行政决定的义务，违反裁量基准作出的行政决定被认为违反法之一般原理而违法。这种情形虽是以法之一般原理为媒介，但实际上是违反裁量基准的行政决定违法，裁量基准在结果上如同"外部法"一样发挥功能。并且，这种以法之一般原理为媒介的行政基准（裁量基准）的"外部法"化，对于不服不依据裁量基准作出行政决定，而要求依据裁量基准作出行政决定的私人来说，具有意义（但其反面，对于不服依据裁量基准作出行政决定，而要求行使个别性裁量权的私人来说发挥不利功能）。此外，也可以将行政活动最终被行政机关设定的本非"外部法"的行政基准（尤其是裁量基准）所拘束这一情况，理解为（相对于行政性法规的拘束是"他人拘束"）行政自身之"自我拘束"的一种[102][103]。

地阐述，解释、运用"运用基准"时"……从实质具体妥当性观点或者考虑个别性事由的立场类推、扩大……"是不妥当的，驳回取消请求。关于后者，畠山武道指出"在将通知看成绝对的、可以形式性地适用这一点上，一般而言难以支持"，参见畠山武道："判例批判（判批）"，载《判例评论》1991 年第 387 号。

〔102〕关于德国的"行政自我拘束"论，参见乙部哲郎："行政自我拘束的法理（行政の自己拘束の法理）"，载《民商法杂志》1975 年第 71 卷第 5 号；同·后注〔103〕，第 529 页以下；铃木庸夫："行政立法（二）"、"行政裁量（二）"，载《地方自治职员研修》1980 年第 13 卷第 11 号；同·1981 年第 14 卷第 8 号；大桥·注〔5〕，第 54 页以下、第 124 页以下、第 145 页；拙文·注〔59〕，366 页以下；等等。

〔103〕使用"自我拘束"一词或者提到"自我拘束"论的论文，有西谷刚："论行政计划的实效性（行政计画の实效性について）"，载《自治研究》1974 年第 50 卷第 1 号；盐野宏（发言）："行政强制（行政强制）"，载《法律家（ジュリスト）》增刊，1977 年版；中西又三："通知的法性质（通達の法的性質）"，载《行政法的争点》（旧版），1980 年版；成田赖明：《行政法序说》，有斐阁 1984 年版，第 66 页；宫田三郎："行政裁量"，载《现代行政法大系》第 2 卷，1984 年版；芝池·后注〔114〕，第 8 页；等等。对于上述诸多"自我拘束"，分别探讨其意思、依据的，参见乙部哲郎："西德'行政自我拘束'论的动向（西ドイツ『行政の自己拘束』論の動向）"，载《神户学院法学》1990 年第 20 卷第 3·4 号。

1. 平等原则

制约个别性行政裁量，具有在结果上将行政基准"外部法"化功能的法之一般原理，首先是平等原则[104]。也就是说，大体而言，必须将行政基准平等地适用于多数的相关私人，在依据行政基准作出的多数行政处分适用于私人，从而形成一定内容的行政惯例（或"持续性行政实务"）时，对与其相同种类的案件（对于处于同样状况的特定私人）不依据行政基准作出（与依据行政基准的情形相比对该私人不利的）行政决定，即使没有违反相关的行政性法规，但也因违反平等原则而违法。

关于上述内容，应该留意以下几点：

（1）上述内容是将存在着因"多数"行政决定而形成的"行政惯例"作为要件来讨论的，这时有这样的问题，即与对处于同样状况的第三人之"只有一次"的行政决定相比，作出更为不利的行政决定时，能否说已经违反了平等原则[105]。不过，不管是哪一种情形，都是将在与针对第三人私人作出的行政决定相比较时是否违反了平等原则作为问题，在对第三人没有实施任何依据了行政基准的行政决定阶段，不能将违反平等原则作为问题。

----

[104]　关于平等原则具有限定行政裁量的功能，最二判昭30·6·24民集第9卷第7号第930页〔分摊上缴大米额案〕阐述说"……关于这些方面应采取什么措施，暂且不得不委任于行政厅裁量。当然，即使如此，行政厅也不具有什么也不说明就歧视性地对待特定个人而使其遭受不利的自由，在这种意义上应该解释为行政厅的裁量权具有一定的界限"。

[105]　森田宽二、乙部·注〔102〕第57页对于这一问题持肯定态度，参见森田宽二："法律的观念（法律の観念）"，载《基本法学》第4卷，岩波书店1983年版。另外，森田·同上第100页也承认有一概不要求行政决定依据行政基准作出的可能性。关于将行政基准理解为"先占性行政实务"，不要求实际作出行政决定的德国学说等，参见大桥·注〔5〕，第58页以下；拙文·注〔59〕，第375～376页。另外，和歌山地判昭48·3·30判夕第297号第293页虽然说，县立高中校长"在与自己设定的……利用条件一致时""只要没有特别事由，……不允许作出不许可入学的处分"，"即使对照《日本国宪法》第13、14条的精神，也可以说是当然的事理"（但驳回撤销请求），但不清楚能否理解为不需要存在对处于同样状况的第三人的许可处分。

（2）在行政决定违反依合法的解释基准形成的合法行政惯例时，甚至不需援用平等原则，就能将其作为没有依据表明行政性法规之正确解释的解释基准、基于错误"解释"的行政决定而视为违法。将违反平等原则作为问题，其意义在于存在着这种情形，即可能将违反合法的裁量基准所作出的行政决定作为行政性法规所承认的裁量余地范围内的行政决定而仍然视为合法（平等原则限制该裁量余地，其结果是将违反合法裁量基准的行政决定视为违法）。而且，除了作为"行政性法规实施基准"之一的裁量基准的情形之外，即使是关于"行政性法规替代基准"（如补助金等交付"纲要"类等的"给付基准"），在适用这些"基准"对私人有利时，也具有通过"平等原则"（例如，与"给付基准"所形成的行政惯例同样对待那样）"拘束"行政机关的意义［但存在第三节四（三）中提到的那些论点、问题］。

（3）平等原则不是甚至要求与基于违反行政性法规之（内容违法）行政基准而形成的违法性行政惯例同样地对待（"违法上没有平等"[106]）。也就是说，在行政性法规之拘束（"依法律行政"原理）与平等原则之拘束势不两立时，原则上应优先适用前者。但并不是概不承认例外，可能也存在着需要根据每一个具体案件进行价值判断的情形。

（4）只要将违反合法的裁量基准作出的行政决定视为违法，该裁量基准在结果上就如同"外部法"一样地发挥功能[107]。只是，这样的功能是以平等原则为媒介，且以存在着依据行政基准对第三人私人作出的行政决定为要件，间接地或在结果上产生的。

---

〔106〕 参见乙部哲郎："关于行政自我拘束论的'不法上无平等'之动向（行政の自己拘束論における『不法に平等なし』の動向）"，载《神户学院法学》1992 年第2卷第 14 号；原田·注〔50〕，第 42 页；拙文·注〔59〕，第 388～389 页以下。

〔107〕 原田·注〔50〕第 42 页表述为"发挥着非常接近于法规的功能"，盐野·注〔9〕第 87 页表述为"可以说在一定限度内具有外部效果"。另外，森田·注〔105〕第 99 页认为承认"准法规性地位"是必要的。

而且，即使在"同种"、"同样"的案件中也存在着差异以及特殊性或经济性、社会性各种情况之变化，只要有着眼于这些差异及变化的特别根据或合理理由，行政决定违反产生合法行政惯例的裁量基准，有时也可能被视为合法（平等原则虽然要求"机械"适用，但并不是完全排除结合具体案件行使个别性裁量权的必要。因此，关于应考虑的要素或具体事由有必要针对个案进行个别探讨）。在这两种意义上，平等原则之"自我拘束"，并不是直接给予行政基准本身以违反基准之行政活动即违法这样的法律效力，也不是给予其如行政性法规所具有的那种严格的（或者是"刚性"的）法律效力。

如下所述，在下级判决中，有的判例以违反平等原则（"课税、征税平等原则"，"公平负担原则"）为理由，将违反产生一定行政惯例之行政基准的课税处分视为违法。只是，如果从上述 [特别是（2）和（3）] 情况来看，涉及这些判决的案件至少不是典型的平等原则之"自我约束"应该发挥作用的情形。这是因为它们在将租税行政性法规之"解释"基准视为违法（违反行政性法规）的同时，将不依据这一违法的行政基准（以及违法的行政惯例）而根据符合行政性法规之解释的课税处分，以违反平等原则为理由视为违法：

①"参与上述课税物品之课税、征税处分的全国大多数税务官厅因对法律的误解及其他理由，事实上，对特定期间的特定课税物品，用比法定课税标准或税率轻的课税标准或税率作出课税、征税处分，而且，此后，……处于没有实际追征且也没有可能追征税金差额的状况，在上述状况持续中，依据租税法定主义或者课税、征税平等原则，为多数税务官厅违反法律规定采用的、减轻课税标准或税率的做法在实定法上被视为正当，依据法定课税标准或税率的课税、征税处分反倒被作为违反实定法的处分，应当将超出上述被减轻了的课税标准或税率部分解释为违法处分。"

②"如果尽管在税务行政的一般执行中实施通知所指示的内容，却在某个别具体情形中，违反通知对满足上述通知所规定的要件的纳税人作出不利

255

的课税处分，……依据通知相信不是课税对象而以不包含物品税的价格进行交易，结果事后却被课税，这不但给纳税人带来不可预测的损害，最终也违背公平负担的租税法基本原则，必须说是违法的处分"〔108〕。

此外，还有的下级判例虽然与上述判例同样，也存在着是否为"自我拘束"应该发挥作用的典型情形问题，但涉及这些判例的判决如下述那样，一般性谈论源于平等原则（"租税平等主义"、"公平负担原则"）的"自我拘束"以及其界限，同时或是认为不是应该适用行政基准的案件［下述的③］，或是承认存在可背离行政基准的"特别事由"［下述的④］，而驳回请求。

256

③"在税务执行中通知所指示的内容被实施，而纳税一方也没有异议地接受其实施，且该通知内容具有合理性，在这种状况下，尽管某些纳税人满足了上述通知所规定的要件，却不被适用该通知，……违背公平负担原则，课税厅之不适用该通知的处分带有违法性。"

④"从租税平等主义的角度来看，一方面，因为其［《关于继承财产评估的基本通知》（1964 年）］形式性地适用于全体纳税人从而能够实现租税负担的实质公平，所以只针对特定的纳税人或者特定的继承财产，根据《评估基本通知》规定的方式以外的方法进行评估，即使是根据其方法评估的金额……处于《遗产税法》第 22 条规定的时价所能允许的范围以内，但因缺乏纳税人之间负担实质公平，原则上不应允许。但另一方面，……因为贯彻统一适用上述评估方式的形式平等，违反……遗产继承税之目的，反而明显地妨害租税负担的实质公平，在明确存在这样的特别事由时，应当解释为允

262　　〔108〕　①大阪高判昭 44・9・30 高民集第 22 卷第 5 号第 682 页。其认为 30% 的税率违反了多数税务官厅依据了行政基准（将税率定为 20% 的海关监查部部长会议的决议）的实务，以这一税率的关税课、征税处分违法（但是，驳回确认无效请求）。参见宇贺克也："判例批判"，载《租税税判例百选》（三版），1992 年版。②大阪地判昭 45・5・12 行集第 21 卷第 5 号第 799 页。其对于违反"诚实信用，禁反言原理"的主张，如正文那样进行阐述，关于符合《物品税基本通知》（昭 34）第 33 条但书的部分，承认撤销请求。关于①的判决，原田・注〔50〕第 42 页说，"在判决所说的限定条件下可以解释为是正当的"，乙部・注〔106〕第 421 页说，"相当于应予例外性地承认违法也有平等的情形"。另外，还有仙台高判昭 50・1・22 行集第 26 卷第 1 号第 3 页等，认为其他市町村的非课税处理违法，对私人的课税处分不违反"课征税平等原则"。

许例外地根据……其他合理方式进行评估"〔109〕。

2. 信赖保护原则

作为制约个别性行政裁量、具有将行政基准"外部法"化功能的法之一般原理，还能例举出作为诚信原则或者禁反言原理的重要内容之一的"信赖保护"原则〔110〕。也就是说，是否违反平等原则是在与对第三人的行政决定相比较上成为问题，而在与同一个私人的关系上，行政机关的某些行为使相关私人产生"信赖"，即将来会被依据行政基准作出行政决定，这时如违反这一行政基准或者违反依据这一行政基准形成的行政惯例作出行政决定，即使没有违反相关的行政性法规，有时也因违反"信赖保护"原则而违法〔111〕。

但是，有必要深入地探讨具体在什么情形下，行政决定会因违反行政基准而违反"信赖保护"原则。目前有以下论点和问题：

257

〔109〕　③大阪地判昭44·5·24行集第20卷第5号第675页。其认为没有满足有关法人税的"通知"上的要件，而将没有适用"通知"的课税处分视为合法。④东京地判平4·7·29行集第43卷第6·7号第999页。东京地判平5·2·16判夕第845号第240页也阐述了基本上与此相同的内容。这些判例将未依据"通知"规定的原则性方式进行财产评估的课税处分视为合法。④的二审即东京高判平5·3·15行集第44卷第3号第213页阐述，"虽然应该将依据评估基本通知的评估作为原则，但是如果有特别的合理理由不依据上述的评估方法"，并且其他的评估方法"客观且具有妥当性"时，"可允许不依据评估基本通知而依据其他的公正评估"，而"本案正好相当于上述情形"，进而排斥请求。

〔110〕　关于这些原则、法理的意思、关系，参见原龙之助："行政法上的诚实信用原则（行政法における信義誠実の原則）"，载《大阪市大法学杂志》1960年第6卷第3号；乙部哲郎："行政法上的信赖保护（行政法における信頼保護）"，载《公法研究》1977年第39号；等等。

〔111〕　认为有必要保护私人对于"有关行政性法规解释、适用的通知、其他……非课税决定通知"等"事实上的行政作用"的"信赖"，且肯定对于课税处分有适用"禁反言"法理余地的判例，有东京地判昭40·5·26行集第16卷第6号第1042页（将违反非课税决定通知的课税处分视为无效，撤销了扣押处分）。另外，关于违反行政基准（横滨市《中央批发市场南部市场附属营业人招募要点》）的不许可处分，横滨地判昭52·3·9判时第864号第81页认为，虽然"难免招致轻率之讥"，但不是违背"禁反言之法理或诚实信用原则"的违法处分。

（1）关于承认有应予保护之"信赖"的具体要件，例如有这样一些问题，即一般性地"公布"行政基准就足够了吗？需要向特定的私人提示吗？更进一步说，需要同时（像可谓行政上的"约定"那样）明确地说明将依据这一行政基准作出行政决定吗？虽然因具体案件可能会不同，但如果根据行政法学上有影响力的学说，那么只一般性地"公布"是不充分的，需要在与特定的私人之关系上有某种接触[112]。

（2）此外，与上述问题相关，即在对第三人依据行政基准作出行政决定时，处于同样状态的私人具有对自己也作出同样行政决定的"信赖"，这时并非不可能谈论这一"信赖"保护的必要性。只在这一情形下，有可能同时谈论违反平等原则与违反"信赖保护"原则［前面1（2）的下级判决实际上也认定违反了"信赖保护"原则］。

（3）在行政决定违反合法的行政基准，也违反行政性法规时，没有必要援用"信赖保护"原则。将违反"信赖保护"原则当做问题有意义的是：合法的裁量基准有可能将违反信赖保护原则的行政决定作为行政性法规所承认的、裁量余地范围内的决定视为合法（"信赖保护"原则限定裁量余地，将违反合法裁量基准的行政决定最终视为违法），以及"行政性法规替代基准"中

---

〔112〕 乙部哲郎说，民法上有影响力的学说、判例阐明只有"在当事者之间存在着合同及其他类似的具体关系"时适用"诚信原则"，在与民法上的学说、判例作同样解释时，"不能从诚信原则推导出来公布通知等一般性行政作用之拘束性"；"在得到税务官厅之约定，即适用公布通知等当中规定的租税优惠措施等之后，才有对这一约定等适用信赖保护原则的可能性"。参见乙部哲郎："行政法与诚信原则（行政法と信義則）"，载《行政法的争点》（新版），1990年版；同·注〔110〕，第173页。但是，关于这一点并不是没有异议，例如，新井隆一阐述了下述宗旨，即用应该遵守"约定"这一"通俗的理解来说明还是根据禁反言原理或者诚信原则理论化"可另当别论，即使还没有作为行政决定的基准使用，也应当承认"公布"的训令、通知在与私人的关系上具有不允许变更、废止的性质，参见新井隆一：《行政法》（第四版），1980年版，第54~55页。

若适用则对私人有利的基准（"给付基准"等）。

（4）在行政性法规之拘束（"依法律行政"原理）与"信赖保护"原则之拘束势不两立时，应该优先前者。但不能说没有这样的例外，即行政机关受"信赖保护"原则拘束，依据内容违反行政性法规（违法）的行政基准做出行政决定。这时，如最高法院1987年判决所表明的那样，为了承认有应予保护的"信赖"，应比依据合法的行政基准（及行政惯例）的情形要求更加严格的要件[113]。

（三）《行政程序法》与"正当程序"法理

《行政程序法》或者作为行政活动之一般法理（或者宪法原则）的"正当程序"法理等，也有与行政基准之适用方法或过程相关的地方。

行政基准并不是被公布后就直接"外部法"化。因此，即使是关于依《行政程序法》设定、公布的行政基准，也可以原封不

---

[113]　虽然是有关行政基准没有介入之事例的判例，但最三判昭62·10·30讼月第34卷第4号第853页〔遗产税等更正处分诚信原则案〕认为，在"应该贯彻依法律行政原理、特别是租税法定主义原则的租税法律关系"上，"必须慎重"地适用"诚信原则之法理"。只有在"存在特别事由"时，即在"即使牺牲租税法规适用上的纳税者之间的平等、公平要求，也要保护纳税者的信赖，否则就会违背正义"时，才能开始考虑适用的利弊。为了承认这一特别事由的存在，①除了成为信赖对象的"官方见解"的意思表示之外（一般认为公布、提示行政基准的大多数情形相当于这一意思表示——作者注），还不可缺少②私人基于信赖而行动，且关于该信赖、行动不存在"应该归责于私人的事由"，③违背该意思表示的课税处分带来经济上的不利〔参见乙部哲郎："判例批判"，载《行政判例百选Ⅰ》（第三版），第52页等。作为这之后同样旨趣的判例，有名古屋地判平2·5·18讼月第37卷第1号第160页等〕。另外，虽然山形地判昭46·6·14讼月第18卷第1号第22页肯定了15年间的非课税处理之后的课税处分违反了诚信原则，但二审即仙台高判昭50·1·22注（108）认为，（违反平等原则之外）持续的非课税的事实状态不相当于表示这一状态成为信赖的对象，否定违反诚信原则，三审即最三判昭53·7·18讼月第24卷第12号第2696页〔电气煤气税征收处分诚信原则案〕也维持这一意见。此外，东京地判昭59·9·28注（83）阐述，"关于行政厅有违法之嫌的措施，不允许以信义原则为理由，要求其进一步扩大'非课税'措施"而驳回请求。

动地适用前面关于"机械"适用及平等原则、"信赖保护"原则所论述的内容。例如，不能说因设定、公布了行政基准就一概否定个别性裁量余地，而且，只是设定、公布阶段时，也不能谈论受平等原则或"信赖保护"原则拘束。只是，作为行政性法规（《行政程序法》）上的义务履行，行政基准是（应该是）在经慎重探讨之后被设定、公布的。由此来看，应该更为严格地要求有关平等原则之拘束所阐述的、作出违反行政基准之行政决定所必要的"特别根据或者合理理由"。另外，也有必要深入探讨"信赖保护"原则，这可能有助于放宽应保护之"信赖"的成立要件[114]。并且，只要能够理解为公布（或者"公开"）行政基准，使相关私人产生被依据这一行政基准作出行政决定的"信赖"，且其是应予保护的信赖时，那么以"信赖保护"原则为媒介，行政基准因公布而被赋予了几乎与"外部法"相同的效力。

此外，根据《行政程序法》（第 6 条）设定的"标准处理期间"，虽然不具有外部性法的效力，不能够作为"不作为违法确

---

[114] 盐野·注〔9〕第 245 页认为"审查基准……虽不是法规，但如果从其通过程序法在制定法上直接定位这一点来看，在使用与公布的内容不同的基准决定时，行政厅有必要提示合理性的依据"，芝池义一说，"因为公布是法律上的要求，所以更加要求行政厅用基准进行自我拘束"，参见芝池义一：《行政法总论讲义（行政法総論講義）》（追补版），1994 年版，第 8 页。但是，关于上述内容，作为其根据，是否考虑到"信赖保护"原则这一点不明确。另外，虽然不是关于被课以设定、公布义务的行政基准，但作为赋予"公布"重要意义的判例，有大分地判昭 62·2·23 行集第 38 卷第 2·3 号第 119 页。其关于大分教育委员会制定的《选拔高中入学者实施要点》、《纲要基准》、《协议基准》等说，"原本因为本案的《纲要基准》是内部裁量准则，所以即使假设使用违反本案《要点》的基准作出有关入学的决定（入学许可与否处分），原则上也只不过产生适当与不当的问题。只是，像本案这样，在如同将这一《要点》基准通过……事先公布一样的状况下，作为作出处分的一方，其裁量权的范围受到该基准相当程度的制约，如果使用明显违反本案《要点》的基准作出是否许可入学的处分，可以解释为也有产生违法问题的可能"。虽然这一判决没有明确地说，但大桥·注〔5〕第 24、26 页理解为是以"信赖保护、诚实信用原则"为根据的。

认诉讼"之裁判基准直接发挥功能，但它能成为判断"相当期间"（《行政案件诉讼法》第 3 条第 5 款）的重要考虑要素之一[115]。

　　《行政程序法》把在一定范围内公布行政基准规定为义务，这是行政性法规对行政机关将行政基准适用于具体案件过程中的行为所进行的一种拘束。在有公布义务（也不相当于相关条款所规定的例外）却怠于履行时，甚至不需援用"正当程序"之法理，就成为违反行政性法规（《行政程序法》）的违法行为。但正如已经提到的那样，还有必要将不公布行政基准就直接作出行政决定会对行政决定本身之违法性、效力产生何种影响作为问题，另行探讨。

　　关于不适用《行政程序法》之行政处分的行政基准，或者将被基于《行政程序法》公布的行政基准细化的下位（未公布的）行政基准，可能成为问题的还有，可否采纳最高法院 1971年判决所表明的、"告知"利害关系人等的见解。这时，不是行政性法规而是以保护对方私人之主观利益为主要目的的"正当程序"法理，对行政基准之适用过程产生一定的拘束。只是，拘束的内容涉及行政决定之事前程序上的措施，与前文提到的平等原则或者"信赖保护"原则之拘束（依据行政基准作出具有一定内容的行政决定）不同[116]。

　　对于明显违反裁量基准作出的行政决定，有的学说、判例没有明确地提到平等原则或"信赖保护"原则，而以裁量权滥

259

---

〔115〕　参见盐野·注［9］，第 245 页；宇贺·注［11］，第 65 页。

〔116〕　虽然町田显从"正当程序"的角度将"通知"是否符合法令或适用方法的客观性等也作为审查的对象，但是比本章"程序公正"的理解方法更狭窄，参见町田显："通知（通達）"，载山田幸男、远藤博也、阿部泰隆编：《演习行政法》（下），青林书院新社 1979 年版，第 237 页；同·注〔59〕，第 47 ~ 53 页。另外，虽然在町田·同上中，将违反平等原则、诚信原则作为与"适用方法"这一"程序"公正性相区别的"实体上看"违法的例子提出来，但与本章的整理方法也不同。

用等理由将其视为违法[117]。如果不需要以平等原则或"信赖保护"原则为媒介，那么就可能被区别于以上述"正当程序"法理为依据的内容，而作为所谓"公正裁量判断过程"法理的内容之一来议论。只是，对于它与平等原则或"信赖保护"原则之拘束间的关系、异同，也包括是否有必要依据裁量基准（对第三人）作出行政决定等问题，还有必要进行深入探讨。

四、行政基准的变更与司法审查

264 　　在修改了相关行政性法规或作出了以行政基准之内容违法为旨趣的判决时，行政基准也要变更。并且，只要新的行政基准符合修改后的行政性法规或判决旨趣，即使是对私人不利的变更，也很难将其视为问题[118]。

　　相对于此，可能有时不是以行政性法规之修改或判决为契机变更行政基准的内容（或者在没有行政基准的状态下，设定与以前形成的行政惯例具有不同内容的新的行政基准），并依据新的行

265 政基准对私人作出比依据以前的行政基准（或行政惯例）更为不

---

　　〔117〕　阿部·注〔43〕第 285 页阐述说，虽然"即使稍微偏离裁量基准，也不当然违法"，但"在裁量基准合理的情形下，如果能确定具体作出的处分明显地偏离裁量基准，那么就表明它是违反授予裁量权的法目的、恣意的判断过程，应该说是裁量滥用"。神户地判平 4·3·13 注（101）说，虽然以违反兵库县教委规定的《平成 3 年兵库县公立高中入学者选拔纲要》的程序作出的拒绝入学处分，不直接违法，但"在明显超出上述纲要规定的程序时，作为裁量权的逾越或滥用，其处分违法"，参见大桥洋一："批判"，载《批判评论》1992 年第 404 号。虽然没有限定为"明显"或"重大"违反情形，但是关于着眼于"公布"而没有谈到平等原则或"信赖保护"原则的学说、判例，也参见注〔114〕所列的内容。

　　〔118〕　广岛地判昭 57·12·16 行集第 33 卷第 12 号第 2452 页认为，以《自然环境保护法》的施行、《自然环境保护基本方针》（总理府告示）的制定等为契机，《自然公园法》上的新筑建造物许可基准的严格化（昭 49 年环境厅自然保护局局长通知）"有充分合理的理由"，与修改前被许可者的关系上不能说不公平，而驳回撤销不许可处分的请求。

利的行政决定。如果将前面［三（二）］中重点作为问题的违反行政基准（尤其是裁量基准）之行政决定，表述为对行政基准的"个别性背离"，那么可以称此为对以前行政基准的"一般性背离"。

　　关于上述那样的"一般性背离"之行政决定的合法性，只要被变更的行政基准之内容合法，原则上就不存在任何问题，即使依据"信赖保护"原则，也不能要求永久性地维持以前的行政基准（以及依据此的行政惯例）[119]。也就是说，在行政基准表明行政性法规之解释时（解释基准），新旧行政基准中就会有一个基准的法解释是错误的，如果新的解释基准是正确的法解释，那么据此作出的行政决定（即使该决定比依据以前错误的解释基准对私人更为不利）也是合法的。此外，在行政基准是裁量基准时，为了迅速而高效地应对各种经济、社会情况的变化，变更裁量基准不但是可能的（或是被要求的），而且只要新的裁量基准是行政性法规承认的、止于裁量余地范围内的合法基准，依据其作出的行政决定（即使该决定比依据以前的裁量基准对私人更为不利）也是合法的。此外，因为"行政性法规替代基准"是因行政活动不存在行政性法规之具体规范而有的基准，所以与裁量基准相比，很少有将其变更视为违法的情形。

　　综上观之，（姑且不论能将行政性法规之规范的不充分性、欠缺本身看成违反"依法律行政"原理的情形）只要不承认基于以前的行政基准所形成的"习惯法"，那么就很难将依据未违反行政性法规的新行政基准作出的行政决定视为违法。只是，虽然有

---

　　[119]　指出这一点的有北野·注〔56〕，第64页。另外，东京地判昭40·5·26注(111)也说"收到不课税通知，并不相当于将来也受到不课税对待这一期待利益受到保障……不妨碍将上述不课税通知的错误告诉原告后，从下一年度以后征收固定资产税……在这一范围内，禁反言原理的适用是受限制的"。另外，在变更"解释"对私人有利时，否定溯及适用变更后新"通知"这一"诚信原则"上义务的判例有名古屋地判昭57·82·7注（94）。

必要根据每一个具体案件进行探讨，但如果着眼于依据新行政基准所作出的第一个行政决定（也是新行政惯例形成的开端）是对以前行政基准的"个别性背离"之一，那么特别是关于裁量基准或"给付基准"，就不能一概否定上述平等原则或"信赖保护"原则发挥拘束作用的余地。此外，即使作为例外，从确保"法的安定性"之要求这一角度，也可以考虑将依据新的行政基准变更前行政基准所形成的（或者不是因行政基准而形成的）行政惯例视为问题[120]。

---

〔120〕 最二判昭 33·3·28 注（84）（一审参见东京地判昭 28·2·18 行集第 4 卷第 2 号第 298 页，二审参见东京高判昭 30·6·23 行集第 6 卷第 6 第 1404 页）是关于重新发布与以前的不依据行政基准而形成的行政惯例表明不同的解释（法院认为是正确解释）的"通知"以后，依据这一"通知"对私人作出了比以前更为不利的课税处分的事例。参见拙文："判例批判（判批）"，载《行政判例百选Ⅰ》（第三版），1993 年版；以及其所列的各文献。从"法的安定性"（或"法的预测可能性"）角度视为问题的有北野·注〔29〕，第 289 页；同·注〔56〕第 61 页；町田·注〔59〕，第 55 页等。另外，与"通知"的变更有关的最高院判决，虽然有最二决昭 41·9·7 判时第 462 号第 57 页〔违反法人税法刑事案〕，但其只限于阐述新旧通知即使"关于损失费算入事业年度的决定方法表明不同的方针"，该问题也是法人税法"解释上当然有"的问题，并非不依据法律变更租税。此外，作为与税务通知的变更相关的判例，也参见大分地判昭 63·5·30 注（69）、名古屋地判昭 57·8·27 注（94）。

第六章
关于行政"内部法"的若干考察

第一节 各种学说中的行政"内部法"

一、引 言

(一) 本章的课题

如果谈行政"内部法"或有关行政之"外部法"与"内部法"的区别,那么其渊源在于国家与社会、行政主体与私人法主体的二元区分[1]。并且,基于这样的区别,某种程度上容易明确行政"内部法"的意思和范围,也能比较简单地谈一些行政"内部法"论。只是,行政法学说中使用的"内部法"或者与此类似的词("内部行政法"、"内部的法") 如下面二的简单介绍所表明的那样,具有多种意思,并不是在某种程度上归纳一下,就能够形成具有适当内容的行政"内部法"论。

本章作为附随于行政立法及行政基准之探讨的研究之一,以各种学说中的行政"内部法"为素材或着手点,尝试着简单地整理一

267

──────────

[1] 关于"外部 (关系)"与"内部 (关系)"的区别涉及行政法理论的基本框架,特别参见藤田宙靖:《行政法Ⅰ》(总论)(三版),青林书院1993年版,第15~17、62、121、339、382页。

下能够考虑到的行政"内部法"的意思等（第二节），探讨行政"内部法"论成立的可能性（第三节），同时表明自己对行政"内部法"概念（及相关各种概念）的理解（第四节）。

（二）判例

268 最高法院 1977 年有关大学学分认定的判决，实质上能够理解为肯定了"部分社会"之"内部法"的存在，且在与司法审查对象的关系上展开了一种"内部法"论[2]。而且，在有关行政的下级判例中，在相当于行政基准（参见本书第五章）的部分，也使用"内部基准"、"内部准则"、"内部规定"等词[3]。

但是，前者之"部分社会"的"内部法"即使超出行政法关

---

〔2〕 最三判昭 52·3·15 民集第 31 卷第 2 号第 234 页〔富山大学经济系案〕——在"有自律性法规范的特殊的部分社会"中"与一般市民法秩序没有直接关系的内部问题"不成为司法审查的对象。也请参见本书第四章第二节注〔38〕。

〔3〕 例如，"内部基准"——大阪地判平元·3·14 判夕第 691 号第 255 页，"内部性基准"——东京高判平 1·7·11 行集第 40 卷第 7 号第 925 页，"内部性的基准"——大阪地判平 2·10·29 讼月第 37 卷第 4 号第 636 页，"内部性的运用基准"——东京地判平 2·10·15 行集第 41 卷第 10 号第 1639 页，"内部性处理基准"——东京地判昭 54·5·30 判夕第 386 号第 67 页，"行政机关内部事务处理上的基准"——广岛高判昭 43·5·16 行集第 19 卷第 5 号第 835 页，"内部准则"——千叶地判昭 63·1·25 判自第 46 号第 58 页，"内部性准则"——神户地判平 4·3·13 行集第 43 卷第 3 号第 309 页，"内部规范"——高松高判平 4·5·12 行集第 43 卷第 5 号第 717 页，"内部规则"——宇都宫地判平 3·2·28 行集第 42 卷第 2 号第 355 页，"内部性规则"——名古屋高判昭 61·11·27 判时第 1239 号第 141 页，"内部规定"——秋田地判平 3·2·1 讼月第 37 卷第 11 号第 2122 页，"内部规程"——秋田地判平 3·7·8 判夕第 773 号第 145 页。另外，谈宗教团体的"内部法规"的有松江地判平 1·2·22 判时第 1307 号第 129 页，但难以说是行政"内部法"。学说上也使用同样的词。例如，"内部基准"——远藤·后注〔17〕，第 80 页；原田尚彦：《诉的利益（訴えの利益）》，弘文堂 1973 年版，第 229 页。"内部性的审查基准"——原田尚彦：《行政法要论》（全订三版），学阳书房 1994 年版，第 89 页；"行政内部规则·内部基准"——阿部泰隆：《行政裁量与行政救济（行政裁量と行政救济）》，三省堂 1987 年版，第 38 页；"行政内部规定"——小早川光郎：《行政法讲义上Ⅰ》1993 年版，第 88 页以下；同·后注〔28〕，第 182~183 页；"行政内部性的规范""内部性规范"—芝池义一：《行政法总论讲义》，有斐阁 1992 年版，第 102、115 页。

系也可能存在，因此难以称为行政"内部法"。而在后者的各判例中，也没有使用"内部法"一词。据此，本章暂且不将各判例作为考察的中心性素材或着手点[4]。

二、各种学说中多种多样的行政"内部法"

在行政法学中，使用"内部法"或类似词的有以下一些例子，先将这些例子作为本章考察的素材或着手点：

（1）以前，作为行政作用法的分类方法之一，谈"内部行政法"与"外部行政法"的大致区分，前者是"不直接与人民相关的、有关在行政内部进行的行政、亦即内部行政的法"，会计法、国有财产法就曾是它的例子[5]。

（2）大致被与"外部法"——"作用法"相区别，而在"组织法"的意义上使用。也被理解为"有关行政组织内部的法"[6]。

[4] 这里也不深入到外国的"内部法"概念、"内部法"论中。作为在标题中使用"内部法"，主要探讨法国学说的，有多贺谷一照："'内部法'论"，载《公法研究》1988年第50号；大贯之："论行政内部法——法国行政法的问题状况（行政内部法について一フランス行政法に於ける問題状況）"，载《法学》1988年第52卷第1号・同2号。关于德国学说中的"内部法"或"内部法关系"，除后注[37]、[56]、[60]之外，参见堀内健志：《德国"法律"概念研究序说（ドイツ"法律"概念の研究序説）》，多贺出版1984年版，第337页以下；高桥明男："德国行政法关系论的一个侧面——从与法关系论的关联看行政'内部法'关系——（ドイツにおける行政法関係論の一側面——法関係論との関連からみた行政"内部法"関係——）"，载《阪大法学》1993年第168～169号；等等。

[5] 和田英夫：《行政法笔记（行政法ノート）》（新订版），三和书房1956年版，第209页。但是，没有看到和田英夫编：《行政法讲义 下》（学阳书房1983年版）等提到"内部行政法"。另外，也参见和田英夫：《国家权力与人权（国家権力と人権）》，三省堂1979年版，第81页。

[6] 分别是，田村悦一："行政组织法的课题（行政組織法の課題）"，载《公法研究》1988年第50号［"内部法（组织法）与外部法（作用法）的交错部分……"、"内部法或组织法……"］；多贺谷・注[4]，第202页。另外，也参见远藤・后注[17]，第23页（"内部的法与外部的法"的区别"大致相当于组织法和作用法的区别"）。

　　另外，田中二郎博士将公务员之管理、公物之管理作为区别于"对外关系"的"内部管理关系"，将公务员法、公物法也包括于广义的行政组织法当中。并且，将"内部规范性"也作为行政组织法的特质之一[7]。虽然田中博士自身没有使用"内部法"一词，但如果将广义的行政组织法与行政"内部法"同等看待，那么规范狭义的行政组织、公务员关系、公物管理的法就成为行政"内部法"。

　　(3) 根据槙重博教授的学说，所谓行政法上的"内部法""是以规范行政内部关系为目的的法"，"是与私人之权利义务无关的行政内部的法"，其性质是"行政规则"，大致可分为行政组织法、公务员法、财政管理法三种。另外，现行法律中的《内阁法》、《国家行政组织法》、《国家公务员法》、《财政法》是"内部法"，而《会计法》、《警察法》则包括"内部法"和"外部法"两者[8]。而且，槙重博教授还论述了以下的"内部法"的"性质"、"法理"[9]：①应尊重行政权的"自律性"，关于内部法，原则上立法权、司法权不应当介入。②"内部法"，原则上是原本的行政"作为伴随着组织权的当然权能所能制定的法"。③"内部法"是"追求合理性的没有价值的无色的手段法"，其具有"适用上的严格性、不允许例外性地处理或违反的特性"。④违反"内部法"原则上不影响违反行为的效力。

　　(4) 虽然财产管理法、财务会计法尤其被认为是"内部法"，

270

---

　　[7] 也参见田中二郎：《新版行政法》（中卷）（全订二版），弘文堂1976年版，第4、13、16～17页。也参见同上第298～299页。

　　[8] 槙重博：《现代行政法的各种问题（現代行政法の諸問題）》，有斐阁1980年版，第95、98、102、103、105页（初次发表，同·"关于行政法的内部法与其法理（行政法における内部法とその法理）"，载《上智法学论集》1973年第16卷第3号）。

　　[9] 槙·注[8]，第105页以下。槙重博：《财政法原理》（弘文堂1991年版）第38～43页也是同一旨趣。

但在与居民诉讼（《地方自治法》第242条之2）的关系上，存在着"外部法化"等的情形。

碓井光明教授称，"有关自治体内部之财务管理的各种法规，作为自治体的'内部法'，主要与行政组织法共同发挥功能"，但是，"尽管说其是内部法规范，……通过居民诉讼制度成为裁判规范"[10]。或者，虽然规范公共契约的"会计法规……具有与行政组织法类似的内部法之侧面"，而且"公共契约法，……是作为国家等的内部法而产生、发展起来的"，但在自治体的公共契约方面，"利用居民诉讼进行控制的情形急剧增加"，这"意味着以前公共契约相关规范作为内部法很少在法院被利用，现在已经作为裁判规范发挥起功能来"[11]。

盐野宏教授称，关于"国家、公有财产之管理"所制定的"特别法律（会计法、国有财产法、物品管理法、地方自治法)"，"基本上具有规范行政内部的内部法性意义"。另外以前，"财务、会计法规基本上一直被理解为行政组织的内部法"，但现在"因居民诉讼而外部法化"[12]。

（5）行政法学上的训令，也被说明为"行政组织的内部性的法规范"[13]。另外，小高刚教授以训令、通知为例，认为"有关行政组织内部的法，即使拘束属于该行政组织的机关、职员，也不直接拘束一般私人之规定"，是"行政内部法"[14]。

271

---

〔10〕　碓井光明："自治体财政"，载《财务法》，学阳书房1988年版。也参见提到"内部法"的同上第221、224页。

〔11〕　碓井光明："围绕公共契约的法律问题（公共契約をめぐる法律問題）(一)"，载《自治研究》1986年第62卷第9号。

〔12〕　盐野宏：《行政法》（二版），有斐阁1994年版，第157页；同《行政法Ⅱ》（二版），有斐阁1994年版，第208页。

〔13〕　山内一夫："训令与通知（訓令と通達）"，载《行政法讲座》第4卷，有斐阁1965年版。

〔14〕　小高刚：《行政法总论》，ぎょうせい1994年版，第21页。

（6）远藤博也教授综合论述了"内部的法"与"外部的法"、"客观性法"与"主观性法"、"有关合法性（效力）的法"与"有关责任（填补）的法"的区别、关系以及交错，关于"内部的法"，说其关于所谓训令性职务命令，是在"内部关系"上存在的"固有的法"等[15][16]。而且，他还谈到了"法规命令"与"行政规则"的区别及"一般权力关系"与"特别权力关系"的区别等，作为近年来出现的"内部法外部化倾向"的主要例子，例举出了以下十一点[17]：①"所谓特别权力关系的相对化"；②因"《行政程序法》的发展"而带来的一定情形下的"内部基准等的告知"；③关于"只不过是内部性行政规则的训令通知"，（a）处分性的例外性肯定，（b）以违反平等原则等而"间接地肯定其法源性"，（c）在判例上被作为"过失判断"或"原告适格判断"的基准、参考；④"信息获取的扩大"（公文阅览请求权、公文提出命令等）；⑤作为不作为之违法判断等的前提，"事前行政指导"的合法性判断；⑥有关"计划性阶段、调查阶段"的法理之形成；⑦"尝试在包括了内部决定过程的一连串的过程中肯定处分性"；⑧"肯定内部性前阶段之决定的处分性的理论、立

---

〔15〕 远藤博也："论行政法中法的多元构造（行政法における法の多元的構造について）"，载《田中二郎追悼论文集·公法的课题》，有斐阁1985年版，第77页以下、第93页。

〔16〕 也参见远藤博也：《行政法素描（行政法スケッチ）》，有斐阁1987年版，第11～13、117～118页。

〔17〕 远藤博也：《实定行政法》，有斐阁1989年版，第23～31、79～81、110～112、205～209页等。另外，关于"内部"性规定的"外部化"，盐野·注〔12〕《行政法Ⅰ》第70页、第77页以下也关于"只具有内部效果"的"行政规则"，指出其"外部化现象"。也参见阿部泰隆：《行政的法体系（行政の法システム）》（下），有斐阁1992年版，第491、545、729页。另外，对于基于《事务裁决规程》（训令）进行专决处理的职员，肯定"该职员"是居民诉讼第四项请求诉讼（《地方自治法》第242条之2第1款第4项）之被告，被认为也是类似于这里的⑩、⑪"外部化"之一的内容。参见最二判平3·12·20民集第4卷第9号第1503页〔大阪府水道部居民诉讼案〕。

法"；⑨通过居民诉讼审查"内部性财务会计上行为之违法性"；⑩因肯定下级行政机关所在地的审判管辖而"对应在内部处理之案件的现实上的应诉"；⑪肯定公务员个人之国家赔偿责任的少数说。

第二节　行政"内部法"的意思与范围——若干的整理

一、引　言

前面的介绍已经在某种程度上表明了行政法学说在使用"内部法"一词时的观点和其意思、范围的多样性。如果简单地说明一下，那么上面的（1）主要是涉及行政（作用）法分类，（2）是与行政组织、行政组织法有关联的大体上或暂时性的用例，在（3）中尝试着提示总括行政组织法、公务员法、财政管理法的一般性"法理"，（4）则是特别关注财产管理法、财务会计法，（5）是考虑了训令、通知的内容，在（6）中，将"法"的多元性作为前提，再谈多种意思的"内部的法"。

下面以各种学说中的多种多样的"内部法"为着手点，试着整理一下能够考虑到的行政"内部法"的意思、范围。这时的出发点，是以前理解"法规"概念时也论述过的（参见本书第三章第二节一）规范或规定的规范对象与它们所具有的效力的区别。

另外，虽然关于行政"内部法"概念，不仅是考虑"内部"的意思、范围，还有必要将"法"的严格意思作为问题，但前面所介绍的各种学说未必明确地谈到这一点。下面（除四之外）也主要是着眼于"内部"的意思、范围来进行论述。

272

273

二、规范对象与效力——两种行政"内部法"

（一）规范"内部"事项的法与具有"内部"性效力的法

以行政"内部法"这一概念来把握某种规范或规定，应该着眼于该规范或规定之某种意义上的行政"内部"性特性。并且，根据着眼于哪种意义上的"内部"性，基本上可以将能够设想到的行政"内部法"区分为以下两种：

第一种是着眼于规范对象[18]的行政"内部"性，这时，所谓行政"内部法"意味着将行政"内部"作为规范对象的法。第二种是着眼于规范、规定之效力、效果的行政"内部"性，这时，所谓行政"内部法"意味着只在行政"内部"发生效力的法。

虽然可以区分为以上两种，但各种学说在什么程度上明确地意识到这种区分，却未必明了[19]。但是，若基于可以区分为以上两种这一观点，则能够对各种学说中的"内部法"进行如下的整理：

首先，是主要着眼于效力之"内部"性谈论"内部法"的学说。也就是说，可以明确小高刚教授的"行政内部法"是着眼于（"即使拘束属于行政组织的机关、职员，也不直接拘束一般私人"这一）效力"内部"性的"内部法"，而且，基本上也可以明确，远藤博士将具有"内部拘束力"但不具有"对外拘束力"的"训令通知、职务命令"归属于"内部的法"，并且，他将肯定"只不过是内部性行政规则的训令通知"的间接法源性等作为

---

〔18〕 这里的"规范对象"不是意味着收件人、相对方，而是意味着规范的事项、事件、案件。例如，"训令"、"通知"类或行政基准中，也有将某行政处分的要件、程序、内容等作为"规范对象"的规定。

〔19〕 例如，虽然槙·注〔8〕第103页阐述，"在内部法的规定是法律形式的情形下，其内容即使对于私人也有效力时，这一内部法同时具有外部法的一面"，但即使暂且不论与槙教授本来的"内部法"定义的关系，这里的"内部法"是着眼于规范对象，"外部法"是着眼于效力。

"内部的法的外部化倾向"的例子〔20〕，这时的"内部的法"着眼点也是效力的行政"内部"性。

其次，有不少学说虽并未明确地论述，但可理解为它们除了着眼于效力的"内部"性之外，也着眼于规范对象的"内部"性。如上面（2）的行政组织法（如果根据田中说，在广义上包括公务员法、公务管理法），（1）的会计法及国有财产法，（3）的行政组织法及公务员法、财政管理法，（4）的财务管理法及公共契约法、国公有财产管理法、财务会计法。另外，（6）中远藤博士关于"特别权力关系"所谈到的"内部的法"，也能够理解为着眼于特别权力关系这一规范对象的行政"内部"性。

最后，有的学说还能理解为主要着眼于规范对象的"内部"性来谈论"内部法"。也就是说，虽然远藤博士针对事前行政指导、计划性阶段及调查阶段、内部决定过程、内部性前阶段中的决定等，指出"内部的法的外部化倾向"，但这是因为将这些行为、阶段、过程本身称为"内部的法"并不恰当，这里的"内部的法"，或许意味着将被远藤博士理解为行政"内部"的这些行为、阶段等作为规范对象的法。

（二）异同与关系

下面以上述各种学说为素材，简单地探讨一下上述两个意义上行政"内部法"的异同、关系。

也存在一些规范，如有关下级行政机关、事务分担部门之设置或掌管事务分配的训令类规定等，可以说是将行政"内部"作为规范对象且只在行政"内部"发生效力。另外，在传统上，一直将有关特别权力关系的法理解为以特别权力关系这一"内部"关系为规范对象且只在特别权力关系"内部"发生效力的法。并

275

<hr>

〔20〕 远藤·注〔17〕第23、36页；同·注〔16〕，第117页。

且，有人主张，特别是有关财务会计法、财产管理法[21]所谈论的"内部法"，也是以财务会计、财产管理这一行政"内部"事项为规范对象且只在行政"内部"发生效力的法。

但是，不能将着眼于规范对象之"内部"性的行政"内部法"与着眼于效力之"内部"性的行政"内部法"在整体上看成同样的"内部法"，两者的范围相当不同。例如，（1）被认为只具有行政"内部"性效力的规范，如训令、通知类等几乎可能存在于所有的行政领域、行政范畴、行政作用，而相对于此，在被前面的学说认为是以行政"内部"为规范对象的法当中，行政组织法（及公务员法、公物管理法）或财产管理法、财务会计法只存在于被限定了的、特定范围的行政领域、行政范畴。而且，（2）还可能成为问题的是，是否可以将议会立法（及法律、条例）或其授权制定的政令、省令、规则等理解为只在行政"内部"发生效力的规范（是否可以着眼于效力，将法律等称为行政"内部法"），对此，各种学说理所当然地认为，以行政组织、财务会计等行政"内部"事项为规范对象的法，是能够通过议会立法或政令、省令等制定的法（如果着眼于规范对象，那么法律等的法令、例规也能够称为"内部法"）。

三、作为规范对象的两种行政"内部"——行政领域与行政过程

（一）"内部"领域规范法与"内部"过程规范法

如果以前面的各种学说为着手点，那么关于不是着眼于效力的

---

〔21〕 关于这些法领域的用语例子没有固定，作为表明前面（3）中的财政管理法，（4）中的（包括契约规制法的）财务管理法、财产管理法、财务会计法等用语，未必严密，但在本章中使用"财务会计法、财产管理法"。关于各种概念、用词方法，参见碓井·注〔10〕，第3～5页；小高·后注〔33〕前者，第339页；杉村章三郎：《财政法》，有斐阁1959年版，第5页等；金子宏："财政总说"，载《现代行政法大系》第10卷，有斐阁1984年版。

"内部"性而是着眼于规范对象的"内部"性的情形，还可以进一步分为具有不同性质之规范对象的两种行政"内部法"。

第一，是只将被限定了的、特定范围的行政领域及行政范畴作为规范对象的法。这时，行政"内部"作为行政"内部法"的规范对象，是特定范围的行政领域、行政范畴，可谓行政"内部领域"。而且，若以各学说为线索，（虽然根据学说而不同但）大体上可以认为行政组织法（及公务员法、公物法）、财产管理法、财务会计法（以及包括公务员法等的以前所说的规范特别权力关系的法）属于这种"内部法"。

第二，是只将行政活动的部分行政过程作为规范对象的法。在这种情形下，作为行政"内部法"之规范对象的行政"内部"是行政过程的一定部分，可谓"内部过程"。

上述第二种意思上的行政"内部法"，相当于远藤博士针对事前行政指导、计划性阶段及调查阶段、内部决定过程、内部性前阶段的决定等指出"内部的法的外部化倾向"时的"内部的法"。也就是说，如果远藤博士将以这些行为、阶段、过程为规范对象的法理解为"内部的法"，就可能将这些一般化，并将以到达最终性或"外部"性行政决定前的"事前"或"前阶段"的各种行为作为规范对象的法泛称为行政"内部法"。

（二）异同与关系

下面简单地探讨一下以行政"内部"为规范对象的、上述两个意思上的行政"内部法"的异同及关系。

规范行政"内部领域"的法与规范行政"内部过程"的法，其范围可能有重叠的部分（也就是说，不管在哪一种意思上都有能够理解为行政"内部法"的规定）。例如，以前一直将上级行政机关的"内部性"委任以及基于此的下级行政机关之专决作为（不包括公务员法、公物法之意义上的狭义的）行政组织法论上的问题、论点之一来看待，如果以此为前提，那么就是有关狭义

277

的行政组织这一行政"内部领域"的问题。不过，也能够将这些理解为为了某一行政活动而在行政"内部过程"产生的现象。另外，关于财务会计法，如果以将其看成"内部法"的各种学说为前提，那么其是将财务、会计这一行政"内部领域"作为规范对象的法。不过，如远藤博士所暗示的那样，也可能将财务会计上的行为定位为行政"内部过程"上的行为[22]。

但是，可以说在行政"内部领域"与行政"内部过程"中，理解行政"内部"的视点是相当不同的。也就是说，前者是将具有一定共同目的的行政组织、财务会计等行政领域静态性、平面性地理解为行政"内部"，而后者则是动态性地、按照时间顺序将为了某一特定目的而进行的行政活动的部分过程理解为行政"内部"。

因此，在整体上不能将行政"内部领域"规范法与行政"内部过程"规范法看成同样的法，两者存在的范围也相当不同。也就是说，相对于行政"内部领域"规范法只存在于行政组织、财产管理及财务会计等被限定的、特定范围的领域及范畴，行政"内部过程"规范法也可能（作为规范各个"内部过程"的法）广泛地存在于这些以外的领域、范畴。

四、行政"内部领域"、行政"内部过程"的多样性范围

在着眼于规范所具有的效力之"内部"性谈论行政"内部

---

〔22〕 远藤：注〔17〕第81页，指出财务会计上的行为对于私法上的行为具有"前阶段"性，认为因居民诉讼而引起的对于"财务会计上行为"的违法性审查是"内部的法的外部化的典型例子之一"。在这里被作为前提的"内部的法"，不是着眼于财务会计的"内部领域"性，而是着眼于作为规范对象的财务会计上的行为在行政过程中的"内部"性的"内部法"。另外，也参见后面提到的"客观法"等。

法"时，成为问题的是行政"内部法"的具体范围或行政"内部"效力的严格意思。关于这些问题将在后面的内容中进行论述，下面先简单地探讨一下着眼于规范对象之"内部"性的行政"内部法"的范围。

（一）行政"内部领域"的范围

如果以各学说为线索，大体上整理一下作为行政"内部法"之规范对象的行政"内部领域"的范围，那么存在着或可能存在着以下两或三种理解方法：

第一，可以考虑以行政组织法和行政作用法的大致区分为前提，除狭义的行政组织之外，将包括了成为行政活动之基础或前提条件的人的手段、物的手段（公务员、公物）的广义的行政组织理解为行政"内部"领域。

第二，也可以考虑不局限于行政组织法与行政作用法之区分，而着眼于某种行政领域①占据作为其他行政活动或其他行政作用的共同手段的位置，或者②没有与私人的关联性或关联性淡薄，将这样的行政领域看成行政"内部"。虽然各学说并未明确论述，但在采用这种见解时，除了行政组织法之外，有可能将财务会计法、财产管理法也看成行政"内部法"。并且，这时，与行政作用法及行政组织法之严格意思的区分成为问题，有可能不仅将行政组织法，也将部分行政作用法理解为行政"内部法"。例如，槙教授就明确地指出，"只要是不将国家与私人的关系作为直接目的的行政内部的规范"，"行政作用法"也包括于"行政的内部法"中[23]。

第三，虽然基本上被包括于上述第一的广义的行政组织之中，但如远藤博士所谈到的那样，关于公务员之勤务关系、部分公物

---

[23]　槙：注〔8〕，第99页。在前面所介绍的各学说中的（1）的"内部行政法"也是"行政作用法"的一种。

（也具有营造物之性质的部分）之利用关系等的"特别权力关系"，如果以对于它们的传统性理解为前提，也能看做行政"内部领域"[24]。

（二）若干探讨

在上述几个行政"内部领域"范围中，公物管理与财产管理、财政管理与财产管理及财务会计、特别权力关系与公务员关系及营造物关系等，有重叠的部分或细微的差异可能成为问题的部分。即使姑且不论这些，关于基于不同理解方法的行政"内部领域"之范围，也可以说留有很多不明确的部分。

例如，一方面，田中博士的广义行政组织法概念，将公物中的公共用物之供用、管理作为"行政作用"的一种（公企业法、给付行政法）来对待，这未必严密[25]。但另一方面，田中博士并不是一点也没有谈到行政作用法的"内部"性，他认为，财政法中的财政管理作用法、财务会计法作为行政作用法的一部分，除了具有"私法性规范特别规则之性质"外，还具有"内部手续性规范之性质"[26]。此外，关于狭义的行政组织法（不包括公务员法、公物法），还存在着这样的问题，即其当中是否包括规范复数行政主体间关系的法、其严密的意思与范围是什么。关于这一点，槙教授认为地方财政法整体上是"纯粹的行政内部法"，在涉及儿童福利设施设置费用负担时，国家与自治体之间的关系是"行政内部的关系"，但碓井教授对于槙教授的这一见解持批判性

---

〔24〕 以上是以前面的各学说为线索，这些之外的把握行政"内部"领域的方法也可能成立。例如，在一个行政主体的行政组织内，能够分别谈股"内部"、科室"内部"、局"内部"、省厅"内部"等。也参见多贺谷：注〔4〕，第202页。

〔25〕 例如，参见田中二郎：《新版行政法》（下卷），弘文堂1983年版，第114页以下；同：注〔7〕，第299页。

〔26〕 田中：注〔25〕，第207、214、218页。

态度[27]。

但槙教授和碓井教授并不是将财务会计法、财产管理法之整体理解为"内部法"。因此，有必要逐个法律、逐个条款地明确其是否为"内部法"。

（三）行政"内部过程"的范围

虽然并不是考虑与行政"内部法"的关联而展开某些讨论，但即使是关于行政"内部过程"的具体范围，多种多样的观点也可能成立。

例如，也许可能广泛地理解行政"内部"过程的范围，认为其包括事前行政指导、计划阶段及调查阶段等，当然这也是远藤博士所采用的观点。但相对于此，也完全可以考虑将是否存在着与私人的接触或是否存在着私人的参与作为区别行政之"外部"过程与"内部"过程的基准[28]。但是，未必能够将是否存在着与私人的接触这一基准一般化[29]。

――――――――――

〔27〕　参见槙：注〔8〕，第258～259页（初次发表，同《财政法与地方自治》，载《上智法学论集》1979年第22卷第2号）；碓井：注〔10〕，第13、107页。

〔28〕　小早川光郎将"在处理案件的行政组织与不属于这些行政组织的外部案件相关者之间所进行的告知、听证、资料公开、处分的通知（及与之伴随的理由说明）等程序"称为"外部程序"，参见小早川光郎："行政组织法与行政程序法（行政組織法と行政手続法）"，载《公法研究》1988年第50号。也参见芝池：注〔3〕第251页关于"信息管理行政"的"行政与国民接触的外部性的过程"与"内部性的过程"的说明。如果按照这样的理解，被远藤博士理解为行政"内部"的事前行政指导已经是"外部"过程，计划性阶段、调查阶段包括"外部"、"内部"两过程。

〔29〕　例如，如果将"外部"过程限定为存在私人之参与、接触的情形，那么行政主体相互间的各种行为（没有私人之参与、接触）、行政基准或各种信息的一般性公布、纲要类的告示等（虽然也是针对私人的规定，但很难说存在私人之参与、接触）的定位成为问题。

第三节　行政"内部法"论的
可能性——若干探讨

281　　下面将立足于上述对行政"内部法"之意思、范围所进行的若干整理，尝试着根据各种可能考虑到的行政"内部法"，探讨行政"内部法"论成立的可能性。另外，不详细地深入到行政"内部法"论的内容中或者展开一定内容的行政"内部法"论，主要关注是否存在着行政"内部法"论成立的必要条件。

一、作为行政"内部领域"规范法的行政"内部法"论

这里，首先探讨一下以行政之"内部领域"为规范对象的法的行政"内部法"论，在下面的内容中，以已经论述的内容为着282　手点，作为可能考虑到的行政"内部领域"规范法，列举出规范广义之行政组织（及特别权力关系）的法以及规范财务会计、财产管理的法这两个部分，并进行一些论述。另外，也想简单地探讨一下规范狭义之行政组织的法的行政"内部法"论。

（一）广义的行政组织法等

虽不详细地探讨，但可以说将包括公务员法、公物法等的广义行政组织法理解为行政"内部法"，并谈论这些法的共通法理、法解释论、立法政策论相当困难，也不恰当。而且，即使不结合行政"内部法"，也时常关于广义的行政组织（法）概念指出这一点[30]。并且，即使是关于将规范以前所说的特别权力关系的规

---

〔30〕　例如，参见藤田宙靖：《行政组织法》，良书普及会1994年版，第2～3、7～10页；田村：注〔6〕，第144、149～151页。

范理解为行政"内部法",也一直一般性地承认,将与作为独立法主体的公务员或营造物利用者等之间的关系理解为行政"内部"关系,这本身也存在问题[31]。

而且,上述那样的疑问及问题,对于槙教授关于行政组织法、公务员法、财政管理法这三种法的"内部法"论,也同样(或更严重地)存在着[32]。

(二)财务会计法和财产管理法

如上所述,可将财务会计法、财产管理法的特性理解为:①与行政组织法(狭义)一样,与私人没有关联性或关联性淡薄,②能定位为其他行政活动或其他行政作用的共通手段。并且,不是不可能着眼于这样的特性,特别是着眼于后者的行政手段性,在行政法(行政法各论、行政作用法等)的体系或编类上,关于规范这样特定范围之行政领域的法,谈论与"行政作用法"相区别的"行政手段法"[33]、或与"行政过程法论、司法过程法论"

──────────

〔31〕 例如,远藤:注〔15〕第93页关于国立公立大学学生、在监者,说"在与行政组织等同样意义上,不能说属于内部关系。基本上应该说当然属于外部关系"。关于公务员,也参见藤田宙靖:"公务员法的定位(公務員法の位置づけ)",载《田中二郎追悼论文集·公法的课题》,有斐阁1985年版,第416~423页;藤田:注〔30〕,第3、10页。

〔32〕 在这里不详细讨论,只想指出以下几点:第一,即使是依据槙教授的"内部法"论,关于是否需要法律之规范、是否可以司法审查等基本法律问题,也并没有准备明快的答案(参见槙·注〔8〕,第106~107、123页等)。第二,对于①根据是否赋予裁量余地及赋予的程度来区分"外部法"和"内部法"(同上第108~109页),②关于"内部法",承认法律上司法权介入时的司法审查范围限定论(同上第124、128~129页等),③将否定违反"内部法"行为的效力的情形限定为违反宪法时及明确记载着法律无效这一旨趣时的学说(同上第113~116页;槙·注〔9〕,第41页),有难以赞同的地方。也参见佐藤功《行政组织法》(新版·增补)(有斐阁1985年版)第20~21页对槙学说的批判。

〔33〕 小高刚:《行政法各论》,有斐阁1984年版,第5页、第279页以下。关于与"行政程序法"概念的异同等,也参见小高刚:"行政手法论",载《公法研究》1987年第49号;高木光:"行政的实效性保障(行政の実効性確保)",载《神户法学杂志》1986年第36卷第2号。

相区别的"行政手段法论"[34]。但是，着眼于上述特性谈论行政"内部法"，会产生如下疑问：

第一，其他行政活动、行政作用的共通手段与行政之"外部"、"内部"的区分无关。

第二，以缺乏与私人的关联性、关联性淡薄为理由，也可能谈论财务会计法、财产管理法之规范对象的行政"内部"性。但是，首先，可以说以与私人有无关联性、关联性的程度作为将行政领域或行政范畴区分为两部分的基准是相当模糊的。例如，如田中二郎博士关于会计法所表明的下面的叙述那样，完全可能肯定财务会计法具有与私人的关联性：

"在有关会计事项的规定中，有不少有关行政内部性程序的规定，保障其公正与准确极为重要，因为其直接间接地对国民或地方居民之权利义务产生重大的影响，所以通过法律来规制这些规定可以说是理所当然的"[35]（重点号系笔者所加）。

即使是着眼于有无与私人的关联性、关联性的程度能够将行政领域、行政活动区分为两个部分，也有以"外部"、"内部"这样的词来表达区分之结果是否恰当的问题。

与这一点相关联，应当参照的是远藤博也博士所主张的"主观性法"与"客观性法"的区分。远藤博士认为，"所谓主观性法，是指关于权利主体间的主观性权利义务的法，所谓客观性法，是指关于主观性权利义务不成为问题的客观性法秩序的法"[36]。如

---

〔34〕 盐野宏："行政作用法论"，载《公法研究》1972 年第 34 号。不过，被认为是"人、物、组织之考察"，并未谈到财务会计法等。

〔35〕 田中·注〔25〕，第 217 页。另外，槙·注〔8〕第 129 页说，对于"直接关系到私人之权利义务的情形"，谈"内部法"，同上第 138 页承认"内部法"有"与私人也有关系"的情形。

〔36〕 远藤·注〔17〕，第 24 页。同·注〔16〕第 119 页说"具有涉及私人之权利利益的主观性法与不涉及私人之个人性利害的客观性法"。另外，下面不使用"主观性法"、"客观性法"，而使用"客观法"、"主观法"一词。

果以这样的理解方法为根据，那么可以认为不使用"外部法"、"内部法"这样的词，而使用"主观法"、"客观法"这样的词来表现依据有无与私人的关联性、关联性的程度的区分，则更为恰当。

另外，上面关于财务会计法等最后所论述的内容，与着眼于缺乏对于私人的效力将财务会计法等理解为"内部法"也有共同之处，同样的旨趣将在后面的内容中再次论述［本节三（一）］。

（三）行政组织法（狭义）

立足于上述内容，可能将以行政"内部领域"为规范对象的法理解为"内部法"并针对此谈论行政"内部法"论的，可以说只限于不包括公务员法、公物法的狭义行政组织法。

只是，在将行政组织（以下，在狭义上使用）理解为行政"内部"事项，将以此为规范对象的法称为行政"内部法"时，还有必要深入探讨其严格意思及具体范围。例如，①将设置、编制作为一个行政主体之构成分支的行政机关（或事务分担部门），以及规范向其分配掌管事务的法理解为"行政组织法"，虽然看上去似乎没有问题（可谓最狭义的行政组织法），但仍然可能有能否将行政机关的设置、编制等全部理解为行政"内部"事项的问题[37]。②关于被设置、编制的行政机关、事务分担部门的各种活动中没有私人参与、接触或者不是直接针对私人的活动（例如，各省厅、大臣之间或省厅内部局之间的协议及调整、审议会类的议事及运营等），虽然看上去似乎可以将规范这种活动的法理解为行政"内部法"，但也有这样的问题，即可否将这样的法作为

284

---

〔37〕　参见稻叶馨：《行政组织的法理论（行政組織の法理論）》，弘文堂1994年版，第246~267、260~261页，其将行政机关设置规范的一部分作为"外部性"行政活动的"行政作用"，着眼于与这一"行政作用"的密切关系，理解为"法规"（或需要依据法律的规范）。另外，关于德国有关行政组织规范承认"法规"或"外部法"性的学说以及存在关于"外部法"、"内部法"的讨论，参见稻叶·同上，第80~85、190~191页。

"行政组织法"之一来定位？如果其是"行政组织法"之一，那么应该怎样整理其与下面将要谈到的规范行政"内部过程"之法间的关系与异同[38]？③问题还在于，可否将规范复数行政主体间相互关系的法定位为作为行政"内部法"时的"行政组织法"之一？或者根据什么样的基准来区分这样的法（行政主体间关系规范法）是否为"行政组织法"[39]？

鉴于存在着上述问题，关于"行政组织"之行政"内部"性的严格意思，不得不留有不明了之处，从而要求慎重地就一般"行政组织法"谈论行政"内部法"。并且，这样的见解也完全有可能成立，即将作为规范对象的"行政组织"大体上理解为行政"内部"事项即使不一定错，但如果考虑着眼于行政领域、范畴之行政内部性来设定行政"内部法"这一概念的意义，在于包括与行政组织法共通的或类似的法，形成某些内容统一的行政"内

285

----

〔38〕是小早川：注〔28〕第165页所说的怎样定位"行政组织的运营状况"恰当这一问题（小早川：同上阐述，关于是否包括于"行政组织法论"之对象中，"以前学说的立场也未必明确"）。藤田：注〔30〕第12～13、78、100页在将与私人之权利保护无直接关系的"为行政主体形成公正的意志而制定的程序法"也称为"行政运营法"的同时，说"只要将此看成为了形成'统一性意志'之程序，……具备作为行政组织法的性质"，或者两者有"实质上重叠的侧面"，"具有密切的关系"，考虑是两者之中的哪一个，"只不过是考察某一对象时之视点不同"。

〔39〕藤田：注〔30〕第41页以下认为，在行政主体与其他的行政主体之关系上，对处于没有"被以依法律行政原理为支柱的行政作用法之制度和法理保护这一地位"的行政主体，规范它们之间相互关系的法，被作为"行政组织法"之一。另外，盐野宏、曾和俊文脱离了将作为行政主体的地方公共团体与国家的关系看做行政"内部"的一般观点，为地方公共团体之自治权的裁判性保护等进行法解释论、立法论的探讨，参见盐野宏：《国家与地方公共团体（国家と地方公共団体）》，有斐阁1990年版，第36页以下；曾和俊文："地方公共团体的诉讼（地方公共団体の訴訟）"，载杉村敏正编：《行政救济法2》，有斐阁1991年版。关于国家与公共合作社的关系，参见安本典夫："公共合作社（公共组合）"，载《现代行政法大系》第7卷，有斐阁1985年版。另外，虽然正文涉及以上三点，但关于"行政作用法"、"行政组织法"（及"行政程序法"）的意思、区别的不明了性，参见小早川：注〔28〕，第164～165、175页；藤田：注〔30〕，第13、42～43页。稻叶：注〔37〕第42～43页谈到"行政组织法"与行政"内部法"概念性关联的不明了性。

部法"论，那么在不包括规范其他行政领域、范畴之法的情形下，就没有必要使用行政"内部法"一词，而作为"行政组织法"来议论就足够了。

二、作为行政"内部过程"规范法的行政"内部法"论

（一）意义

尽管有"内部过程"之具体意思、范围问题，但也完全可能 [286] 着眼于将行政之"内部过程"作为规范对象的法，来谈论行政"内部法"。而且，将这样意思上的行政"内部法"设定为行政法学上的主题之一，可能会有助于促进对行政法现象的动态性考察，或者比以前更关注一直没有成为行政程序法（论）或行政组织法（论）之中心关注对象的、行政"内部过程"中的各种行为、各 [287] 种现象[40]。并且，在某种程度上能够谈论的已有以下的论点：①关于是否需要议会立法之规范、规范程度的宪法论或立法政策论；②关于违反之行政活动的违法性或法之效力的法解释论；③与上述②相关联，着眼于"裁量判断之过程"的司法审查（裁量审查）论；④关于行政"内部过程"之周知化、透明化或"外部化"的立法政策论及法解释论[41]等。

---

〔40〕　如小早川：注〔28〕第 174~176 页所启发或指出的那样，将"产生出对外性行政作用的行政组织内部过程"、"在行政组织内部进行的案件处理之过程"或"组织间程序"等各种问题在行政组织法（论）当中进行处理有相当的局限，并且，这些也不是以前的行政程序法（论）的中心关注对象。另外，盐野宏从行政过程的一般理论角度谈到"纯粹在行政机关内部决定的过程"，参见盐野宏："行政过程总说"，载《现代行政法大系》第 2 卷，有斐阁 1984 年版。

〔41〕　③将建设大臣在"裁量判断的过程"中有无过失作为问题的判决，有东京高判昭 48·7·13 行集第 24 卷第 6·7 号第 533 页。④除《信息公开条例》（特别是作为不公开的可能信息类型之一的"意思形成过程信息"）及与此有关的各种讨论之外，参见《行政程序法》第 5 条（审查基准）、第 11 条（复数的行政厅参与的处分）、第 12 条（处分基准）、第 36 条（对复数人的行政指导）等。

（二）课题及问题

只是，为了形成作为行政"内部过程"规范法的行政"内部法"论，首先作为前提条件，需要在某种程度上严格地探讨、划定包括与行政组织法或行政程序法之异同、关系的、行政"内部过程"的意思和范围。当然也根据行政"内部过程"的具体意思和范围，但这时，行政过程并不是单纯地从"内部"过程推移到"外部"过程，有必要留意存在着不少这样的情况，即两者复杂地混合交错，同时过渡到最终性行政决定。

另外，在行政程序法论、行政裁量控制论、行政信息管理论[42]等方面，行政法学已经展开了也关注行政"内部过程"的探讨及议论。因此，这时可能成为问题的是，作为行政"内部过程"规范法的行政"内部法"论能够多大程度地填补以前议论上的空白。并且，这样的见解也完全有可能成立，即虽然也根据行政"内部过程"的具体意思和范围，但只要发展或深化行政程序法论[43]等就够了，并没有必要在行政"内部过程"规范法这一意义上特别设定行政"内部法"这一主题。

三、作为行政"内部"性效力之法的行政"内部法"论

288

如果以前面介绍的各种学说为着手点来说，那么在只具有行政"内部"性效力之法这一意义上，可能是行政"内部法"的，有①（狭义或广义的）行政组织法，②规范特别权力关系的法，③财务会计法、财产管理法，④训令、通知。除了这些法当中的④之外，其他几个也能理解为着眼于规范对象（中的行政领域、

---

〔42〕 参见铃木庸夫："行政的信息管理与国民的权利（行政における情報管理と国民の権利）"，载《法律家（ジュリスト）》1986 年第 859 号。

〔43〕 关于包括了"行政组织内部过程"的行政程序法论性探讨课题，特别参见小早川·注〔28〕，第 174、186～187 页。

范畴）之行政"内部"性的行政"内部法"，存在着关于作为行政"内部领域"规范法之行政"内部法"论已经谈到的那些问题。下面，不深究上述①和②，而从谈论效力之行政"内部"性是否恰当这一角度，在留意"法"一词的用法的同时，论述③财务会计法、财产管理法及④训令、通知。

（一）财务会计法和财产管理法

在基本上或原则上将财务会计法、财产管理法（以下，只称财务会计法）作为"内部法"时的行政"内部"性，除了可能是着眼于其作为规范对象的行政领域、范畴之"内部"性，也着眼于不具有对私人的拘束力或改变私人权利义务之效力这一意义上效力之"内部"性。并且，因为训令、通知也同样不具有对私人的拘束力，所以有可能将财务会计法理解为基本上与训令、通知具有同样的性质，槙教授曾明确指出，"内部法"（包括财务会计法）的性质是"行政规则"，是"训令性质"的法[44]。而且，姑且不论是否称为"内部法"，以前关于财务会计法的特色在于只拘束行政机关或职员、公务员这一点，也有如下论述：①大部分会计法规"只在国家组织内部通用，其指挥者……是国家机关"，"只规范国家机关，不拘束一般人民"。②"会计事务法"的特色在于"受规范者主要是……会计职员"等，具有"将会计职员的行为作为规范对象……有关特殊事务的组织法"这一面[45]。

但是，只以缺乏对私人的拘束力为理由，将财务会计法视为"内部法"，可以说在下述意义上是不恰当的：

289

---

[44]　槙·注〔8〕，第99、105、113页。另外，也参见碓井·注〔10〕，第10、222、224页。

[45]　①清宫四郎：《会计法》，新法学全集1963年版，第11页；②杉村·注〔21〕，第135页。槙·注〔8〕第96、104、140页也强调说，"内部法"是将公务员作为相对人的法，是公务员的行为规范。也参见碓井·注〔10〕，第224页。

第一，将只对行政机关或职员、公务员具有拘束力这一点理解为只具有行政"内部"性效力或许是恰当的。但是，将财务会计法理解为只不过具有这样的效力，则是只关注了与不具有对私人之效力的对比，是片面的、不充分的。也就是说，如下所述，有必要将财务会计法是否对作为行政主体的国家或地方公共团体具有拘束力，进一步说，是否对法院具有拘束力作为问题。

如果将财务会计"法"作为议会立法（法律、条例）及其授权的政令、规则等之有关财务会计的规定，也就是说，理解为不包括训令、通知类之有关财务会计的规定，那么在这种意义上的财务会计法，即使是对私人不具有拘束力的情形，根据"法律优先"原则，也可以认为其拘束作为行政主体的国家或地方公共团体（且同时拘束作为行政主体组成部分的行政机关），并在以行政活动是否符合财务会计法为审查对象的诉讼中，作为裁判基准拘束法院加以适用。在《日本国宪法》第76条第3款之"拘束全体法官"的法律中，或在《行政案件诉讼法》第5条关于民众诉讼规定"要求纠正"国家等机关之"不符合法规行为诉讼……"时的"法规"中，不能够解释为不包括例如《地方自治法》第9章、该法施行令第5章等有关财务会计的各种规定（财务会计法令）。虽然像这样的违反财务会计法令的财务会计行为，应该由根据《地方自治法》（第242条之2）审理居民诉讼的法院判断为违法[46]，但可以说其是将财务会计法令拘束（只要不违反上位法令，不仅是行政机关）地方公共团体本身、并作为裁判基准拘束

290

---

　〔46〕　例如，最三判昭62·5·19民集第41卷第4号第687页〔阪南町土地出售任意契约案〕说，"可以明确，不符合《地方自治法施行令》第167条之2第1项所例举事由中的任何一个却通过任意契约的方法签订合同，应该说是违法"，最二判昭62·3·20民集第41卷第2号第189页〔福江市建筑工程任意契约案〕也以此为前提，说"通过任意契约方法签订的上述契约没有违法"。

法院作为当然前提的[47]。另外，关于地方公共团体长官有关财务会计制定的"规则"，只要对其制定承认存在着议会立法之授权，那么它也作为上述"法律"、"法规"的一种，拘束该地方公共团体（及行政机关）及法院[48]。

第二，如果像上述那样肯定财务会计"法"对于行政主体和法院具有拘束力[49]，那么问题就在于，只以缺乏对私人的拘束力为理由，将这样的法称为行政"内部法"是否恰当。

关于这一点应该参照的也是"主观法"与"客观法"的区别。并且，有无与私人主观性权利、法益的关联性对应于"主观法"与"客观法"的区别，财务会计法即使是为了确保国家或地

---

[47] 议会立法以及行政立法制定的财务会计"法"，即使没有"有关私人之权利义务"的内容，也应该理解为"法规"之一。关于"法规"概念的意思，参见本书第一章第二节二（一）、（二）及第三章（原书第一章第二节二2、3及第三章）。另外，虽然居民诉讼中第1~3项请求诉讼的被告在《地方自治法》（第242条之2第1款第1~3项）中是"执行机关"、"职员"，第4项请求诉讼的原告是居民，但地方公共团体在前者中可以说是实质上的被告，在后者中处于被原告居民代位的立场。

[48] 如果《地方自治法施行令》第173条之2（"除在本政令及基于本政令的自治省令中规定的内容之外，关于普通地方公共团体财务的必要事项，由规则规定"）或《地方自治法》第15条第1款是授权"立法"的规定，基于这些授权规定（中的一个）制定财务会计规则类，那么关于判例对于地方公共团体长官之财务会计规则类的法的性质的理解方法，有让人产生疑问的地方。虽然不详细地探讨，但例如，东京地判昭56·6·26行集第32卷第6号第959页说，《东京都补助金交付规则》（昭37东京都规则141号）和有关某事业的《补助金交付纲要》只不过是"东京都事务执行上的内部性规定"；东京地判昭62·6·25行集第38卷第6·7号第491页阐述了《调布市公有财产管理规则》（昭41调布市规则5号）不产生"制约市长之财产管理权限的法律效果"这一旨趣（参见加藤幸嗣："判例批判"，载《自治研究》第65卷第6号）；东京地判昭63·9·16行集第39卷第6号第859页，没有具体探讨是否存在法律或条例的授权，说关于东村山市补助金等预算执行的规则（昭45东村山市规则第29号）"只不过是规定事务执行上内部程序的内部规则"，该案的二审东京高判平1·7·11注（3）也维持这一意见。

[49] 碓井·注[10]第10页说，虽然契约规制规范"应该只将作为一方当事人的自治体作为规范对象，……但次要性地发挥着也拘束契约对方的功能"，肯定了对地方公共团体自身的拘束力及"裁判规范"性。

方公共团体之财务会计公正性的"客观法"，但在其不仅对行政机关（及公务员）而且对行政主体、法院也具有拘束力这一点上，将其称为"内部法"也未必恰当（也就是说，财务会计法对行政主体、法院所具有的效力能够表述为"外部性"法律效力）。远藤博士也未将财务会计法看做"内部的法"，而将其理解为"客观性法"[50]。而且，远藤博士说包括居民诉讼在内的民众诉讼是"关于客观性、外部的法"的诉讼，其将财务会计法同时理解为"外部的法"这一点[51]受到关注。

如果能进行以上思考，那么就可以将这些视做问题，即在财务会计法令的"内部法"性上寻求理由来限定违反其行为无效的情形[52]，或者谈论因居民诉讼制度使得财务会计法令"外部法化"等[53]。而且，针对财务会计法、财产管理法发展行政"内部法"论，是将它们理解为行政"内部法"，这一点本身也有问题。

（二）训令、通知

一般认为，关于训令、通知（以下，使用在本书第四章第三节一中所论述的意思），能够充分地谈论其效力的行政"内部

291

---

〔50〕 远藤·注〔16〕第118页阐述，虽然机关诉讼是有关"内部的法"的诉讼，但居民诉讼等民众诉讼"不单单是有关行政组织内部的法的诉讼。虽这么说，但其也不是涉及私人的个人性权利利益的诉讼。为了维持客观性法秩序……而利用争讼形式"。同·注〔17〕第25页阐述，"虽然可以明确直接民主制性的各种权利（……自治第242条之2……）""不是有关行政的内部关系的法，但同时也不能看成有关主观性权利义务的法"。

〔51〕 远藤·注〔17〕，第111页。但是，似乎与同上56页中的"财务会计的监查这一内部的法，因居民诉讼而转化为外部的法"这一说明矛盾。

〔52〕 参见碓井·注〔10〕，第280页。违反行政性法规的行为不直接无效这一情况，并不限于违反有关财务会计的行政性法规的情形。

〔53〕 虽然因为"法律上的争论"、"主观诉讼"是法院的原则性权限，通常是"主观法"作为裁判基准发挥功能，但因居民诉讼等"客观诉讼"的特别法定及其应用，基本上是"客观法"的财务会计法令原本所兼有的"外部法"性（重要的）一面——裁判基准性显露出来。另外，也参见远藤·注〔17〕，第111~112页。

性"。这是因为训令、通知虽作为"行政组织内部的命令"[54]拘束接受命令的行政机关，但其本身在与法院、私人的关系上，既不拘束行政主体和行政机关，也不拘束法院（不具有裁判基准性）。并且，如在其他章节中也论述的那样，关于训令、通知在这种意义上效力的行政"内部"性，可以认为与以下两点没有任何矛盾：①训令、通知的规范对象可能是作为针对私人（在这种意义上，是"外部"性的）之行政活动的"行政作用"；②训令、通知可能对私人（对"外部"）具有间接性的影响力或者（也有直接性的）事实上的效力、效果（关于①参见本书第四章第三节（一），关于②参见本书第四章第三节四、第四节一）。

　　另外，关于训令、通知，如果与本章中所说的作为行政"内部领域"规范法或行政"内部过程"规范法的行政"内部法"相比，实质上已经在某种程度上形成了完整的法理。并且，虽然与行政"内部过程"规范法的各种课题有重叠的地方，或使用"训令、通知"一词是否恰当的问题（参见有关"行政基准"的本书第五章第一节二），但是，完全可以认为关于训令、通知中具有一般性、抽象性规定之性质的规定谈论行政"内部法"，会更加丰富行政"内部法"论的内容（包括通过公布、公开等"外部"化的立法政策论、法解释论或有关间接性、结果性以及事实上的"外部法"化条件的法解释论等）。

292

　　只是，还有必要探讨是否可以将训令、通知（以下限于一般性、抽象性规定）理解为行政"内部法"这一"法"的一种。

　　如果所谓规范行政活动和行政组织的"法"，意味着对外拘束行政主体、行政机关且可能成为裁判基准的法（并且将其中的成文规定称为行政"法规"）（参见本书第一章第二节、第三章），

────────────

　　[54]　最三判昭43·12·24民集第22卷第13号第3147页〔墓地埋葬法通知案〕。关于作为训令、通知的基本性质即欠缺"外部性"法的效力的意思，参见本书第四章第三节三（一）（原书三2）。

那么可以明确训令、通知不是这一意义上的"法"（"法规"）。因此，为了将训令、通知理解为"法"的一种，有必要表明训令、通知在与上述不同的意义上也能够称为"法"。而且，如果不能够表明这一点，那么即使能够将训令、通知称为行政"内部基准"、"行政内部规定"等，将其称为行政"内部法"也是不恰当的，即便将其称为行政"内部法"，也可能成为便宜性、比喻性的或者是行政法社会学的概念。

但是，关于训令、通知，可以认为完全可能肯定其作为与上述"法"不同意义上的"法"的性质、效力，并且将其称为"内部法"。也就是说，如果从公务员相关法规（《国家公务员法》第98条第1款、第82条第2项，《地方公务员法》第32条、同第29条第1款第2项）明确规定下级公务员有服从义务，且在将违反服从义务作为对公务员进行惩戒处分的事由之一规定的"上级职务上的命令"中，也包括上级公务员所在的上级行政机关对于下级公务员所在的行政机关发布的训令、通知来看，那么训令、通知（以向所谓训令性职务命令转换为前提）对于下级行政机关的公务员具有拘束力。并且，如果着眼于训令、通知的效力，即对于作为独立法主体的公务员单方面地产生如不履行即予制裁的义务，那么不能够否定其是与道德、伦理规范等相区别的"法"规范的一种[55]。

如果着眼于训令、通知所具有的上述"内部性"法的效力（参见本书第四章第三节三（三）），尽管要留意其与对外拘束行政主体、行政机关而作为规范的"法"不同，也完全可能将训

293

---

〔55〕 藤田·注〔30〕第13~14页说，"与有关行政外部关系的行政作用法之情形不同，不允许忽略训令、通知等……也作为直接拘束（行政组织法上的）法关系上当事人的法规范发挥功能"，山内·注〔13〕第167页说，"训令只要是命令，其就是一种法规范"。

令、通知称为行政"内部法"[56]。并且，虽然也有上面所谈到的关于训令、通知的"外部"化、间接性或事实上的"外部法"化等论点，但作为有关训令、通知的行政"内部法"论的固有性探讨课题，还能够指出这样的问题，即在诉讼（如对于公务员的惩戒处分的撤销诉讼等）中，由法院审查接受命令行政机关公务员之行为是否符合训令、通知时，是否承认作为"内部法"的训令、通知具有与"法"（或者是"外部法"）不同的特质[57]。

（三）若干总结

如上所述，关于财务会计法、财产管理法，谈论它们效力的行政"内部"性是不恰当的，将它们理解为行政"内部法"本身也存在问题。相对与此，关于训令、通知，可能着眼于它们效力的行政"内部"性谈论行政"内部法"，并且还有展开行政"内部法"论的余地（或者必要性）。

另外，如果将训令、通知称为"内部法"，那么在有必要特别留意与这种"内部法"的差异或区别的情况下，将作为对外拘束行政主体、行政机关且可能成为行政活动、行政组织裁判基准之规范的"法"，可能称为"外部法"。在此所说的"外部法"，不是着眼

---

[56]　"训令"、"通知"类中对下级行政机关没有拘束力的规定（不具有行政法学上训令性质的规定）不能说是"内部法"。多贺谷·注〔4〕第202页也阐述，"不在法上拘束下级机关、职员的规定连内部法也谈不上"。关于"行政基准"中也可能包括不是"内部法"的规定，参见第五章第一节二（一）、三（原书第一节二2、三），边码第195页、第200页。另外，关于德国学说中有关"行政规则"谈到"内部法"或"内部法规"的内容，参见拙文："德国基本法下行政规则的学说（一）"，载《阪大法学》1976年第99号，同·"同（二）"，载《阪大法学》1977年第102号。

[57]　考虑的问题是，在违反相关行政性法规这一意义上违法的（训令性）职务命令，对接受命令的公务员有无拘束力或公务员有无服从的义务。问题是即使是"违法"的训令、通知，是否也可能作为审查公务员个别性行为违法性的裁判基准发挥作用。远藤·注〔15〕第91~93页强调其作为"内部的法"的独立性。例如，"将外部的法的逻辑原封不动地拿到内部的法中，如同有的学说追问对于违法的职务命令承认服从义务是否违背法治主义，这有点过于单纯"（同上第93页）。

于规范之规范对象等意义上的某些"外部"性，而是着眼于规范所具有的"外部性"法律效力（参见本书第四章第三节三（一）），因此，例如以行政组织、公务员的勤务关系等"特别权力关系"、财务会计及财产管理为规范对象的议会立法或行政立法，只要具有上述"外部性"法的效力，就是"外部法"[58]。

第四节　结束语

296　　本章以使用"内部法"或类似词语的行政法学说为素材或着手点，简单地整理了能够设想到的行政"内部法"的意思、范围，在留意行政"内部"及"法"的意思的同时，针对几种行政"内部法"，探讨了行政"内部法"论成立的可能性。

如果对至今为止的考察进行简单的归纳，那么其内容如下：

（1）各学说"内部法"所具有的含义是多种多样的，要理解它们未必容易。不过，在将某规范或规定称为"内部法"时，应该被作为前提的它们的行政"内部"性特性，可分为规范对象的"内部"性与效力的"内部"性。从这样的角度可能考虑到的行政"内部法"，有以行政"内部"为规范对象的法和只具有行政"内部"性效力的法两种。另外，根据理解行政"内部"之角度的差异，能进一步将前者分为行政"内部领域"规范法与行政"内部过程"规范法。并且，关于这两个以行政"内部"为规范对象的法之范围，存在着或可能存在着几种观点。

（2）一方面，基本上不可能将以广义的行政组织为规范对象的法概括地称为行政"内部法"并谈论共通于它们的法理等，另

---

〔58〕　堀内健志《立宪主义的主要问题（立憲主義の主要問題）》（多贺出版1987年版）第31页阐述，"欲成为裁判规范的法律规定或刑罚规定本身，不管属于组织法、形态法区分中的哪一个，当然具有外部法性效力，不停留于行政内部法"。

外，将财务会计法、财产管理法的规范对象理解为行政"内部"性事项，其本身也未必恰当。因此，虽然行政"内部领域"规范法中可能谈论行政"内部法"论的是狭义的行政组织法，但即使在这种情况下，"行政组织"的行政"内部"性的严密意思等仍然可能成为问题。另一方面，虽然关于行政"内部过程"规范法的行政"内部法"论，可能从着眼于行政"内部过程"的新视角促进行政法学上的考察，但这时的论点、课题，与行政组织法（狭义）论、行政程序法论、行政裁量控制论等的论点、课题有共同之处。

（3）虽然能将只具有行政"内部"性效力的法称为行政"内部法"，但是因为（作为议会立法或行政立法所制定的）财务会计法、财产管理法拘束行政主体，并在居民诉讼法中拘束法院将它们作为裁判基准予以适用，因而不能够将它们理解为只不过具有行政"内部"性效力。因此，着眼于效力的"内部"性，将规范财务会计、财产管理的行政法规称为行政"内部法"并不恰当。

（4）关于训令、通知，可谈论其效力的行政"内部"性，并且，如果着眼于它们对于（以向职务命令转换为前提的）接受命令行政机关之公务员所具有的拘束力，完全可能将训令、通知（至少是其中的一般性、抽象性的规定）理解为区别于"法"（或者是"外部法"）的"内部法"。并且，关于训令、通知，有展开有关其与"法"（或"外部法"）之间的差异、交错、关系或"外部"化、"外部法"化等的行政"内部法"论的余地（或必要性）。

如果立足于上述探讨，且以行政法学上使用的"内部法"（及"外部法"）一词为前提来讨论，那么结果与最初介绍的各学说中的（5）即小高教授的概念用法相同，但是，可以说最适合称为行政"内部法"且谈论行政"内部法"论的是训令、通知。

并且，如果着眼于训令、通知所具有的"内部"性法律效力，将
它们称为"内部法"，那么如上所述，将与其对比或者区别的
"外部法"一词，作为着眼于（不是规范对象而是）效力的"外
部"性的概念使用也是恰当的。因此，"外部法"与（以针对私
人之"外部"性行政活动的"行政作用"为规范对象的）"行政
作用法"不是同一概念。

除了训令、通知之外，某种程度上也可能将行政组织法
（狭义）称为行政"内部法"，另外，虽然还有很多行政组织
法论上特有的探讨课题，但如已经谈到的那样，关于"行政组
织"是行政"内部"的问题、事项这一说法的严密意思，仍
然可能成为问题。另外，只要以上面所论述的对于"外部法"
的理解为前提，（作为议会立法或行政立法的）行政组织法，
即使以行政"内部"事项为规范对象，也可以认为其具有作
为"外部法"的效力。

为了明确上面那样理解的"内部法"及"外部法"的区别、
关系而在本章中部分性地谈到了"主观法"及"客观法"，虽然
远藤博士对此并没有明确地阐述，但看来将它们作为不是着眼于
效力而是着眼于规范对象或内容的词来使用更为恰当。并且，如
果站在这样的前提上，那么可将"主观法"、"客观法"的意思、
范围进行如下简单整理：

也就是说，所谓"主观法"，是其规范对象或内容涉及私人
之权利义务及其法律地位的法，而所谓有关行政的"客观法"，
是与这样的私人的主观性地位不具有内容上的关联性的（为了确
保行政活动、行政组织客观上的公正性、合理性的）法。并且，
如果将"法"一词在去掉"内部法"后的"外部法"的意义上使
用，所谓"主观法"意味着具有设定或改变私人法律地位之效力
的规范（这是以前通说性理解上的"法规"），而所谓"客观法"
意味着为了保证行政的客观公正性、合理性而制定的，对外拘束

行政主体,可能成为裁判基准的规范[59]。

如果基于上述那样的"主观法"、"客观法"的理解方法来谈,那么训令、通知即使是"主观"性规范与"客观"性规范中的哪一个,也不是"主观法"或"客观法"(但如果将"法"一词作为也包括"内部法"的概念使用时,则是"主观法"或"客观法"),多数的规范行政组织或财务会计、财产管理的议会立法、行政立法,不是"主观法"而是"客观法"。另外,如果也留意"内部法"与"外部法"的区别,那么训令、通知是"主观"性或"客观"性的"内部法"而不是"外部法",多数规范

299

---

〔59〕 但关于这两者的严密意思、区别有深入探讨的必要,也存在着难以实际区分的情况。例如,能理解为,着眼于行政性法规的"目的",最二判平 1·2·17 民集第 43 卷第 2 号第 56 页〔新潟机场线路许可案〕所说的——"规定该处分的行政性法规"中之"包括这一旨趣(不特定的多数人的具体利益……也应作为每个人的个别性利益予以保护)"的行政性法规是"主观法",限于"被吸收消解于一般公益中"的行政性法规是"客观法",同样地,最三判昭 53·3·14 民集第 32 卷第 2 号第 211 页〔赠品表示法饮料标识主妇联合会案〕所说的——"以保护私人等权利主体的个人利益为目的制约行政权行使"的行政性法规是前者,"以其他目的,特别是以实现公共利益为目的制约行政权行使"的行政性法规是后者。也能理解为,最二判昭 46·1·22 民集第 25 卷第 1 号第 45 页〔温泉审议会轮流决议案〕关于就审议会听取意见程序的行政性法规所说的——是"将保护利害关系人的利益作为直接目的"的法规范,还是"为了让处分的内容公正"的法规范,对应于"主观法"与"客观法"的区别(另外,参见从这样的观点谈"主观法性程序"与"客观法性程序"、"主观性参加"与"客观性参加"的区别的藤田·注〔30〕第 99 页以下)(关于《行政案件诉讼法》第 10 条第 1 款,在本书第三章的注〔26〕中谈到)。但是,只要也适用后者作出行政处分,就能看出其关系到作为行政处分对方的私人之主观性法律地位。另外,即使假设能够谈论上述那样的"主观法"与"客观法"之区别,根据具有上述两个目的中的哪一个目的(的解释)来实际将行政性法规分成两个部分,也如有关个别行政性法规目的(保护法益)而涉及原告适格的判例存有分歧那样,不一定容易。此外,关于"客观性组织秩序"与"私人的权利自由"不是没有关系,参见远藤·注〔17〕,第 113 页,关于是否"有关私人之权利义务"的区别的相对性、不明确性,参见本章第三节一(原书第三节二)(边码第 283 页)、本书第三章注〔23〕、第四章注〔46〕。

行政组织或财务会计、财产管理的议会立法、行政立法是"客观"性的"外部法"[60]。

---

〔60〕 藤田·注〔30〕第 11～12、41～42 页，关于行政组织法的意思，从"与'行政作用法'观念对比上的'有关行政内部关系的法'这一思考框架出发"，将这时的"行政的内部关系"把握为"不直接涉及私人的个人利益的、在此意义上具有客观法性质的法关系"（不过，"例如财政法、会计法上的法律关系"被从"行政组织法"中排除），说"站在客观法地位上的行政主体相互间的法关系"是"行政组织法"的一部分。也解释为赋予划定"行政组织法"范围这一意思的，最终不是"内部"性而是法关系的"客观"性。另外，樱井敬子说，在德国，关于作为财政支出的法准则的"经济性原理"，有的学说肯定其"外部法"性，且认为其是"客观法"上的原理，是对于行政的"拘束规范"（只是，不是个人可能提起诉讼的法院的"控制规范"），参见樱井敬子："资金交付活动控制之考察（资金交付活动の統制に関する考察）（三·完）"，载《自治研究》1993 年第 69 卷第 1 号。关于"外部法"、"客观法"，虽然与本章的理解大致相同，但它不是谈论行政性法规，而是谈论了法原则。

附录一
行政法解释的各种问题

一、引　言

　　报告者也许没能充分把握公法学会在 2003 年这一时期设定公法的"解释"这一主题的旨趣，但考虑通过以下几个方面的说明来尽我的职责：其一，说明关于法"解释"的意思、方法等的一般理解；其二，说明几个"行政法解释"的特质、特征；其三，行政法研究者所进行的学术研究不仅是法"解释"，还包括在此前提下，说明其与以外的行政法"理论"、行政法"解释"之间的关系等。

　　谈论"行政法解释"时，"解释"的对象只能是"行政法"。但因为"行政法"之范围可能模糊，所以为了避免叙述的复杂化，特作以下的限定：

　　第一，虽然《日本国宪法》上的多数规定——也包括有关人权或司法等的各种条款——与行政相关，宪法实质上也可能是"行政法"，但考虑另外还预定有"宪法解释"的研究报告，所以在"行政法解释"之下的"行政法"中不包括宪法典。当然，这不是否定行政法学研究者之宪法解释与宪法学研究者之宪法解释间相互参照等的必要性。

　　第二，"行政法"中也包括作为不成文法的判例或"法之一般原理"，但关于前者，考虑另外预定进行有关"学说与判例"

的研究报告，关于后者，认为与其说是各个原理的意思"解释"的问题，不如说基本上是其具体"适用"的问题，所以也决定不将它们包括于"行政法解释"之下的"行政法"中。

因此，"行政法"作为解释的对象，在以下的内容中，意味着不包括宪法的、具有有关行政之特有规定的、法律或条例等的成文法。并且，将其称为"行政性法规"或"制定法"。

二、法"解释"的意思与方法

1959 年的公法学会，将"行政法的解释与运用"作为主题之一，由桥本公亘、山田幸男两位会员做了报告并进行了讨论。另外，1972 年《法律家》杂志增刊号刊登了盐野宏、室井力、藤田宙靖等会员参加的"公法中的法解释"座谈会，以及藤田宙靖会员的论文[1]。此外，若参照若干的教科书、论稿，关于已经将"行政法"解释纳入考虑范围内的法"解释"，报告者有以下一些理解：

（一）实践与认识

所谓"法解释"，与其说是法规范特别是成文法规范意思的客观"认识"行为，不如说是要提出法规范特别是成文法规范具体明确的意思的"实践"行为。

虽无法深究"认识"与"实践"的含义，但上述的内容，与下面这样的叙述一并为迄今为止的多数行政法研究者所认可，即

---

〔1〕 分别是《公法研究》1959 年第 21 号，第 63 页以下；盐野宏、藤田宙靖、室井力等："研究会 公法中的法解释（公法における法の解釈）"，载《法律家（ジュリスト）增刊·法的解释》，有斐阁 1972 年版；藤田宙靖："行政法学的法解释方法论——其学说史性纪要——（行政法学における法解釈方法論——その学説史の覚え書き——）"，同上，173 页以下（收录于同：《行政法学的思考形式》（增补版），木铎社 2002 年版）。

"法的解释，不仅仅是客观法的客观认识作用，而且是具体形成并发展为以法的形式表明的价值体系的实践性能动作用"、"法的解释，是分析法的目的、社会功能且认识其客观性含义，再基于对其的自我评价，给予其正当含义的实践作用"〔2〕。

（二）解释与适用

法"解释"能够或应当区别于行政性法规对个别性事例、案件的"涵摄"或者"适用"。但是，在进行"涵摄"、"适用"之际，或者作为是否"涵摄"、"适用"的前提，会出现很多行政性法规之含义成为问题的情况，也存在着不少基本上将"涵摄"、"适用"与法"解释"一体进行的情况。

（三）体系性与合目的性

关于法解释的"方法"，桥本公亘会员 1959 年的报告在列举出 7 种方法之后认为，"体系解释"与"目的解释"是中心，"其他的解释方法处于补充它们的地位"。这里所说的"体系解释"是"考虑法制度、法体系、在全体法秩序中各法规之意思的关联，或者其地位以及功能的解释方法"，"目的解释"简单来说就是"明确法规的目的，按照法规的目的进行解释的方法"，后者也被说明为"是在考虑法体系、法的历史、立法者的意图之下，探究法规中所表达的相关利益的评价，从而明确法规含义的解释方法"。另外，其他 5 种"解释方法"，分别是"语法性地解释词语"的"文义解释"、"比较探讨"法规上"各种概念及其关联性的""逻辑解释"、调查法制度与法规等的"成立与发展"的"历史解释"、"比较法上探究""不同的法秩序中……法规、法制度"等的"比较解释"、探究"立法者意图"的"起源

---

〔2〕 分别是田中二郎：《行政法总论》，有斐阁 1957 年版，第 176 页；杉村敏正：《行政法总论讲义》（上卷），有斐阁 1969 年版，第 37 页。

性解释"〔3〕。

这种见解虽是四十多年前提出来的，但除了感觉"目的解释"的说明中已经包括了"历史解释"或"起源性解释"以外，即使到今天，基本上也能予以赞同。虽然盐野宏会员以"充分理解法律整体的结构，作为其结构的一部分解释该条文是必要的"来说明"结构性解释"的必要性，并且还阐述"也必须注意与法律服务的目的或价值之间的关联"〔4〕，但至少就表面上的各种说明而言，"结构性解释"相当于桥本会员所说的"体系解释"，或包含于"体系解释"，其所谈到的目的、价值部分类似于桥本会员的"目的解释"〔5〕。

当然，关于怎样统一或调整桥本会员在报告中所说的"体系解释"与"目的解释"，怎样将中心性解释方法与辅助性解释方法关联，却未必明了。

（四）文理性与目的性

可以从藤田宙靖会员 1972 年的论文看出，它包含着将"强调从成文法绝对主义中摆脱出来"与"注重成文法条款与逻辑之倾向"相对比的旨趣。关于"文理"解释或"逻辑解释"与"目的"解释或"目的论"解释的对立，遵从了 1959 年研讨会上杉村敏正会员的发言见解，亦即"即使是目的论方法也不可能偏离逻辑之框架，即使是概念论方法也不可能无视行政性法规之旨趣、

---

〔3〕 桥本公亘："行政法的解释与运用（行政法の解釈と運用）"，载《公法研究》第 21 号。

〔4〕 盐野宏：《行政法Ⅰ》（第 3 版），有斐阁 2003 年版，第 49～50 页。同一旨趣的还有：同·"行政法与条文（行政法と条文）"，收入同：《法治主义的诸相》，有斐阁 2001 年版。

〔5〕 关于"中心"与"辅助"的关系，参见阿部泰隆："行政法学的课题与体系——以总论为中心（行政法学の課題と体系——総論を中心として）"，载同：《政策法学的基本指针》，弘文堂 1996 年版。——虽然"解释学"、"立法论""不停留于规范逻辑性解释，需要历史、法社会学、比较法研究"的广泛支持，但后者终究"应是辅助性作业"。

目的，所以只不过是微妙的差异而已"[6]。

但是，必须承认两者解释的结论并不总是一致，当然有不同的情形[7]。另外，也不能一般性地讨论哪一个更为恰当[8]。

（五）"正确的"解释

那么，是否有"正确的"解释[9]？

如果完全依据藤田会员1972年的论文，那么战前有影响力的学说认为，认识"社会心理"亦即"支配社会一般人的共通之心理"或"共同社会之法律意识"是法解释学的任务。美浓部达吉博士认为与"社会心理"一致的或得到其支持的解释是"正确"的解释[10]。即使在第二次世界大战后，田中二郎博士也说，法为"客观的社会规范意识"所支持；桥本会员的报告也认为，遵循"支撑社会规范意识的价值体系"的解释是"正

---

[6] 分别是藤田·注[1]，第173页以下、第176页以下；杉村敏正："发言"，载《公法研究》第21号。虽然1959年的两个报告没有从正面涉及这一对立，但在研讨会上，在"注重法令条文的解释与重视结果妥当性的解释（法文に重きを置く解釈と結果の妥当性を重視する解釈）"这一主题之下，进行了一定讨论。参见《公法研究》第21号，第119页以下。

[7] 可以例举出以前的关于"自由裁量"之所在的要件裁量说与效果裁量说的对立、关于2004年6月修改前的《行政案件诉讼法》第14条第4款起诉期间起算日的对立（最判昭52·2·17民集第31卷第1号第50页优先文理，将初日算入。但是，2004年6月法修改后，改为翌日起算）、关于该法第36条的一元说与二元说的对立。

[8] 例如，参见盐野·注[4]《行政法Ⅰ》，第50页——"理解个别行政法的结构"时，"应该采用哪一种解释方法不能一概而论"。

[9] 虽然与此问题相关，但尽管大体上承认法"解释"是实践行为，却也曾谈论过其"客观"性或认识和实践的"统一"。另外，法解释也曾被认为是"在分析法的目的、社会功能，认识其客观意义的基础上"的"实践作用"。分别参见注[1]《法律家（ジュリスト）增刊》，第176~177页；杉村·注[2]，第37页。

[10] 关于佐佐木惣一博士以及美浓部达吉博士，有藤田·注[1]，1972年版，第174、176页。

确的解释".〔11〕

关于以前的上述之讨论，假如是以认识"社会性规范意识"等的可能性为前提，那么就基本上难以抹去其过于田园牧歌式或理想化的印象。的确，如果关于某一特定问题或某行政领域，也许可能认识"社会性规范意识"等，没有超出其外的情况，但如果考虑在包括法人的同等私人中，也存在着种种复杂的利害对立关系，那么在今天就不得不质疑上述前提本身了。

另外，即使在离题得毫无道理的法解释这一意义上，可能存在着可称为"错误的"解释，那么能否像桥本公亘会员那样美好地理解为有探究正确解释之可能性，在此点上法解释学可能成为科学，"因为努力使之成为真理，所以被包括于科学概念之中"〔12〕呢？即使因对"科学"一词的理解方法而有所不同，但终究还是存疑的。

虽能承认作为法解释之前提，需要种种的认识或理解，但关于法解释其自身，山田幸男会员在1959年研讨会上的发言表明了更加现实的认识。他认为，"解释在本质上是实践"，"将法之解释称为一种科学是可质疑的"。另外，阿部泰隆会员在几本著作中一直强调，所谓法解释，是寻求具有相对优越性说服力的、最好的或合理性结论的工作〔13〕〔14〕。

---

〔11〕 田中二郎：《行政法总论》，有斐阁1957年版，第176页；桥本·注〔3〕，第81页。关于怎样认识这里的"社会心理"或"社会规范意识"等，如藤田所进行的批判性评论那样，美浓部达吉博士没有谈这一点，参见藤田（发言）·注〔1〕，载《法律家（ジュリスト）增刊》。田中·同上第176页、桥本·同上第81页承认可能存在关于何为"社会规范意识"的对立。

〔12〕 桥本·注〔3〕，第81页。

〔13〕 山田幸男："发言"，载《公法研究》1959年第21号。阿部泰隆：《行政法的解释·序言（行政法の解释はしがき）》，信山社1990年版；同·《行政的法体系（行政の法システム）上》（新版），有斐阁1997年版，第42～43页；同·《政策法学讲座》，第一法规2003年版，第38页；等等。

〔14〕 另外，其一，兼子仁会员在其《行政法总论》（筑摩书房1983年版）第13页、同·《行政法学》（岩波书店1997年版）第35页中谈论了"唯一正解"。但是，如果从其阐述的公共决定程序是审判等情况来看，其"正确的解释"的意思与我的观

（六）法社会学性

早在20世纪50年代后期，在山田幸男会员的报告或田中二郎博士的教科书中就指出了"社会学解释"或"法社会学性研究方法"的必要性与重要性，其时间之早令人惊叹，让人对整个行政法学界在此后数十年间多大程度地进行了法社会学研究抱有疑问。且不论是否表述为"法社会学性"，即使是特定的行政相关领域，也可以说立足于分析或认识日本社会实际情况之研究、关于个别行政性法规所发挥的社会功能之研究，不仅对于立法政策论或制度设计论，对于行政法解释也是必要且重要的[15]。

最后，可将桥本会员1959年的报告理解为将解释之对象设想为行政性法规或法规定，而盐野宏会员所说的"结构性解释"也大抵如此。但在以前的讨论中，有的也没有严格地设想行政性法规或条款的存在。关于这一问题，将在后面提及。

三、"行政法解释"的特质和特征

下面在行政性法规或法规定、条文解释的意义上来说明行政法解释的特质、特征。

点不同。其二，其依据"历史之发展法则"的解释是正确解释的思考方法，在注〔1〕《研究会》第114~145页、第159页以下提到。的确，关于特定的行政领域，也可能在设想今后应有的行政法制的同时进行法解释，但没有必要将其夸张地表述为"历史之发展法则"，并且，在当今，"历史之发展法则"本身的意思也完全不鲜明。谈到"历史之发展法则"内容的有兼子《行政法总论》第12页；从近年民法学立场出发，有高桥真：《日本的法意识论再考》，ミネルヴァ书房2002年版，第184页以下。

〔15〕分别是山田幸男："行政法的解释与运用"，载《公法研究》1959年第21号——将在"法社会学"上的认识"成果反映到法的解释上，对于行政法的解释来说，特别有必要"，"行政法的解释与行政学"之间的"紧密协作关系""只有寄希望于将来"，田中·注〔11〕第183页——"有必要正确地考察法律有效地发挥功能之国家社会的现实，法社会学的研究方法具有……重要意义"，此同一旨趣的内容有阿部·注〔5〕第36页以下。

（一）宪法

不用说，民法解释极有必要根据宪法规范或宪法原理进行，即使与刑法解释相比也可以说是如此。但是，宪法与行政法解释之间的关系则颇为复杂。

第一，如果将有关行政作用的行政性法规、亦即行政作用法规置于脑中，那么可能有这种情形，即行政法研究者根据宪法规范、特别是人权条款解释行政性法规上的限制人权条款，且根据情形进行所谓合宪性解释或限定解释。并且，虽然关于相关的营业自由和财产权等的价值评估之差异，未必只是法解释的问题，但也有可能区分某些判断。在这里，也可以举出国家规范自治体行政或立法的行政性法规之解释与宪法上"地方自治之宗旨"间的关系。

第二，有时可理解为实质上行政法解释同时也进行了宪法解释，或者应该进行宪法解释，因为缺乏行政性法规上的线索而不得不依赖于宪法解释，或者至少实质上近乎进行宪法解释的讨论[16]。

---

〔16〕 例如，虽然抗告诉讼的对象、原告适格、诉的利益、临时性权利保护等通常在解释《行政案件诉讼法》时来讨论，但其同时也是解释有关《日本国宪法》第76条"司法权"或第32条"接受审判之权利"的规定，应该立足于其宪法条款的解释。最判昭41·2·23民集第20卷第2号第271页的多数意见否定土地区划整理事业计划的处分性，它以"缺乏争讼的成熟性或者具体案件性"来强化理由，反对意见也说不容许诉讼违反《日本国宪法》第32条或《法院法》第3条，但关于这个部分，可以认为超出了有关处分性的《行政案件诉讼法》相关规定的解释，是"宪法解释"直接现身。最判平14·7·9民集第56卷第6号第1134页否定了地方公共团体要求私人履行行政处分所课义务之诉讼的"法律上的争讼"性，有关司法权的固有范围的"宪法解释"才真正是更直接需要的。其他的，行政法研究者一直至少在实质上进行"宪法解释"的例子，有包括公用限制时是否需要损失补偿、需要损失补偿时补偿额的计算方法、补偿时间等问题的《日本国宪法》第29条第3款"正当的补偿"的具体解释，《地方自治法》第14条第1款的解释问题，还有关于条例制定权的范围、界限的《日本国宪法》第94条所说的"在法律的范围内"的具体解释，等等。另外，如在本章开头时所阐述的那样，如果有关行政的宪法规定也是"行政法"，那么这样的"宪法解释"同时也是"行政法解释"。并且，行政法研究者也一直在进行着"宪法解释"，也有进行的必要。另外，也参见有关宪法与行政法的关系的拙文——平冈久："行政法与宪法'法领域间的关系'（行政法と憲法'法分野間の関係'）"，载《法学教室》1988年第100号。

第三，虽然田中二郎博士将民主主义、法治主义、福利国家、司法保障四个基本原理列为"行政法的基本原理"，但这四个原理中的任何一个都能作为有关行政的宪法原理，而从"宪法解释"推导出来。

在今天，也有不少教科书提出"行政法之基本原理"或者"行政活动之一般规制原理"，进行阐述，即使设定或选择的"基本原理"等的具体内容并不一致，也可以认为这样的原理多数能从宪法规范中推导出来。但是，"基本原理"等与行政法解释之间的关系是复杂的，不能简单地谈论。例如，虽然"基本原理"等有可能以作为行政法解释之指针发挥功能或应发挥功能为前提，但有的也可以理解为表明立法政策或"宪法解释"上应有的行政性法规之内容或方向的原理[17]。

第四，虽然与上述的"基本原理"等之间的关系、异同很微妙，但行政法学一直将比例原则、平等原则或正当程序原则理解为从宪法中推导出的、或者作为宪法之解释产生的、拘束行政的"法之一般原理"。但是，一直被作为民法典上法之一般原理来定位的诚信原则或信赖保护原则、禁止权力或权限滥用原则，也不是与宪法无关的。另外，即使关于大桥洋一会员在其教科书中作为"现代型一般原则"举出的"市民参加原则"、"说明责任原则"、"透明性原则"、"补充性原则"、"效率性原则"等[18]，宪

---

〔17〕 例如，谈论"基本原理"等的教科书类一致地在其中包括"法治主义"或者"依法律行政原理"，但如果暂且不论与"法的支配"之间的关系、异同的问题，违反该原理的行政活动原则上接受违法的评价，那么关于是否可以将"法治主义"或者"依法律行政原理"理解为（在行政性法规的解释的意义上）行政法解释的指针、基准，也有疑问。

〔18〕 大桥洋一：《行政法——现代行政过程论》，有斐阁 2001 年版，第 46 页以下。另外，关于比例原则与宪法条款之间的关系，参见高木光："比例原则的实定化（比例原则の実定化）"，载《芦部信喜古稀纪念论文集·现代立宪主义的展开》（下），有斐阁 1993 年版，第 209 页以下。

法研究者也可以讨论它们与宪法规范、宪法解释之间的关系。

此外，若对上述的第三、四点进行补充，那么抽出、设定行政法之"基本原理"等或"法之一般原理"的操作，即使多是"宪法解释"，也不是（行政性法规之解释这一意思上的）"行政法解释"。但是，有时能理解为行政性法规中的部分被明文化规定了。

（二）民事法与刑事法

行政法解释的第二个特质和特征是，其不仅与宪法有关，也与民事法和刑事法有关，有时需要进行民事法、刑事法上的解释，或者参照民事、刑事法学上的解释。这一点不得不让人感到所谓行政法解释，其范围的确广泛，并且是深究复杂课题的工作。

例如，对于与有行政相关规定时民法之适用范围的区别（相关联的，没有行政相关规定时有无民法之适用）、行政相关规定在私人间的民法特别法性、违反行政性法规之私人间行为的效力等，也有必要参照民法解释学；即使是立足于判例展开《国家赔偿法》之解释，也不能无视民法侵权行为论。关于《行政案件诉讼法》之解释与民事诉讼法学间的关系，那就更不用说了[19]。

（三）行政解释

虽然与以上内容观点不同，但因为行政性法规是对行政机关、行政担当者的第一次性的行为规范，所以多数情形下，首先是由行政机关、行政担当者解释行政性法规，特别是行政作用法规，而不是行政法研究者及法院。因而在此也出现所谓"依通知行政"或"通知课税"的现象。在这里将行政机关、行政担当者用"通知"表明的法解释称为"行政解释"。

如果稍稍论及"行政解释"，那么，第一，法对于行政解释

---

〔19〕宇贺克也、大桥洋一、高桥滋的《对话学习行政法（对话で学ぶ行政法）》（有斐阁 2003 年版）虽然并不是只关系到"行政法解释"，但除宪法外，由与民法、民事诉讼法、民事执行法、刑事法等研究者的"对话"构成，可以参考。

的控制问题，有山岸敬子会员 1994 年的研究著作[20]，此后，通过不能说是法制度的阁议决定引入了公告评价制度（《设定、修改或废止规制的提出意见程序》），对于特定范围的法令，引入了 no action letter 制度（《法令适用事前确认程序》）。虽然这些不只是与行政法解释问题相关，但具有私人事前参与行政解释、在申请前确认行政解释内容之意义，值得从用争讼以外的手段对行政解释进行控制这一角度予以关注。

第二，虽然行政解释并不拘束法院，但关于行政解释对法院之行政性法规解释会有何种影响，是否有不是"依通知行政"而是"依通知裁判"的现象，可以在判例上进行具体的分析探讨[21]。

第三，行政解释有国家之行政解释与地方公共团体之行政解释，两者未必一致。至少在逻辑上完全有这样的可能性，即随着 2000 年 4 月《地方分权总括法》之实施，机关委任事务被废止，多数事务变成自治体事务，特别是变成自治事务，这增大了两种解释间的对立[22]。

（四）理念、职责与目标

第四，即行政法解释的第四个特质、特征是，虽观点各异，但在行政性法规，特别是在行政作用法规中被称为基本法或计划法等的法当中，所谓职责规定、理念规定、目标规定等，即使应

---

〔20〕　山岸敬子：《行政权的法解释与司法控制（行政権の法解釈と司法統制）》，劲草书房 1994 年版。

〔21〕　参见平冈久：《行政立法与行政基准》，有斐阁 1995 年版，第 240～250 页。但是，作为将有关《废弃物处理法》的环境省"通知"视为违法判例，有东京高判平 5·10·28 判夕第 863 号第 173 页。因行政立法错误地"解释"了法律之旨趣而被视为违法的最高法院的判决，有最判昭 46·1·20 民集第 25 卷第 1 号第 1 页等几个判例。

〔22〕　另外，最判昭 50·9·10 刑集第 29 卷第 8 号第 489 页〔德岛市公安条例案件〕关于条例的法令符合性，要求相关法令的旨趣的"解释"，且自己也进行解释。对此，问题在于，怎样"解释"是不是承认相关行政法令"按该地方的实际情况，实施另外的规制这一旨趣"。

该对它们实施法解释，其法解释的意义及程度也可能成为问题。

但是，这是说有缺乏法规范之意义的规定，并不是说对行政诉讼或国家赔偿诉讼上与"违法性"判断或所谓"权利保护"无关的法规定进行解释的重要性、必要性低。行政作用法规即使不是"权利保护"之相关法规或"主观性"法规，也理应拘束行政，尽管不是对法院而是对行政和私人，提出这些行为规范的意思解释，也是行政法解释学的重要作用。关于这一点，可参考西谷刚会员最近的著作。关于现行计划行政性法规上的计划间关系，他分析整理了"根据"、"符合"、"协调"上位计划等语言的含义[23]。

（五）解释与裁量

第五，虽然也是法解释之意思问题，但行政法解释及其适用与作为"裁量"基准之设定或"裁量"权行使的个别性判断不同，有必要在逻辑上区分两者，即是作为法解释及其适用问题最终由法院决定，还是部分地委任于行政裁量。不过，是法院判断当然优先的法解释问题，还是将依据行政性法规的认定委任于行政"裁量"的问题，这一点并不明了。所以最终还是由法院来判断是哪一个问题，而委任于行政"裁量"的范围、程度等本身也是行政法解释的问题。

这种与裁量之区别成为问题的特征，是与作为裁判规范的民事法或（行政机关不干预的通常的）刑事法不同的特征。如果在宪法学上也区分为作为宪法解释决定的问题与委任于（法律制定之意思上的）"立法"裁量的问题，那么虽然有法律制定的层面与以行政性法规为前提的行政层面的不同，或许也是与宪法解释

---

[23] 西谷刚：《实定行政计划法》，有斐阁2003年版，第88~89页。另外，作为探讨个别法律等的第1条设置的"目的规定"之功能的内容，有盐野宏："关于制定法上目的规定的考察（制定法における目的规定に関する一考察"，载同·《法治主义的诸相》。

共通的"公法"解释之特征。

（六）将来的预测

有时不以过去或现在的事实、现象之存在及其认定为前提进行行政作用法规、特别是要件规定的法解释或适用，也就是说，要认定是否满足要件，就要预测将来。信息公开法律上或条例上的不公开事由之规定就是典型的例子[24]，"有……之虞时"或者是"认为有……之虞时"的规定，就是要求某些对将来的预测。

（七）科学技术等

在进行法解释上，越来越需要具有科学或信息通讯等技术以及对日本社会各种现实问题的知识、见识。对于包括《再利用关联法》的环境法领域或能源领域等的行政性法规，即使不必要或也不可能具有与该领域的理科研究者同等的知识，但也难以想象能在完全没有知识的状况下进行法解释。另外，虽然有关电子机器或电子信息、"电磁性记录"等的知识已经为信息公开法或个人信息保护法所必需，但如果实施《电子签名和认证业务法》（2000 年法律第 102 号）、《行政程序信息通讯技术利用法》（2002 年法律第 151 号）、《电子签名地方公共团体认证业务法》（2002 法律第 153 号）等，其必要性将越来越大。

在这里一并提一下，行政法即使是国内法，不论环境法领域还是警察法领域，也都需要与国内行政性法规有关的条约、协定、宣言、国际状况、外国人问题等的知识、见识。

（八）对象的划定

最后，如被称为"结构性解释"或者"体系解释"之解释的前提那样，为了行政法解释，有必要把握或理解条文或用语

---

〔24〕　迄今为止的有关《信息公开条例》的判例对于公开、不公开的要件认定，全都不承认行政"裁量"性，以条例的"解释"作为前提。关于对于个别案件的适用，一直进行所谓代为全面判断型的司法审查。但参见《行政机关信息公开法》第 5 条第 3、4 项。

在相关法律结构、相关法律中的定位。这时，相关法律不限于一个，且行政性法规也并不限于法律。另外，在将具体案件置于脑中为了"涵摄"、"适用"而进行法解释时，不仅是法律，也包括政令、府省令等，有时甚至包括条例或长官等的规则等，有必要把握或理解它们当中的哪一个是相关的行政性法规。像这样仅仅靠理解一两个法律的法律结构不能够解决，而需要以复杂的操作为前提，也是行政法解释的特征、特质之一。

四、行政法"解释"与行政法"理论"等

下面论述行政法"理论"等与行政法解释之间的关系等。

（一）条文解释、解释理论与综合解释

首先是在行政性法规解释的意义上，行政法解释在行政法学或行政法研究者的工作中所占的比重，以及行政法解释上不同的几个层面。

第一，如果将行政性法规或法规定、条文之解释简单地称为"条文解释"，那么不用说，行政法学一直在进行着条文解释。但是，若暂且不论阿部泰隆会员关于多数行政性法规的超人般的研究[25]，而从整个学界来说，那么基本上是以《行政案件诉讼法》、《行政复议法》、《国家赔偿法》、《地方自治法》中称为居民诉讼条款的行政救济法领域之解释为中心，对行政作用法领域的解释，看上去也仅限于解释相当程度地关系到一般行政活动的部分法律或关于若干特定法领域的部分重要法律。这也意味着关于个别行政作用法规，研究者或研究小组成形的解说极少。另外，

---

〔25〕 阿部·注〔13〕《行政法的解释（行政法の解釈）》，1990 年版；阿部泰隆：《行政裁量与行政救济（行政裁量と行政救济）》，三省堂 1987 年版；同·注〔13〕《政策法学讲座》，2003 年版；等等。在同·《行政的法体系（行政の法システム）》（新版）（有斐阁 1997 年版）中也提到诸多个别性问题。

虽说部分存在着也包括法解释的、在某种程度上归纳了的研究[26]，但对于大部分数量众多的个别行政作用法规，并没有在条文解释意义上进行行政法解释。

本来，即使作为行政法学界整体，也不可能展示数量众多且颇为频繁地修改的行政作用法规的条文解释，对于单个研究者来说就更不可能了。但是，如果问报告者本人进行了哪些解释，我也不知该如何回答，在印象中，日本的特别是关于行政作用法规的解释太少了。

第二，行政性法规、条文或者其中使用之词语的定位或含义多种多样，所以关于重要的条文或概念，学说、判例有时在解释上讨论得相当详细。在这里设想的是《行政案件诉讼法》第 3 条第 2 款的广义"处分"、《国家赔偿法》第 2 条的"瑕疵"等，关

---

〔26〕 作为注释书或者逐条性概说书，如果省略《地方自治法》、《行政程序法》相关部分，那么有宇贺克也：《新信息公开法的逐条解说（新情報公開法の逐条解説）》（有斐阁 2002 年版）；藤原静雄：《个人信息保护法逐条释义》（弘文堂 2003 年版）；宇贺克也：《解说个人信息保护法（解説個人情報の保護に関する法律）》（第一法规 2003 年版）；园部逸夫编：《个人信息保护法的解说（個人情報保護法の解説）》（ぎょうせい2003 年版）；宇贺克也：《行政程序网络化三法（行政手続オンライン化三法）》（第一法规 2003 年版）；同·《政策评价的法制度（政策評価の法制度）》（有斐阁 2002 年版）；广冈隆：《行政代执行法》（新版）（有斐阁 2000 年版）等。作为有关个别行政法领域、行政性法规的、包括"解释"的概说书类，有荒秀、关哲夫等编：《修订建筑基准法（改訂建築基準法）》（第一法规 1990 年版）；荒秀：《新建筑基准法50 讲》（有斐阁 1994 年版）；同·《建筑基准法论Ⅰ～Ⅲ》（ぎょうせい1985 年、1987 年、1995 年版）；远藤博也：《都市规划法 50 讲》（有斐阁 1994 年版）；荒秀、小高刚编：《都市计划法规概说》（信山社 1998 年版）；小高刚：《土地征用法（土地収用法）》（第一法规 1980 年版）；同·《土地征用法入门（土地収用法入門）》（青林书院新社 1978 年版）；山村恒年：《边验证边学习环境法入门（検証しながら学ぶ環境法入門）》（全订二版）（昭和堂 2004 年版）；松浦宽：《环境法概说》（全订第四版）（信山社 2004 年版）；北村喜宜：《自治体环境行政法》（第一法规 2003 年版）；同·《动摇的产业废弃物法制（揺れ動く産業廃棄物法制）》（第一法规 2003 年版）等。平冈久的《建筑物的"迁移费"补偿与"征用"（建物の『移転料』補償と『収用』)》涉及《土地征用法》上特定条款的"解释"，载小高刚编：《损失补偿的理论与实际（損失補償の理論と実際）》，住宅新报社 1997 年版。

于这些，不是不能将其看成不是通常的条文解释，而是展开了关于个别条文或概念的"解释理论"。

第三，可以说也存在着这样的情况，即行政法学不是解释个别行政性法规的条文，而是综合解释多个条文或多个行政性法规，将解释结果设定成某些"法概念"进行说明。例如，行政处分的"公定力"概念，作为包括《行政案件诉讼法》的诉讼法制整体的综合解释，是为了说明承认特定行为具有特殊效力的概念。另外，盐野宏会员新提出的"规范力"[27]或许也可以包括其中。如果与通常的条文解释区别来说，就是许多行政性法规的"综合解释"。

（二）行政性法规的认识

其次是关于应当区别于行政法解释、被称为行政性法规的理解或"认识"的工作。在此，其前提是包括行政法"解释"的"法之实践"与关于行政的"法之认识"的区分[28]。上面（八）行政法解释的特质、特征，虽然阐述了为了行政法解释，有必要把握或理解条文或用语在相关法律结构、相关行政性法规中的定位，但其中的把握或理解结构等本身，可以认为不是行政法"解释"，而是行政性法规的"认识"工作。

行政法研究者对于理解或认识行政性法规使用了相当的能量[29]，这可能成为或也应该成为行政法解释的前提工作。上面

〔27〕 盐野·注〔4〕《行政法Ⅰ》（第3版），第122~125页。

〔28〕 关于这两者的区别，参见小早川光郎：《行政法》（上），弘文堂1999年版，第3~4页——所谓"法的认识"是"认识法之现状并进行记述的营造"，"探寻现行立法和判例的内容以及其前提理论是什么……欲认识法的现状"；所谓"法的实践""是欲变革法之现状的营造"，"所谓立法论，甚至连解释论，多数都是为变革法的现状而提倡的"。

〔29〕 芝池义一认为，行政法总论的主要课题在于"行政法秩序的认识"或"为认识行政法秩序提示理论框架"，参见芝池义一："行政法理论的回顾与展望（行政法理论の回顾と展望）"，载《公法研究》2003年第65号。也参见将"重点放在客观认识"上的同·《行政法总论讲义》（第4版），有斐阁2001年版，初版前言。

（七）阐述了具有有关科学技术或社会各种现实问题的知识、见识的必要性，对于行政性法规的"认识"也可以谈这一点。

第一，要认识、理解某一行政性法规采用什么样的法结构、使用什么样的法技术、到达什么样的目的这一事情本身，在诸如广泛采用计划以及基本方针类、包括因活用民间团体而产生的活动主体复杂化、采用"公私互动"或 NPM（新公共管理，New Public Management）思考方法的行政活动或程序等当中，且在当今行政法制大变动之时代，未必容易[30]。

另外，上面也已提及，要认识或发现某个法的问题所在，有时难以知道什么样的行政性法规与之相关联。虽然哪一个是与某个具体问题相关的行政性法规最终可能成为法解释问题，但解释以前，必须正确理解或认识可能相关的行政性法规。举一个众所周知的例子，只看《行政程序法》、《行政程序条例》，不能解决行政处分的事前手续，而只看《地方自治法》，也不能解决在法上允许的、国家对地方公共团体的行政干预。

第二，行政法研究者认识或理解行政性法规，不仅针对一个或相关的多个行政性法规，而且也针对全体行政性法规特别是全体行政作用法规范。并且也可以说，他们一直欲理解、认识行政法现象整体，而这一整体除了全体行政性法规之外，还包括从法

---

〔30〕　例如，有《自然再生推进法》（2002 年法律第 148 号）、《构造改革特别区域法》（2002 年法律第 189 号）。关于后者，参见恩地纪代子："构造改革特区法与NPM（構造改革特区法と NPM）"，载《关西大学法学杂志（関西大学法学ジャーナル）》2003 年第 74 号；更加概括与 NPM 之间的关联的，参见山村恒年编：《新公共管理体系与行政法（新公共管理システムと行政法）》，信山社 2004 年版。在表明对"公私互动"性法制、法现象的认识、理解的同时谈行政法"理论"等的，有米丸恒治："公的规制与'私的'规制（公的规制と『私的』规制）"，载《公法研究》1998年第 60 号；亘理格："公私功能分担的嬗变与行政法理论（公私機能分担の变容と行政法理論）"，载《公法研究》2003 年第 65 号；角松生史："'公私互动'的相位与对行政法理论的启示（『公私協働』の位相と行政法理論への示唆）"，载《公法研究》2003 年第 65 号；等等。

的角度关注的事实上的现象。

在行政法总论或行政法概论上,除行政救济法部分外,行政过程论、法体系论或法的结构论、行政手段论、程序法性行政法论、法关系论等的理论或者概念,可以理解为主要是从这样的关心,即怎样认识全体行政性法规(特别是行政作用法规范)和行政法现象是适当的、依据何种观点或方法能够更客观地认识提出来的。

如此,作为法解释的前提,即使与个别的条文解释无关,不管一个、多个还是全体,行政法学也一直将理解、认识全体行政性法规乃至行政法现象作为重要的研究对象之一。小高刚会员在其教科书中所作的如下阐述就包含了这样的旨趣:"行政法学也是一种法律解释学。但是,具有与民事法或刑事法等的解释学不同的特征……也就是说,虽然其是法律的解释学,但与按照各个条文探究含义相比,其主要着眼点在于通过多种多样的行政法令在整体上理解为行政作用奠定基础的共通法理、法现象"[31]。

附带说明一下,或许稍微偏离了行政法解释问题,亦即即便说是理解或认识,也极难正确地或者客观地理解、认识复杂多样的行政性法规或行政法现象,不可能有唯一正确的方法、观点或突破口。不过,如果从教育上方便的角度不将其视为问题,那么讨论怎样的认识理解方法、观点、突破口或其结果能够接近于或接近全体行政性法规或行政法现象的客观形象,即使不能得出结

---

〔31〕 小高刚:《行政法总论》(第2版),ぎょうせい2000年版,第9页。在同·"现代行政的手段"(载《公法研究》1987年第49号)中,作为行政法学,"解释学是其内容",但他认为,这"不是个别性地解释"处于行政作用基础的"多种多样的法令,是查明存在于其背后的统一的法理论"。在这些内容中,"法解释"或"法解释学"与"法理"或"法理论"区别开来。另外,如果同时也提一下注〔29〕的部分,不包括行政救济法的多数或几乎全部的行政法总论或行政法概论的教科书类,包括多种性质的各个部分:行政性法规或行政法现象的理解及认识,作为"宪法解释"也能够引导出的基础原理和理论,与宪法无关的行政法"理论",关于《行政程序法》、《信息公开法》及《行政代执行法》等的认识理解和解释,立法政策论等。

论，也不是不可能的。

（三）狭义的行政法理论

如 2002 年的行政法学会主题也使用的那样，"行政法理论"一词屡屡被使用，在此，在意识与行政法"解释"的关系的同时论述行政法"理论"。

第一，是与宪法规范或宪法原理之间的关系。例如，所谓"依法律行政原理"的具体内容，也包括所谓"法律保留"范围或委任立法论，可以说就是关于立法机关与行政权基本关系的宪法解释论。虽然还有其他的，但在此将"行政法理论"设想为——是作为宪法之解释能够推导出或应该推导出的"行政法理论"，同时是与宪法规范及其解释无关的理论。

第二，是如此限定的行政法"理论"的性质。山田幸男会员1959 年的报告涉及这一点，他认为，所谓法欠缺或法令条文不明了时进行"体系解释"，意味着依据行政法"理论体系"进行解释。另外，藤田宙靖会员 1972 年的论文列举了一个行政法解释的"方法论性动向或倾向"，即"瓦解源自德国行政法学的以前的法概念、法理论体系之尝试"。虽然关于这一点，可能产生其与法解释或法解释理论有何种关联的疑问，但在同年的座谈会发言中，该会员评论认为"关于具体法解释技术的方法论"及"其背后的法理论"的"一般思考"等，"未必在逻辑上进行区分"，他使用"行政法理论"一词将行政行为论、特别权力关系论作为例子例举出来，同时也使用了颇为微妙的表达方法，即行政法理论以补充"实定法之欠缺"的形式出现，或者"是为了条文之解释确定方向的基准时"，"不得不说行政法理论"之应有状态"仍是法解释论的问题"[32]。

---

〔32〕　分别是山田·注〔15〕，第100页；藤田·注〔1〕，第179页以下；同·"发言"·注〔1〕，载《法律家（ジュリスト）增刊》。

如果将这些作为参考，那么所谓"行政法理论"，首先在狭义上可理解为"在制定法有欠缺或不明了时，为在法欠缺时补充其内容、在制定法不明了时明确其意思而提供基准的理论"。并且，在这一意义上，即使不能说行政法"理论"与法解释无关，也会有人质疑能否将行政法"理论"或欲形成行政法"理论"之工作本身称为行政法"解释"。

山田幸男会员 1959 年的报告，提及法欠缺或法令条文不明了时所进行的"解释"，同时也说在法欠缺或法令条文不明了时"不得不依赖于解释者的法之创造性活动"[33]。这里的法的"创造"与法的"解释"应该不同吧。

严格来说，法欠缺和法不明了的区别是微妙的，但在法欠缺时，原本就不存在成为解释对象的法，那么上述意义上的行政法理论，就不是行政法"解释"或行政法"解释理论"。在行政性法规之规定欠缺或不明了的情形下，形成行政法理论的工作，就是意图在实质上形成进行补充或提示基准的"法"，尤其是意图被法院如同"法"规范般地实质采用，是实践性的学术行为。并且，其产物或者结果可称为"法理"或者就是"法理论"。

第三，关于在行政性法规上没有相关明文规定时限制依职权撤销以及撤回行政处分的"法理"、行政处分至少违反行政性法规明文规定的事前程序时的违法性，存在着讨论，这可理解为一种行政法理论。另外，在行政相关问题上是否适用民法的讨论中，也有维持或形成独立的行政法"理论"的讨论。例如，最高法院1976 年的判决涉及行政财产或者公共使用财产的时效取得，它维持了原来的"公物法理"或"公物理论"，即不得将公物作为民

---

[33] 山田·注〔15〕，第100页。

法上时效取得的对象[34]。

关于上面最后的具体问题，在学说上存在着适用民法的全面肯定说。此外，这种观点也可能成立，亦即作为一般性法解释的方法论，在行政性法规上没有特别规定时，应承认适用民法[35]。但这并不是说，对所有行政性法规上没有特别规定的情形，作为一般论，均适用民法的相关规定。并且，不得不承认至少在一部分领域内可能维持、形成并适用"行政法理论"，而非民法[36]。

第四，虽然应有大致的区分，但不得不承认前文所涉及的"解释理论"或"综合解释"与行政法"理论"的不同、区别是微妙的[37]。

---

〔34〕　最判昭 51·12·24 民集第 31 卷第 11 号第 1104 页。广冈隆也使用"公物的不可时效性的教义"这一表述，参见广冈隆："公物法理论的探讨（公物法理論の検討）"，载《公法研究》1989 年第 51 号等。

〔35〕　关于公务员的工资请求权的转让性，保木本一郎阐明应该选择这种法解释方法，参见保木本一郎："判例解说"，载《行政判例百选Ⅰ》，有斐阁 1997 年版。

〔36〕　例如，虽然能够解释为《行政案件诉讼法》即使作为该法第 31 条的反向解释，也是站在如果行政处分违法则原则上可由法院撤销这一观点上，但也可以明确其在第 3 条等当中，区别了处分之"撤销"与"无效"之确认，可理解为是将"应撤销之瑕疵"与"无效之瑕疵"的区别作为前提的。并且，关于这一区分的基准，除行政作用法规中有明确规定的情形外，只有作这样的理解，即行政法学说认为不应适用民法上有关撤销原因与无效原因的各种规定，另外，也不可能从"撤销"及"无效"概念本身或者从宪法规范引导出来，一直是通过判例、学说形成一定的行政法"理论"。不过，也有见解将这些理解为"解释理论"。也参见后注〔39〕。

〔37〕　例如，关于《行政案件诉讼法》第 30 条所说"裁量处分"撤销事由的"超越裁量权范围或其滥用之情形"的讨论、关于包括不作为的公权力之行使的《国家赔偿法》第 1 条所说的"违法"性的各种讨论，也包括与两者相关的"裁量收缩论"，这些是关于它们的法条的"解释理论"？还是为了在没有可能进行法"解释"的法令条文时对其进行补充、提供基准的"行政法理论"？本人认为是后者，但可能有不同的理解。另外，本人也受阿部·注〔13〕《行政法的解释》前言（ⅱ页后半）之激励而探讨日本的具体问题，但我自身理解为，这不是提出法"解释"论而是狭义的行政法"理论"，参见平冈久："建筑工程停止命令对于不是真正的建筑物所有者的效力（真の建築主ではない者に対する建築工事停止命令の効力）"，载《阪大法学》1993 年第 43 卷第 2·3 号。

（四）广义的行政法理论等

联系这里的问题附带说一下，第一，兼子仁会员主张"条理解释"的必要性[38]，但可推测出在此的所谓"条理"，斗胆来说就是"行政法理论"或"法之一般原理"，或是成为其基础的理论。

第二，行政性法规的条文背后可能存在着某些行政法"理论"，或者说行政性法规的制定可能受到某些行政法"理论"的影响[39]。

第三，不能从制定法、行政性法规之明文规定或者其"解释"推导出来的各种"行政法理论"，关于其是否恰当或妥当问题，当然不能一概而论。

不过，一方面，如果限定于与法解释之间的关系来说，应该充分意识着与制定法或行政性法规之间的关系，同时维持或形成行政法理论和理论上的"法概念"。如果问经过法解释后的个别行政性法规与"法理"、"法理论"哪一个应该优先——若是明确地意识到这是立法政策论的主张，则另当别论——还是只能说是个别行政性法规优先[40]。

---

〔38〕　兼子·注〔14〕《行政法总论》第 10 页以下、同·注〔14〕《行政法学》第 34 页以下等。前者第 11 页举出了认为关于是否需要听证程序，基于"正当程序之原理"在"条理"上决定的例子。另外，田中·注〔2〕第 161 页虽然将"条理"作为"不成文法"之一，但盐野·注〔4〕《行政法 I》第 53 页将该部分改为"法之一般原则"。

〔39〕　例如，现行法上的无效确认诉讼能够理解为将旧《行政案件诉讼特例法》之下的判例、学说上的行政法"理论"予以法定化。另外，在《行政程序法》中，有的规定可理解为将以前的判例、学说上的理论（部分性地超越这些理论）变成制定法。

〔40〕　藤田·注〔1〕第 179 页以下的"瓦解源自德国行政法学的以前的法概念、法理论体系之尝试"这一动向，除了行政法"理论"的层面之外，也受到行政法自身（的认识、解释）变迁的推动。

　　另一方面，如果从行政性法规有界限、其"结构性解释"等也有界限、进而补充"结构性解释"等或表明基准的现行行政法"理论"也有界限来看，就完全没有必要僵化地考虑行政法理论，而有必要创造出新的行政法理论[41]。

　　第四，即使是在特定领域，为了推导出应有的行政法制或行政法现象，行政法研究者也一直在构筑着将立法政策论、制度设计论纳入视野的，可谓"广义的"行政法理论或行政法"理论体系"，而不是前述意义上、与行政法解释关系密切的、狭义的行政法理论。

　　阿部泰隆会员可谓法政策论、制度设计论等行政法整体方向研究的先驱者。近年来应予特别瞩目的是，大桥洋一会员以"能动性市民"、"对话"等为关键词发表了一系列的著作和论文[42]。此外，矶部力会员 1995 年的本学会报告论及自治体行政与法治主义，认为"在原理的立场上'确立与分权型行政法体系相符的理论体系'是有益且不可缺少的"等，并展望"重构行政法一般理论"，该会员 1993 年的论文等欲将"环境管理"这一概念作为现代行政法的基本范畴来定位，他的这些理论都能够理解为主要是

---

　　[41]　铃木庸夫认为，出现依据以前自我完结性的、自律性的"法体系"观不能够认识或解决的现象，尝试着依据法的"生命体模式"进行分析，参见铃木庸夫："行政的法体系与'生命体模式'（行政の法システムと『生命体モデル』）"，载《盐野宏古稀纪念论文集·行政法的发展与变革》上卷，有斐阁 2001 年版。桥本博之分析探讨了表明"体系性解释"界限的国家赔偿法判例，参见桥本博之：《判例实务与行政法学说》，同上第 361 页以下。

　　[42]　分别是阿部·注〔5〕论文（1981 年）；大桥洋一："制度变革期的行政法理论与体系（制度变革期における行政法の理论と体系）"，载《公法研究》2003 年第 65 号；同·《行政法学的构造性变革（行政法学の构造の变革）》，有斐阁 1996 年版；同·《对话型行政法学的创造（对话型行政法学の创造）》，弘文堂 1999 年版。

提出或构想广义的行政法理论[43]。

五、结语——一点补充

一直将行政法研究者考虑为解释主体对"行政法解释的各种问题"进行了说明。下面再进行一点补充或追加。

第一，虽然行政法是法科大学院的法律骨干科目之一，也是所谓实定法之一，但从法解释的角度来看时，它是与其他实定法领域性质相当不同的学术领域。也就是说，可以说宪法学、民事法学、刑事法学领域的大部分研究，有时甚至连比较法、外国法研究，都直接或间接地关系到日本法的一个或多个条文的解释，或者说在某种意义上可能贡献于日本成文法规范的解释，但行政法学不单单是法解释学，而所谓行政法研究也并不仅仅意味着法解释。作为报告者的感想，也作为自我反省，即当今应该意识或者自觉，在各种意义上的行政法"解释"、理解及"认识"现行行政性法规、形成狭义或广义的行政法"理论"等多种多样的主题中，现在进行的是什么性质的工作？

第二，如果从与行政法解释的关系来说，那么与更为合理地解释现存的制定法以及行政性法规相比，制定更好的行政性法规要明显地迅速且重要。虽然基本上没有进行深入探讨，但立法政

---

[43] 分别是矶部力："自治体行政的本质与现代法治主义的课题（自治体行政の本質と現代法治主義の課題）"，载《公法研究》1995 年第 57 号；同·"从公物管理到环境管理（公物管理から環境管理へ）"，载《成田赖明退职纪念论文集·国际化时代的法与行政》，良书普及会 1993 年版等。另外，山村恒年会员的一系列研究，在涉及狭义的行政法理论等的同时，也包含了很多新的"广义的"行政法理论的提示或构想，参见山村恒年："科学技术的发展与行政法（科学技術の発展と行政法）"，载《公法研究》1991 年第 53 号；同·"国家的动摇与环境法（国家のゆらぎと環境法）"，载《公法研究》2002 年第 64 号。

策论、制度设计论或者法政策学性的研究今后将更为重要[44]。

第三，虽然没有谈到与外国法、比较法研究之间的关系，但这是因为考虑到其对于日本的行政性法规，特别是对于行政作用法规的解释作用甚微，其除了为行政法的基本构思或广义及狭义的日本行政法理论提供参考之外，以彼此对于行政法制的不同认识、理解为前提，可以或应该对于个别现实问题的法政策论、制度设计论发挥作用。

最后，非常担心本报告是否能够成为"公法的解释"中有关"行政法解释"的一般性、总结性报告，此外，因多数的行政法研究基本上都以某种形式关系到行政法解释，完全有可能看漏某些重要的相关文献，对此还敬请谅解。

---

　　[44]　关于行政法学的课题，阿部·注〔5〕第42～43页（1981年）说"今后行政法学被课以的研究课题，是始终面向未来，以自己的力量从日本的现实中创造出对于日本社会妥当的结论与体系，服务于法解释学与立法政策学"，山村恒年说，"期待今后的行政法学，适应社会的变化，吸收相邻学科发展成果，确立新的实定法解释的科学理论，对于在立法上还存在没有解决的问题的行政领域，从实证的立场探讨行政立法政策"，参见山村恒年：《行政过程与行政诉讼·前言（行政過程と行政訴訟はしがき）》，信山社1995年版。也包括平冈久：《一般铁道噪音与行政对策（一般鉄道騒音と行政施策）》，载《山村恒年古稀纪念论文集·环境法学的生成与未来》，信山社1999年版，作为立法政策论性的研究在不断增加，作为有关特定法领域的著作，例如，有北村喜宜：《对于产业废弃物的法政策性应对（産業廃棄物への法政策の対応）》，第一法规1998年版；同·《环境政策法务的实践（環境政策法務の実践）》，ぎょうせい1999年版；南真二：《自然环境保护与创造法制——为了持续可能性开发的提案（自然環境保全·創造法制——持続可能な開発のための提案——）》，北树出版2002年版。

附录二
行政规则的法的拘束性

一、引　言

　　且不论是现代国家的"生理"现象，还是让议会主义、法治主义濒临危殆的"病理"，如"依通知行政"一词所示，行政规则功能的重要化是现代行政上不容否认的事实。在考察行政规则对国民利害巨大的现实性影响力时，除了产生对其内容"公开"或制定程序等制度性、功能性控制的必要性之外，在基于对行政规则之法的性质的传统理解（否认"法规"性）对行政进行司法控制时将其看成不具有任何"法"的意义的规范，也如已指出的那样[1]成为当今应当重新探讨的问题。问题之一在于，认为"行政规则一般不具有法规的性质，所以即使某行为违反行政规则也不影响其效力"[2]，或从行政规则不产生国民的"权利"否定行政规则的法的拘束性、裁判基准性、"法源"性。但是，也

　　──────────

　　〔1〕　例如，参见原田尚彦：《行政法要论》，第37~39页；町田显："通知与行政案件诉讼（通達と行政事件訴訟）"，载《司法研修所论集1968年Ⅱ》；同《通知（通達）》，载山田、市原、阿部编：《演习行政法（下）》；乙部哲郎："行政自我拘束法理（行政の自己拘束の法理）"，载《民商法杂志》第71卷第5号；高田敏、平冈久："训令·通知·职务命令（訓令·通達·職務命令）"，载《地方自治职员研修临时增刊·公法入门》。

　　〔2〕　田中二郎：《新版行政法》上卷，第166页。

无法否定这种可能性，即在制定上不需要法律授权的行政规则，被赋予以法的拘束性或类似的法的效力，迫使以前的有关议会与行政在行政之立"法"权限、立"法"上关系的法理发生变化。

自不待言，否认行政规则之法的拘束性的法理源自传统德国公法学上的"法规"理论，而且，这一法理即使在德国基本法下的德国通说中也基本上得以维持[3]。但是，当今的通说构筑了在结果上承认行政规则之"事实上"法拘束性的逻辑，甚至还部分出现了欲放弃传统法理的基础，直截了当地承认行政规则之法拘束性的学说。当然，这种学说倾向的背后包含着这样的请求，即针对行政规则之现实性功能的增大[4]，扩大国民权利的保护——保障要求遵守对于国民有利的行政规则之"权利"。但如果基于以前的法理以及德国基本法第80条的通说性解释，那么，因为行政只有基于（满足第80条所规定的要件）法律授权才能以"法命令（Rechtsverordnung）"的形式制定具有法拘束性的规范，所以，应强烈地意识着这一问题不仅与国民之权利保护、行政之司法控制范围有关，也与行政与议会的关系——行政的立"法"权限、区分法命令与行政规则的意义——密切相关，来进行有关行

---

〔3〕　下面的叙述简洁地表明了与在日本的一般性说明内容相同的行政规则欠缺法的拘束性的意思、内容——"行政规则，不拘束存在于行政外部的国民，对于国民既不设定权利，也没有拘束性……行政行为，不是以其符合行政规则为理由合法，相反也不能只以违反行政规则为理由违法"。——Creifelds, Rechtswör terbuch. 5. Aufl., 1978. S. 1283f.

〔4〕　在"给付行政"领域尤为明显，而谈论行政规则和法律、法命令的区别相对化的，也主要是这一领域。例如，Vgl. H. H. Rupp, Die "Verwaltungsvorschriften" im grundgesetzlichen Normensystem——Zum Wandel einer verfassungsrechtlichen Institution. JuS 1975. S. 615；W. – R. Schenke. Gesetztgebung durch Verwaltungsvorschriften？DÖV 1977. S. 29f. 如果从"给付行政"的范围以及这一概念的法律意义之不确定性来看，当然只是相对性地指出这一问题。

政规则之法的拘束性的讨论。本章作为探讨有关"行政立法"的德国行政法学说的一环，重点关注后者，同时介绍、探讨一下涉及行政规则[5]之法拘束性的重要学说[6]。

二、间接承认说——行政自我拘束论

当今德国行政法学的通说，对于一定范围的行政规则，基于"行政自我拘束"（Selbstbindung der Verwaltung. od. administrative Selbstbindung）论[7]，以平等原则为媒介，"间接"承认其"事实上"法的拘束性[8]。

（一）行政自我拘束

"行政自我拘束"一词，自20世纪50年代后半期至60年代

---

〔5〕 以下不包括组织规范，而只限于有关行政作用的行政规则。虽然有关法律执行，日本所说的（一般性）训令、通知基本上相当于这一行政规则，但德国的行政规则概念也包括日本的"纲要"。另外，在没有定性为"特别命令（Sonderverordnung）"的范围内，也包括营造物利用规则等被认为是规范特别权力关系的规范。另外，虽然除了 Verwaltungsvorschrift 之外，也使用 Verwaltungsverordnung（行政命令）一词（但是，是少数），因为含义没有任何不同，所以后文将后者也翻译为"行政规则"，在引用中使用。

〔6〕 另外，本章与拙文"德国行政法学的'特别命令'论（西ドイツ行政法学における『特别命令』論）"（载《法学杂志》第26卷第2号），是"德国基本法下行政规则的学说（一）~（三）"（载《阪大法学》第99、102、106号）的续稿。

〔7〕 乙部哲郎已经进行了介绍、探讨，同时也提出了日本的实践性主张。他也介绍了几个重要案例，希望予以参考。参见乙部哲郎：'行政自我拘束法理'，载《民商法杂志》第71卷第5号。另外，参见波多野弘："德国税法中的行政规则——关于税务通知的序论性考察（西ドイツ税法における行政规则について——税务通達についての序说の考察——）"，载《名城法学》第19卷第1·2号。虽然意思不明，但《法律家（ジュリスト）临时增刊·行政强制》第214页也谈到这一词。

〔8〕 虽然"间接承认事实上法的拘束性"这一表述是否妥当其本身也是问题，但在本章中暂且使用这一表述。

初期基本上固定下来〔9〕。并且，例如，巴霍夫（Bachof）已于
1963年将"通过行政自我拘束这一途径强有力地限定行政裁量"
列举为"现行"德国行政法的七个重要特征之一〔10〕，瓦勒拉特
（Wallerath）于1968年阐述，"在当今，通过自我拘束这一概念所
表明的……拘束，是行政法上的判例及文献不可动摇的构成要
素"〔11〕，"行政自我拘束"论成为当今德国行政法学的主导性倾
向所支持的理论〔12〕。这里先简单地阐述一下"行政自我拘束"的

〔9〕　20世纪50年代的以下的三篇论文，虽在实质上谈到了"行政自我拘束"，
却没有使用这一词：Vgl. O. Bachof, Verwaltungsakt ung innerdienstliche Weisung, Fest-
schrift f, W. Laforet, 1952, S. 311.; Hauck, Die rechtliche Bedeutung der Verwaltungsvor-
schriften zur Durchführung von Gesetzen NJW 1957, S. 811f.; K. Obermayer, Das Bundesver-
fassungsgericht und der Vorbehalt des Gesetzes, DVBI 1959, S. 357. 另外，1960年以后，
也出现了在题目中使用这一词的论文、著作。最初有：Vgl. H. Lanz. Selbstbindung der
Verwaltung bei Ermessensausübung NJW 1960, S. 1797ff.; H. - J. Mertens, Die Selbstbind-
ung der Verwaltung auf Grund des Gleichheitssatzes, 1963.

〔10〕　Vgl. O. Bachof. Über einige Entwicklungstendenzen im gegenwärtigen deutschen
Verwaltungsrecht, in：Staatsbürger und Staatsgewalt, 1963, S. 18.

〔11〕　M. Wallerath, Die Selbstbindung der Verwaltung — Freiheit und Gebundenheit
durch den Gleichheitssatz, 1968, S. 13.

〔12〕　另外，行政自我拘束论在判例中也积极形成，Stuttgart行政法院1949年6月
24日判决被认为是划时代的判决。Vgl. H. - J. Mertens, aaO. S. 15f.; F. Ossenbühl, Ver-
waltungsvorschriften und Grundgesetz, 1968, S.516. 这一判决在理由中阐述了如下内容
（Vgl. H. -J. Mertens, aaO. S. 15f.）——"是否应该从公平负担的角度，制定承认对纳
税义务人有利变更（berichtigen）税额评定的基准（Richtlinien）（行政规则），特别是是
否承认这之后变更已经具有法效力的税额评定，由财务大臣裁量决定。但是，如果制定
了这样的基准，就必须一般性且统一性地适用这一基准。如果一方面，对于100个案件
中的99个案件，承认这一基准能有利地适用于纳税人，另一方面，认为对于第100个案
件拒绝适用这一基准是财务官厅的任意，那么难以与法治国家的平等原则相一致。所以，
即使仅是行政训令（—anweisungen）……对于其受益者……也应该给予其要求平等无差
别对待的请求权。这当然与在结果上给予（要求该利益的）权利基本上是相同的"。

关于判决动向有：Vgl. F. Ossenbühl, , aaO. S. 515ff.; dens., Die Verwaltungsvor-
schriften in der verwaltungsgerichtlicher Praxis, AöR 1967, S. 13ff.; P. Selmer, Rechtsverord-
nung und Verwaltungsvorschrift, VerwArch 1968, S. 119ff.; H. Scholler, Selbstbindung und
Selbstbefreiung der Verwaltung, DVBI 1968, S. 411. 以及参见乙部哲郎·前揭论文，第
26~37页。

意思、内容。

（1）如果大致地说一下整体上的意义，那么能够将行政自我拘束论定位为通过宪法原则、平等原则进行行政控制、特别是裁量控制的法理之一，其背景在于，随着现代行政功能的膨胀，只通过法律（以及法命令）拘束行政已无法充分对行政进行法的控制[13]。也就是说，自我拘束论在不存在任何法律规范的"远离法律的自由"行政领域，或在没有法律的确定性规范而由法律自身给予行政"自由"决定余地——裁量余地（甚至是判断余地）——案件中，具有限定这样的行政"自由"——特别是让"裁量减少（Ermessensreduzierung）"[14]的——功能。也能表述为在对行政欠缺"法"之拘束或拘束不充分时进行补充的功能。

有极少一部分学者从"信赖保护"原则寻求行政自我拘束的法律根据[15]，但占绝大多数的通说则求诸平等原则（德国基本法第3条第1款）[16]。虽说是"自我"拘束，但在法的逻辑上，终究是宪法、平等原则拘束行政的形态之一。假设将行政受拘束于"法律与法"（德国基本法第20条第3款）称为"他人（或外部）拘束（Fremdbindung）"[17]，那么在这一范围内自我拘束也是

---

〔13〕　基本上如此指出，以及指出"法律的执行"意味着超出以往的"宪法之具体化"的有 Vgl. H. Scholler, aaO, S. 416. 另外，关于现代平等原则意义的增大或变质，有 Vgl. dens. Die Interpretation des Gleichheitssatzes als Willkürverbot oder als Gebot der Chancengleichheit, 1969, S. 13, S. 59 ff.

〔14〕　Vgl. H. – U. Erichsen = W. Martens. Das Verwaltungshandeln, in: ders, (hrsg.), Allgemeines Verwaltungsrecht, 3. Aufl, 1978, S. 169, S. 184f.; F. Mayer, Allgemeines Verwaltungsrecht, 4. Aufl., 1977, S. 47.

〔15〕　例如, Vgl. K. Stern, Rechtsfragen deröffentlichen Subventionierung, Privater, JZ 1960, S. 559.

〔16〕　关于围绕着自我拘束根据的讨论，详细请参见乙部哲郎·前揭论文，第40~48页。

〔17〕　关于这一概念以及与自我拘束论的异同, Vgl. H. Lanz, aaO, S. 1797.; M. Wallerath, aaO, S. 20.; D. C. Dicke Der allgemeine Gleichheitssatz und die Selbstbindung der Verwaltung, VerwArch 1968, S. 293f.

一种"他人拘束"[18]。尽管如此，仍使用"自我拘束"一词，可以说缘于产生这一拘束的特殊构造。也就是说，如后所述，虽说是基于平等原则的拘束，但是，是在行政自身的行为存在之后才明确其具体内容[19]，并且，从现象上看是行政将来的行为被行政自身以前作出的行为所拘束，所以才也可能使用"行政自身拘束自己"这一表述。

行政自我拘束原则上将违反其的行政决定视为违反平等原则、"违法"，在扩大行政的司法性控制以及国民权利保护范围的意义上，不用说这就是对行政的"法的"拘束。但是，如前文也提及，行政的行为对于这一"法的"拘束的产生具有重要的功能且介入其中。这也是这一问题即自我拘束论承认行政独自制定"法"、承认行政制定具有法拘束性的规范产生的原因。

附带说一下，其一，法命令对行政的拘束与自我拘束不同。这是因为虽然制定法命令在形式上是行政自身的行为，但实质上这只不过是基于法律授权的、作为"议会受任者"的行为，法命令之拘束只不过是"法律拘束（Gesetzesbindung）"的一种[20]。其二，自我拘束也不同于行政规则或个别性训令只对行政机关所具有的拘束，即所谓"内部拘束"。自我拘束论具有让这种"内部拘束"事实上向对外拘束转化的功能。

---

〔18〕　特别是 Vgl. M. Wallerath, aaO, S. 21. 是这样的意思。也有不使用"自我拘束"一词而使用"平等拘束"或"准（quasi-）自我拘束"一词的。Vgl. W. Schmidt, Die Gleichheitsbindung an Verwaltungsvorschriften—BVerwGE 34, 278, JuS 1971, S. 184ff.；H. Scholler, Selbstbindung…, S. 411.

〔19〕　Vgl. A. Randelzhofer, Gleichbehandlung im Unrecht？, JZ 1973, S. 539, Fn. 32.——"与他人拘束的差异，在于在自我拘束中，行政关于这一拘束内容的形成具有可能性"。

〔20〕　特别是 Vgl. D. C. Dicke, aaO. S. 294.

（2）例如，对于行政自我拘束的具体意思、内容存在如下说明，下面例举两个例子：

首先，瓦勒拉特概括如下："如果统一定式化，那么可将行政自我拘束理解为，在行政官厅'自由'裁量的案件中，行政官厅依据长期进行的处理，自己向自己表明在同种（gleichartig）案件中没有特别根据不允许违反的指针（Richtlinien）"。"违反这样的实务一般被视为滥用裁量，裁量拘束本身在教义学上绝大多数都是以平等原则为根据的"。[21]

另外，福格尔（Vogel）进行了这样的说明，虽然"官厅在其裁量领域范围内，原则上以'独立责任'"作出裁量决定，但"如果在特定的意义上作出一次个别性决定，那么只有在能够表明'可能让人具体信服'的根据时，关于其他的同样（vergleichbar）案件可以基于不同的评价作出决定。如果不能表明这一根据，这一决定就侵犯平等原则。如此，从持续性行政实务不断增加将以前的各种决定作为基础的准则（Maximen）——'裁量行使的拘束'。为了这种情形，来谈论行政的'自我拘束'"。[22]

如果不深入到上面两项叙述所涉及的全部论点中，特别是不深入到自我拘束的"拘束强度"问题以及行政规则在自我拘束上的意义中进行概括，那么所谓行政自我拘束在通说性见解上意味着以下意思：也就是说，在行政被给予"自由"特别是被

---

[21] M. Wallerath. aaO, S. 14. 瓦勒拉特自身的定义是："行政受行政制定的具体化准则（Differenziehungsschema）约束，该准则是行政在有独立评价可能性领域制定的，带有对于同种状况的案件不能直接违反这一效果"。Vgl. ebenda, S. 19.

[22] K. Vogel, in: Drews = Wacke = Vogel = Martens, Gefahrenabwehr, Bd. 1, 8. Aufl., 1978, S. 150. 另外，Vgl, A. Randelzhofer, aaO, S. 539. ——"如果极为简洁地表示为最大公约数的表述，所谓行政自我拘束理论，是指行政在其享有独立形成或评价的领域，长期进行合法行政实务——不管其是否基于行政规则——只有在特别有充分根据时方可违反"。

给予裁量余地、原本可能在这一范围内多个不同的行政决定[23]中合法地作出或选择任何一个决定的领域，在行政针对某案件一直选择特定的方针或准则并基于此对多数国民作出行政决定的情形下，换言之，在形成持续性或长期性（ständig, dauernd, länger, langjährig, od, fortlaufend）[24]的行政实务（praxis）或行政惯例（Verwaltungsübung）的情形下，对于同种或同样（gleichartig, gleichliegend, gleichgelagert, vergleichbar, ähnlich, gelagert, od, in der gleichen Lage befindlich）[25]有关特定国民的案件，行政受到拘束——基于平等原则（或平等处理要求、国民"平等基本权"保障）（德国基本法第 3 条第 1 款）[26]原则上不得作出与以前的行政惯例不同的行政决定[27]。并且，违反这样拘束的行政决定，就违反平等原则——裁量决定将因此而成为"滥用"裁量——即使没有违反法律本身，原则上也"违法"。

是否产生这种对行政的拘束，以判明行政"惯例"（"多数"的行政决定）是否存在以及是否与新案件"同种"这样的不确定要素为前提，因而当然可能有不明确的情形。而且，只有在行政决定虽与以前的行政惯例不同但在与法律规定的关系上"合法"

---

〔23〕　虽然主要是行政行为，但也谈及其他个别性行为之自我拘束可能性的有：Vgl. M. Wallerath. aaO，S. 22ff.，S. 114ff. S. 130ff.；H, Scholler, Selbstbindung …，S. 411. 另外，也包括不作为（违反以前的不作为的侵益性行政决定，违反以前的授益性行政决定的不作为）。

〔24〕　虽然像这样使用各种各样的词，也有在严密的语义上被认为不是同一意思的词，但是它们的差异基本上没有成为讨论对象。

〔25〕　同上·注〔24〕。

〔26〕　德国基本法第 3 条第 1 款——"在法律面前人人平等"。

〔27〕　参见乙部哲郎·前揭论文，第 37、64 页——"所谓行政自我拘束，是指行政官厅即使对于相对人，也受在对于第三人的同种案件中所作出的决定的拘束"。对某一国民的行政决定与以前对同一国民所作出的行政决定不同，这时至少难以成为违反平等原则问题。另外，虽然所谓行政惯例通常是从过去的某一时间至现在存在的惯例，但在多数的一定的行政决定与成为问题的特定的行政决定几乎在同一日期作出时，也可能出现基于平等原则的自我拘束问题。但是，没有关于这一点的明确论述。

时，才出现发现自我拘束的问题；在其已违反法律规定而没必要将与以前的行政惯例相比是否违反平等原则当做问题时[28]，有时不能明确是违反了自我拘束，还是违反了"法律拘束"。

虽然对应于对行政所产生的拘束，国民将被赋予某些"权利"，但该"权利"的性质以及与此关联的诉讼形态问题，也因为根据案件拘束之具体性内容的明确性不同，或学者对平等原则所产生的"自我拘束"的理解不同，而不能被作出同样的回答。关于这一点，瓦勒拉特认为，"自我拘束，将要求平等地考虑各种条件的形式性权利赋予个人。侵害这样的权利，通常导致违反平等的处分被取消，同时，课以对该国民考虑平等性作出新决定的义务。只是，仅在例外的情况下，基于平等原则产生要求具体的（同样的或不平等性更少的）行为的请求权"[29]。总之，所谓的自我拘束，可以说是作为平等原则的法效果（如果针对裁量决定来说，是以减少行政裁量为主要内容，根据情形课以作出与以前同样的特定行政决定的义务），以裁量"收缩（Schrumpfung）至零"为内容的拘束[30]。

（二）自我拘束与行政规则

这里的主要问题是行政规则在自我拘束逻辑构成上的定位或意义。同时，还将涉及在（一）中没有提到的自我拘束论之各种

---

〔28〕另外，参见后述（二）3。

〔29〕M. Wallerath. aaO, S. 140. 详细的是 vgl. ebenda, S. 80ff.——关于"要求人在法律上平等——实体性或形式性的——权利"、"要求物在法律上平等的实体性请求权"、"要求考虑多数事由的同一（平等）性的形式性权利"这三者进行论述。该"自我拘束"的"拘束"，仅仅是指原则上"课以考虑与以前行政实务间平等性的义务"。另外，默滕斯分别论述了"实体性平等对待之请求权"、"要求平等对待之形式性权利"、"要求考虑平等性之形式性权利"，基本上与瓦勒拉特同样地认为国民限于具有第三种权利。Vgl. H. - J. Mertens, aaO, S. 77ff.（参见乙部哲郎·前揭论文，第 59 ~ 63 页）。此外有 Vgl. D. C. Dicke, aaO. S. 305ff.

〔30〕关于这一点，Vgl. A. Bleckmann, Subventionsrecht, 1978, S. 76; K. Vogel, aaO, S. 154; H. - U. Erichsen = W. Martens, aaO. S. 169.

内在论点。

1. 行政规则与行政惯例

作为平等原则的法效果而产生的自我拘束，其逻辑前提是需要"比较"对象、"平等性审查的线索（Anknüpfungspunkt）"或"比较准则（Vergleichsschema，Vergleichsma Bstab）"[31]。这是因为没有"比较对象"，就不会产生平等与不平等的问题。

根据通说性自我拘束论，平等性审查的"比较对象"[32]，是通过多数的对国民的行政决定而形成的"行政惯例"或"持续性行政实务"（以下仅称行政惯例）。当行政决定违反以前同种案件的行政惯例时，原则上能将其视为违反平等原则、"违法"的，无非是自我拘束论。在这一意义上，可将自我拘束表述为"基于平等原则，通过行政惯例而产生的拘束"。并且，也可用公式表述为通过"平等原则 + 行政惯例"产生自我拘束[33]。

如果将上述内容与行政规则相关联，就意味着以下两点：其一，虽然也有后述门格（Menger）的不同见解，但如果即使制定了行政规则，也不依据其作出行政决定，在行政惯例还未形成的状况下，不产生自我拘束的问题。其二，虽然也有后述那样的微妙之处，但即使是依据行政规则、符合行政规则形成行政惯例的情形，在法的逻辑上，最终成为"比较对象"的不是行政规则本身，而是行政惯例。总之，通说性见解认为，行政规则本身既不是平等性审查的"比较对象"，也不直接与平等原则相结合产生

---

〔31〕　明示这一点的有：vgl. F. Ossenbühl, Verwaltungsvorschriften und Grundgesetz, 1968, S. 535. ; H. H. Rupp, Grundfragen der heutigen Verwaltungsrechtslehre, 1965, S. 118.

〔32〕　这个词不是各学者所使用的词，使用正文所列的其他词［或"比较目标（Vergleichsmerkmal）"］。另外，虽表现为行政惯例成为"比较对象"，但是，从行政惯例抽出的"比较基准（—schema, maßstab）"成为"比较对象"这一理解似乎更精确。从行政惯例也能明确的行政特定方针或准则，也屡屡被称为具体化准则（Differenzie-hungsschema）。

〔33〕　Vgl. M. Wallerath. Die Selbstbindung der Verwaltung. 1968. S. 105.

自我拘束。"不能将德国基本法第3条（平等原则）解释为行政的自我拘束与行政规则其本身相关联。只有持续性个别案件实务能够在德国基本法第3条框架内产生拘束效力"［布勒克曼（Bleckmann）］[34]、"平等性审查的线索，以及涉及德国基本法第3条第1款的比较目标，不是行政规则，而是持续性行政实务（行政惯例）"［奥森比尔（Ossenbühl）］[35][36]。

在通说的自我拘束论的构成上，行政规则并未被赋予独立的直接意义，之所以"作为自我拘束根据的平等对待要求，是将已决定的比较案件（Vergleichsfall）作为前提"[37]，其论据在于：其一，适用平等原则的前提在于将对国民作出的复数的"外部性"、"法的"行为进行比较，所以，还处于"内部"状态的行政规则，本来就不能直接成为平等性审查的"比较对象"。例如，瓦勒拉特说，"平等原则只在法的领域（Ebene）是妥当的……在

---

〔34〕 A. Bleckmann. Subventionsrecht，1978. S. 76.

〔35〕 F. Ossenbühl, Die Quellen des Verwaltungsrechts, in: Erichsen = Martens (hrsg.). Allgemeines Verwaltungsrecht, 3, Aufl, 1978, S. 84. Vgl. dens, Verwaltungsvorschriften…S. 535f.

〔36〕 表明其他通说性见解或以其为前提的叙述有：vgl. M. Wallerath, aaO, S. 105ff.；H. – U. Erichsen = W. Martens, Das Verwaltungshandeln, in: Allgemeines Verwaltungsrecht, S. 168；H. J. Wolff = O. Bachof, Verwaltungsrecht Ⅰ, 9. Aufl., 1974, S. 201.；K. Vogel, Gefahrenabwehr, Bd. 1, 1978, S. 150.；G. Kampe, Verwaltungsvorschrif und Steuerprozeß, 1965, S. 213.；P. Selmer, Rechtsverordnung und Verwaltungsvorschrift. VerwArch 1968, S. 144f.；dens., Rechtssprechungsanmerkung, NJW 1967, S. 1435.；H. – J. Mertens, Die Selbstbindung der Verwaltung auf Grund des Gleichheitssatzcs 1963, S. 19., S. 71.；D. C. Dicke Der allgemeine Gleichheitssatz und die Selbstbindung der Verwaltung, VerwArch 1968, S. 304 ff.；Hauck Die rechtliche Bedeutung der Verwaltungsvorschriften zur Durchführung von Gesetzen DÖV 1957, S. 812. 另外，与学说相比，判例倾向于提高有关自我拘束论的行政规则的意义。也就是说，倾向于不是向行政惯例而是直接向行政规则谋求平等性审查的"比较对象"，给予替代行政惯例的独立意义。例如，vgl. F. Ossenbühl, Verwaltungsvorschriften…, S. 517f.；P. Selmer, aaO, S. 119ff. 但是，vgl. A. Randelzhofer, Gleichbehandlung im Unrecht?, JZ 1973, S. 539, —— "判决及文献上的绝对主导性见解坚持行政实务的必要性"。

〔37〕 F. Ossenbühl, Verwaltungsvorschriften…, S. 535.

行政与公民之间的关系上，只有对外部具有法的意义的行政作用服从平等原则的判断，行政内部领域则并非如此。行政规则所表明的那种内部规范，在外部关系上，不可能为平等原则所比较（messen）"[38]。其二，如果即使在依据了行政规则的行政决定还未作出，以及行政惯例业已形成时，也将行政规则直接作为"比较对象"，而将与其不同的行政决定视为违反平等原则、违法，那么与以平等原则为媒介，以违反行政规则为理由引导出违法性几乎没有不同，实质上是让行政规则变质为具有"法"、法之拘束性的规范，从而丧失了区分法命令和行政规则的意义[39]。

此外，虽然上述第一点论据认为，平等性审查的"比较对象"即可产生自我拘束的行政行为，限于"具有法的意义（rechtlich relevant）"或"法的评价领域"[40]的行为，但关于是否为"法的"之区分，却未必展开充分的讨论。特别是在"给付行政"领域，能否将没有法律根据所作出的多数的行政决定、行政惯例评价为"法的"成为问题[41]。

关于怎样认定行政惯例的存在，以及关于同种案件的以前多数行政决定之"多数"是什么程度，在一般理论中看不到详细的论述[42]。但通说要求行政"惯例"的存在，这意味着只有行政规则是不充分的，同时还意味着那种虽依据了行政规则但"仅一次（einmalig, einzig）的"行政决定，不对于将来的行政决定产生拘

---

〔38〕　M. Wallerath, aaO, S. 104. 同一旨趣的有 vgl. W. Brohm, Verwaltungsvorschrift und besonderes Gewaltverhältnis, DÖV 1964, S. 243.

〔39〕　Vgl. M. Wallerath, aaO, S. 104 f.

〔40〕　Vgl. ebenda, S. 101; H. – J. Mertens, aaO, S. 25.

〔41〕　当然，与"法律保留"之妥当范围的理解相关。另外，也是后述以前的行政惯例的"合法"性问题之一。看做不可能成为平等原则的"比较对象"，"仅是事实上的"决定、惯例的有 H. H. Rupp, Grundfragen der heutigen Verwaltungsrechtslehre, 1965, S. 118.

〔42〕　可推定指出这一内容的是 vgl. A. Bleckmann, aaO, S. 77.

束。作为"自我拘束的界限"之一，福斯特霍夫也例举了平等原则"不能让只行使过一次（einmal）的裁量一般性地拘束行政"[43]。这样的理解基本上有以下两点论据：其一，行政不是在"仅一次的"行政决定中就明确决定了关于某个案件应依据什么样的方针、准则，而是在作出了"多数的"行政决定之后才确定充分的"比较准则"。例如，瓦勒拉特指出，"通说认为，自我拘束被限定于存在着长期的行政惯例的情形"，之后作出了如下说明："官厅依据以前的长期实务，为了明确重点或轻微评价哪些观点而设定了具体化准则（Differenziehungsschema）……在存在长期行政实务的情形下，基本上没有什么大的困难就能将具体化准则适用于应该决定的案件。这是因为与新欲决定的案件具有共同标识的比较性案件越多，官厅就越容易认定应该考虑的观点之重要程度"[44]。其二，让以前"仅一次的"行政决定拘束将来的决定，是剥夺行政所享有的在"自由"的范围内必要的试错机会和期间，从而使行政"僵硬化"。奥森比尔说，"行政开始新的实务时，被给予设定最恰当的行政方针（Programm）的期间和机会。以最初决定的案件进行自我拘束，排除了在新的行政领域所必要的行政试行错误（Experimentieren），是要求行政与法律制定者具有相同的对于将来的规划和预见"[45]。

但是，也有观点认为，还没有关于能否以唯一的行政决定进行自我拘束问题展开充分的讨论[46]，上面所例举的瓦勒拉特以及奥森比尔也不否定存在例外性的承认。瓦勒拉特认为，"如果考虑对决定可能重要的全部标识，就将一概不认可案件之差异"；而关于承认"一切事由（Sachlage）的同一性"的案件，奥森比尔认

---

〔43〕 E. Forsthoff, Lehrbuch des Verwaltungsrechts, Bd. 1, 10. Aufl., 1973, S. 97.

〔44〕 M. Wallerath, aaO, S. 93f. 同一旨趣的有 vgl. A. Bleckmann, aaO, S. 77f.

〔45〕 F. Ossenbühl. Verwaltungsvorschriften…S. 536.

〔46〕 如此指出的有 vgl. A. Bleckmann, aaO. S. 77.

为，在依据"已经'确定地'列举了平等性审查的重要标识"的行政规则作出决定时，"仅一次的"行政决定基于平等原则，也例外性地拘束将来的决定[47][48]。

部分学者甚至不要求"仅一次的"行政决定的存在，而认为行政规则本身基于平等原则便产生拘束，也就是说将行政规则本身看成"比较对象"，例如门格[49]。

门格在1961年认为，对于自我拘束的发现，产生将来行政惯例的行政规则与已经存在的行政惯例具有同样的意义。并且，相对于行政惯例对将来个别性行政决定的拘束是通过行政的"推断性（konkludent）行为"进行拘束，行政规则的拘束则是直截了当地通过行政的"明示性意志行为"进行自我拘束。他还说"将行政有关自我拘束的持续性惯例与行政规则同样看待，会推导出这样的结论，即如果存在行政规则，最初处理的案件……违反了行政规则，即使还没有产生长期的事实上的行政惯例，也已经存在平等原则之违反"[50]。

也找出部分判决[51]之明确支持的这样的主张，在使用"行政自我拘束"一词将违反行政规则视为违反平等原则这一点上，逻辑上并不是承认行政规则本身具有法的拘束性。即使实际效果几

---

〔47〕　Vgl. M. Wallerath, aaO, S. 94ff. ; F. Ossenbühl, Verwaltungsvorschriften … S. 537.

〔48〕　此外，认为有例外性承认余地的内容有 Vgl. H. Scholler, Selbstbindung und Selbstbefreiung der Verwaltung, DVBl 1968, S. 412. 另外，从批判将平等原则作为自我拘束根据的角度，认为因为通过"仅一次"的行政决定已经表明"比较准则（Vergleichsmaßstab）"，所以平等原则理应要求对"最初处理的案件"的拘束，有 vgl. A. Randelzhofer, aaO. , S. 539. 也参见乙部哲郎・前揭论文，第57页。

〔49〕　此外，瓦勒拉特例举出了 F. Klein 以及 Oswald 的名字。Vgl. M. Wallerath, aaO. S. 102. Fn. 41.

〔50〕　C. – F. Menger, Höchstrichterliche Rechtsprechung zum Verwaltungsrecht, VerwArch 1961, S. 71, Fn. 33.

〔51〕　OVG Koblenz, DVBl 1962, S. 757.

乎没有不同，在逻辑上也仍要以平等原则为媒介"间接地"承认行政规则的拘束性。此外，在不要求存在任何依据了行政规则的行政决定这一点上，门格的主张与通说不同，承认基于"平等原则＋（尚未产生行政决定的）行政规则"的自我拘束[52]。

一方面，通说对门格的主张提出质疑，认为他是将行政的"内部"行为直接与平等原则相结合，使行政规则"变质"为法命令。例如，瓦勒拉特对其进行严厉批判，主张门格式见解无视德国基本法第 80 条对于制定法命令所课以的特殊要件，通过平等原则将行政规则"质性转换"为法命令，是"以'行政规则＋平等原则'这一定式取代'行政惯例＋平等原则'这一定式"[53]。可以说门格式见解在实质意义上是直接承认行政规则之法的拘束性。门格认为，不管行政规则被制定与否，均可直接赋予其法的拘束性[54]。

另一方面，也有学者在依赖通说的同时，倾向于在结果上部分承认门格的见解。虽然还不明确门格理论中违反行政规则就违反平等原则之见解的论据，而若将行政规则直接看成平等性审查的"比较对象"，又有瓦勒拉特等所说的问题。但是，如果牵强地说，也能看成门格是将行政规则所产生的"将来的行政惯例"作为"比较对象"。谈到如此构成之可能性的首先是奥森比尔。他主张，"行政规则预言（prophezeien）了已经被策划的将来的持续性实务"，这时"问题就已成为是否可以基于德国基本法第 3 条

---

〔52〕 另外，在日本，乙部哲郎·前揭论文第 56 页在结论上认为："虽然还有一点问题，但应当解释为基于平等原则，也直接承认行政规则本身的拘束性。"

〔53〕 Vgl. M. Wallerath, aaO, S. 104f；同一旨趣的有：Vgl. A. Randelzhofer, aaO, S. 539. ；P. Selmer, Rechtsverordnung…, S. 125f. ；D. C. Dicke, aaO, S. 304f.

〔54〕 Vgl. K. Vogel, aaO. S. 162. 评价为放弃"通过事实上的惯例进行拘束这一自我拘束逻辑构成上的基本思想（Gedanke）"，而将行政规则本身作为"一般拘束性"的规则。

比较（messen）这样的将来持续性实务"，而且，一般不否定这一点[55]。此外，布勒克曼（Bleckmann）更明确地作了如下阐述：行政的自我拘束涉及"过去的行政实务"，现在的行政能够以"行政规则尚未执行"为理由拒绝依据行政规则所提出的给付请求，但德国基本法第 3 条不是仅与"过去的行政实务"有关，"申请者一定能够依据行政规则所表明的将来的行政实务……行政规则基于对行政的（内部性）拘束效力，表明了对于将来个案的确切预测（Prognose）"[56]。

如此，就让现实上还未存在的将来的行政惯例，亦可谓通过行政规则"先行取得的（vorweggenommen, antizipiert）"的行政惯例，与平等原则结合在一起[57]，只要能说将来的行政惯例也是"行政惯例"，其逻辑构成便可勉强地处于"平等原则＋行政惯例"这一通说性自我拘束论的框架内。但是，将行政规则"预言"的或"先行取得"的将来的行政惯例作为平等性审查的"比较对象"，与将行政规则本身作为平等性审查的"比较对象"没有任何不同，这种逻辑构成与门格式见解相同，实质上直接赋予行政规则以法的拘束性。可以说这是更加"技巧性"的手段，即在逻辑上将否认行政规则之法的拘束性作为前提，同时实质上又予以承认。像鲁普（Rupp）那样的学者甚至还将其评价为"与其说是周密的法的方法，不如说是等同于魔术（Zaubertrick）"[58]。

如上所述，依据通说性自我拘束论，所谓自我拘束是"行政惯例基于平等原则所产生的拘束"，在法的逻辑上，平等性审查的"比较对象"终究是行政惯例而不是行政规则。但是，即使是通

〔55〕　Vgl. F. Ossenbühl. Verwaltungsvorschriften … S. 536f. 还有 Vgl. dens, Die Quellen…, S. 85.

〔56〕　Vgl. A. Bleckmann, aaO. S. 77.

〔57〕　另外，已经有采用这样方法的判决。Vgl. BVwG. DÖV, 1971, S. 748.

〔58〕　H. H. Rupp, Die "Verwaltungsvorschriften" im grundgesetzlichen Normensystem, JuS 1975, S. 615.

说，也不能够否定行政规则事实上的重要功能。自不待言，这是因为行政规则表明行政决定的具体基准，而行政的一定行政惯例有不少是依据行政规则形成的。

在行政惯例基于行政规则形成时，行政规则具有相当于"行政惯例之间接证据（Indiz）"的功能，也就是说具有让人一定程度地"推定"行政惯例的存在及内容或"间接证明（indizieren）"的功能[59]。一方面，虽然有部分学者完全否定行政规则在个别性行政决定平等性审查上的意义[60]，但另一方面，也有学者明确表明其具有"一定的诉讼上的意义"："在行政规则经过相当的通用期间之后，因为产生对下级官厅之训令（Anordnungen）在事实上被遵守这样的推定，所以可以赋予行政规则一定的诉讼上的意义"[61]。在与行政惯例之间的关系上，行政规则作为"间接证据"的意义当然是衍生品。但是，如果不结合多数的具体性行政决定严格地认定行政惯例的存在、内容，而从行政规则简单地进行"推定"，那么通说实质上也是让行政规则代替行政惯例而成为"比较对象"。

另外，在行政惯例依据并符合行政规则形成时，违反行政惯例的行政决定同时也违反行政规则。因此，此时如果认为违反行政惯例所以行政决定违反平等原则、"违法"，那么会出现违反行政规则的行政决定"违法"这种现象。这时，即使是通说，其也作为不可缺少的前提要求存在符合行政规则的行政惯例，同时谈论让自我拘束产生的行政规则本身之功能或意义，以及行政规则在结果上所具有的将个别性行政决定视为"违法"的效力。例

---

〔59〕 阐述这一内容的有 Vgl. G. Kampe, aaO. S. 213.；F. Ossenbühl, Verwaltungs-vorschriften…, S. 536f.；H. – J. Mertens, aaO. S. 15.；M. Wallerath, aaO. S. 106.

〔60〕 布罗姆（Brohm）认为，如果是基于行政规则形成的行政惯例，那么其可能"直接为外部关系所知，而且不需要行政规则"，说"行政规则在事实上也不起任何作用"。Vgl. W. Brohm, aaO. S. 243.

〔61〕 P. Selmer, Rechtsverordnung…, S. 144f.

如，"行政规则只能间接地、亦即只能以行政惯例为媒介，对外部关系产生效力"［迪克(Dicke)］[62]，或者"行政规则只能间接地、亦即只能通过事实上的遵守，对于国民限定官厅所享有的决定余地"(瓦勒拉特)[63]。此外，还有人说，"如果官厅与其他的实务不同，违反行政规则之内容行使其裁量，……就侵犯平等原则"［豪克(Hauck)］[64]。"在行政规则的持续性适用产生一定的行政惯例之际，行政规则对于国家与个人间的法关系具有间接意义。这时，不遵守行政规则，在外部关系上违反平等原则"(奥森比尔)[65]。

如此，虽然是在以行政惯例的存在为前提这一重要限定之下，但也是谈论行政规则自身对于"外部"以及国民的效力、违反平等原则而产生的"事实上"的效力，而通说中的自我拘束是指"行政惯例基于平等原则所产生的拘束"，因此，也可能将其表述为"(形成行政惯例的)行政规则基于平等原则所产生的拘束"，进而也变成承认通说中的基于"平等原则+(让行政惯例形成的)行政规则"的自我拘束。即使在法逻辑上归根到底是行政惯例成为"比较对象"，也可以说"行政惯例基于行政规则所产生的拘束"与"形成行政惯例的行政规则所产生的拘束"实质上是表现同样的事情[66]。

自不待言，行政规则所具有的将个别性行政决定视为"违法"的效力或意义，不是基于其自身的法的性质，而是通过平等原则在逻辑上被"间接"赋予的。在这一意义上，也有的学者将

〔62〕　D. C. Dicke, aaO. S. 305.

〔63〕　M. Wallerath, aaO. S. 107.

〔64〕　Hauck, aaO. S. 811.

〔65〕　K. Obermayer. Urteilsbesprechung. JZ 1962. S. 64. 同一旨趣的有：Vgl. dens, Das Bundesverfassungsgericht und der Vorbehalt des Gesetzes . DVBl 1959 . S. 357, Fn. 26.

〔66〕　这一点，Vgl. W. – R. Schenke, Gesetzgebung durch Verwaltungsvorschriften?, DÖV 1977, S. 29.

自我拘束论称为"以德国基本法第 3 条第 1 款为媒介的行政规则的间接性外部效力学说"（着重号为原文所有）[67]。此外，还有人表述为，"借助于依据行政规则的行政实务之帮助、对于行政规则的（间接性）拘束"[68]。虽然门格式见解在逻辑上也是以平等原则为媒介，在这一点上也是"间接"承认说，但通说中行政规则的效力，还以行政惯例为媒介，在这一点上，必须说是在双重意义上的"间接性"。

怎样称呼以及在与法命令区别的关系上怎样评价——在本章中且称为"事实上法的拘束性"——行政规则被"间接"赋予的效力，是有关自我拘束论的重要问题之一[69]。在此，阐明如下的将其称为"类似于法律意义"的叙述同时也作为对于通说的归纳。作为代表性行政法体系书籍的沃尔夫、巴霍夫（Wolff = O. Bachof）的著作进行了如下的论述：

行政规则，通过让行政官厅统一性地执行法律或行使裁量，以法适用上平等之要求（德国基本法第 3 条第 1 款）为媒介，间接性地获得类似（gesetzesähnlich）于法律的、所谓自我拘束（selbstbindend）的意义。也就是说，如果官厅一直遵守行政规则，……只要没有特殊的根据将个案中违反行政规则正当化，违反行政规则就成为违宪的不平等对待[70]（着重号为原文所有）。

2. 行政规则的拘束强度

虽然行政规则根据自我拘束论被"间接"赋予"事实上"法的拘束性，但这种拘束性在其"拘束强度"上，与法律、法命令所具有的法拘束性具有重要的差异。可以说这一点与自我拘束逻辑构成

---

[67]　Vgl. E. – W. Böckenförde ＝ R. Grawert, Sonderverordnungen zur Regelung besonderer Gewaltverhältnisse, AöR 1970, S. 15.

[68]　Vgl. M. Wallerath, aaO. S. 106.

[69]　参见后述（三）。

[70]　H. J. Wolff ＝ O. Bachof, aaO. S. 119.

上的行政规则之定位（与 1 中涉及的与行政惯例的关系等）一起，密切地关系到为自我拘束论所承认的行政规则之意义的评价。

　　法律或法命令的拘束（"法律拘束"），是一种严格（starr,strikt）拘束，违反法律或法命令的情形将毫无例外地被视为违法，而如已在有关自我拘束的一般性说明中所述的"原则上被拘束"、"原则上违法"那样，自我拘束只是允许例外性违反的柔性（elastisch）拘束、原则性拘束[71]。也就是说，即使形成了符合行政规则的行政惯例，关于同种案件——只要不违反法律——并非完全不允许作出违反行政惯例、行政规则的决定。虽然也能把行政规则将个别性行政决定视为违反平等原则、"违法"之事实上的效力称为对于个别性行政决定的"优先"，但行政规则对于个别行为不具有如同"法律优先"那样的优先[72]。虽然只有部分学者明确谈论这样的自我拘束以及行政规则拘束强度的柔和性，但实质上通说性自我拘束论基本上一般地承认这一点。

　　有学者指出，关于什么样的情形允许例外性违反，存在着类似于允许撤回授益性行政行为的问题[73]，此外，关于有关"给付"的决定，虽然也有学者主张"必要财源的欠缺"可能将违反正当化[74]，但多数的情形只是说，只在有"特别的（besonder, be-

---

　　[71] 关于这一点的明确叙述，有 Vgl. F. Ossenbühl. Verwaltungsvorschriften und Grundgesetz, 1968, S. 523ff., S. 537f. 在这样的意义上，自我拘束也被认为是不像"法律拘束"那样的"规范拘束（Normbindung）"。Vgl. ebenda, S. 526. —— "规范拘束，是关于个别案件没有例外性解除的严格性拘束。自我拘束是带有违反可能性的柔性拘束"。

　　[72] 另外，vgl. W. Schmidt, Programmierung von Verwaltungsentscheidungen, AöR 1971, S. 341f.

　　[73] Vgl. H. Lanz, Selbstbindung der Verwaltung bei Ermessensausübung, NJW 1960, S. 1797.

　　[74] Vgl. H. － J. Mertens, Die Selbstbindung der Verwaltung auf Grund des Gleichheitssatzes, 1963, S. 101.；W. － R. Schenke, Gesetzgebung durch Verwaltungsvorschriften DÖV 1977, S. 30.；M. Wallerath, Die Selbstbindung der Verwaltung, 1968, S. 59ff. 另外，vgl. F. Ossenbühl, aaO, S. 541f.

sonders gelagert)"、"合理性的（sachlich, vernünftig)"、"充分的
（zureichend)"、"充分且合理的"或"具体让人信服（sachich
einleuchtend)"的根据时允许例外性违反，或没有这些根据时
不允许违反。例如，"……只要没有特殊根据将个案中的违反
行政规则正当化，就成为违宪的不平等对待"（沃尔夫、巴霍
夫[75]，已出）。"没有充分合理的根据就不允许违反平等原则，
在这一意义上，关于同种（gleichartig）案件，受以前实务的拘
束"［埃里克森、马腾斯（Erichsen = W. Martens)]〔76〕〔77〕。

　　如后所述，自我拘束以及行政规则的拘束强度不严格，可能
成为反驳容忍行政违宪立"法"这一批判的论据，但与此同时，
也不能够否定在一定程度上减少了自我拘束论的意义以及明确
性[78]。就案件的"同种"性本身成为问题的情形来说，尽管被
认为是"同种"的案件，"具体性事由差异越大，将不同处理正
当化的'具体让人信服的'根据越容易明白，相应地，'自我拘
束'也越少"[79]。因此，行政规则事实上的法拘束性强度，在

<hr>

〔75〕　H. J. Wolff = O. Bachof, Verwaltungsrecht Ⅰ. 9. Aufl. , 1974, S. 119. 或者，vgl.
ebenda, S. 201. —— "只在基本事由变化之后，或只在有特别根据（也包括以前的实务
不是合目的性之经验）时……可以违反"。

　〔76〕　H. – U. Erichsen = W. Martens. Das Verwaltungshandeln, in: ders, （hrsg）.
Allgemeines Verwaltuncsrecht, 3. Aufl. , 1978, S. 47.

　〔77〕　此外，vgl. M. Wallerath, aaO. S. 14. , S. 91; K. Vogel, Gefahrenabwehr,
Bd. 1, 1978, S. 120. ; A. Randelzhofer, Gleichbehandlung im Unrecht?, JZ 1973, S. 539.
（关于上述内容，参见本章脚注〔22〕F. Ossenbühl, Die Quellen des Verwaltungsrechts,
in: Allgemeines Verwaltungsrecht, 3. Aufl. , 1978, S. 86. ; E. – W. Schenke, aaO. S. 30. ;
Hauck, Die rechtliche Bedeutung der Verwaltungsvorschriften zur Durchführung von Gesetzen
NJW 1957, S. 811; E. Forsthoff, Lehrbuch des Verwaltungsrechts, Bd. 1, 10. Aufl. , 1973,
S. 97. ; H. Lanz, aaO. S. 1797.

　〔78〕　只是，有这样的明确指出，即行政一方必须证实例外性违反有正当的根据，
自我拘束论具有产生"举证责任倒置"的意义。Vgl. F. Ossenbühl, Verwaltungsvor-
schriften…S. 525.

　〔79〕　K. Vogel, aaO. S. 150.

不同案件中分别被作出不同的判断。一般来说，行政规则所规范的内容详细性、确定性越高，并且，依据其作出的行政决定数量越多且行政惯例的确定性越高，其拘束强度就越大，几乎不允许有例外[80]。

允许例外性违反的论据大体如下：也就是说，从行政惯例明确的（只要其依据行政规则，实质上就是行政规则所表明的）"比较对象"或"比较基准"，未必是能与现实发生的具体案件的所有侧面"比较"的详细、确定的对象或基准，可能有对在"同种"案件中也可能存在的特殊性、特殊事由或外在性事由变化缺乏考虑的情况。因此，如果严格地要求受仅表明一定时期一般性"准则"的以前行政惯例之拘束，反而可能阻碍对新的具体案件的恰当且合目的性的处理。这些又表明，与以前的行政决定的平等性不是作出新决定时唯一应考虑的因素，平等原则绝不"排除考虑个案特殊事由来行使裁量"[81]。

此外，自我拘束也并不要求行政惯例一经形成即永久受其拘束。也就是说，并不妨碍从一定时期变更以前的行政惯例本身，在行政被承认的"自由"范围内形成新的行政惯例[82]。如同"法律拘束"的内容因法律、法命令的修改而变更，自我拘束的内容也因行政惯例的变更而变化，产生新的自我拘束。从整体上看，关于对行政惯例的变更（如果从以前的行政惯例来看，构成了对

---

〔80〕 关于在拘束强度上存在差异，例如，vgl. F. Ossenbühl, Verwaltungsvorschriften… S. 538, S. 546f.

〔81〕 关于以上的内容有：Vgl. F. Ossenbühl, Verwaltungsvorschriften… S. 523ff. S. 538.；H. J. Wolff = O. Bachof, aaO. S. 119.；W. Schmidt, Gleichheitsbindung an Verwaltungsvorschriften, JuS 1971, S. 186ff.

〔82〕 例如，vgl. K. Vogel, aaO. S. 151f.；E. Forsthoff, aaO. S. 97.；H. – J. Mertens, aaO. S. 100f; F. Ossenbühl, Die Quellen…, S. 86.；dens., Verwaltungsvorschriften…, S. 526, S. 530, S. 540f, S. 543. 奥森比尔区别于自我拘束的（拘束强度的）"柔性（Elastizität）"，称为"废弃可能性（Disponibilität）"。

以前的行政惯例的持续性、一般性违反）附加制约，还没有充分的讨论[83]。但是，至少关于（个别性的）例外性违反，不用说要求存在必要的"合理性"根据[84]。这是因为成为新行政惯例形成之开端的最初的行政决定，一定违反以前的行政惯例[85]。

3. 行政规则的范围

虽然一直未对"行政规则"附加任何的限定，但是，通过自我拘束论能够间接给予其事实上法拘束性的只限于一定范围内的行政规则。

（1）合法性。首先，只有"合法的"行政规则能有事实上法的拘束性。"不论在什么样的案件中，承认自我拘束的前提都是以前的行政实务具有合法性"[86]，只要行政惯例是依据"违法的"行政规则形成的，违反这样行政惯例的行政决定也绝不违反平等原则。这是因为平等性审查的"比较对象"必须"合法"。当然，这是从维持行政合法性的观点进行说明的。因为自我拘束是补充"法律拘束"的欠缺以及不足，只能在不违反法律的范围内产生拘束，如果不允许违反一度形成的"违法"的行政惯例作出"合

---

〔83〕 但是，Vgl. M. Wallerath, aaO. S. 59 ff.

〔84〕 Vgl. E. Forsthoff, aaO. S. 97.；F. Ossenbühl, Die Quellen⋯，S. 86；K. Vogel, aaO. S. 151.——"行政，即使关于这样的实务变更，也必须具有实际根据"。

〔85〕 个别性行政决定违反以前的行政惯例，有的成为新的行政惯例开端（"一般性、原则性违反"），有的不成为开端而成为"仅一次违反"。如瓦勒拉特阐述的那样（Vgl. M. Wallerath, aaO. S. 60），自我拘束论在叙述例外性违反的容许性时，基本上没有意识到这一区别。瓦勒拉特只对于前者容许违反。Vgl. M. Wallerath, aaO. S. 63.——如果不是"要原则性地变更以前的惯例"，"官厅只针对个别案件作出违反以前实务的决定，就不允许行政官厅背离以前的实务"。另外，A. Bleckmann, Subventionsrecht, 1978, S. 78. 也是同一旨趣吗？关于这一问题，乙部哲郎·前揭论文第48～51页有详细论述。而且，不少行政惯例是根据行政规则自身的变更而变更。

〔86〕 H. – U. Erichsen = W. Martens, Das Verwaltungshandeln, in：ders（hrsg）Allgemeines Verwaltungsrecht, 3. Aufl.，1978, S. 168.

法的"行政决定，就不可能对于行政保持"法律优先"[87]。

也可以将这一问题大致理解为——"正确的（合法的）"法律执行与以前的行政惯例间比较上"平等的"法律执行问题、或对行政的"法律拘束"与"平等拘束"对立时的问题[88]。但是，平等原则也是"法"的构成要素，绝对性通说认为平等原则不是甚至要求"违法的平等（Gleichheit im Unrecht）"或"瑕疵的反复（Fehlerwiederholung）"[89]。例如，"平等要求绝不是要将维持不合法的实务正当化"（沃尔夫、巴霍夫）[90]。"德国基本法第3条第1款没有给予任何人以要求瑕疵反复出现以及要求违法之平等的权利"（埃里克森、马腾斯）[91]。

如此的理解在某些情形下会推导出对于特定国民不利的结论。比如说，对于处于同样状况的特定国民，在与以前对多数国民作出的授益性行政决定相比，作出侵益性决定（例如驳回金钱给付的申请）时，虽然特定国民以违反平等原则为理由进行抗争，但法院认为以前的授益性决定"违法"，新的侵益性决定"正确（合法）"[92]。部分学者承认这种情形下产生的不合理性，而对通

〔87〕 在这一意义上，vgl. F. Ossenbühl, Die Quellen des Verwaltungsrechts, in: Allgemeines Verwaltungsrecht, S. 83.；H. – U. Erichsen = W. Martens, aaO. S. 168.

〔88〕 Vgl. F. Ossenbühl, aaO, S. 83；V. Götz Das Grundrecht auf Rechtsanwendungsgleichheit und der verwaltungsgerichtliche Rechtsschutz, DVBl 1968, S. 94f.

〔89〕 Vgl. H. – J. Mertens, Die Selbstbindung der Verwaltung auf Grund des Gleichheitssatzes, 1960, S. 90.

〔90〕 H. J. Wolff = O. Bachof, Verwaltungsrecht I, 9. Aufl., 1974, S. 177. Vgl, ebenda, S. 119, S. 201.

〔91〕 H. – U. Erichsen = W. Martens, aaO. S. 168.

〔92〕 此外，同一旨趣的有：Vgl. G. Kampe, Verwaltungsvorschriften und Steuerprozess, 1965, S. 213；F. Mayer, Allgemeines Verwaltungsrecht, 4. Aufl., 1977, S. 47f.；H. - J. Mertens, aaO, S. 26, S. 89f.；Ossenbühl, Verwaltungsvorschriften und Grundgesetz, 1968, S. 541, S. 545；M. Wallerath, Die Selbstbindung der Verwaltung, 1968, S. 98ff；K. Vogel, Gefahrenabwehr, Bd, 1, 8, Aufl., 1975, S. 150f.

说抱有疑问[93][94]。

（2）解释基准与裁量基准等。因为自我拘束不及确定的"法律拘束"，是在承认行政"自由"决定余地、选择余地的案件中产生的拘束，所以在与"法律拘束"的关系上，产生自我拘束的行政规则之范围也受到限定。尽管关于行政作用之行政规则的分类、类型还没有定论，但考虑作如下分类，尝试简单地说明其与自我拘束的关系[95]：

---

〔93〕 一方面，格茨（Götz）认为，即使是与以前的授益性行政惯例相比只有侵益性（strenger）行政决定与法院的"唯一正解"相一致，较之于对法院的"法律拘束"，也必须朝着尊重国民"要求平等适用法律的基本权利"的方向解决。虽然他是特别针对解释适用"不确定法概念"的案件主张这一点，但关于"确定"法概念也不否认这一点。他认为以前的"违法"授益性决定，只要其不是侵害第三人权利的决定，就已经不可能有争议，实际上也已经不可能确保"符合法律的平等性"；虽然是为了维持"平等性"、保护特定国民权利的"非常（Not－）解决，但是必要解决"。Vgl. V. Götz, aaO, S. 95ff. 另一方面，兰德尔霍费尔（Randelzhofer）以与通说同样的理由，认为平等原则不产生"要求维持违法的行政作用的请求权"，其可能被通过以"信赖保护原则"为根据予以承认。Vgl. A. Randelzhofer, Gleichbehandlung im Unrecht, JZ, 1973 S. 542ff. 另外，Vgl. H. J. Wolff = O. Bachof, aaO, S. 177.

〔94〕 当然，以前的授益性行政决定、行政惯例的"违法"事由是不同的。默滕斯就只因其本身（在与没有同时被给予该利益的国民的关系上）违反平等原则而"违法"的情形进行论述。Vgl. H. － J. Mertens, aaO. S. 92ff. （但是，参见 A. Randelzhofer, aaO. S. 537f 的解说）。此外，关于这样的情形也有进行讨论的余地，即不是实体"违法"，因没有必要的法律授权和根据而完全只是基于行政规则形成的，所以"违法"。再有，Vgl. A. Randelzhofer, aaO. S. 541.

〔95〕 关于以下的叙述，尤其是 Vgl. F. Ossenbühl, Verwaltungsvorschriften…, S. 522, S. 544ff.；dens., Die Quellen…, S. 82ff.；D. C. Dicke, Der allgememe Gleichheitssatz und die Selbstbindung der Verwaltung VerwArch 1968, S. 295 ff.；M. Wallerath, aaO, S. 15ff., S. 108ff. "解释"与"裁量"的区别、"不确定法（法律）概念"及"判断余地"等，涉及应以充分探讨为前提的多种多样的论点，本来需要更详细地探讨它们各自的行政规则。此外，作为行政规则的类型进行谈论的，不一定限于以下四个（参见拙文："德国基本法下行政规则的学说（三）"，载《阪大法学》第 106 号）。但是，在与自我拘束的关系上基本上就是这些问题。法院不受行政的"事实认定"拘束，"为了事实认定（Sachverhaltermittelung）的行政规则"与"解释基准"一样，被否定在自我拘束上的积极性意义。Vgl. F. Ossenbühl, Verwaltungsvorschriften…, S. 548f.

第一，解释基准。在承认已存在着法律对行政的确定性拘束之领域，不可能产生自我拘束，或没有自我拘束的必要。虽然在这样的领域，也可能为统一执行法律而制定行政规则，而将法律规定具体化、详细化，但它是表明法律"解释"的行政规则，这种"解释基准（Auslegungsrichtlinien）"或"规范解释（norminter-pretierend）行政规则[96]"，对于行政自我拘束来说不可能具有任何意义。如果不涉及不确定法律概念"解释"问题，那么这一点也为绝对通说所承认。其意义基本如下：

在存在着法律的确定性规范之领域，行政没有"自由"决定和选择的余地，行政必须依据法律的"唯一正确"解释行动，行政解释法律的正确性，最终须服从法院的全面审查。因此，在这一领域，关于同种案件，不可能出现复数的不同的行政决定均"合法"的情形，而只能有一个"合法"。"法律的解释（Ausle-gung）的变动，必然产生一个措施合法，其他措施违法的结论[97]"。由此能够推导出以下论点：

其一，"合法的"行政规则表明"正确的"法律解释，在行政惯例符合该行政规则而形成时，虽然违反这一惯例的行政决定，违反行政规则且与以前多数的行政决定相比的确不平等，但此时甚至毋须以违反平等原则为理由，而因其没有基于"正确的"法律解释，也就是说，因其违反法律而"违法"。其二，"违法的"行政规则表明"错误的"法律解释，在行政惯例符合该规则而形成时，因如前所述，不承认"违法的平等性"，所以这样的行政

---

〔96〕　使用这一词的有：Vgl. F. Ossenbühl, Verwaltungsvorschriften…, S. 283, S. 544.；dens, Die Quellen…, S. 82. 坎佩（Kampe）称为 Interpretations –（od. Ausle-gungs –）anweisungen（解释训令）。Vgl. G. Kampe, aaO. S. 27, S. 234. 总之，都没有像"裁量基准"一词那样一般化。

〔97〕　M. Wallerath, aaO, S. 15.

惯例不能产生自我拘束，因而，至少不能以违反平等原则为理由将违反这样的行政惯例的行政决定视为违法。不是依据与行政惯例的比较，而是依据是否符合法律本身来判断行政决定的合法性。总之，在行政惯例符合"解释基准"时，就违反该行政惯例的行政决定而产生争议的国民，无需援用自我拘束论，直截了当地以其违反"法律拘束"为理由便已足够。"公民只以违反法律为理由就能够攻击违反（规范解释）行政规则的决定……没有任何必要去援用行政自我拘束。这是因为进行规范解释的最终权限为法官所有……不管依据哪一种方式保护权利，都将受到保障。自我拘束负有补充法律拘束之欠缺的任务。在法律拘束存在时，援用自我拘束是多余的"[98]。

　　附带说明一下，尽管对于自我拘束没有意义，但是不能否定作为"解释基准"的行政规则具有很大的现实功能。因为在法院进行解释之前，行政通过制定行政规则解释法律规定，并暂且依据其作出具体的行政决定。可以说行政具有法律解释的主导性（Initiativ）[99]。并且，即使行政的解释不拘束法院，行政制定的"解释基准"在法院进行法律解释时不具有比一种学说更高的法的价值，但其对于法院进行"正确的"法律解释，也可成为重要的辅助手段以及不可忽视的参考资料[100]。

　　第二，判断基准。关于因所谓不确定法律概念而赋予行政判断余地（Beurteilungsspielraum）时自我拘束的可能性，不同学者根据如何看待不确定法律概念、判断余地之司法审查与行政"自

---

〔98〕　F. Ossenbühl, Verwaltunesvorschriften…, S. 545.

〔99〕　Vgl. G. Kampe, aaO. S. 234.

〔100〕　Vgl. ebenda, S. 234.; F. Ossenbühl, Verwaltungsvorschriften…, S. 544. 另外, vgl. H. Daumaun, Sind Verwaltungsanweisungen für den Richter schlechthin unverbindlich? . NJW 1958, S. 2004.

由"的关系[101]而作出不同的回答。即使在承认判断余地的情形下，如果解释为"仅一次"的决定"正确"而进行全面司法审查，那么自我拘束的必要性就不存在（例如迪克[102]）；如果从司法审查承认"自由"余地，就可肯定其可能性（例如瓦勒拉特[103]）。如果依据尚未一般化的用法，虽然在这一领域制定的行政规则被称为"判断基准（Beurteilungsri-chtlitiien）"[104]，但这一"判断基准"在与自我拘束的关系上，前者具有与"解释基准"、后者具有与"裁量基准"同样的意义。此外，虽然有的主张认为"解释"法律的行政规则也能产生自我拘束，但其主要是针对"解释"不确定法律概念的行政规则[105]。

第三，裁量基准。"因为裁量是由法制定者明确赋予的自由，所以是自我拘束的典型领域"（迪克）[106]。在行政被法律赋予裁

---

〔101〕　关于这一问题，详细内容参见田村悦一："行政的自由及其控制——关于德国裁量控制的一个考察——（行政の自由とその統制——ドイツにおける裁量統制の一考察——）"，载同，《行政诉讼中国民的权利保护（行政訴訟における国民の権利保護）》。

〔102〕　D. C. Dicke, aaO. S. 295f.

〔103〕　M. Wallerath, aaO, S. 17f.

〔104〕　使用这一词的有：Vgl. F. Ossenbühl, Verwaltungsvorschriften…, S. 328, S. 547.；K. Vogel, Gesetzgeber und Verwaltung, VVDStRI Heft 24, 1966, S. 162. 另外，奥森比尔将"判断基准"二分为了"适用具有不确定法律概念之法规定"的基准和涉及"考试决定或勤务上评价"等极为个人性、人格性价值判断的基准，认为前者因司法控制的进步而具有很强的"规范解释行政规则"性质，同时关于后者指出自我拘束的重要性。

〔105〕　例如，vgl. H. Scholler. Selbstbindung und Selbstbefreiung der Verwaltung, DVBl 1968, S. 410f.——"解释不确定法律概念的训令（Anweisungen），也必须以平等原则为媒介产生自我拘束"。另外还有 vgl. C. – F. Menger, Höchstrichterliche Rechtsprechung zum Verwaltungsrecht, VerwArch 1972, S. 213. 但是，vgl. W. Schmidt, Die Gleichheitsbindung an Verwaltungsvorschriften, JuS 1971, S. 185ff.

〔106〕　D. C. Dicke, aaO. S. 295. 这一情况也表明，在行政法概论的书籍中，除了通常在"法源—行政规则"部分以外，也在"裁量"论部分进行有关自我拘束论的叙述。

量余地的范围内，行政能从几个不同的裁量行使方针中"合法"地选择任何一个。并且，行政选择的、为行使裁量表明特定方针和准则的行政规则就是"裁量基准（Ermessensrichtlinien）"[107]。违反这一裁量基准的行政决定，只要还处于法律上的裁量余地范围内，就不会被以违反作为行政规则的裁量基准为理由，视为"违法"。但是，在尽管一直遵守裁量基准作出多数的行政决定，但关于同种案件却对特定国民作出违反或不适用裁量基准的行政决定时，作为违反平等原则且存在"裁量滥用"的决定，尽管其在法律本来赋予行政的裁量余地范围内，但原则上"违法"。简言之，这是意味着基于裁量基准的行政自我拘束的内容。行政制定作为裁量基准的行政规则，并且遵守它持续地作出行政决定，据此，减少法律赋予自己的裁量余地，或如有时必须作出与以前同样的特定行政决定那样，将裁量收缩至零。从法院的角度来看，是从以平等原则控制行政的角度，扩张对于行政裁量的司法审查的范围。并且，这时行政决定因违反裁量基准而违反平等原则、"违法"，作为行政规则的裁量基准，在结果或事实上具有了法院之具体裁判基准的功能。

第四，独立于法律的行政规则。裁量基准、判断基准旨在以法律规定之存在为前提的"法律执行"，而在法律对行政不存在任何拘束的"不受法律干预的自由的（gesetzesfrei）"或"自由形成的（frei gestaltend）行政"领域，可能有制定的行政规则。虽然是否容许这样的领域也被作为"法律保留"之妥当范围问题进行争议，但特别是在给付行政领域，只要承认部分行政不需要法律根据，在逻辑上就能肯定"独立于法律的

---

〔107〕 一般使用"裁量基准"一词。关于自我拘束上的意义也依裁量余地的程度而不同，vgl. F. Ossenbühl, Verwaltungsvorschriften…S. 546f.

（gesetzesunabhängig）行政规则"[108]的存在，且承认基于此的自我拘束的可能性[109]。这是因为只要"不受法律干预的自由"不是意味着"不受法干预的自由"，即使在这一领域，也能谋求基于平等原则对行政进行司法控制[110]。

　　在没有任何法律、法命令拘束的领域，"行政"具有"超出裁量领域的莫大的自由"，并且，因为国民在其他领域不能对行政决定主张可能的法律违反，所以自我拘束论所发挥的意义要大于多少有"法律拘束"的其他领域[111]。此外，因为只有行政规则为个别性决定表明一般基准，所以，以平等原则和行政惯例为媒介，行政规则可能具有与法律、法命令极为类似的"法"的意义。部分学者批评自我拘束论认可行政违宪制定"法"，其批判主要是针对这一领域以及裁量余地极为广泛的领域进行的。

　　（三）自我拘束与"法"

　　有人质疑行政自我拘束论，认为其未必有助于扩大国民的权益[112]，或有可能让行政僵硬化[113]。但从本章的关注点出发，

---

　　〔108〕　使用这一词或者也称为"直接执行宪法之行政规则"的内容有 vgl. F. Ossenbühl, Verwaltutigsvorschriften…, S. 357, S. 550. 奥森比尔作为论述对象的尤其是"资金助成基准（Subventionsrichtinien）"。

　　〔109〕　Vgl. ebenda, S. 357ff., S. 550ff.；M. Wallerath, S. 108ff., D. C. Dicke, aaO, S. 296f.

　　〔110〕　Vgl. M. Wallerath, aaO. S. 113f.

　　〔111〕　Vgl. D. C. Dicke, aaO. S. 297f.

　　〔112〕　Vgl. E. Forsthoff, Lehrbuch des Verwaltungsrechts, Bd, 1, 10Aufl, 1973, S. 97, S. 245f. 福斯特霍夫（Forsthoff）认为，自我拘束并非只有对国民有利的功能，其理由在于，即使行政要进行授益性决定，也可能会因担心由于这一决定而将自身置于"将来（pro futuo）在法上受拘束之危险"而踌躇。同一旨趣的有 vgl. Herb, Krüger, Die Auflage als Instrument der Wirtschaftverwaltung, DVBl 1955, S. 381f. 还有 vgl. D. C. Dicke, Der allgemeine Gleichheitssatz und Selbstbindung, VerwArch, 1968, S. 305. Fn. 56.

　　〔113〕　Vgl. Herb, Krüger, aaO. S. 380. 论及、反论这一点的有：vgl. H. - J. Mertens, Die Selbstbindung der Verwaltung auf Grund des Gleichheitssazes, 1963, S. 72ff.；F. Ossenbühl, Verwaltungsvorschriften und Grundgesetz, 1968, S. 530.

重点质疑的是，自我拘束论承认行政不依据法律授权而独自制定"法"，这难道不违反德国基本法第 80 条第 1 款的旨趣吗？

（1）自我拘束论是以维持行政规则之法律性质的以前的法理作为逻辑前提的。也就是说，与后述的"直接承认说"不同，其不将行政规则（的一部分）定性为与"法"以及"法源"、法律或法命令相同的，具有法拘束性的规范。并且，自我拘束论不赋予基于行政规则的行政惯例以"法"（"习惯法"）的性质[114]。自我拘束论认为，行政决定违反基于行政规则的行政惯例而原则上"违法"，不是因为行政规则或行政惯例是"法"，而是因为在逻辑上，其终究违反宪法上的平等原则，所以裁量决定构成"裁量的滥用"。

但是，如前所述，自我拘束论以平等原则为媒介，赋予行政规则以称为"间接"产生"事实上法拘束性"的重要意义。这是因为，从现象上看，行政决定因违反行政惯例而"违法"，只要行政规则让这一行政惯例产生，是否违反行政规则就成为表明行政决定是否违反平等原则、是否"违法"的决定性基准。虽然关于如何表述这种行政规则的"事实上法拘束性"、"事实上法"的意义，多数学者并不一致，但是，他们都毫不犹豫地予以承认（"类似于法律的意义"、"间接的外部效力"、"参与国家、个人间法关系的间接意义"等）。例如，兰茨（Lanz）于 1960 年说"行

---

〔114〕 但是，默滕斯采取"如果承认平等原则在自我拘束这一形态之下的法创新功能，那么不能够无限定地维持""行政惯例对习惯法的产生并不充分"这一通说见解。并且，瓦勒拉特将默滕斯的这一指摘理解为"将行政实务理解为习惯法形成的特别形态"，并进行批判。H. - J. Mertens, Die Selbstbindung der Verwaltung auf Grund des Gleichheitssazes. 1963，S. 71. ; M. Wallerath, Die Selbstbindung der Verwaltung, 1968, S. 91f. 暂且不论瓦勒拉特的理解是否妥当，如果考虑习惯法的成立需要也包括行政一方的全部相关当事人的"法的确信"，或自我拘束不要求受行政惯例的严格拘束，就很难说自我拘束论承认行政惯例向"习惯法"转化。Vgl. M. Wallerath, aaO. S. 92. 关于习惯法的成立要件等，一般地，H. - J. Wolff = O. Bachof, Verwaltungsrecht I, 9. Aufl, 1974, S. 125f.

政规则对于法院不具有拘束性这一墨守成规的定式，至少在自我拘束领域并不恰当"[115]，指出自我拘束论动摇了以前否认行政规则之法拘束性的法理；而福格尔于 1965 年甚至判断："如果依据当今的通说（自我拘束论），那么'裁量基准'在其实际效果（praktische Auswirkung）上已经具有拘束性[116]。"

　　自我拘束论赋予行政规则以"事实上法"的意义，意味着将是行政制定的"法"的法命令与本来不是"法"的行政规则之间的区别多少相对化。兰茨指出，"法命令与行政规则的区别在定义上被理论明确划定，但在自我拘束领域，其实际上的效果已消失"[117]，而申克（Schenke）于 1977 年作出论断："以德国基本法第 3 条为媒介而产生的行政自我拘束，在相当程度（erheblich）上将行政规则与实质性法律之间的差异均等化"[118]。此外，作为相同内容的不同表述，还有学者说，自我拘束论可能给立"法"上有关议会和行政间关系的原有原理以重大冲击[119]。这是因为例如像默滕斯（Mertens）所述的"如果行政通过其作用产生自我拘束，那么是进行一种间接的立法"[120]，通过自我拘束论，行政规则产生"事实上法"的意义，并且据此，没有任何法律授权的行政被赋予可称为"事实上（tatsächlich）立法权限"或"准规范性（quasi－normativ）立法权限"的权限[121]。且不论这一主张是否妥当，只要留意甚至有下述这样的理解即可，即（有关立"法"

〔115〕　H. Lanz, Selbstbindung der Verwaltung bei Ermessensausübung, NJW 1960, S. 1798.

〔116〕　K. Vogel, Gesetzgeber und Verwaltung, VVDStRl Heft 24. 1966, S. 160f.

〔117〕　H. Lanz, aaO. S. 1798.

〔118〕　W.－R, Schenke, Gesetzgebung durch Verwaltungsvorschriften?, DÖV 1977, S. 29.

〔119〕　H.－J. Mertens, aaO. S. 101.

〔120〕　H.－J. Mertens, aaO. S. 101.

〔121〕　W.－R. Schenke, aaO. S. 29.

的）"权力分立原理受到破坏是自我拘束的附随现象"[122]。

（2）部分学者看到自我拘束论所具有的或现实上一直具有的上述效果，消极或批判性地评价自我拘束论。

首先，泽尔默（Selmer）从维持法命令与行政规则的明确区别这一立场，将自我拘束论理解为产生"不容忽视的法之不安定性"的理论，认为"法命令与行政规则的区别消失、德国基本法第 80 条第 1 款被无视这样的质疑之所以重要，是因为现行宪法的直接性操作是批判对象"[123]，虽然他是特别针对"给付行政"领域法命令与行政规则间区别的问题性作出这样的消极性评价，但在有关"给付行政"的论述中同样严厉批判自我拘束论的是鲁普，他于 1965 年的著作中，强调行政制定的"法"只能是德国基本法第 80 条第 1 款的法命令，同时作了如下阐述：

> 如果基于传统的"法律保留"论，法律对"给付行政"的规范不充分就不可避免。而要替代法律或法命令之拘束，在宪法的平等原则中找出对于"给付行政"的具体性法拘束又是"非现实的虚构"。这是因为只从平等原则，并不能明确课以行政向国民"给付"义务的"可执行的实体基准"。并且，即使对"不在法规范领域而在行政实务领域寻求"适用平等原则的"线索"，也就是说，通过自我拘束论，"借助宪法上平等要求的帮助，仅是利用行政作用、事实上的行政惯例来补充规范的欠缺，让其向对于同种案件的平等对待要求之内容固定"，也存有宪法上的疑问。这是因为，"没有法不可能有平等性"，相反地，"要通过平等性的力量产生法"是将"法"的产生委诸行政是否要形成行政惯例，承认让"宪法上规定的立法"规定变成软弱无力的"虚伪的

---

[122] H. Lanz, aaO, S. 1798.

[123] P. Selmer, Rechtsverordnung und Verwaltungsvorschrift. VerwArch 1968, S. 126.

（apokryph）立法"〔124〕。即使行政惯例是遵守行政规则形成的，情形也是如此，结果，自我拘束论"不是直接通过立法这一公然且明确的方法，而是间接地亦即通过事实上的惯例，承认行政能够产生包括平等原则的法的拘束"。这"不仅是完完全全的诡辩，事实上，就是一味地回避禁止行政不依据法律去制定规范"〔125〕。

如此，鲁普认为，仅从平等原则不能明确对行政之法拘束的（具体）内容，而自我拘束论承认行政自身通过行政惯例表明该内容。并且据此理解为行政自身制定"法"，断定其认可不依据法律授权的、违宪的立"法"〔126〕。〔127〕

（3）如上所述，多数学者并不否定自我拘束论在结果上赋予行政规则特殊的意义。但是，却没有学者原封不动地支持鲁普的见解，如果不考虑泽尔默、克莱因（H. Klein）〔128〕以及兰茨（他指出自我拘束论成为围绕着立"法"重新探讨以前法理的契机），

---

〔124〕　Vgl. H. H. Rupp, Grundfragen der heutigen Verwaltungsreschtslehre, 1965, S. 118f.

〔125〕　Vgl. ebenda, S. 120.

〔126〕　也包括自我拘束论，关于将行政规则"如同法律"对待的判例倾向，有如下阐述："仅仅意味着行政违宪创造出'独立法命令权'"，"如果要通过技巧赋予行政规则以外部效力，结果就返回到君主制原理的宪法阶段……"。Vgl. ebenda, S. 122f. 此外，同一旨趣的更加简单的指摘有：vgl. H. H. Rupp, Ermessensspielraum und Rechtsstaatlichkeit, NJW 1969, S. 1276.; dens., Die "Verwaltungsvorschriften" im grundgesetzlichen Normensystem, JuS 1975, S. 615.

〔127〕　可以将鲁普的这种主张看成他的"法律保留"论的论据之一。也就是说，鲁普认为，如果对于"给付行政"也不要求法律之根据和规范，那么为了产生必要的法拘束，就不可避免地出现行政自身违宪立"法"。例如，vgl. Dens., Grundfragen…, S. 113.——"如果维持传统的法律保留范围，……就只能从是将行政完全从法解放，还是给予行政以不基于法律的立法权当中选择一个"。另外，vgl. ebenda, S. 124ff.

〔128〕　Vgl. H. Klein, Rechtsqualität und Rechtswirkung von Verwaltungsnormen, in: Festgabe f. E. Forsthoff, 1967, S. 177ff. 参见后述三（二）。

那么通说是将自我拘束论看做仍处于宪法以及有关立"法"之以前法理的框架之内。的确，如鲁普所述，基于平等原则对同种新案件的拘束，其具体内容在有行政自身的行为之后才能明确。但问题是，行政以行政惯例的形成表明拘束之具体内容的准则是不是"法"？是否成为行政制定的"法"？关于这一点，尽管附有"间接立法"、"事实上立法"、"准规范性立法"等模糊限定，但也使用了"法"一词，必须说确实有产生鲁普那样批判的余地。但是，在着眼于自我拘束的"拘束强度"时，可能认为其不产生严格意义上的立"法"。可以说自我拘束、也就是行政自身所表明的准则之拘束强度与"法"之拘束不同，因为是容许例外性违反的柔性拘束[129]，所以没有必要将其作为"法"来看待。

瓦勒拉特以及奥森比尔就是从这样的观点反驳鲁普的批判。只要承认自我拘束之拘束强度的柔性，其他学者也应该站在同样的立场上吧。比如瓦勒拉特认为，所谓自我拘束是"与命令（Vero）之制定不同的、源于平等对待要求的特殊现象"，而不是如鲁普所说的"是'行政'不依据法律'制定规范'，它是从规范行政裁量的平等原则产生的效果"，而不是行政"随意地制定新法，它只是拘束行政——考虑在法律赋予的裁量界限内部形成的准则，课以行政以原则上使用相同准则的义务"（重点号系著者所加）。并且，即使因裁量缩减至零，行政被课以作出特定决定的义务，它依然是"裁量行使"，而没有必要解释为"仅仅是法的适用"，同样，自我拘束"凝缩至将特定行为规定为义务，例外地产生具体的请求权，也不是硬要将自我拘束定性为行政的立法"。此外，奥森比尔赞同，"因承认自我拘束，行政的措施（行政惯例或行政规则）被附加上法规的效果"，从而产生行政之作用与议会之

---

〔129〕 参见二（二）2。

作用相近的问题。但同时他还说，"与通说不同，将自我拘束只理解为严格的规范拘束"，"行政与议会的作用形式变得不明确"，这时能以权力分立原理为论据，批判其认可"行政违宪的立法权能"，这"可以说就是鲁普的仅以严格自我拘束为前提的明快的思考方法"[130]。

自我拘束是接受行政惯例、行政原则所表明之准则的原则性拘束，但该拘束并非概不允许考虑了在新的同种案件中仍可能被承认的特殊性或外在性事由变化等的、有"合理性"根据的违反[131]。只要如此把握自我拘束，那么批判自我拘束论承认行政制定与法律或法命令相同的、相当于"法"的规范，的确是不恰当的。

可是，关于鲁普的主张还有需要注意的地方。虽然在瓦勒拉特等的反驳中一点也没有提到，但首先，当然不能认为鲁普一般性地否定基于平等原则对行政裁量进行控制这一事情本身，他的批判是针对"给付行政"领域进行的。其次，依据他的见解，"给付行政"也应该服从"法律保留"，没有法律根据的给付决定（以及通过多数给付决定而形成的行政惯例）本来就是不被允许的"违法"决定。并且，在此前提下，他不将行政惯例归属于"法规范领域"而将其作为"仅仅是事实上的"惯例，排除其与平等原则相结合。因此，应该与鲁普的"法律保留"论，以及"给付行政"也应该具有法律根据且为法律充分规范、受"法"拘束等理论关联起来理解鲁普的批判。也就是说，他批判的前提在于，从他严格的"法律保留"论、"依法律行政"论来看，难以容忍这样的事实，即在现实上没有法律根据，或基于法律所给

---

〔130〕　Vgl. M. Wallerath, aaO. S. 91, S. 106f. 并且，其结论是，"行政实务在自我拘束意义上的类似于规范的功能，处于现行宪法的内部"（S. 106）。

〔131〕　F. Ossenbühl, aaO. 1968, S. 528f. 另外，vgl. W. – R. Schenke, aaO, S. 29f.

予的概括性裁量余地进行给付的"给付行政"领域，行政规则因自我拘束论而极为接近于"法"，行政本身创造出类似于"法"的拘束[132]。对于被要求法律根据的行政之范围，通过法律自身进行规范之必要程度的理解差异，密切关系到自我拘束论以及由此产生的行政规则的"事实上法拘束性"的评价。

正如鲁普的批判或泽尔默的消极评价主要是针对"给付行政"那样，可以认为产生自我拘束与"法"或德国基本法第80条之间关系问题的主要是"给付行政"领域。下面泽尔默的叙述，关于也与"法律保留"妥当领域之学说倾向密切相关而产生的、这一行政领域之法律规范的欠缺或不足以及行政规则的意义之大，具有启发性。这里想稍占用篇幅介绍一下。

"法律制定者（议会）几乎不能以一义性的方式规定具体的实体和形式的给付条件，并且，对于给付行政，只给予了极少的授权，去制定合乎德国基本法第80条要件的、明示的法命令"。"给付行政，在极多数的情形下或是仅仅基于预算上的规定，或是在法律制定者以个别法律对该事项进行规范的范围内基于一般条款式的概括性裁量规定，因为两者都没有将给付条件充分地具体化，所以要么不可能就个案作出决定，要么只有牺牲结合案件考虑了平等性的分配才有可能决定。这是当今给付行政的固有苦恼（crux）"。也就是说，一方面，如果"给付行政"不服从"法律保留"，就不可避免地出现法律既不为"给付行政"充分提供具体根据，也不授权行政制定法命令，另一方面，"德国基本

---

〔132〕 鲁普的批判可能解释为，不是关于基于平等原则的自我拘束论整体，而是以他的"法律保留"论为前提，特别针对其在"给付行政"领域发挥的现实功能。如瓦勒拉特等反驳的那样，即使不能说在理论上发生立"法"，也仍被认为站在批判的立场上。被他视为问题的行政规则是"独立于法律的行政规则"以及裁量余地极为广泛的情形下的"裁量基准"。

法第 80 条也适用于给付行政……该条阻止通过法命令，在规范上填补预算上的规定以及法律上的概括性裁量领域。这样一来，被法律制定者放任的给付行政，一方面为了不违反德国基本法第 80 条，另一方面又为了给财物之分配创造出必要的具体基准，因而在相当广的范围上回避了或者是回避制定（不受德国基本法第 80 条第 1 款拘束的）行政规则。通常，在这一行政规则中，能够找到详细的、应被考虑的有关给付之人的范围、种类、程度以及其他要件的规定"[133]。

面对这样的行政现实，自我拘束论可能发挥的功能是，扩大要求遵守行政规则之"给付"的国民"权利"，扩大对违反行政规则之"给付"的司法控制。但与此同时，特别是在"给付行政"领域，会出现这样的问题，即这难道不是自我拘束论将本来不是"法"的行政规则变质为法吗？

三、直接承认说

行政自我拘束论作为行政规则之法的拘束性的间接承认说，还是将否认行政规则本身的法拘束性的以前法理作为逻辑前提，而部分学者欲直接赋予一定范围的行政规则以法的拘束性[134]。虽

---

〔133〕　P. Selmer. aaO，S. 117f.

〔134〕　关于行政规则之法拘束性学说的分类，如果主要依据瓦勒拉特的理论（Vgl. M. Wallerath, Die Selbstbindung der Verwaltung, 1968, S. 101.），那么首先，是本章后面涉及的"直接赋予行政规则以拘束性效力"的学说，例举了耶施以及赛特尔（Seithel）的名字。其次，是"不将行政实务作为问题"，认为"从平等原则产生行政规则的拘束性"的学说。在本章中，称为"门格式见解"，作为自我拘束论基于平等原则的少数说定位。最后，是"事实上遵守"行政规则，才承认基于平等原则的拘束性效力"的学说。这是以行政惯例的存在为前提要件的通说性自我拘束论。

然其理论基本上不受支持，且未能看到其详细的论述，但下面简单介绍一下其学说一。并且，也介绍一下与直接承认说具有同样功能的其他学说二。

（一）（直接）承认一定范围之行政规则的法拘束性的代表性学者，是耶施（D. Jesch）以及福格尔[135]

（1）在耶施1961年的著作有关"给付行政"的叙述中，论及行政规则：

虽然"国家提供给付，例如资金助成（Subventionierung）时的裁量，受到行政规则的统一指挥"，但传统学说认为，行政规则是"行政内部"规范，国民不具有"要求遵守裁量基准（Ermessensrichtlinien）的请求权"。迄今为止，虽一直尝试着基于平等原则赋予行政规则以（法的）拘束性，但"裁量基准的拘束性（Verbindlichkeit）是宪法构造转换的一个归结"。也就是说，虽然在君主立宪制之下，"规范对于规范制定者具有拘束性之原则"只对于法命令是妥当的，但这是"绝对主义的残余"，在宪法构造转换的今天，"如果认为一般性准则（Regeln）应该由行政制定，并根据这一准则处理个案，那么这一准则不只是内部性的，而一般具有

---

[135] 此外，伊普森（Ipsen）直接承认"资金助成基准"（Subventions – Richtlinie）的法拘束性。他认为，"资金助成行政"通常不是基于法律而是基于行政自身设定的基准进行，这一"基准"不是通过自我拘束论"借助于平等对待要求的帮助"，也就是说，不是基于"法的适用"或"执行"，而是作为基于"立法"的基准，具有"法规范性"、"外部效力"。并且他将根据寻求于，即使没有法命令那样的德国基本法第80条所规定的法律授权，因为议会通过预算授权"资金助成"，所以具有"不次于德国基本法第80条的民主正当性"。Vgl. H. P. Ipsen. Verwaltung durch Subventionen, VVDStRl Heft 25, 1967, S. 294 – S. 297. 另外，简单谈到耶施、福格尔、伊普森等的主张的，参见村上武则："法律保留与给付行政（法律の留保と給付行政）"，载《广岛大学政经论丛》第21卷第5·6号，第457~460页。

法的拘束性（rechtlich verbindlich）"[136]。

依据耶施的理论，在行政规则当中，只有"裁量基准"具有上述法的拘束性，"解释训令（Interpretationsanweisung）或有关事实认定（Sachverhalsermittlung）的训令"不具有那样的法拘束性。这是因为"事实认定"或法律之"解释"属于"司法权的固有领域"，法官不受后两者拘束[137]。

如果"裁量基准"具有法的拘束性，那么在效力上与法命令没有任何不同，这时会有这样的问题，即"裁量基准"作为法命令的一种，难道不应该服从宪法上有关法命令的要件吗？但是，他说，"裁量基准是行政规则的恰当定性，与其对于公民或法院的拘束性无关"[138]，"裁量基准不服从对于法命令妥当的各个要件"[139]。这样的结论是以"裁量基准"与法命令"具有完全不同功能"的如下主张为论据的：

是以规范填充法律的框架，还是在授权之内部根据合义务性（pflichtgemäß）裁量进行活动，议会可选择其一授权于行政。第一种情形下，行政必须制定法命令。第二种情形下，行政可设定裁量基准。但是，并不是必须那样做。所谓裁量基准对于裁量的指挥发挥作用，目的在于在行政机构内部统一地行使裁量。这样一来，它与以规范填充法规的内容，亦即与详细地进行规定的法

---

〔136〕 Vgl. D. Jesch, Gesetz und Verwaltung, 1961, S. 231 ~ S. 233. 同一旨趣的有 vgl. dens. , Urteilsbesprechung. JZ 1960 S. 283. 另外，表明不同理解的有村上武则，前揭第460页，"耶施从平等原则或信赖保护原则主张行政厅也受裁量基准拘束"。虽然耶施没有考虑到自我拘束论来谈论平等原则以及信赖保护原则，但其认为这两个原则"只不过是规范制定者受其独自规范拘束这一一般原则的印记"，与自我拘束论不同，正因为"裁量基准"自身具有法的拘束性，所以违反基准者就违反平等原则。Vgl. dens. , Gesetz…, S. 232f.

〔137〕 Vgl. ebenda. S. 233.

〔138〕 Vgl. ebenda. S. 233.

〔139〕 Vgl. ebenda. S. 234.

命令具有完全不同的功能[140]。

另外，福格尔在1965年的学会报告上，大胆地主张"应该放弃行政只能基于法律之授权制定一般拘束性（gemeinvebindlich）法规范的学说。行政，在被宪法以及各种法律所划定的界限内，具有能制定一般拘束性法规范之本来固有的规范权力（ursprüngliche eigene Regelungsgewalt）"[141]。这样的主张是在有关行政规则之法拘束性的叙述中阐述的。他也提及自我拘束论，同时首先进行了如下说明：

虽然否定行政规则之法拘束性是绝对性通说，但承认这一点"绝不是没有意义的"，它有可能"因公民的权利保护而被要求"。尤其在"'裁量基准（Ermessensrichtlinien）'对于公民是授益性基准时，公民对于遵循该基准行动具有正当的利益"。"实际上，当今的通说通过德国基本法第3条"平等原则"，实现这种拘束（要求依据基准作出决定）的请求权"。"依据当今的主导性学说以及判例，'裁量基准'在其实际效果上已经具有拘束性（bindend）"[142]。此外，即使在法律"解释"领域，因为仍有可能给予行政以"判断余地"，所以关于"判断基准（Beurteilungsrichtlinien）"也能够谈论与"裁量基准"同样的拘束。如此，"不应采用以平等原则为媒介的技巧性迂回（gekünstelter Umweg），而应决意承认这种（裁量以及判断）基准即使在'外部关系'上也具有拘束性，也就是说承认它们的'一般拘束性'。这正是公民之权利保护的利益，要求行政受行政设定的基准拘束"[143]。

---

〔140〕　Ebenda. S. 233f.

〔141〕　K. Vogel, Gesetzgeber und Verwaltung, VVDStRl Heft24, 1966, S, 181.

〔142〕　Vgl. ebenda, S. 156f., S. 160f. 另外，vgl. Dens., Gefahrenabwehr, Bd. 1, 8. Aufl., 1975, S. 162.

〔143〕　Vgl. Dens., Gesetzgeber… S. 161ff.

　　福格尔也认为，"裁量（以及判断）基准"并不是因为具有法拘束性就成为法命令之一种，它不受德国基本法第 80 条的拘束。他认为，"从德国基本法第 80 条不能得出法律制定者'垄断立法'的结论"，这是因为，该规定"只规定了对于制定法命令进行授权的要件，绝没有明确地规定什么样的情形需要法命令"〔144〕。那么，若法命令与"裁量（以及判断）基准"在具有法拘束性上并无不同，要到哪里去寻求其差异呢？福格尔认为，有必要以"新定式"区别法命令和行政规则〔将"裁量（以及判断）基准"作为其一种〕："在法律制定者从最初只授权行政制定一般性规范时，必须采用法命令，而在法律委任行政在个案之决定和以基准一般类型化之规范间进行选择时，则必须采用行政规则"〔145〕。

　　最后，关于耶施没有明确回答的质疑，即"裁量基准"的法拘束性不是基于法律对于行政的"裁量"授权吗？福格尔的如下回答受到关注：

　　"裁量基准"和"判断基准"的法拘束性"终究不同于制定法命令的授权"，虽也被认为是"基于赋予裁量余地或判断余地的法律授权"，但那样的理解是错误的。原因在于，虽然在不存在任何法律相关规定的领域，行政规则也以平等原则为媒介而具有法拘束性，但这种情形是行政基于"本来固有的规范权力"制定行政规则。如此，也能将"裁量（以及判断）基准"理解为基于"'填补'法律遗留之'规范空白'（Regelungsülcke eintreten）"的行政规范权力。这样的构成方法，与由法律"赋予的裁量授权"之观点相比，至少具有同等程度的合理性，"法律授权的设想绝不是必要的"〔146〕。

---

　　〔144〕　Vgl. ebenda. S. 163f.

　　〔145〕　Vgl. ebenda. S. 164.

　　〔146〕　Vgl. ebenda. S. 165f.

（2）在耶施以及福格尔的上述主张中，最受关注的当然是他们都（直接）承认部分行政规则的拘束性，明确拒绝维持传统的法理。并且，不要求制定具有法拘束性的行政规则须具备（德国基本法之下应该满足该法第 80 条第 1 款的要件）法律的授权，进而承认行政能够在没有（德国基本法第 80 条所规定的）法律授权的情形下制定具有法拘束性的规范以及"法"。特别值得注意的是，与耶施有关"给付行政"的行政规则之主张不同，在关于议会和行政之间关系的一般论述中，福格尔"公然"主张放弃传统学说。

一方面，作为耶施主张的基础，重要的是以下两点：其一，根据他的理解，在"绝对主义"时代，规范制定者不受自己所制定的规范拘束[147]，在"君主立宪制"之下，只对于行政规则依然维持这一观点是"绝对主义的残余"。以此理解为前提，他认为行政规则缺乏法拘束性已经不符合当今"转换了的宪法构造"。其二，他认为将法命令和行政规则之区别等同为"法"与"非法"的区别、将行政规则把握为规范"非法"领域之规范的观点是以两者的传统区分为前提的，但在当今，这样的前提本身已经消失[148]。这也是他拒绝与传统学说同样地、让两者的区分与有无法拘束性相结合的论据之一。

另一方面，福格尔的特征在于，裁量基准通过自我拘束论已经"在实际效果上"被赋予法拘束性，基于这一判断，他认为，与采用"技巧性迂回"的自我拘束论相比，应主张更单纯且简明的逻辑构成。并且，他的主张既不囿于传统学说，也不依据有关权力分立的一般原理，而是以根据实定现行宪法重新把握议会和

---

[147]　Vgl. D. Jesch. Gesetz…. S. 232. Fn. 260.

[148]　Vgl. ebenda. S. 233，S. 17ff.

行政间的权限分配问题这一考察方法为基础[149]。而且，他排斥以传统学说为基础来理解德国基本法第 80 条；认为在德国基本法中没有规定由议会垄断具有法拘束性的规范以及"法"的制定[150]。

可以看出，耶施、福格尔的主张有几点共同或类似之处：其一，无论哪一个主张都意图扩大国民的权利保护[151]。耶施的主张是针对有关"给付"的行政规则，这表明其意识到这样的必要性在增大，即以泽尔默所阐述的行政现实[152]为背景，保障国民要求遵守行政规则"给付"的某些权利[153]。其二，他们不将有无法拘束性看成法命令和行政规则的差异，关于两者的区分，着眼于法律授权行政之方法的差异而倡导新的标准。其三，不是针对全部的行政规则，而是只针对"裁量基准"（福格尔还针对"判断基准"）赋予法拘束性。他们认为法律之"解释"或"事实认定"属于司法权的权限而排除所谓"解释基准"等，与自我拘束论完全相同。此外，耶施与福格尔不同，一点也没有提到"判断基准"，这表明他们在"裁量"概念、"判断余地"等的见解上存在差异[154]。

（3）虽然耶施、福格尔的主张在行政法学说上引起了极大的关注[155]，但是，还没有到达受主导性学说倾向支持的程度。不用

---

〔149〕　Vgl. K. Vogel, aaO, S. 144f., S. 180. 另外，vgl. G. Winkler, in：Aussprache, VVDStRl Heft24, 1966, S. 229. 福格尔批判使用"法律保留"这一术语设想议会的原理性权限领域，主张放弃这一用语也是其特征之一。Vgl. K. Vogel, aaO, S. 147ff.

〔150〕　另外，也示以法国宪法的例子，说议会垄断立"法"对于近现代宪法来说，并非不言自明。Vgl. ebenda, S. 145ff.

〔151〕　但是，关于实际效果，也有对福格尔的疑问。Vgl. W. Schaumann, in：Aussprache, VVDStRl Heft24, 1966, S. 216.

〔152〕　参见二（三）（3）。

〔153〕　伊普森的主张（参见前注［135］）也是关于"资金助成"。

〔154〕　关于耶施是让"判断余地"吸收到裁量概念中的学者等，参见田村悦一：《自由裁量及其界限（自由裁量とその界限）》，第 89 页、第 116 页以下。

〔155〕　Vgl. P. Selmer, Rechtsverordnung und Verwaltungsvorschrift. VerwArch 1968, S. 114.

说，这是因为通说维持有关行政规则之法性质的传统理解并且至少在逻辑上否认其法拘束性，以行政只能基于德国基本法第80条所规定的法律授权制定具有法拘束性的规范来否认行政固有的"法"制定权限[156][157]。

从通说性立场出发，反驳、批判福格尔等的基本论据是，现行宪法也仍是以有关"法"之制定或行政规则的传统理解为前提的。在批判耶施和福格尔的理论当中，泽尔默认为，"德国基本法明确区分一般行政规则和法命令。在宪法上没有对立的线索时，我们可以看到，基本法制定者依据传统见解将其所具有的法的效力与其相结合，应该以此点作为前提"。这可以说表明了通说一方的典型的考察方法。

如果从这样的通说性立场出发，终究难以支持耶施的理解——对于行政规则，没有贯彻"规范对于规范制定者具有拘束力这一原则"是"绝对主义的残余"[158]。并且，如果基于他的这一理解，那么即使全部行政规则都具有法拘束性也并非不可思议之事，从而质疑，为什么将行政规则限定于"裁量基准"？此外，福格尔的大胆主张被说成是"返祖性——绝对主义性"或"革命性"的主张[159]，有人严厉批判福格尔，"通过给予行政规则以法

---

〔156〕 例如，Vgl. H. Klein, Rechtsqualität und Rechtswirkung von Verwaltungsnormen, Festgabe f. E, Forsthoff, 1967, S. 171.——德国基本法第80条第1款，"被一致解释为"行政"只有在被法律制定者以特定的形式授权时才能制定具有一般拘束性效力的规范"。

〔157〕 但是，作为权威学说倾向存在的所谓"特别命令"论是让这一点动摇的理论。参见拙文："关于德国行政法学的'特别命令'论"，载《大阪市大法学杂志》第26卷第2号。

〔158〕 P. Selmer, aaO, S. 133.

〔159〕 虽然因耶施没有充分叙述这一点，所以基本上没有成为讨论的对象，但泽尔默简要评论为"无视宏旨（Sache）"，克莱因（Klein）指出这样的原则不成为行政规则在与（暂且不谈作为"内部性"拘束根据）国民或法院之间关系上的拘束性的根据。Vgl. P. Selmer, aaO, S. 133；H. Klein, aaO, S. 176.

的性质，彻底破坏（行政）须符合法律原则"[160][161]，或"以行政本来固有的一般性规范权力来终结法治国家"[162]，这充分地表明了传统立场的反应[163]。

对于他们的主张，内在质疑或批判主要是针对受德国基本法第 80 条拘束的法命令的理解。首先，关于耶施，有质疑道，这不与其关于法命令、德国基本法第 80 条的一般性论述相矛盾吗？因为耶施在其著作的其他部分，主张应该将有关法命令的德国基本法第 80 条，不区分"给付"和"侵害"，适用于"与国民权利领域相关（Rechtskreisbetreffen）"的全部行政制定规范，他甚至批判行政实务中"规避德国基本法第 80 条第 1 款"[164]。然而，通过承认法拘束性来保障国民要求行政遵守之请求权，他的这样的"裁量基准"，就不直接关系到国民的"权利领域"吗？像这样的疑问是泽尔默特别强调的地方[165]。

另一方面，关于福格尔，很多人批判其所主张的德国基本法第 80 条"没有明确在什么情形下需要法命令"。比如，有人批评说，德国基本法关于需要该法第 80 条所规定的法律授权的法命令是以一定的概念范围作为前提的，如果像福格尔那样理解，第 80 条基本上就成为无意义的规定，成为"不能使用的武器"[166]。当

---

〔160〕　Vgl. F. Ossenbühl, Verwaltungsvorschriften und Grundgesetz, 1968, S. 17.

〔161〕　W. Schaumann, aaO, S. 216.

〔162〕　F. v. d. Heydte, in：Aussprache, VVDStRl Heft24, 1966, S, 218. 在福格尔的主张中，也说有后退到过分评价行政独自的规范权力的纳粹时代的"危险"。Vgl. ebenda, S. 219.

〔163〕　另外，明言是认可回避德国基本法第 80 条违宪立"法"的，关于耶施，参见 Vgl. M. Wallerath, aaO, S. 103. 关于福格尔，参见 Vgl. H. Klein, aaO, S. 171. Fn. 59.

〔164〕　Vgl. D. Jesch. Gesetz…. S. 155f.

〔165〕　Vgl. P. Selmer, aaO, S. 139.；dens., Vorbehalt des Gesetzes. JuS 1968, S. 495.

〔166〕　例如，vgl. P. Selmer, Rechtsverordnung …, S. 133.；W. Schaumann, aaO, S. 216.；O. Bachof, in：Aussprache, VVDStRI Heft24, 1966, S. 225.

然，福格尔并不是完全没有提到需要法命令的情形，但他只是简单地说，不是基于德国基本法第80条的法命令概念而是基于德国基本法整体或其他（特别是基本权利的）条款，"只在基本法（实质上）预定由法律进行规范时，法命令的形式是必要的"[167]。虽然福格尔的主张在整体上提出了重要的问题，但关于德国基本法第80条所规定的只有基于法律授权才可能制定具有法拘束性之规范的范围，进而与即使没有法律授权也具有法拘束性之规范的区别，可以说与耶施的主张一样，为了得到多数学者的支持而仍处于不明确的状态[168][169]。

（二）其他学说

此外，还有的学说在结果上，与行政规则之法拘束性的直接承认说发挥着同样或类似的功能。其一是所谓"特别命令论（Sonderverordnung）"。这是将被传统性学说定性为行政规则的规范当中的、规范特别权力关系的规范（如营造物利用规则等），从行政规则之范畴中分离出来并称为"特别命令"，在承认其法拘束性的同时，对于其制定权限课以基于习惯法之授权的要求，或作为属于"宪法赋予行政的作用领域"不课以德国基本法第80条所规定的法律之授权的要求[170]。在以规范所谓特别权力关系为目的的范围内，对于以前所说的（部分）行政规则直接承认法的

---

〔167〕 接下来的内容是"在其他方面法命令是随意的"。Vgl. K. Vogel, Gesetzgeber…, S. 181. 在这里，被认为需要"实质性法律规范"的是他所说的"关于基本权利领域的各种规范"。

〔168〕 指出"不明确"且"危及法的安定性"的有：Vgl. H. – U. Evers in：Aussprache. VVDStRI Heft24，1966，S. 241.

〔169〕 即使关于耶施就法命令与行政规则之区分所主张的新标准也指出这一点。Vgl. P. Selmer, aaO. S. 134；H. H Rupp, Grundtragen der heutigen Verwaltungsrechtslehre, 1965，S. 119，Fn. 34.

〔170〕 参见拙文："德国行政法学上的'特别命令'论"，载《大阪市大法学杂志》第26卷第2号。作为谈到"特别命令"的文献，还有 R. Schweiekhardt（hrsg.）, Allgemeines Verwaltungsrecht, 1979，（S. 44f.，S. 77f.）.

拘束性。其二是泽尔默关于"给付行政"所主张的、"基于'预算法律'之授权以及基于法律上概括性裁量余地赋予的法命令"论。

泽尔默将有关"给付行政"的行政规则分为以下三个部分：①规范完全没有法律规定、"主要依据预算法分配所准备资金"的"给付命令（Leistungsverordnung）"；②虽有法律根据，但因法律没有有意识地、确定（endgültig）地规定给付之"人的范围、种类、程度，行政被赋予总括性裁量余地"，此时对作出个别性决定不可缺少的"给付裁量命令（Leistungsermessensverordnung）"；③在法律赋予行政决定个案的［通过法律上要件可能预测（meßbar）的］裁量余地时，为了统一行使裁量而制定的"裁量规则（Ermessensvorsclirift）"[171]。并且，其将这三者当中的前两者重新定性为法命令，承认其法拘束性。当然，它们是否满足有关法命令的德国基本法第 80 条第 1 款的要件成为问题，但他的结论是肯定的。泽尔默认为，为了满足"法律"授权这一要求，不单单需要议会的议决，还需要议会的"预算法律"[172]，他同时还认为，通过依据"预算法律"准备资金以及赋予（通常的）法律上"概括性裁量余地"，进行制定法命令之授权。他在这里是说，"法律制定者之委任行政通过一般抽象性命令详细地规范一定对象的意图"被"充分且明白地"表现出来[173]，通过解释最终性"预算法律"以及也包括预算的"个别案"，能够明确授权之"内容、目的、范围"（第 80 条第 1 款第 2 文），而且，对于有（通常的）法律根据的"给付裁量命令"的情形来说，这可能更容易实现。

---

　　[171]　Vgl. P. Selmer, Rechtsverordnung und Verwaltungsvorschrift. VerwArch 1968, S. 129ff.

　　[172]　Vgl. Ebenda, S. 138.

　　[173]　Vgl. ebenda. S. 137ff.

泽尔默认为，除了基于德国基本法第 80 条第 1 款以外，行政的立"法"权限被完全否认[174]，他从严格维持行政规则与法命令区别的立场消极地评价自我拘束论，批判耶施、福格尔的主张。但是，如上所述，他柔性地解释德国基本法第 80 条所要求的"法律授权"，通过将被一般定性为行政规则的（部分）规范看做法命令，从结果上直接承认（以前所说的）行政规则的法拘束性[175]。能够将他的主张看成是这样苦心孤诣下的产物，即考虑行政规则尤其在"给付行政"领域发挥着极为重要的功能这一现实[176]并提高其法律意义的同时，还在理论上概念性地维持有关行政之立"法"或行政规则的传统法理。关于这一点，泽尔默对自己的主张阐述如下："柔性（großrügig）地解释德国基本法第 80 条第 1 款"并非完全没有疑问，据此，"行政之立法权限在一定程度上被扩张"，但是，"几乎不能够取消的宪法现实被原封不动地保留"，如果与一边定性为行政规则一边承认法拘束性的见解相比，它具有"维持了被德国基本法作为前提的范畴"之优点(Vorzug) [177][178]。

最后，还有一种理论将本章一直作为对象的自我拘束论以及耶施、福格尔等欲承认行政规则之法拘束性或类似效力的"所有尝试"，理解为是在现行德国基本法之下难以容忍的、"应急措施(Notbehelf)"性质的理论，主张应该通过宪法修改来明确地保障"行政的独立命令（selbststandige Vero）权"。这一理论就是克莱

---

〔174〕 Vgl. Ebenda, S. 140f. 另外，参见拙文·前揭，第 29 页。

〔175〕 Vgl. Ebenda, S. 143.

〔176〕 参见本章二（三）3。

〔177〕 另外，虽然并没有被泽尔默指名，但批判、质疑将法律上"概括性裁量余地"之授予作为授权根据的有：vgl. H. H. Rupp, Grundfragen der heutigen Verwaltungsrechtslehre, 1965, S. 119f; dens., Ermessensspielraum und Rechtsstaatlichkeit, NJW 1969, S. 1276f.

〔178〕 Vgl. P. Selmer, aaO, S, 142f.

因（H. Klein）于 1967 年提出的主张，他将德国基本法第 80 条第
1 款把握为以传统法理为前提确定"法律制定者对一般拘束性立
法之垄断"，展望通过修改宪法赋予（以前所说的部分）行政规
则以法的拘束性[179]。

四、结　语

上文通过有限的文献，简单地介绍并探讨了德国行政法学上
关于行政规则之法拘束性（裁判基准性、"法源"性、"一般拘束
性"、"外部效力"）的学说。

作为赋予行政规则（的一部分、裁量基准等）以类似于法拘
束性这样效力的理论，主导性学说倾向于采用以平等原则为媒
介[180]的"间接承认说"，也就是行政自我拘束论。这一学说以维
持否认行政规则之法拘束性的传统法理[181]为逻辑前提，其通说认
为，行政决定违反了由行政规则产生的、既有的行政惯例，即使
没有违反法律，也因违反平等原则而原则上"违法"，并据此给
予行政规则以"事实上"的法拘束性[182]。虽然这一通说的重要特
征在于要求存在遵循了行政规则的行政惯例这一点，但在没有作
出任何基于行政规则的行政决定之情形下，部分学说也将违反行
政规则的决定视为违反平等原则，这时是尝试将行政规则理解为

---

[179]　Vgl. H. Klein，Rechtsqualität und Rechtswirkung von Verwaltungsnormen，in：
Festgabe f. E. Forsthoff，1967，S. 186f. 马基拉（Magiera）也表明同样的方向。Vgl. S.
Magiera，Allgemeine Regehungsgewalt（"Rechtsetzung"）zwischen Parlament und Regierung，
Der Staat 1974，S. 25ff.

[180]　也有将平等原则比喻性地称为"转换规范（Umschaltsnorm）"的学者。
Vgl. H. F. Zacher in：Aussprache，VVDStRI Heft24，1966，S. 237. ——"当今，德国基本
法第 3 条作为转换规范，让行政训令产生一定的外部效力"。

[181]　关于传统学说，参见拙文："德国基本法下行政规则的学说（一）"，载《阪
大法学》第 99 号。

[182]　参见本章二。

"先行取得的行政惯例"作为平等性审查之比较对象的逻辑构成[183]。后者的学说实质上几乎与给予行政规则本身以法的拘束性没有不同，总而言之，在德国存在着欲通过平等原则，来提高行政规则之法律意义的一般性学说倾向。因为是以平等原则为逻辑媒介，并且因为通说还认为需要形成行政惯例，所以自我拘束论被认为是不直接承认行政规则本身的法拘束性，至少在法逻辑上还处于有关行政规则的传统法理框架之内，这也是自我拘束论受到主导性判例倾向支持的一大理由[184]。

行政规则的存在不是自我拘束论构成上绝对不可缺少的要素，而且，行政规则基于自我拘束论所可能具有的意义，本来也是结果性、附随性的[185]。并且，行政规则在"事实上"法拘束性的程度、与"法"的接近程度也绝不相同，其理应根据案件、各个行政规则而有所不同。尽管如此，基于自我拘束论的行政规则之意义受到关注，有人称之为"类似于法律的意义"进而毫不犹豫地指出其与法命令之区别相对化等，部分学者甚至批判其是容忍无视德国基本法第80条第1款的违宪立"法"，由此可以推测出自我拘束论在现实上给予行政规则的"事实上法"的意义之大。

本章只是着眼于行政规则的意义、定位来概述自我拘束论。还有必要对内在于自我拘束论的各种论点进行更加详细的分析探讨，并关注今后德国关于这些论点所进行的讨论："行政惯例"

---

〔183〕 参见本章二（二）1。

〔184〕 例如，也是法官的巴霍夫（Bachof）阐述，法院踌躇于将行政规则直截了当地看做"法"，还是"代之以德国基本法第3条为媒介，以其拘束性为基础"，这"与法官囿于传统和持续性的考察方法有关"。Vgl. O. Bachof, in: Aussprache, VVDStRI Heft24, 1966, S. 228.

〔185〕 即使没有行政规则也可能形成行政惯例。另外，自我拘束论原本是为了控制行政裁量，扩大权利保护，不是从最开始就将赋予行政规则以"事实上的法"的意义作为首要目的的构成的。与后一点相关联，有 vgl. F. Ossenbühl, Verwaltungsvorschriften und Grundgesetz, 1968, S. 516f., S. 529.

的认定要件、是否可以根据"仅一次的"行政决定进行自我拘
束、将例外性违反正当化的"合理性"根据的具体内容、对于
（因行政规则的修改）变更行政惯例本身应附加的界限、行政规
则分类上"解释基准"与"裁量基准"的区分、对应于自我拘束
国民之"权利"的性质与诉讼形态等[186]。另外，如最近某判
例[187]也阐述的那样，对于主张产生自我拘束的国民之攻击、防御
来说，是否周知行政规则的内容也绝对重要，必须指出，以某些
形式"公开"（公布、告示等）行政规则的必要性问题也附随着
自我拘束问题而产生。

　　也有部分学者主张"直接承认说"，即不以平等原则等媒介
而承认（部分）行政规则具有法拘束性[188]。这一学说明确地拒绝
维持传统法理，特别是福格尔，他大胆地声称行政对于制定具有
法拘束性的规范具有"本来固有的"权限，他的主张是从正面
"挑战"传统法理。这样的学说是以已存在着通过自我拘束论赋
予行政规则以类似法拘束性之效力的学说、判例倾向为背景，如
果从他们的认识来看，其与通说性理论在实际效果上几乎没有不
同，只不过是尝试着从不同的视角进行说明以及逻辑构成。但是，
若将对以传统法理为前提的质疑作为基础，那毫无疑问，其在理
论上提出了极为重要的问题。这是因为，承认行政规则的法拘束
性，就同时意味着承认行政不基于法律授权而立"法"的权限，

---

〔186〕　巴霍夫（Bachof）于1971年，作为需要长期进行充分探讨的内容，与"二
阶段论"、"计划保障请求权"等一起例举出了"自我拘束论"。Vgl. O. Bachof, Die
Dogmatik des Verwaltungsrechts vor den Gegenwartsaufgaben der Verwaltung. VVDStRI
Heft30，1972，S. 237.

　　〔187〕　OVG Berlin 26. 9. 1975，DÖV 1976. S. 53. 关于行政规则"公开"问题参见
vgl. W. ‑R. Schenke, aaO, S. 29.；H. P. Ipsen, Verwaltung durch Subventionen, VVD-
StRI Heft25，1967，S. 297.；H. ‑H. Scheffler. Wachsende Bedeutung der Verwaltungsvor-
schriften，DÖV 1980，S. 241ff.

　　〔188〕　参见本章三（一）（1）。

这就必然直接关系到德国基本法下行政与议会间的权限分配、有关立"法"的权力分立构造本身。不管怎么说，值得关注的是，在当今德国，绝不是将否认行政固有的"立法"权作为不言自明之理在理论上严格地予以维持。此外，虽然本章没能提及，但也有必要在现代权力分立之意义、本国关于行政权地位的多样且活跃的讨论动向中理解行政规则之法拘束性问题。

不用说，之所以展开自我拘束论等行政规则之法拘束性的讨论，基本原因在于法律或法命令所进行的规范之欠缺或不足。简单地说，如果法律本身没有对于行政作用进行充分的规范，且没有授权行政制定法命令，那么行政为了作出个别性行政决定，不得不以行政规则的方式制定必要的具体性基准，而这一行政规则的内容以及是否作出了遵守该行政规则的行政决定，事实上给予国民利害以重要的影响。但尽管如此，如果依据传统理解，行政规则对于国民不产生要求遵守行政规则作出决定的"权利"，不成为司法审查上的裁判基准。克莱因就此表述如下：对于行政来说处于进退两难的困境（Dilemma），一方面，行政拒绝不基于法律授权制定"法"，但另一方面，因为存在着"不能避免的法律不完整性"，"不可能将个人事实上被给予的利益提升到权利，行政不得不对谁都作出明显重要的大量规制"[189]。可以说赋予行政规则以法拘束性或类似效力的各种学说，即是欲表明消除这种困境之对策的理论，也反映了其意识到扩大以行政遵守行政规则为利益的国民权利保护的必要性[190]。

另外，因议会自身进行规范的界限性而导致的行政规则在质

---

〔189〕 H. Klein, Recntsqualität und Rechtswirkung von Verwaltungsnormen, in: Festgabe f. E. Forsthoff, 1967, S. 171f.

〔190〕 如果行政规则的内容是授益性的，其功能可能在于，要求与对第三者相同的平等的授益性决定；如果其内容是侵益性的，其功能可能在于，阻止比对第三者的决定更加具侵益性的决定。另外，vgl. H. – J. Mertens, Die Selbstbindung der Verwaltung auf Grund des Gleichheitssatzes. 1963, S. 77f., S. 88ff.

上、量上的增大，是现代国家的、并且是"行政国家"化现象的重要表面特征之一。如果从这一点来看，提高行政规则之法律意义的讨论，也是在法律学说上应对当今行政现实的一种表现。这时，关于应对的方法，如果限于本章所例举的学说，大致有以下三种：其一，逻辑上维持传统法理，以也被称为"技巧性迂回"或也被部分地评价为"等同于魔术"的逻辑构成，通过或多或少地谋求传统法理的实质性修改来进行对应（基于平等原则的自我拘束论）。其二，虽然没有完全成功，但欲通过构成在现行基本法框架下可能的、与传统法理不同的新的行政规则之法理进行对应（福格尔等的学说）。其三，本章极为简单涉及的学说，认为前两者都只不过是"应急措施"，期待通过修改德国基本法本身来明确承认行政独自的"立法"权，以应对行政规则的质与量的增大（克莱因等的学说）。在这一学说的基础当中有这样的认识，即将现行德国基本法作为前提已经不能够应对当今的行政现实。

此外，法律或法命令的规范欠缺、不足特别明显，行政规则的现实性功能特别庞大的是"给付行政"领域，从泽尔默所表述的由此产生"当今给付行政的固有苦恼"[191]也能够说明这一点。从"给付行政"概念之意义以及其范围的不确定性来看，不得不承认其主张的相对性，可以推定特别是在"给付行政"领域，出现行政规则有无法拘束性问题，以及针对遵守了行政规则的"给付"决定扩大国民权利保护的现实必要性。法律、法命令对"给付行政"之规制的不足，不用说是受到有关"法律保留"之妥当领域的学说、判例动向的影响。因为德国基本法第80条的"法命令"概念，即使不只包括"侵益性"规范[192]，只要对个别性"给付"决定不要求法律根据，就不能充分进行法律本身的规范

---

〔191〕 本章二（三）（3）。

〔192〕 参见拙文："德国基本法下行政规则的学说（三）"，载《阪大法学》第106号。

或法命令制定的授权，不能避免行政规则为了个别性"给付"决定设定重要的基准。申克虽然于 1977 年说，在行政规则与"实质性法律"的严格区分消失的背景下，"为社会国家原理所促进……国家活动在扩大，特别是给付行政在扩大"[193]，但这也必须在与"法律保留"论的关系上进行理解。

即使在日本，也可以看到行政规则的现实功能正变得十分重要，"必须反省以前的形式逻辑之法理，即原原本本地绝对地将行政规则"看成在法律上等于'无'"[194]。并且，作为今后的重要课题，在留意其给国民之权利保护及行政之司法控制带来的效果的同时，探讨对于什么样的行政规则可以根据什么样的逻辑构成承认什么样的法律意义。这时，在德国的各种学说中最令人感兴趣的是基于平等原则的行政自我拘束论，它具有充分的参考价值。

不用说平等原则是控制行政裁量的重要法原则之一，而且，一直一般性承认，在"适用"行政规则的裁量基准时，如果违反平等原则作出行政处分，将成为裁量的逾越或滥用，该行政处分"违法"[195]。并且，最近已经开始将违反（在第三人的案件中得到遵守）行政规则（但没有违反法令）之处分的合法性作为问题来把握，从结果上论及行政规则所具有的意义或功能。例如，某判决关于某税务官厅（神户税关）作出的、与其他多数税务官厅关于同种案件作出的处分相比不利的课税处分等（符合法律），认为其违反租税平等原则并违法[196]，针对此判决，指出"如果进行这样的处理，那么在这一范围内，可以说通知事实上起到了接近于法规的功能"等[197]，已作为"通知的裁判基准性"问题之一，开始

---

〔193〕 Vgl. W. R. Schenke, Gesetzgebung durch Verwaltungsvorschriften? DÖV 1977, S. 29.

〔194〕 原田尚彦:《行政法要论》，第 38 页。

〔195〕 例如，参见杉村敏正:《行政法讲义总论（上卷）》，第 197 页。

〔196〕 大阪高判昭和 44・9・30《判例时报》第 606 号第 19 页（《高民集》第 22 卷第 5 号第 682 页）。

〔197〕 原田・前揭，第 38 页。

谈论"如果只对于特定的人不适用"对国民来说授益性的通知，"那么其违反平等原则，违法"〔198〕〔199〕。当然，着眼于平等原则只不过是承认行政规则具有类似于"法规"、裁判基准之效力的途径之一。但是，如果考虑认定"习惯法"时可能预测到的诸多困难，那么与通过依据行政规则形成行政惯例、进而产生"习惯法"之构想相比，给予行政规则以类似"法规"之效力的做法可以说相对容易。并且，与从正当程序的角度将违反行政规则的行政处分当做问题相比，至少可能提供更为可靠的线索。只是，即使现在没有可能性，但也如德国的讨论所强烈意识到的那样，给予行政规则以类似"法规"的效力，可能产生行政在没有法律授权的情况下制定"法规"的问题，并有必要考虑不要变成在法律上追认"依通知行政"的现实或不依据法律或条例行政的现实。

　　分析德国耶施等的主张，提出如为什么行政规则不具有法拘

---

〔198〕　町田显："通知（通达）"，载山田、市原、阿部编：《演习行政法》（下）。包括关于日本的实践性主张，也参见乙部哲郎："行政自我拘束的法理"，载《民商法杂志》第 71 卷第 5 号。

〔199〕　在此试着进行一点解说。原田·前揭第 38 页认为："在依通知处理惯例化，作为法律解释固定的情形下……应该作为习惯法对待。"正是在这种情形下，在德国产生自我拘束问题。并且，也必须讨论这样的问题，即作为惯例固定的"法律解释"，即使与法院解释不同时，是否也应该作为裁判基准适用。此外，町田·前揭第 236～237 页，将违反通知的处分作为违反平等原则而违法，当做从"实体法立场"的学说，与此相区别，认为如果"争讼处分上适用通知的方法有误"，那么是因"程序上不公正"，所以违法。那么，就会有一个疑问：通知的适用方法有误中，难道不包括违反平等原则吗？另外，他认为审查"内容具体且明确的"通知的"适用方法"与"法院自己适用通知进行判断""在实质上没有大的差异"。但是，一般认为，即使是违反通知的处分，如果还是裁量权范围内的处分，就不能直接说通知的"适用方法"有误。如果以前已经有遵守了通知的处分，那么关于违反通知的新的处分，在与平等原则之间的关系上，通知的"适用方法"错误（裁量滥用）成为问题。这是德国的（通说性）自我拘束论。另外，乙部·前揭第 56、57 页认为，"虽然还有一点问题，但应该解释为基于平等原则直接承认行政规则本身的拘束性"，并且还认为，"即使是进行了一次的行政实务，也可以产生自我拘束，未必有提高到……行政惯例的必要"。虽然前者也被认为是采用了门格式见解，但如在德国存在着对此的批判那样，关于是否抵触立"法"或法规命令与行政规则之区分的法理，并且，是否能够像后者那样一般性地谈论，值得探讨。

束性、为什么不对外拘束行政厅作出遵守了自己所设定的裁量基准的处分、为什么通知不能成为裁判基准等的根本问题。这些绝不是离奇、没有意义的问题，它关系到"法规"，以及根据有无"法规"性来区分法规命令[200]和行政规则的意义。且不论"法规"一词所存在的问题，在日本，也不能说关于"法规"是什么、"法规"性的有无可能具有的法律意义等问题进行了充分的说明。例如，虽然"法规"通常被定义为"有关国民之权利义务的一般抽象性规定"[201]，而通知等行政规则有不少在内容上涉及"国民之权利义务"，但还是仅被认为不具有涉及"国民之权利义务"的法效力。而且，即使以缺乏制定行政规则之法律授权来简单地回答上述问题，但如果考虑到连制定执行命令（被认为是法规命令[202]之一）都只要有法律［个别性（作用）法律或一般性组织法律］之一般授权就足够了，那么且不论"独立于法律的行政规则"（比如说所谓"纲要"），绝对可能认为对于为具体执行规范行政作用之法律而制定行政规则，存在着法律的一般授权[203]。总之，在探讨行政规则的法拘束性问题时，必须进行也包括行政规则与法规命令之区分、"法规"概念等问题的综合性再探讨。

---

[200] 在本章中，涉及德国学说时，为了避免与"法规"一词之间的错综复杂，作为对应 Rechtsverordnung 词义的词，使用"法命令"这一译法。另外，在日本，从不同的视角，认为可以将法规命令"称为法命令"的，参见高田敏："立法的概念（立法の概念）"，载奥平、杉原编：《宪法学 5》。

[201] 对于这样的定义方式，在德国存在着产生"循环论证"的重要批判。参见拙文："德国基本法下行政规则的学说（二）"，载《阪大法学》第 102 号。

[202] 另外，Vol. I. v, Münch（hrsg.），Grundgesetz - Kommentar, Bd.，3，1978, S. 223.——法律、法命令与行政规则的"差异不在于内容，而在于法的效力"。

[203] 例如，如果说《国家行政组织法》第 12 条第 1 款（前段）成为制定执行命令的授权根据（虽然笔者消极地理解），就会有一个疑问：为什么该法的第 14 条第 2 款不成为通知的授权根据呢？并且，如德国泽尔默所述，难道不存在授予裁量余地这一形态下的法律授权吗？另外，杉村敏正说，"因为行政机关制定行政规则，是以法律的默示认可为前提……"，参见杉村敏正："行政裁量"，载同·《法的支配与行政法（法の支配と行政法）》。

判例索引[1]

最高法院

---

[1] 该索引只包括正文文章判例,附录一及附录二基本无判例。

刊登判例杂志其数字的顺序是卷 – 号 – 页或号 – 页。右侧的数字是该判例在原书中的章及注的号码,如 1(66)即"第 1 章注 66"。

最大判　昭 53・10・04　民集 32 – 07 – 1223　〔麦克林入管令案〕

5（4）・（98）・（99）

最三判　昭 53・11・14　判夕 375 – 073　〔东京都教委勤务评定案〕4（47）・（70）

最 1 判　昭 54・02・22　民集 33 – 01 – 0097　〔农地法出卖价格案〕　　1（123）

最 1 判　昭 55・07・10　民集 34 – 04 – 0596　〔区划整理土地面积决定方法案〕

1（39）

最 1 判　昭 55・07・10　判夕 434 – 172　〔下关市退职鼓励案〕　　　5（15）

最 2 判　昭 55・12・19　讼月 27 – 03 – 0552　〔监狱法不许可阅读图书案〕

2（26），5（45）

最 1 判　昭 56・10・22　刑集 35 – 07 – 0696　〔国公法高松简易保险局案〕1（108）

最 1 判　昭 57・04・01　民集 36 – 04 – 0519　〔公务员定期健康诊断案〕　2（45）

最 1 判　昭 57・04・22　民集 36 – 04 – 0705　〔盛冈工业地域指定案〕　1（165）

最 1 判　昭 57・04・22　判夕 471 – 095　〔东京都高级地区指定案〕　1（165）

最 1 判　昭 57・10・07　民集 36 – 10 – 2091　〔邮政省厅舍管理规程案〕　4（41）

最大判　昭 58・06・22　民集 37 – 05 – 0793　〔监狱法抹消报纸报道案〕

1（123）・（124），2（22）・（24）

最 3 判　昭 60・07・16　民集 39 – 05 – 0989　〔东京都建筑确认保留案〕　5（66）

最 1 判　昭 60・11・21　民集 39 – 07 – 1512　〔废止在宅投票制度案〕

2（43）・（48）

最 2 判　昭 60・12・13　民集 39 – 08 – 1779　〔监狱法不许可给被关押者送日用品案〕

2（26）

最 1 判　昭 61・03・13　民集 40 – 02 – 0258　〔抽掉内部评定惩戒处分案〕　5（84）

最 1 判　昭 61・06・19　判夕 616 – 065　〔建筑基准法壁面线指定案〕　　1（169）

最 1 判　昭 61・10・16　判自 036 – 015　〔大阪市教委长期研修案〕　　4（36）

最 2 判　昭 61・10・17　判夕 627 – 097　〔保险医疗养担任规则案〕　　1（136）

最 1 判　昭 61・12・11　判夕 631 – 117　〔折旧资产评估方法案〕　　　1（138）

最 2 判　昭 62・02・06　讼月 34 – 02 – 0413　〔香烟零售者位置变更案〕

4（90），5（91）

最 2 判　昭 62・03・20　民集 41 – 02 – 0189　〔福江市建筑工程任意契约案〕6（46）

最 3 判　昭 62・03・24　判夕 633 – 106　〔企业连续爆炸刑事案〕　　　2（32）

最 3 判　昭 62・05・19　民集 41 – 04 – 0687　〔阪南町土地出售任意契约案〕6（46）

最 2 判　昭 62・06・26　讼月 34 – 01 – 0025　〔民间战灾者支援立法案〕　2（48）

最 3 判　昭 62・10・30　讼月 34 – 04 – 0853　〔遗产税等更正处分诚信原则案〕

5（113）

前桥地判　昭 27·05·06　行集 03 - 06 - 1115　　　　　　　　　　5（86）

福井地判　昭 27·09·06　行集 03 - 09 - 1823　　　　1（106）·（167）

长野地判　昭 27·10·21　行集 03 - 10 - 1967　　　　　　　　　　5（83）

大阪高判　昭 27·10·30　行集 03 - 10 - 1957　　　　　　　　　　1（135）

大阪高判　昭 27·11·04　高刑特报 023 - 115　　　　　　　　　　1（117）

东京地判　昭 28·02·18　行集 04 - 02 - 0298　　　　　　　　　　5（120）

福岛地判　昭 28·05·29　行集 04 - 05 - 1070　　　　　　　　　　1（70）

大阪高判　昭 29·01·18　行集 05 - 01 - 0001　　　　　　　　　　1（135）

甲府地判　昭 29·03·08　行集 05 - 03 - 0625　　　　　　　　　　1（117）

富山地判　昭 29·04·27　行集 05 - 04 - 0082　　　　　　　　　　1（168）

东京地判　昭 29·05·21　行集 05 - 05 - 1078　　　　　　　　　　5（82）

东京高判　昭 29·05·29　判时 030 - 003　　　1（58）·（66）·（110）

东京地判　昭 29·06·02　行集 05 - 06 - 1462　　　　　　　　　　1（89）

名古屋高判　昭 30·03·02　行集 06 - 03 - 0715　　　　　　　　　5（89）

东京高判　昭 30·06·23　行集 06 - 06 - 1404　　　　　　　　　　5（120）

东京高判　昭 30·06·29　行集 06 - 06 - 1334　　　　　　　　　　5（86）

东京高判　昭 30·09·20　高刑集 08 - 08 - 1024　　　1（109）·（115）

函馆地判　昭 30·12·12　讼月 02 - 02 - 0066　　　　　　　　　　5（62）

札幌地决　昭 31·01·28　行集 07 - 01 - 0129　　　　　　　　　　4（71）

东京高判　昭 31·12·27　行集 07 - 12 - 2968　　　　　　　　　　5（82）

札幌地判　昭 32·10·11　讼月 03 - 11 - 0042　　　　　　　　　　5（69）

东京地判　昭 33·01·29　行集 09 - 01 - 0014　　　　　　　　　　5（62）

东京地判　昭 34·04·22　行集 10 - 04 - 0746　　　　　　　　　　5（82）

东京地判　昭 34·05·14　行集 10 - 05 - 0937　　　　　　　　　　5（64）

名古屋地判　昭 34·09·29　下民集 10 - 09 - 2038　　　　　　　　5（15）

东京地判　昭 34·10·28　行集 10 - 10 - 2069　　　　　　　　　　5（89）

福冈地判　昭 34·12·12　行集 10 - 12 - 2480　　　　　　　　　　5（86）

青森地判　昭 35·03·17　行集 11 - 03 - 0613　　　　　　　　　　5（82）

东京高判　昭 35·05·21　行集 11 - 05 - 1497　　　　　　　　　　5（64）

名古屋地判　昭 35·05·30　行集 11 - 05 - 1640　　　　　　　　　5（90）

东京高判　昭 35·08·23　行集 11 - 08 - 2391　　　　　　　　　　5（86）

秋田地判　昭 35·09·08　行集 11 - 09 - 2685　　　　　　　　　　4（71）

高知地判　昭 36·02·24　行集 12 - 02 - 0019　　　　　　　　　　1（167）

东京地判　昭 45・07・29　判时 616 – 059　　　　　　　　　　　　　5（64）

东京地判　昭 45・08・20　判夕256 – 269　　　　　　　　　　　　　5（74）

东京地判　昭 46・04・17　讼月 18 – 03 – 0360　　5（35）・（43）・（46）・（55）

山形地判　昭 46・06・14　讼月 18 – 01 – 0022　　　　　　　　　　5（113）

东京高判　昭 46・07・17　行集 22 – 07 – 1022　　　　　　　　1（109）・（111）

东京高判　昭 46・09・07　东高民报 22 – 09 – 202　　　　　　　　　1（107）

东京地判　昭 46・11・08　行集 22 – 11・12 – 1785

　　　　　　　　　　　　　　　　　　　3（16），4（62）・（72），5（74）

高松地判　昭 47・03・30　讼月 18 – 08 – 1267　　　　　　　　　　　5（45）

东京高判　昭 48・03・12　シュト140 – 024　　　　　4（89），5・（37）・（101）

和歌山地判　昭 48・03・30　判夕297 – 293　　　　　　　　　　　5（105）

高松高判　昭 48・03・31　讼月 19 – 06 – 0086　　　　　　　　　　　5（45）

东京高判　昭 48・05・08　高刑集 26 – 02 – 0237　　　　　　　　　　4（40）

东京地判　昭 48・05・22　行集 24 – 04・05 – 0345　　　　　　　　1（167）

东京高判　昭 48・07・13　行集 24 – 06・07 – 0533　　　　　　　　　6（41）

大阪高判　昭 49・01・17　判时 771 – 082　　　　　　　　　　　　5（101）

札幌地判　昭 49・02・26　判时 746 – 034　　　　　　　　　5（42）・（91）

福冈地判　昭 49・03・30　讼月 20 – 07 – 0152　　　　　　　　　　1（135）

名古屋高金泽支判　昭 49・04・05　行集 25 – 04 – 0225

　　　　　　　　　　　　　　　　4（47）・（61），5（37）・（45）・（99）

东京高判　昭 49・05・08　行集 25 – 05 – 0373　　　　　　　4（47）・（70）

大阪地判　昭 49・05・28　判夕760 – 051　　　　　　　　　　　　1（136）

仙台高判　昭 50・01・22　行集 26 – 01 – 0003　　　　　　5（108）・（113）

和歌山地判　昭 50・02・03　行集 26 – 02 – 0145　　　　　　　　　5（90）

东京地判　昭 50・02・21　行集 26 – 02 – 0211　　　　　　1（109），5（45）

东京高判　昭 50・12・23　行集 26 – 12 – 1495　　　　　　　　　　1（167）

鹿儿岛地判　昭 51・02・27　行集 27 – 02 – 0283　　　　　　　　　5（25）

熊本地判　昭 51・03・23　判夕346 – 337　　　　　　　　　5（83）・（86）

东京高判　昭 51・07・19　讼月 22 – 08 – 1982　　　　　　　　　　　5（45）

鹿儿岛地判　昭 52・01・31　行集 28 – 01・02 – 0046　　　　　　　1（70）

东京高判　昭 52・02・03　行集 28 – 01・02 – 0056　　　　　　　　5（43）

东京高判　昭 52・02・15　行集 28 – 01・02 – 0137

　　　　　　　　　　　　　1（106）・（108）・（109），2（22），5（45）

東京地判　昭57・03・02　行集33-03-0330　　　　　　　5（93）

福冈地判　昭57・03・19　行集33-03-0504　　　　　　　4（36）

福冈地判　昭57・03・30　シュト254-017　　　　　　　1（138）

宫崎地判　昭57・03・30　判タ464-076　　　　　　　　5（73）

福冈地判　昭57・05・12　判タ477-174　　　　　　　　1（36）

千叶地判　昭57・06・04　行集33-06-1172　　　　　　1（138）

大阪高判　昭57・06・29　行集33-06-1436　　　　4（61），5（75）

東京地判　昭57・07・16　行集33-07-1538　1（78），4（54），5（82）・（90）

名古屋地判　昭57・08・27　行集33-08-1725　　　5（94）・（119）・（120）

大阪地判　昭57・09・30　讼月29-04-0599　　　　　　5（68）

東京地判　昭57・10・15　行集33-10-2046　　　　　　5（90）

那霸地判　昭57・11・10　讼月29-06-1114　　　　　　1（70）

广岛地判　昭57・12・16　行集33-12-2452　　　　　　5（118）

横滨地判　昭58・02・14　行集34-02-0191　　　　　　1（135）

大阪地判　昭58・02・24　判タ489-169　　　　　　　　5（99）

東京高判　昭58・04・06　行集34-04-0593　　　　　　5（90）

新潟地判　昭58・05・31　行集34-05-0989　　　　　　5（90）

東京高判　昭58・09・27　行集34-09-1643　　　　　　4（54）

大阪地判　昭58・09・29　行集34-09-1681　　　　　　5（75）

東京高判　昭58・10・27　行集34-10-1819　　　　1（135），2（19）

大阪地判　昭58・11・10　行集34-11-1895　　　　　5（74）・（90）

神户地判　昭58・12・20　行集34-12-2195　　　　　　5（82）

新潟地判　昭58・12・26　判自005-080　　　　　　　　2（43）

京都地判　昭59・01・19　行集35-01-0001　　　　　　4（78）

東京地八王子支判　昭59・02・24　判时1114-010　　　　5（3）

青森地判　昭59・03・13　行集35-03-0219　　　　　　5（90）

東京高判　昭59・03・14　行集35-03-0231　　　　　　5（47）

鹿儿岛地判　昭59・03・23　讼月30-09-1511　　　　　5（72）

冈山地判　昭59・04・25　シュト270-037　　　　　　　5（86）

高知地判　昭59・04・26　行集35-04-0559　　　　　　1（174）

東京地判　昭59・05・18　讼月30-11-2011　　　　4（27），5（71）

水户地判　昭59・06・19　判タ528-143　　　　　　　　4（39）

大阪高判　昭59・06・29　行集35-06-0822　　　　　　5（86）

大分地判　昭62・02・23　行集38－02・03－0119　　　　　　　　　5（114）

大阪地堺支判　昭62・02・25　判夕633－183　　　　　　　　　　5（3）

东京地判　昭62・03・16　行集38－02・03－0207　　　　　　　　5（93）

熊本地判　昭62・03・30　讼月33－11－2605　　　　　　　　　　2（54）

东京地判　昭62・04・20　讼月33－10－2538　　　　　　　　　　2（4）

东京地判　昭62・05・26　行集38－04・05－0412　　　　1（72）・（172）

东京地判　昭62・06・25　行集38－06・07－0491　　　　　　　　6（48）

京都地判　昭62・07・13　行集38－06・07－0550　　　　5（71）・（82）

东京高判　昭62・11・25　行集38－11－1650　　　　　　　　　　2（20）

东京高判　昭62・12・24　行集38－12－1807　　　　　　　　　　1（167）

福冈地判　昭62・12・24　讼月34－04－0873　　　　　　　　　　5（101）

千叶地判　昭63・01・25　判自046－058　　　　　　　　　　　6（3）

静冈地判　昭63・05・27　行集39－05・06－0359　　　　　　　　5（75）

大分地判　昭63・05・30　シュト322－39・323－07　　　　5（69）・（120）

东京高判　昭63・06・29　判夕679－157　　　　　　　　　　　1（175）

东京高判　昭63・08・17　行集39－07・08－0826　　　　　　　　2（4）

东京地判　昭63・09・16　行集39－09－0859　　　　　　5（75），6（48）

大阪高判　昭63・09・30　判夕691－166　　　　　　　　　　　1（171）

东京高判　昭63・10・31　行集39－10－1359　　　　　　　　　　5（75）

京都地判　昭63・11・09　判夕697－205　　　　　　　1（107）・（112）

浦和地判　昭63・12・12　判夕693－091　　　　　　　　　　　1（175）

福冈高判　昭63・12・14　讼月35－05－0927　　　　　　　　　　5（101）

名古屋高金泽支判　平01・01・23　行集40－01・02－0015　　　4（78），5（75）

松江地判　平01・02・22　判时1307－129　　　　　　　　　　6（3）

大阪地判　平01・03・14　判夕691－255　　　　　　　　5（86），6（3）

高松高判　平01・04・26　行集40－04－0326　　　　　　　　　　4（39）

东京地判　平01・04・26　行集40－04－0350　　　　　　　　　　1（136）

横滨地判　平01・06・28　行集40－07－0814　　　　　　　　　　5（83）

东京高判　平01・07・11　行集40－07－0925　　　　5（75），6（3）・（48）

福冈高判　平01・07・18　判夕721－139　　　　　　　　　　　5（64）

静冈地判　平01・07・28　判自067－015　　　　　　　　　　　1（138）

大阪高决　平01・08・10　行集40－08－0985　　　　　　　　　　5（101）

东京高判　平01・08・30　行集40－08－1153　　　　　　　　　　5（93）

新潟地判　平 04 · 03 · 31　判夕782 – 260　　　　　　　　　　　2（54）

名古屋地判　平 04 · 04 · 24　　行集 43 – 04 – 0640　　　　　　　5（86）

金泽地判　平 04 · 04 · 24　行集 43 – 04 – 0651　　　　　　　　　5（96）

高松高判　平 04 · 05 · 12　行集 43 – 05 – 0717　　　　　　　　　6（3）

大阪地判　平 04 · 06 · 26　行集 43 – 06 · 07 – 0847　　　　　　　5（96）

京都地判　平 04 · 06 · 29　判夕804 – 175　　　　　　　　　　　1（39）

青森地判　平 04 · 07 · 28　行集 43 – 06 · 07 – 0991　　　　　　　5（75）

东京地判　平 04 · 07 · 29　行集 43 – 06 · 07 – 0999　　　　　　　5（109）

大阪地判　平 04 · 08 · 28　行集 43 – 08 · 09 – 1126　　　　　　　5（90）

千叶地松户支判　平 04 · 09 · 04　判夕802 – 168　　　　　　　　1（51）

福冈高判　平 04 · 10 · 26　行集 43 – 10 – 1319　　　　　　　　　5（90）

千叶地判　平 04 · 10 · 28　判夕802 – 121　　　　　　　　　　　1（136）

东京地八王子支判　平 04 · 12 · 09 判夕803 – 216　　　　　　　　5（66）

大阪高判　平 04 · 12 · 18　行集 43 – 11 · 12 – 1526　　　　　　　4（67）

东京地判　平 05 · 02 · 16　判夕845 – 240　　　　　　　　　　　5（109）

东京地判　平 05 · 02 · 17　行集 44 – 01 · 02 – 0017　　　　5（91）·（92）

东京地判　平 05 · 02 · 25　判时 1487 – 075　　　　2（40）·（44）·（49）·（50）

东京高判　平 05 · 03 · 15　行集 44 – 03 – 0213　　　　　　　　　5（109）

熊本地判　平 05 · 03 · 25　判夕817 – 079　　　　　　　　　　　2（54）

大阪高判　平 05 · 05 · 13　行集 44 – 04 · 05 – 0396　　　　　　　5（90）

东京高判　平 05 · 07 · 29　行集 44 – 06 · 07 – 0671　　　　　　　5（101）

东京地判　平 05 · 07 · 30　判夕841 – 121　　　　　　　　　　　5（90）

东京高判　平 05 · 09 · 29　行集 44 – 08 · 09 – 0841　　　　　　　5（91）

东京高判　平 05 · 10 · 28　判夕863 – 173　　　　　　　　　　　5（70）

京都地判　平 05 · 11 · 26　判夕838 – 101　　　　　　　　　　　2（54）

前桥地判　平 06 · 03 · 25　判夕846 – 146　　　　　　　　5（17）·（72）

神户地判　平 06 · 04 · 27　判自 123 – 056　　　　　　　　　　　1（167）

事项索引[1]

B

C

---

〔1〕　该索引只针对正文六章（不含注中的部分）的事项、语句。

S

T

本书各章原载出处一览

第一部分　行政立法

　第一章　行政立法

　　……"行政立法"，载《现代行政法大系》第 2 卷（1984 年
　　　1 月，有斐阁）

　第二章　关于行政立法的最高法院的两则判决

　　……"判例批判"，载《民商法杂志》第 103 卷第 5 号（1991
　　　年 2 月，有斐阁）

　　……"判例批判"，载《判例评论》第 403 号（1992 年 9 月，
　　　判例时报社）

　第三章　关于"法规"的若干考察

　　……"关于'法规'概念——行政立法·补论"，载《大阪市
　　　大法学杂志》第 30 卷第 3·4 号（1984 年 2 月，大阪市
　　　大法学会）

第二部分　行政基准

　第四章　训令和通知

　　……"训令和通知"（之一、三、四），载《现代行政法大系》
　　　第 7 卷（1985 年 6 月，有斐阁）

　第五章　行政基准

　　……"训令和通知"（之二、五），载《现代行政法大系》第
　　　7 卷（1985 年 6 月，有斐阁）

　第六章　关于行政"内部法"的若干考察

　　……"关于行政'内部法'的若干考察"，载《大阪市大法学杂
　　　志》第 39 卷第 3·4 号（1993 年 3 月，大阪市大法学会）

声　　明　　1. 版权所有，侵权必究。

2. 如有缺页、倒装问题，由出版社负责退换。

图书在版编目（ＣＩＰ）数据

行政立法与行政基准/(日)平冈久著;宇芳译.—北京:中国政法大学
出版社，2014.6
ISBN 978-7-5620-5173-2

Ⅰ.①行⋯　Ⅱ.①平⋯　②宇⋯　Ⅲ.①行政法－研究　Ⅳ.①D912.104

中国版本图书馆CIP数据核字(2014)第106817号

出　版　者　　中国政法大学出版社

地　　　址　　北京市海淀区西土城路25号

邮寄地址　　北京 100088 信箱 8034 分箱　邮编 100088

网　　　址　　http://www.cuplpress.com（网络实名：中国政法大学出版社）

电　　　话　　010-58908524(编辑部)　58908334(邮购部)

承　　印　　固安华明印业有限公司

开　　本　　880mm×1230mm　1/32

印　　张　　13.5

字　　数　　330千字

版　　次　　2014年6月第1版

印　　次　　2014年6月第1次印刷

定　　价　　42.00元